中国特色哲学社会科学
"三大体系"研究丛书

主编 权 衡 王德忠

中国开放型经济学研究

赵蓓文 等◎著

格致出版社 上海人民出版社

丛书编委会

主　任：
权　衡　王德忠

副主任：
朱国宏　王　振　干春晖

编　委：（按姓氏笔画顺序）
王　健　成素梅　刘　杰　杜文俊　李　骏　李宏利　李　健　沈开艳
沈桂龙　张雪魁　周冯琦　周海旺　郑崇选　姚建龙　赵蓓文　晏可佳
郭长刚　黄凯锋

本书由上海社会科学院智库建设基金会资助研究出版

总 序

发挥国家高端智库优势 推动"三大体系"建设

2016年5月17日,习近平总书记在哲学社会科学工作座谈会上发表重要讲话,从坚持和发展中国特色社会主义必须高度重视哲学社会科学,坚持马克思主义在我国哲学社会科学领域的指导地位,加快构建中国特色哲学社会科学以及加强和改善党对哲学社会科学工作的领导四个方面,全面系统阐释和深刻回答了进入新时代,坚持和发展中国特色社会主义为什么要构建当代中国哲学社会科学体系,怎样构建具有中国特色、中国风格、中国气派的哲学社会科学等一系列重大理论和实践问题。这是一篇体现马克思主义立场观点和方法、闪耀着真理之光的讲话,是新时代繁荣和发展中国特色哲学社会科学的纲领性文件。为响应习近平总书记关于构建中国特色哲学社会科学、推动"三大体系"建设讲话精神,上海社会科学院组织专家学者深入学习习近平总书记讲话精神,开展我国哲学社会科学学科体系、学术体系、话语体系"三大体系"研究阐释工作。

科学把握中国特色哲学社会科学"三大体系"建设的重大意义

习近平总书记在讲话中明确指出,哲学社会科学是人们认识世界、改造世界的重要工具,是推动历史发展和社会进步的重要力量,其发展水平反映了一个民族的思维能力、精神品格、文明素质,体现了一个国家的综合国力和国际竞争力。习近平总书记还强调,一个没有发达的自然科学的国家不可能走在世界前列,一个没有繁荣的哲学社会科学的国家也不可能走在世界前列。新形势下,我国哲学社会科学地位更加重要、任务更加繁重，要按照立足中国、借鉴国外，挖掘历史、把握当代，关怀人类、面向未来的思路，着力构建中国特色哲学社会科学，不断推进学科体系、学术体系、话语体系建设和创新。我们认为，为实现以上目标，必须科学理解和把握中国特色哲学社会科学与"三大体系"建设的重要内涵。

构建彰显中国自主知识体系的哲学社会科学。当前，世界正处于百年未有之大变局，我国正处于实现中华民族伟大复兴的关键时期。习近平总书记强调："面对快速变化的世界和中国，如果墨守成规、思想僵化，没有理论创新的勇气，不能科学回答中国之问、世界之问、人民之问、时代之问，不仅党和国家事业无法继续前进，马克思主义也会失去生命力、说服力。"进入新时代，我们要坚持习近平新时代中国特色社会主义思想为指导，坚持把马克思主义基本原理同中国具体实际相结合、同中华优秀传统文化相结合，正本清源、守正创新，立足中国实践，形成中国理论，在回答中国之问、世界之问、人民之问、时代之问中，构建彰显中国自主知识体系的哲学社会科学。

聚焦"三大体系"是构建中国特色哲学社会科学的重要内容和方向。坚持和发展中国特色社会主义，需要加快构建中国特色哲学社会科学。构建中国特色哲学社会科学，要坚持马克思主义理论的指导地位，立足于中国发展实践，学习借鉴国外哲学社会科学积极成果，更好形成学科建设、学术研究与社会实践发展紧密结合、融为一体的新局面，为加快构建具有中国特色哲学社会科学学科体系、学术体系、话语体系注入新动力和活力。

形成"三大体系"有机统一、相互支撑、共同发展的学科发展新路径。在推动学科体系、学术体系、话语体系建设中，要坚持学科体系是基础、学术体系是核心，话语体系是表述，三者是一个有机统一、不可分割、相互支撑、共同发展的整体。要进一步夯实和健全我国哲学社会科学发展的学科体系和学术体系，把马克思主义理论学科做大做强，把基础学科做扎实，把优势学科巩固好，把新兴学科、冷门学科、特色学科、交叉学科等发展好。要推动习近平新时代中国特色社会主义思想系统化、学理化研究，把党的创新理论成果与"三大体系"建设融会贯通，深入挖掘新思想蕴含其中的哲理、道理和学理。要聚焦新时代中国改革开放和创新发展实践，突出问题导向，加快理论提炼和总结概括，构建中国自主知识体系的学科体系、学术体系和话语体系。

要加快提升中国国际传播能力建设，深化国际传播理论体系建设和实践创新发展，讲好中国故事，传播好中国声音，向世界展示真实、立体、全面的中国。

在国家高端智库工作中推动"三大体系"建设

为深入贯彻落实习近平总书记关于加快构建中国特色哲学社会科学的重要讲话精神和上海市委关于推动上海哲学社会科学大发展大繁荣的战略工作部署，近年来，上海社会科学院立足作为综合性人文社会科学研究机构的学科特色优势和国家高端智库优势，持续推动党的创新理论系统化、学理化研究，持续深化我国和上海发展的重大理论和现实问题研究。

我们注重发挥学科综合优势和国家高端智库优势，不断推动学科发展和智库建设，加快推动中国特色哲学社会科学建设。特别是 2023 年以来，结合主题教育和大调研活动，进一步发挥国家高端智库优势，加快推动中国特色哲学社会科学学科体系、学术体系、话语体系研究和建设。

一是面对复杂的国际国内环境，必须加快构建中国特色哲学社会科学体系。当前，我国正处于复杂的国际国内发展环境下，解决意识形态巩固的问题、各种思想交锋的问题、经济社会发展的问题、深层次矛盾和风险挑战的问题及全面从严治党的问题，都迫切需要哲学社会科学更好发挥作用。当今中国正日益走向世界舞台中央，中国的思想学术和文化也必须跟上来，不能落后，也不能缺席。这就必须依赖于中国特色哲学社会科学提供有力支撑。

二是建设中国特色哲学社会科学要正确理解学科体系、学术体系、话语体系三者之间关系。哲学社会科学体系是学科体系、学术体系和话语体系的有机统一，其中学科体系是基础、学术体系是核心，话语体系则是表达呈现。近年来，上海社会科学院坚持学科发展与智库建设"双轮驱动"战略，努力推进建设一流的"智库型学府、学府型智库"，坚持和发展马克思主义，立足中国国情与中国优秀传统文化，积极吸收国外哲学社会科学的有益资源，服务中国实践、构建中国理论，努力将党的创新理论成果和重要思想、重要主张等转化为知识话语、研究范式、学术理论，建构中国自主知识体系，融通国内外的新概念、新范畴、新表述，形成更大国际传播力和影响力。

三是发挥国家高端智库优势和实施大调研，把"三大体系"建设与中国实践、中国经验、中国理论的提炼总结相结合。当前中国哲学社会科学体系的构建，必须持续从我国经济社会发展的实践中挖掘新材料、发现新问题、总结新经验，要加强对改革开放和现代化建设的观点总结和理论提炼，这是中国特色哲学社会科学发展的着力点。上海社会科学院在近些年的理论研究和学科建设中，努力发挥国家高端智库的优势，广泛推动社会调研活动，注重从我国改革发展实践中挖掘新材料、发现新问题、提出新观点、构建新理论，注重对习近平新时代中国特色社会主义思想的系统化研究和学理化阐释，形成我国哲学社会科学的特色和优势，在学界推动建设具有领先水平和较强影响力的学科体系、学术体系和话语体系。

四是努力构建系统性和专业性相统一的学科体系、学术体系和话语体系。在"三大体系"建设中，必须重视系统性和专业性相统一。其中，系统性从理论逻辑、历史逻辑及实践逻辑三大逻辑把握。理论逻辑是在顶层设计中坚持和发展马克思主义基本原理，深化拓展马克思主义理论研究和党的创新理论成果的研究阐释；历史逻辑体现在必须更好地传承中华优秀传统文化和思想体系，提出并展现体现中国立场、中国智慧、中国价值的理念、主张和方案；实践逻辑是要求立足于实际发展并解决实际问题。从三大逻辑出发，我院坚持以马克思主义为指导，聚焦十八大以来党的创新理论成果和经济社会发展现实问题，注重学科前沿和学科交叉等研究方法，努力构建中国特色的学科、学术和话语体系。在专业性方面，上海社会科学院设有17个研究所，学科门类齐全，传统学科基础好，新兴学科布局早，特色学科发展快，拥有一批学科建设的领军人才，在谋划和推进构建中国特色哲学社会科学方面，也具备较为扎实的基础。

五是在"三大体系"建设中培育更多高水平哲学社会科学人才。推动哲学社会科学大发展大繁荣，关键要素还是人才。中国特色哲学社会科学事业是党和人民的重要事业，构建中国特色哲学社会科学是一项极为繁重的系统科学工程，需要广大哲学社会科学工作者在坚持党的领导、坚持和发展马克思主义的基础上，不断开拓学术研究、倡导先进思想、引领社会风尚。作为"智库型学府、学府型智库"，上海社会科学院在大调研基础上，积极稳妥推进科研管理体制机制改革和优化，加快建立和完善符合新时代哲学社会科学发展规律、体现上海社会科学院优势特色、有利于出高质量成果和高水平人才的科研管理体制机制。

以学科发展与智库建设"双轮驱动"推动"三大体系"建设

上海社会科学院创建于 1958 年，是新中国最早建立的社会科学院，也是上海唯一的综合性人文和社会科学研究机构。成立 65 年来，上海社会科学院为我国哲学社会科学的繁荣发展作出了积极贡献。

党的十八大以来，在上海市委和市委宣传部的领导下，上海社会科学院守正创新、勇毅前行，加强哲学社会科学大发展，在理论创新研究、服务决策咨询、人才队伍建设、引导主流舆论等方面取得了丰硕成果。

2023 年，上海社会科学院认真开展主题教育工作，组织专家学者深入学习党的二十大报告提出的一系列新思想、新观点、新论断，深入研究阐释习近平总书记关于加快构建中国特色哲学社会科学的重要讲话精神，进一步聚焦党的创新理论，注重基础研究与应用研究融合发展、相互促进，注重系统化研究、学理化阐释和学术化表达，全院以构建中国特色哲学社会科学自主知识体系为聚焦点，以中国实践为出发点，以理论创新为着力点，在全国率先开展哲学社会科学"三大体系"建设。院党委举全院之力、聚全院之智，17 个研究所齐上阵，全面、完整、系统开展有组织研究；我们也邀请部分全国和上海知名专家一起参与研究，撰写完成了中国特色哲学社会科学"三大体系"研究丛书。这是当前对推动我国哲学社会科学"三大体系"建设和研究做的一次有益探索，以期为促进我国哲学社会科学繁荣发展作出自己的贡献。

衷心希望我院科研工作者在建设社会主义现代化国家新征程中，牢记嘱托、砥砺前行，为不断开创我国哲学社会科学大发展大繁荣的崭新局面作出更大贡献。

上海社会科学院党委书记、研究员　权　衡
上海社会科学院院长、研究员　王德忠
2023 年 8 月

目 录

第九章 实施互利共赢的开放战略与推进高水平对外开放

前　言

改革开放四十多年来，中国对外开放的步伐越迈越大，中国开放型经济学的研究也进入一个新的阶段。在《中国开放型经济学研究》即将付梓之际，回望中国对外开放的整个历程，中国开放型经济学的研究来自中国改革开放的实践，又进而指导实践的创新发展，中国开放型经济学的研究始终和中国对外开放的最前沿紧密联系。

2023年7月，中央全面深化改革委员会第二次会议审议通过了《关于建设更高水平开放型经济新体制促进构建新发展格局的意见》。习近平总书记在主持会议时强调，建设更高水平开放型经济新体制是我们主动作为以开放促改革、促发展的战略举措，要围绕服务构建新发展格局，以制度型开放为重点，聚焦投资、贸易、金融、创新等对外交流合作的重点领域深化体制机制改革，完善配套政策措施，积极主动把中国的对外开放提高到新水平。习近平总书记的讲话清晰地勾勒出新发展格局、制度型开放及建设更高水平开放型经济新体制之间的关系，是新发展格局下中国建设更高水平开放型经济新体制的根本遵循，也为中国开放型经济学的研究指明新的方向。

从发展历程来看，早在2019年党的十九届四中全会在提出"建设更高水平开放型经济新体制"时，就明确了其主要目的是实施更大范围、更宽领域、更深层次的全面开放，并对涉及的领域进行细化。就更大范围而言，提出"制造业、服务业、农业扩大开放"，将更高水平对外开放的范围从制造业、服务业拓宽到农业；就更宽领域而言，提出"促进内外资企业公平竞争，拓展对外贸易多元化，稳步推进人民币国际化"，将更高水平对外开放的领域从外资、外贸进一步拓展到金融领域；就更深层次而言，提出"健全外商投资准入前国民待遇加负面清单管理制度，推动规则、规制、管理、标准等制度型开放""加快自由贸易试验区、自由贸易港等对外开放高地建设""健全外商投资国家安全审查、反垄断审查、国家技术安全清单管理、不可靠实体清单等制度""完善涉外经贸法律和规则体系"，其实质是进一步对标高标准国际经贸规则，并通过外资、外贸、金融等重点领域的体制机制改革，实现规则、规制、管理、标准等制度型开放。但是，当时并未将创新作为重点领域之一加以明确。2023年，在中央全面深化改革委员会第二次会议上，习近平总书记将创新作为体制机制改革的四大领域之一予以明确，提出聚焦投资、贸易、金融、创新等对外交流合作的重点领域深化体制机制改革，将"更宽领域"从投资、贸易、金融进一步拓展到创新，对"更高水平开放型经济新体制"赋予了新的内涵。

创新被作为对外交流合作的重点领域加以提出，实际上和当前的国际国内经济形势密切相关。首先，2018年中国提出向制度型开放转变，在这个转变的过程中，中国在很长一段时期内，商品和要素流动型开放与制度型开放将同时并存，尤其是在"十四五"期间，两者缺一不可，是"持续深化"和"稳步拓展"同时并存、共同发展的相互关系。其次，百年未有之大变局、世纪疫情、俄乌冲突，叠加世界经济危机、能源危机、粮食危机等多重因素，导致当前的国际经济形势波诡云谲。在这一形势下，加强企业自主创新，加快科技领域的体制机制改革，以及在研发、生产、销售等领域破解美国等西方国家的"筑墙设垒""脱钩断链"，都需要进行创新。最后，在"双循环"新发展格局下，创新已经不仅仅是国内体制机制改革的重要内容，而是将在对外合作交流中被赋予新的使命。这个意义上的创新，更可能是中国在对标高标准国际经贸规则的过程中积极参与全球经济治理，并逐步向共建全球经济治理新规则拓展，从而实现规则"进口"到规则"出口"再到规则"整合"的创新。

从新阶段"聚焦投资、贸易、金融、创新等对外交流合作的重点领域深化体制机制改革"的主要路径来看，首先，这次中央全面深化改革委员会第二次会议审议通过了《关于建设更高水平开放型经济新体制促进构建新发展格局的意见》，习近平总书记在讲话中又首次明确了"以制度型开放为重点"，不仅突出了制度型开放在建设更高水平开放型经济新体制中的重要地位，而且指出了新发展格局下中国建设更高水平开放型经济新体制的主要路径在于：投资、贸易、金融、创新等对外交流合作重点领域的体制机制改革，即"聚焦投资、贸易、金融、创新等对外交流合作的重点领域深化体制机制改革，完善配套政策措施"。其次，《关于建设更高水平开放型经济新体制促进构建新发展格局的意见》进一步强调了新阶段建设开放型经济新体制的目标是"促进构建新发展格局"。因此，新发展格局不仅是新阶段建设开放型经济新体制的主要背景，也是新阶段建设开放型经济新体制的新目标。建设更高水平开放型经济新体制与新发展格局是相互依存、相辅相成、相互促进的关系。最后，投资与贸易在经济全球化时代本身具有十分紧密的联系，是国际大循环的主要内容；金融具有链接"内""外"两个循环的重要功能：一方面，金融服务于实体经济，另一方面，金融通过为贸易和投资提供服务的方式，成为资本等要素流动的重要载体；创新尤其是科技创新是互联网时代推动投资、贸易、金融发展的重要驱动力，体制创新则是投资、贸易、金融健康有序可持续发展的重要保障。通过投资、贸易、金融、创新这四个重点领域的体制机制改革，将顶层设计和底线思维相结合，一方面以体制机制改革增强国内大循环内生动力，培育国际合作和竞争新优势；另一方面对标高标准国际经贸规则，以打造"一带一路"国际合作新平台提升国际循环质量和水平。通过创新驱动发展促进构建"双循环"新发展格局，通过加快建设自由贸易试验区（港）推进高水平对外开放，把有序推进人民币国际化同高质量共建"一带一路"等国家战略相结合，以制度型开放为重点，构建更高水平开放型经济新体制。

实践在发展，理论也要突破，中国开放型经济学的研究任重而道远，唯有不断创新，才能使我们的理论跟上实践的步伐、时代的节奏；"路漫漫其修远兮，吾将上下而求索"，关于中国开放型经济学的孜孜探求，亦将成为我们的时代使命！

赵蓓文

2023 年 8 月 9 日

第一章 导论

2022 年 10 月 16 日，党的二十大报告指出："深入实施马克思主义理论研究和建设工程，加快构建中国特色哲学社会科学学科体系、学术体系、话语体系，培育壮大哲学社会科学人才队伍。"党的二十大报告为中国加快构建中国特色哲学社会科学提供了根本遵循，也为中国开放型经济学的发展指明了方向。

第一节 打造具有中国特色、中国风格、中国气派的哲学社会科学

2016 年 5 月 17 日，习近平总书记在北京主持召开哲学社会科学工作座谈会并发表重要讲话。他提出四个问题。第一个问题：坚持和发展中国特色社会主义必须高度重视哲学社会科学。第二个问题：坚持马克思主义在中国哲学社会科学领域的指导地位。第三个问题：加快构建中国特色哲学社会科学。第四个问题：加强和改善党对哲学社会科学工作的领导。其中，他在谈到第三个问题的时候指出："哲学社会科学的特色、风格、气派，是发展到一定阶段的产物，是成熟的标志，是实力的象征，也是自信的体现。我国是哲学社会科学大国，研究队伍、论文数量、政府投入等在世界上都是排在前面的，但目前在学术命题、学术思想、学术观点、学术标准、学术话语上的能力和水平同我国综合国力和国际地位还不太相称。要按照立足中国、借鉴国外，挖掘历史、把握当代、关怀人类、面向未来的思路，着力构建中国特色哲学社会科学，在指导思想、学科体系、学术体系、话语体系等方面充分体现中国特色、中国风格、中国气派。"①

2017 年 5 月，中共中央印发了《关于加快构建中国特色哲学社会科学的意见》，对

---

① 习近平：《加快构建中国特色哲学社会科学》，《习近平谈治国理政》（第二卷），外文出版社 2017 年版，第 338 页。

加快构建中国特色哲学社会科学作出全面部署。2022 年 4 月 25 日，习近平总书记在中国人民大学考察时提出："加快构建中国特色哲学社会科学，归根结底是建构中国自主的知识体系。要以中国为观照、以时代为观照，立足中国实际，解决中国问题，不断推动中华优秀传统文化创造性转化、创新性发展，不断推进知识创新、理论创新、方法创新，使中国特色哲学社会科学真正屹立于世界学术之林。"[1]

由此可见，中国特色哲学社会科学的研究，必须立足于中国，能够解决中国的实际问题，同时又能够以中国的理论创新和实践探索为世界提供参照，提供可资借鉴的经验；只有这样，才能够使中国特色哲学社会科学在学术上具有国际话语权。中国开放型经济学的研究恰恰具有这样的特点：中国开放型经济学形成于中国对外开放的伟大实践，在不断的实践探索中逐渐总结出规律，在理论上得到升华，进而又以具有中国特色的开放型经济理论指导中国对外开放的实践。因此，中国开放型经济学是具有生命力的，中国学术界对于中国开放型经济学的研究也将不断推陈出新。

一、从现实出发，以问题为导向加强对全球化和中国发展战略的研究

20 世纪 80 年代以后，经济全球化在世界范围内获得了空前广泛和不断深入的发展，从根本上改变了世界经济运行的方式和格局。经济全球化的发展，使生产要素在全球范围内进行优化配置，使资本等高级要素从发达国家向发展中国家流动，并进一步使大量闲置的低端劳动力和土地等自然资源投入使用，从而为包括中国在内的发展中国家提供了全球要素流动与集聚的重大机遇。美国次贷危机和欧洲债务危机的爆发，使得世界各国对于加强全球治理的呼声日益高涨。中国学术界也要从中国日益走近国际舞台中央的实际出发，不断调整哲学社会科学的研究体系，以更为开阔的视野深化对重大国际问题的研究。

经济全球化的迅猛发展改变了中国开放型经济发展的外部环境。美国次贷危机的爆发充分暴露了中国长期以来实行的外向型经济发展模式对外部市场依赖度过高的弊

---

[1] 习近平：《习近平在中国人民大学考察时强调：坚持党的领导传承红色基因扎根中国大地 走出一条建设中国特色世界一流大学新路》，新华社，2022 年 4 月 26 日，转引自中华人民共和国人力资源和社会保障部网站。

端。在百年未有之大变局、世纪疫情及俄乌冲突等多重因素叠加交织的背景下，世界经济形势发生了重大变化。同时，国内经济条件也发生了根本性变化。制度型开放的提出及"双循环"新发展格局的构建，要求中国"必须完整、准确、全面贯彻新发展理念，坚持社会主义市场经济改革方向，坚持高水平对外开放"①。

正是在这样的背景下，面对国内国际新形势，如何准确把握时代脉搏、实现经济高质量发展已经成为迫在眉睫的问题。从这个意义来说，在改革开放的实践中发现问题、解决问题，不仅是理论联系实际的要求，也是打造中国特色、中国风格、中国气派的哲学社会科学的要求。以问题为导向的研究体系创新无论是对于中国哲学社会科学的繁荣发展，还是对于中国特色社会主义的建设，都具有十分深远的意义。

二、加强中国特色、中国风格、中国气派的学术话语体系创新

传承借鉴是创新发展的基础，创新发展是最好的传承借鉴。每一种学术理论都离不开继承传统和借鉴外来，更离不开创新突破和丰富发展。打造和形成中国特色、中国风格、中国气派的学术话语体系，必须做到不忘本来、吸收外来、着眼将来。

（一）学术话语体系创新的两个阶段

人类文明本身就是在交流中产生的。马克思主义的来源就包括德国古典哲学、英国古典政治经济学、法国和英国空想社会主义。莱布尼茨在从事中西方文化的比较研究中也发现，人类思维具有同构性，中西方文化在语言、文字、概念、范畴等多个方面具有互补性。② 可见，学术话语体系的创新发展很多都是在引进、吸收、消化、再创新的过程中产生的。

这个过程可以表现为两个阶段：一是融合，也就是引进、吸收；二是创新发展，也就是消化、再创新。这个再创新是建立在消化基础上的创新，是经过独立思考、具有独特思想的创新。从两者的关系来看，没有引进、吸收便没有再创新，没有消化、再创新，便没有发展。例如，马克思主义话语体系的形成就是通过吸收 18 世纪法国唯

---

① 习近平：《高举中国特色社会主义伟大旗帜　为全面建设社会主义现代化国家而团结奋斗——在中国共产党第二十次全国代表大会上的报告》，人民出版社 2022 年版，第 28 页。
② 余三定主编：《当代学术史研究》，人民出版社 2009 年版，第 3 页。

物主义的思想，以马克思主义回答时代课题的核心概念或范畴为基础，通过对意识形态的批判而实现的。

（二）探索学术话语体系的中国化、时代化、大众化

目前，中国许多学科已经成了西方理论话语的"殖民地"和"跑马场"。中国的学术话语体系，已经不单是缺乏原创性和本土化，而是一味照搬西方学术话语，以熟练运用西方的概念、范畴和语言为荣。这就造成部分学术概念、范畴和语言与中国特色社会主义的伟大实践相脱节。无条件地抄袭和套用西方的名词概念、学术思想，沿着西方的思路去思考问题，不仅会使中国几千年的文化传统逐步丧失，也会使国民失去独立思考的能力、失去自主创新的能力。因此，中国特色社会主义要求中国必须要有自己的理论，而这一理论必须来自实践。只有建立中国自己的学术话语体系，才能创造出中国特色社会主义学术理论，才能更好地解释中国的经济、政治、社会和文化发展。

（三）增强中国学术的国际话语权

学术话语权的提升是中国增强国际话语权的一条重要渠道。只有拥有自己的话语体系才能够与世界文明平等对话，才能够在世界话语舞台上占有一席之地。因此，必须努力构建具有中国特色、中国风格和中国气派的学术话语体系，提升中国学术的国际影响力。

努力扩大中国在国际学术领域的话语权，必须做到"引进来"与"走出去"相结合。一方面，积极开展对外交流，通过派相关人员参加国际会议、国际论坛、国际组织、国际展览会等一系列方式，了解国际学术的动态，把握国际学术的前沿，向国内哲学社会科学界推介世界各国哲学社会科学界的最新优秀成果，在充分重视中国传统文化的基础上，学习借鉴西方学术话语的合理成分，进而形成自己的概念、自己的思想。另一方面，资助翻译并向外推介一批代表中国哲学社会科学发展方向和研究水平的优秀成果，让世界各国充分了解中国学术的价值，积极向国际社会推广和宣传中国的学术文化。

具有中国特色、中国风格和中国气派的学术话语体系是中国国际话语体系的重要组成部分，也是中国提高自身国际影响力、提升国际话语权的重要突破口。国际议题

的设置，新概念、新范畴的提出，都必须植根于深厚的学术理论和学术创新土壤。这就要求中国的学者和学术机构具有独立思考的能力，具有综合表达中国的学术观点和科研方法，以及政治、经济、文化与外交理念的能力。从国际问题出发，从国家战略出发，加强与国际知名高等学府、研究机构、学术团体和智库的交流，努力做到以"中国立场"进行"国际表达"。通过增强中国学术的国际话语权，达到构建中国国际话语体系的目的。

总之，打造中国特色、中国风格、中国气派的哲学社会科学不仅是"加快构建新发展格局，着力推动高质量发展"[①]的重要途径，还是加快建设社会主义文化强国、增强文化软实力，以及提高中国国际话语权的重要途径。

第二节　中国开放型经济学的问题导向、实践特色、发展方向和话语体系

中国特色社会主义开放型经济学（即中国开放型经济学）已经成为当前经济学研究的一个热门话题。中国开放型经济学在产生和发展过程中体现出来的问题导向、实践特色、发展方向和话语体系，在一定程度上反映了这门学科与当代中国马克思主义政治经济学、西方主流国际经济学的区别与联系。

一、中国开放型经济学的问题导向

中国开放型经济学是中国在积累大量对外开放丰富经验的基础上，同时也在中国特色社会主义建设的伟大进程中直面矛盾、破解难题，在坚持问题导向中不断丰富和发展起来的一门学科。

一方面，中国开放型经济学的理论诞生于中国对外开放的不断探索中。中国开放型经济学是中国在坚持对外开放基本国策的发展过程中，通过坚持不懈的实践创新、理论创新和制度创新而发展起来的一门学科。1978 年 12 月中共十一届三中全会召开，开启了改革开放和社会主义现代化建设新时期。在探索和回答什么是社会主义、怎样建设社会主义这一根本问题的过程中，中国从改革起步，坚定不移地扩大对外开放，

---

① 习近平：《高举中国特色社会主义伟大旗帜　为全面建设社会主义现代化国家而团结奋斗——在中国共产党第二十次全国代表大会上的报告》，人民出版社 2022 年版，第 28 页。

取得了一系列伟大成就。因此，中国开放型经济学是中国特色社会主义理论的一个重要组成部分。正如裴长洪在《中国开放型经济学》一书中所指出的，"'开放型经济'是中国自己的术语，它的创造者是中国共产党"①。

另一方面，中国开放型经济学的活力或者说生命力源于它所具有的创新性，而创新性的源泉则来自中国在建设中国特色社会主义的历史进程中，面对风云变幻的国际形势，始终以不屈不挠的奋斗精神，探索和回答中国之问、世界之问、人民之问、时代之问。2012 年 11 月，党的十八大报告提出"全面提高开放型经济水平"。2013 年 11 月，党的十八届三中全会提出"构建开放型经济新体制"。2017 年 10 月，党的十九大报告强调"推动形成全面开放新格局"。2019 年 10 月，党的十九届四中全会提出"建设更高水平开放型经济新体制"。2022 年 10 月，党的二十大报告就"推进高水平对外开放"进行了全面深入的阐述。

当前，世界正处于百年未有之大变局中，面对世界之变、时代之变、历史之变，中国开放型经济学始终坚持问题导向，以回答并指导解决问题为己任，在改革开放的伟大进程中不断实现"从实践中来、到实践中去"的升华。

二、中国开放型经济学的实践特色

关于中国开放型经济学与当代中国马克思主义政治经济学、西方主流国际经济学的关系，习近平总书记在《不断开拓当代中国马克思主义政治经济学新境界》一文中就明确指出："党的十一届三中全会以来，我们党把马克思主义政治经济学基本原理同改革开放新的实践结合起来，不断丰富和发展马克思主义政治经济学。"②"学习马克思主义政治经济学，是为了更好指导我国经济发展实践，既要坚持其基本原理和方法论，更要同我国经济发展实际相结合，不断形成新的理论成果。"③ 习近平总书记的这段话，鲜明地指出中国开放型经济学的实践特色。在文章中，他还特别提到"坚持对外开放基本国策"，并认为"我们坚持马克思主义政治经济学基本原理和方法论，并不排斥国

---

① 裴长洪：《中国开放型经济学》，中国社会科学出版社 2022 年版，第 2 页。
② 习近平：《不断开拓当代中国马克思主义政治经济学新境界》，《求是》2020 年第 16 期，转引自《新华文摘》2020 年第 18 期，第 1 页。
③ 同上书，第 2 页。

外经济理论的合理成分""对国外特别是西方经济学，我们要坚持去粗取精、去伪存真，坚持以我为主、为我所用，对其中反映资本主义制度属性、价值观念的内容，对其中具有西方意识形态色彩的内容，不能照抄照搬"。[①] 这一观点对于中国开放型经济学与当代中国马克思主义政治经济学、西方主流国际经济学的关系进行了归纳总结。

一方面，中国开放型经济学是脱胎于中国马克思主义政治经济学但又完全独立的一门学科，因为中国开放型经济学是和中国改革开放新的实践相结合的一门学科，是一门理论联系实际的学科，而非一门纯理论的学科，它和中国改革开放的实践紧密结合在一起，不断发展、与时俱进。制度型开放就是在新时代新形势下、在"双循环"新发展格局大背景下中国对外开放的新实践，它既包含了理论创新，也包含了实践创新，它既是中国开放型经济学在新时代所要研究的重要对象，同时又将从理论层面指导中国对外开放的新实践。与此同时，如同当代中国马克思主义政治经济学并不排斥国外经济理论的合理成分一样，中国开放型经济学也同样不会排斥国外经济理论的合理成分，而是会坚持"去粗取精、去伪存真"，坚持"以我为主、为我所用"。

另一方面，既然中国开放型经济学并不排斥西方经济学理论的合理成分，那么，它就必须采取古为今用、洋为中用的方法，去糟取精，将西方经济学理论中的合理成分与中国对外开放的伟大实践相结合，从而产生一门指导中国对外开放实践的学科。中国开放型经济学既来源于实践，又反过来指导实践发展。它具有一切从实际出发、理论联系实际的科学态度。因此，中国开放型经济学这门学科是具有生命力、不断发展的。它既不是西方经济学理论的补充和修改，也并非和西方经济学理论完全脱离关系；它是建立在中国特色社会主义伟大实践基础上的一门科学。

三、中国开放型经济学的发展方向

关于中国开放型经济学的研究最早起源于中国对外开放实践，因此，中国开放型经济学的理论是由在中国对外开放的伟大实践中归纳总结出来的经验所形成的。实践在不断发展，理论也就不断得到完善。因此，中国开放型经济学具有与时俱进的特征。

[①]　习近平：《不断开拓当代中国马克思主义政治经济学新境界》，《求是》2020年第16期，转引自《新华文摘》2020年第18期，第3页。

首先，中国对外开放的第一个阶段（1978—2013 年）恰好跨越了 20 世纪 80 年代以来经济全球化迅猛发展的时期。[①] 在这个阶段，经济全球化发展使生产要素在全球范围内进行优化配置，从而为包括中国在内的发展中国家提供了全球要素流动与集聚的重大机遇。因此，这个阶段中国的对外开放是以商品和要素流动为主要特征，虽然其中也不乏制度型开放的萌芽，例如，2001 年中国加入世界贸易组织（WTO），就体现了中国从被动接受国际经贸规则向主动对接国际经贸规则的转变。

其次，从全球来看，次贷危机爆发以后，以美国为代表的西方发达国家的经济实力和国际地位逐渐下降，而以中国为代表的新兴与发展中国家的经济实力和国际地位逐渐上升，世界经济出现明显的东升西降趋势。虽然美国等西方发达国家仍然在经济实力上占据优势，并且在全球主要国际组织中拥有主导话语权，但中国学术界也要从中国日益走近国际舞台中央的实际出发，不断调整中国开放型经济学的研究对象，以更为宽阔的视野深化对重大国际问题的研究。因此，中国对外开放的第二阶段（2013—2018 年），成为中国从商品和要素流动型开放向制度型开放转变的重要过渡阶段，其间自贸试验区探索和"一带一路"建设无疑成为整个学科研究的焦点。特别是自党的十八大以来，中国特色社会主义进入新时代，中国开放型经济学的理论研究也就具有了鲜明的时代特征。

最后，以 2018 年底中央经济工作会议提出"要推动由商品和要素流动型开放向规则等制度型开放转变"[②] 为标志，中国对外开放进入第三阶段（2018 年至今）。在这个阶段，商品和要素流动型开放仍然存在，但更为典型的特征已经表现为制度型开放。2019 年，党的十九届四中全会对制度型开放的内涵加以细化，提出通过"规则、规制、管理、标准"等制度型开放，建设更高水平开放型经济新体制。2021 年 3 月 11 日，十三届全国人大四次会议表决通过《关于国民经济和社会发展第十四个五年规划和 2035 年远景目标纲要》的决议，明确提出"加快构建以国内大循环为主体、国内国际双循环相互促进的新发展格局""建设更高水平开放型经济新体制""持续深化商品和要

---

① 自 2008 年以来，经济全球化遭到全球金融危机的重创，目前虽然经济全球化发展的根本趋势并未逆转，但已经出现逆全球化思潮。

② 新华网："中央经济工作会议在北京举行　习近平李克强作重要讲话"，新华网 2018 年 12 月 21 日，http://www.xinhuanet.com//politics/leaders/2018-12/21/c_1123887379.htm。

素流动型开放，稳步拓展规则、规制、管理、标准等制度型开放"。2022 年 10 月，党的二十大报告又再次强调，"依托我国超大规模市场优势，以国内大循环吸引全球资源要素，增强国内国际两个市场两种资源联动效应，提升贸易投资合作质量和水平。稳步扩大规则、规制、管理、标准等制度型开放"。

当前，"世界进入新的动荡变革期""我国发展进入战略机遇和风险挑战并存、不确定难预料因素增多的时期"[①]，中国开放型经济学的研究也应当紧紧围绕新的国内外经济形势，从研究商品和要素流动的开放向研究制度规则的开放转变，特别要聚焦"双循环"新发展格局下中国制度型开放的发展。制度型开放作为中国"建设更高水平开放型经济新体制"的重要内容之一，"不仅承担了体制机制创新的重任，也承担了'双循环'新发展格局下对内改革和对外开放两项功能叠加要求的重任。同时，制度型开放在推动'双循环'发展的过程中，在参与国际经济合作的过程中，必须而且已经在实践以互利共赢的开放战略参与全球经济治理的制度创新"[②]。"双循环"新发展格局下制度型开放的最大内涵特点为：更加注重内循环与外循环之间的关联性，注重内循环与外循环相互作用对制度型开放的共同推动效应以及相互影响。这也将成为今后中国开放型经济学研究的重要方向之一。

四、中国开放型经济学的话语体系

一方面，作为一门脱胎于中国马克思主义政治经济学但又完全独立的学科，中国开放型经济学的话语体系在一定程度上继承了马克思主义话语体系中的核心部分，即"实践"。1945 年，为了划清与费尔巴哈观点的界限，马克思写下了《关于费尔巴哈的提纲》，从而诞生了"实践"这一马克思主义话语体系的核心概念。"实践"概念的确立标志着马克思主义话语体系的正式形成，它不仅是"欧洲近代优秀思想文化中的核心话语发展的逻辑必然，也是马克思意识形态批判过程的逻辑必然"[③]。中国开放型经济学从自身理论渊源来说，必然在一定程度上继承了马克思主义话语体系的这一核心概念。

① 习近平：《高举中国特色社会主义伟大旗帜　为全面建设社会主义现代化国家而团结奋斗——在中国共产党第二十次全国代表大会上的报告》，人民出版社 2022 年 10 月第 1 版，第 26 页。
② 赵蓓文：《中国制度型开放的逻辑演进》，《开放导报》2022 年第 8 期，第 38—44 页。
③ 陈锡喜：《马克思主义：意识形态和话语体系》，华东师范大学出版社 2011 年版，第 83 页。

另一方面，中国开放型经济学的发展又必然要求我们在"实践"的基础上有所创新，只有这样，才能创造出中国特色社会主义开放理论，才能更好地解释中国的经济、政治、社会和文化发展。那么，中国开放型经济学话语体系的创新又来自何处呢？来自我们必须坚持的"以人民为中心的发展思想"[①]，这就决定了我们必须认真探索理论指导实践、理论走进群众的有效方式，推动中国开放型经济学的理论创新成果走进基层、走进群众，更好地为人民群众所理解、所掌握、所运用。因此，在中国坚持贯彻落实新发展理念、加快转变经济发展方式、提高发展质量和效益的同时，中国所有经济学者必须共同努力，在"双循环"新发展格局下，在中国贯彻落实制度型开放的实践过程中，增强中国开放型经济学在国际上的学术话语权，打造出中国特色、中国风格、中国气派的中国开放型经济学。

第三节　构建中国开放型经济学学科体系的理论依据和实践运用

中国开放型经济学学科体系的理论依据既包括中国的经济发展战略，也包括中国对外开放战略和整体国际战略，它基于三大战略的综合要求而形成。因此，研究中国开放型经济学不仅有利于深入研究和理解习近平新时代中国特色社会主义思想，更有利于系统研究中国对外开放战略与中国整体国际战略之间的关系。因此，中国开放型经济学既是中国国际战略顶层设计的一个重要组成部分，又是习近平新时代中国特色社会主义思想研究的一个重要方面。

一、中国开放型经济学与开放型世界经济

2013年9月5日，国家主席习近平在二十国集团领导人峰会第一阶段会议上就世界经济形势发表了题为《共同维护和发展开放型世界经济》的演讲，在演讲中指出："发展创新，是世界经济可持续增长的要求。增长联动，是世界经济强劲增长的要求。一个强劲增长的世界经济来源于各国共同增长。各国要树立命运共同体意识，真正认清'一荣俱荣、一损俱损'的连带效应，在竞争中合作，在合作中共赢。在追求本国

---

① 习近平：《高举中国特色社会主义伟大旗帜　为全面建设社会主义现代化国家而团结奋斗——在中国共产党第二十次全国代表大会上的报告》，人民出版社2022年版，第27页。

利益时兼顾别国利益，在寻求自身发展时兼顾别国发展。相互帮助不同国家解决面临的突出问题是世界经济发展的客观要求。让每个国家发展都能同其他国家增长形成联动效应，相互带来正面而非负面的外溢效应。利益融合，是世界经济平衡增长的需要。平衡增长不是转移增长的零和游戏，而是各国福祉共享的增长。各国要充分发挥比较优势，共同优化全球经济资源配置，完善全球产业布局，建设利益共享的全球价值链，培育普惠各方的全球大市场，实现互利共赢的发展。"①

党的十九大报告指出："加大对发展中国家特别是最不发达国家援助力度，促进缩小南北发展差距。中国支持多边贸易体制，促进自由贸易区建设，推动建设开放型世界经济。"党的二十大报告指出："中国坚持对外开放的基本国策，坚定奉行互利共赢的开放战略，不断以中国新发展为世界提供新机遇，推动建设开放型世界经济，更好惠及各国人民。中国坚持经济全球化正确方向，推动贸易和投资自由化便利化，推进双边、区域和多边合作，促进国际宏观经济政策协调，共同营造有利于发展的国际环境，共同培育全球发展新动能，反对保护主义，反对'筑墙设垒''脱钩断链'，反对单边制裁、极限施压。中国愿加大对全球发展合作的资源投入，致力于缩小南北差距，坚定支持和帮助广大发展中国家加快发展。"

由此可见，在国内国际双循环相互促进的新发展格局下，坚持合作共赢的开放战略，推动建设开放型世界经济，对于世界各国人民和经济全球化的发展都具有十分重要的意义。面对复杂多变的国际形势和国家之间的摩擦，加强中国开放型经济学研究也是哲学社会科学工作者的时代使命和责任担当。

二、中国开放型经济学与中国式现代化

2013 年 3 月 23 日，国家主席习近平在莫斯科国际关系学院发表了《顺应时代前进潮流　促进世界和平发展》的演讲，指出"这个世界，和平、发展、合作、共赢成为时代潮流，旧的殖民体系土崩瓦解，冷战时期的集团对抗不复存在，任何国家或国家集团都再也无法单独主宰世界事务""面对国际形势的深刻变化和世界各国同

---

① 习近平：《共同维护和发展开放型世界经济》，《人民日报》2013 年 9 月 6 日第 2 版。

舟共济的客观要求，各国应该共同推动建立以合作共赢为核心的新型国际关系，各国人民应该一起来维护世界和平、促进共同发展""中国将坚定不移走和平发展道路，致力于促进开放的发展、合作的发展、共赢的发展，同时呼吁各国共同走和平发展道路"。①

党的十九大报告指出："坚持推动构建人类命运共同体。中国人民的梦想同各国人民的梦想息息相通，实现中国梦离不开和平的国际环境和稳定的国际秩序。中国将高举和平、发展、合作、共赢的旗帜，恪守维护世界和平、促进共同发展的外交政策宗旨，坚定不移在和平共处五项原则基础上发展同各国的友好合作，推动建设相互尊重、公平正义、合作共赢的新型国际关系。中国决不会以牺牲别国利益为代价来发展自己，也决不放弃自己的正当权益，任何人不要幻想让中国吞下损害自身利益的苦果。中国奉行防御性的国防政策。中国发展不对任何国家构成威胁。中国无论发展到什么程度，永远不称霸，永远不搞扩张。"

党的二十大报告指出："中国式现代化是走和平发展道路的现代化。我国不走一些国家通过战争、殖民、掠夺等方式实现现代化的老路，那种损人利己、充满血腥罪恶的老路给广大发展中国家人民带来深重苦难。我们坚定站在历史正确的一边、站在人类文明进步的一边，高举和平、发展、合作、共赢旗帜，在坚定维护世界和平与发展中谋求自身发展，又以自身发展更好维护世界和平与发展。"

由此可见，中国开放型经济学具有加强中国特色社会主义理论和"中国道路"研究的意义。这一研究不仅是关于中国对外开放的研究，还是关于探索中国道路的一个重要研究，是关于中国以中国式现代化全面推进中华民族伟大复兴，同时又以中国的新发展为世界提供新机遇，并通过"和平、发展、合作、共赢"更好地维护世界和平和发展的研究。

三、中国开放型经济学与制度型开放

2013 年是中国开放从商品和要素流动型开放向制度型开放转变的一个非常重要的

---

① 习近平：《顺应时代前进潮流 促进世界和平发展》，《人民日报》2013 年 3 月 24 日。

时间节点。正是在这一年，中国提出了"一带一路"倡议。几乎在同时，党中央又作出了设立中国（上海）自由贸易试验区（以下简称"上海自贸试验区"）的决定。这意味着，在2013年下半年的短短两个月中，中国不仅建立了上海自贸试验区，开始了外商投资管理体制机制创新探索；而且在国际上提出了"一带一路"倡议。沿着这两条主线，中国开始了制度型开放的一系列探索。

（一）通过自贸试验区探索改革开放的"中国道路"

2013年11月，党的十八届三中全会通过《中共中央关于全面深化改革若干重大问题的决定》，该决定特别指出："建立中国上海自由贸易试验区是党中央在新形势下推进改革开放的重大举措，要切实建设好、管理好，为全面深化改革和扩大开放探索新途径、积累新经验。在推进现有试点基础上，选择若干具备条件地方发展自由贸易园（港）区。"[①]

党的十九大报告指出："推动形成全面开放新格局。开放带来进步，封闭必然落后。中国开放的大门不会关闭，只会越开越大。赋予自由贸易试验区更大改革自主权，探索建设自由贸易港。"

党的二十大报告指出："我们实行更加积极主动的开放战略，构建面向全球的高标准自由贸易区网络，加快推进自由贸易试验区、海南自由贸易港建设，共建'一带一路'成为深受欢迎的国际公共产品和国际合作平台。我国成为一百四十多个国家和地区的主要贸易伙伴，货物贸易总额居世界第一，吸引外资和对外投资居世界前列，形成更大范围、更宽领域、更深层次对外开放格局。"

由此可见，通过自贸试验区探索改革开放的"中国道路"，是中国对标国际标准，以开放倒逼改革，构建开放型经济新体制，推动形成更大范围、更宽领域、更深层次对外开放格局的重要举措。对于自贸试验区创新实践的剖析，不仅是中国开放型经济学研究的对象，也是深入学习贯彻习近平新时代中国特色社会主义思想的重要环节。

（二）以"一带一路"建设促进与世界各国的共同发展

2013年9月7日，国家主席习近平在访问哈萨克斯坦时发表了《弘扬人民友谊

---

① 《中共中央关于全面深化改革若干重大问题的决定》，《人民日报》2013年11月12日。

共创美好未来》的重要演讲，提出共建"丝绸之路经济带"的战略构想。2013 年 10 月 3 日，国家主席习近平在印度尼西亚国会演讲时说道："中国愿同东盟国家加强合作，共同建设 21 世纪海上丝绸之路。"《中共中央关于全面深化改革若干重大问题的决定》提出要"加快沿边开放步伐……建立开发性金融机构，加快同周边国家和区域基础设施互联互通建设，推进丝绸之路经济带、海上丝绸之路建设，形成全方位开放新格局。"

在党的十九大报告中，习近平总书记曾经五次提到"一带一路"，并强调"中国坚持对外开放的基本国策，坚持打开国门搞建设，积极促进'一带一路'国际合作，努力实现政策沟通、设施联通、贸易畅通、资金融通、民心相通，打造国际合作新平台，增添共同发展新动力"。党的十九大还审议通过将"推进'一带一路'建设"等内容写入党章。

2023 年也是"一带一路"倡议提出十周年之际。十年来，中国从国际经贸规则接受者逐渐向国际经贸规则引领者转变。据统计，截至 2023 年 1 月 20 日，中国已经同 151 个国家和 32 个国际组织签署 200 余份共建"一带一路"合作文件。党的二十大报告指出"推动共建'一带一路'高质量发展"将进一步推动沿海、内陆和中西部地区对外开放的协同发展，助力商品和要素在国内国际的双循环中流动，提升"双循环"新发展格局下制度型开放的新内涵。随着开放的中国逐渐走向世界，中国特色开放发展理念和中国特色开放发展道路逐渐为世人所熟知，中国开放型经济学理论也将在中国改革开放的创新实践中日益丰富和完善。

第四节　本书的总体思路、结构安排和主要内容

一、总体思路

本书围绕中国开放型经济学学科体系建设，从打造具有中国特色、中国风格、中国气派的哲学社会科学出发，阐释中国开放型经济学的问题导向、实践特色、发展方向和话语体系；内容涵盖从国外开放型经济理论与政策实践到中国新时代"双循环"新发展格局下中国开放型经济学的理论内涵和学科定位，从金融、贸易、投资领域开放到"一带一路"建设；最后在分析国际经济格局变化与国际经贸关系的基础上，提

出有助于奉行互利共赢开放战略、推进高水平对外开放的学科目标。

从总体思想来看，首先立足于学科体系建设，继而以理论发展、领域开放为着力点，从理论到实践逐层展开论述，最后提出新时代中国"双循环"新发展格局下中国推进高水平对外开放的战略与对策。

二、结构安排及主要内容

本书共分为九章，结构安排及主要内容如下所述。

第一章阐述中国开放型经济学的问题导向、实践特色、发展方向和话语体系，以及构建中国开放型经济学学科体系的理论依据和实践运用。

第二章从国外开放型经济理论研究出发，梳理总结典型国家（地区）实施开放型经济的政策实践并加以评述，为中国开放型经济学理论的提出奠定基础。

第三章分析中国"双循环"新发展格局下中国开放型经济学的理论逻辑、内涵与定位，提出构建新发展格局需要深化研究的主要问题，在理论上阐释了中国开放型经济学研究在新时代新发展格局下的意义和价值。

第四章从金融开放与金融风险防范的理论发展出发，对新发展格局下高水平金融开放，以及高水平金融开放下金融服务实体经济、系统性金融风险防范、有序推进人民币国际化等问题进行研究。

第五章提出制度驱动与动态比较优势培育的理论分析框架，分析贸易强国建设目标下的制度驱动升级，并对自贸试验区（港）试点与贸易强国建设的政策实践进行研究。

第六章围绕双向投资高质量发展模式与路径、外商投资制度改革与营商环境建设、双向投资保护与风险防范、"一带一路"与双向投资、中国特色双向投资发展的新格局等问题进行探讨。

第七章从"一带一路"高质量发展为全球经济增长提供新动能、"一带一路"高质量发展创新区域合作的新模式、"一带一路"高质量发展促进全球治理体系的完善、"一带一路"高质量发展推动人类命运共同体建构等方面进行研究。

第八章从理论出发，研究国际经济格局的重大变化，分析世界主要经济体在国际经济格局变化中的立场及全球经济治理机制改革，进而探讨中国在国际经济格局变化中的选择及影响。

第九章从理论出发，分析经济全球化发展新阶段下中国贸易利益与产业升级的双向影响、新外部形势下中国产业国际竞争的不确定性，以及新发展格局下以对外开放提升全球福利的制度建设等议题。

第二章　国外开放型经济理论研究与政策实践

　　发展开放型经济，提高开放型经济水平，是改革开放以来党和国家提出的一项经济发展战略目标，也是国家实行对外开放的一项重要任务。对此，学术界与相关部门进行了深入而广泛的理论探究，取得了一些成果。本章则在已有研究基础之上，梳理西方开放型经济理论，并归纳总结典型国家（地区）实施开放型经济的政策实践，从而得出其经济发展的经验与教训，以期为构建中国特色开放型经济学、推进中国开放型经济发展的实践提供理论支撑和现实依据。

第一节　国外开放型经济理论

　　自中国提出发展开放型经济以来，关于它的提法在政策层面上就经历了一系列变化，这些变化不仅与中国开放型经济的发展状况息息相关，还主要得益于国外学术界一直以来的理论研究进展。国外开放型经济理论的主流包含三个方面的内容：国际贸易理论、国际投资理论及国际金融理论。并且，随着国际形势的不断变化，国外开放型经济理论也在不断完善和延伸，由此出现了全球价值链理论、区域经济一体化理论和全球治理理论，这些理论的出现既为开放型经济体系的完善升级奠定了理论基础，又为解释不同时期经济发展的不同现象提供了新思路。

一、国际贸易理论

　　15—17 世纪的西方重商主义盛行，而伴随工业革命的火热进行，资本主义的车轮也在不断地向前滚动。但由于彼时西方国家过于片面追求贸易逆差，只考虑谋求自己本国的最大利益，一味扩大出口，抑制资本输入，在很大程度上造成他国利益损失；因此，西方国家开始寻求从海外获得廉价劳动力和原材料的途径，自由贸易的呼声也随之越来越高。在这种背景下，自由贸易理论应运而生。自由贸易理论自产生开始，便成为国际贸易遵循的主要规则和理论依据，国际贸易理论的主流学派一直倡导自由贸易，并将其作为贸易政策追求的理想目标。截至目前，国际贸易理论的发展大致经历了古典贸易理论、新古典贸易理论、新贸易理论及新新贸易理论四大阶段。

（一）古典贸易理论

古典贸易理论产生于 18 世纪中叶，主要包括亚当·斯密的绝对优势理论和大卫·李嘉图的比较优势理论。其中，绝对优势理论又称绝对成本理论，由英国古典经济学家亚当·斯密于 1776 年在《国民财富的性质及原因的研究》一书中提出。其认为，国与国之间绝对成本的差异是产生国际贸易的原因，若一国在生产某一种商品上所耗费的成本绝对低于他国，则该国就具备生产该产品的绝对优势，从而可以出口；反之则需要进口。如果所有参与贸易的国家都利用自身优势去生产产品，并与其他国家之间进行彼此交换，将会极大地促进资本主义发展。该理论也正是早期社会分工贸易理论中的主要内容之一。而大卫·李嘉图认为，国际贸易分工的基础不限于绝对成本的差异，国家之间技术水平的相对差异可以产生比较成本的差异，进而构成国际贸易的原因，该理论遵循"两优取其重、两劣取其轻"的原则。基于这种情况下的贸易分工，同样能够使参与贸易的双方从中获利。综上所述，古典贸易理论从劳动生产率的角度说明了国际贸易产生的原因，折射出国际交往活动中的"双赢"思想。

（二）新古典贸易理论

随着人类社会生产水平的持续提高，经济贸易范围不断扩大，国际贸易理论也得到快速发展。由此，国际贸易理论从最初的古典贸易理论阶段发展到新古典贸易理论阶段。20 世纪 30 年代，瑞典学派的主要代表赫克歇尔和俄林最早提出了要素禀赋论（H—O 理论），后由萨缪尔森等人不断加以完善。要素禀赋论涉及很多基本假定，部分与亚当·斯密自由贸易理论中的假定契合，但又补充了一些其他条件。其中比较突出的假定，即参与贸易的双方中一个国家的劳动要素禀赋比较丰裕，其生产劳动密集型产品；而另一个国家的资本要素禀赋比较丰裕，该国则生产资本密集型产品。赫克歇尔和俄林认为生产要素禀赋差异也是产生国际贸易的一个重要基础条件。后来，哈伯、米德、勒那、里昂惕夫等学者将一般均衡分析的新古典模型与 H—O 理论融为一体，最终形成国际贸易理论的标准模型（2×2×2 模型）——新古典贸易理论。这一以要素禀赋论为核心的新古典贸易理论在 20 世纪相当长的时期内，一直处于国际贸易理论的核心地位。

古典贸易理论和新古典贸易理论都属于传统国际贸易理论。传统国际贸易理论所讨论的国际贸易只有产业之间的贸易，即传统国际贸易理论只考虑了不同产业间产品的交换。也就是说，根据传统国际贸易理论，一国不可能同时出口和进口同一种商品。因而，传统国际贸易理论不能解释当今世界普遍存在的产业内贸易现象。

（三）新贸易理论

进入 20 世纪 60 年代，在国际贸易领域，大量存在一国既出口又进口同一产业内产品的情况，这一有悖于要素禀赋论的现象引起了 Verdoon（1960）、Balassa（1966）等学者的关注，Grubel 和 Lloyd（1975）对此现象进行了研究，并提出产业内贸易理论。20 世纪 70 年代后期，Krugman（1979，1980，1981）、Dixit 和 Norman（1980）、Lancaster（1980）、Helpman（1981）、Ethier（1982）、Brander 和 Spencer（1985）、Eaton 和 Grossman（1986）等将产业组织理论和市场结构理论嵌入新古典贸易模型中，形成了所谓的新贸易理论。该理论采用规模经济、不完全竞争、消费者偏好多样性和产品差异化来解释产业内贸易的形成原因，对古典贸易理论和新古典贸易理论中的完全竞争市场、规模报酬不变和产品同质等基本假设进行了彻底颠覆，不仅为解释贸易动因与贸易基础开辟了新的源泉，而且较好地诠释了发达国家之间同一产业内贸易占绝大部分比例这一历史现实。

（四）新新贸易理论

20 世纪以来，以跨国公司为代表的国际贸易微观主体的作用越来越多，其交易额早已达到全球贸易总额的 1/3 以上，因而迫切需要发展一种以企业为研究对象的理论来解释国际贸易现象及相关问题。20 世纪末，以伯纳德为代表的经济学家通过对各个国家企业层面的微观数据进行实证研究发现，出口企业比非出口企业在多个维度上表现得更为优异，而是什么原因导致了出口企业比非出口企业更具有优势却有待解释。Melitz（2003）以不完全竞争模型为基础，通过引入生产率差异创立了异质性企业模型，奠定了新新贸易理论的一大分支，它从企业层面解释了贸易的动因、贸易的方式以及贸易的福利效应，回答了国际贸易路径选择问题。Antras（2003）在企业异质性理论的基础上融合产业组织理论与契约理论，创立了企业内生边界模型，解释了企业在资源配置方式上的选择问题，构成了新新贸易理论的另一个分支。新新贸易理论的产生，打破了以往贸易理论关于企业同质性的假定，把国际贸易建立在异质性企业这一微观主体基础之上，对当今国际贸易成因、结构和模式进行了相当具有说服力的全新解读。

二、国际投资理论

广义的国际投资理论包括国际间接投资理论和国际直接投资理论。资本在国家之间的转移带来了资本的国际流动，西方经济学家对此进行了研究。早期的国际投资理论解释资本流动主要以间接投资为研究对象，这些理论也称作国际间接投资理论，是后来发展起来的国际直接投资理论的源头之一。

（一）国际间接投资理论

国际间接投资又可以称为"国际金融投资"，是指投资者购买外国发行的公司股票、公司债券或政府债券、衍生债券等金融资产，只谋求取得股息、利息或买卖证券的差价收益，而不取得对筹资者经营活动控制权的一种国际投资方式。国际间接投资理论中最重要的理论便是国际证券投资理论，该理论认为国际证券投资的起因是各国之间存在利率差异。若一国的利率低于另一国的利率，那么金融资本就会从利率低的国家流向利率高的国家，直到两国的利率相等为止。换句话说，在国际资本能够自由流动的条件下，如果两国的利率存在差异，两国能够带来同等收益的有价证券的价格也会产生差异，即高利率国家的有价证券价格低，低利率国家的有价证券价格高。这样低利率国家投资者就会向高利率国家投资购买有价证券。

（二）国际直接投资理论

国际投资中最为重要的分支是国际直接投资。国际直接投资是指投资者以控制企业部分产权、直接参与经营管理为特征，以获取利润为主要目的的资本对外输出。随着全球贸易及投资自由化的蓬勃发展，经济全球化浪潮一浪高过一浪。20世纪60年代之后，国际直接投资的规模明显扩大，特别是跨国公司的迅猛发展，更使得国际直接投资受到国际社会的普遍重视。国际直接投资的不断发展变化，要求有相应的国际直接投资理论对其进行诠释。通过梳理发现，国际直接投资理论主要包括如下八种理论，分别是垄断优势理论、产品生命周期理论、内部化理论、国际生产折衷理论、比较优势投资理论、国际直接投资发展阶段理论、投资诱发要素组合理论及补充性对外直接投资理论。

1. 垄断优势理论

美国经济学家海默于 1960 年提出垄断优势理论，该理论认为国际直接投资是结构性市场不完全尤其是技术和知识市场不完全的产物。企业在不完全竞争条件下获得的各种垄断优势，如技术优势、规模经济优势、资金和货币优势及组织管理能力的优势，是该企业从事对外直接投资的决定因素或主要推动力量。海默的垄断优势理论为国外直接投资理论的发展奠定了基础，为了使这个理论更好地适应现实经济社会，西方学者对其进行了多方面的补充与完善：一是进一步论述了跨国公司的各种垄断优势理论；二是论证了跨国公司在出口、直接投资与许可证交易三种方式中选择直接投资的根据和条件；三是提出了对跨国公司海外直接投资原因的不同解释。

2. 产品生命周期理论

产品生命周期理论，是指跨国公司根据产品生命周期，即从推出新产品到广泛生产、销售甚至退出市场整个过程的不同阶段所作出的对外直接投资决策的一种理论。1966 年美国哈佛大学教授维农提出产品生命周期理论，发现美国跨国公司通常根据产品所处的不同阶段来决定这些产品的生产地点和销售地点，其对外投资决策与产品生命周期有关。根据这一理论，产品的生命周期可以划分为三个不同的阶段：第一阶段是新产品阶段，企业在国内市场就可以获得高额利润，这一阶段不会出现企业的国际直接投资行为；第二阶段是产品成熟阶段，企业开始通过规模经济降低成本，出现跨国生产和对外直接投资的地区选择；第三阶段是产品标准化阶段，企业的技术垄断优势不复存在，企业将其所拥有的优势与其产品生命周期的变化联系起来，通过对外直接投资将产品的生产转移到工资最低的国家和地区。由此可知，产品生命周期理论反映了国际企业从最发达国家到一般发达国家，再到发展中国家的直接投资过程。

3. 内部化理论

1976 年，英国巴克莱和卡森在《跨国公司的未来》中提出内部化理论，该理论指出，跨国公司生产以外的活动如研究与开发、培训等，与中间产品（半成品和原材料，以及包含在专利权、人力资本中的各种知识）密切相关。中间产品市场尤其是知识产品市场的不完全，使得企业不能有效利用外部市场来协调其经营活动，这是构成内部化的关键前提。内部化理论强调企业通过内部组织体系以较低成本在内部转移该优势的能力，并把这种能力当作企业对外直接投资的真正动因。在市场不完全的情况下，企业为了谋求整体利润最大化，倾向于将中间产品，特别是知识产品在企业内部转让，以内部市场来代替外部市场。与其他理论相比，内部化理论属于一般理论，能解释大部分对外直接投资的动因。而其他国际直接投资理论仅从产品或生产要素等某些侧面来分析跨国公司对外直接投资的原因，因此内部化理论不同程度地包含了其他理论，有助于人们对跨国公司的成因及其对外投资行为的进一步深入理解。

4. 国际生产折衷理论

1977 年英国经济学家邓宁提出国际生产折中理论，认为企业从事国际直接投资由该企业本身所拥有的所有权特定优势、内部化特定优势和区位特定优势三大基本因素共同决定。其中，所有权特定优势是由独占无形资产所产生的优势和企业规模经济所产生的优势。内部化特定优势是指跨国公司运用所有权特定优势，以节约或消除交易成本的能力。区位特定优势是东道国拥有的优势，企业只能适应和利用这项优势，主要包括由东道国要素禀赋所产生的优势以及由东道国的政治经济制度、灵活的政策法规等形成的有利条件与良好的基础设施。企业若仅拥有所有权特定优势，则选择技术授权；企业若具有区位特定优势和内部化特定优势，则选择出口；企业若同时具备三种优势，才会选择国际直接投资。国际生产折衷理论克服了传统对外投资理论只注重资本流动方面的研究的局限，将直接投资、国际贸易、区位选择等综合起来加以考虑，使国际投资研究向比较全面和综合的方向发展。

5. 比较优势投资理论

1978 年日本学者小岛清提出比较优势投资理论，认为日本具有比较优势的部门或企业，原本可以通过出口贸易来保持其海外市场的占有份额；但当某些部门或企业在贸易出口方面已经失去这种比较优势，而东道国具有资源丰富、劳动成本低等优势，只是由于缺乏资金、技术和管理技能，使自身资源开采和劳动力密集的比较优势不能得到充分利用时，日本企业进行对外直接投资不仅有利于利用东道国的比较优势，而且也有利于日本进行产业结构调整，把处于比较劣势的生产活动转移到国外，并推动这些企业运用本国新的比较优势发展新的出口，从而使日本企业的比较优势持续不衰。这一理论实际上是日本20世纪50年代以后对外经济政策的一种总结反映。相比于其他理论，比较优势投资理论的不同之处在于其从投资国的角度而不是从跨国公司的角度分析国际直接投资，克服了传统的国际直接投资理论只重视微观而忽略宏观的缺陷，能够较好地解释国家层面对国际直接投资的动机。

6. 国际直接投资发展阶段理论

20世纪80年代初，邓宁在《解释不同国家国际直接投资定位：一种动态发展路径》一文中，研究了以人均国民生产总值（GNP）为标志的经济发展阶段与一个国家的外商直接投资（外资流入），以及一个国家对外直接投资（资本流出）与一国净对外直接投资之间的关系。其主要包括四个阶段的内容。第一阶段——人均GNP低于400美元或等于400美元，这一国家的企业还未产生所有权优势，不会产生直接投资净流出现象。第二阶段——人均GNP为400—1 500美元。这一时期外资流入量增加，但主要是利用东道国原材料及劳动力成本低廉的优势，进行一些技术水平较低的生产性投资。第三阶段——人均GNP为2 000—4 750美元。这一时期由于东道国企业所有权优势和内部化优势增加，人均净投资流入开始减少，对外直接投资流出增加。这标志着一个国家的国际直接投资已经发生质的变化，即开始了专业化国际直接投资过程。第四阶段——人均GNP为2 600—5 600美元，随着该国经济发展水平的提高，这些国家的企业开始具有较强的所有权优势和内部化优势，并具备发现和利用外国区位优势的能力，这一时期是国际直接投资净流出时期。

7. 投资诱发要素组合理论

20世纪80年代后期，由跨国公司主导的国际投资成为全球经济一体化的主要力量，更多经济学者将研究重点从内部因素转移到外部因素对跨国公司行为的影响上，对国际直接投资进行了分析，提出了投资诱发要素组合理论。该理论是指把国际直接投资建立在直接诱发要素和间接诱发要素的组合基础上进行分析与研究的一种理论。直接诱发要素主要是指各类生产要素，包括劳动力、资本、资源、技术、管理及信息知识等。其既可存在于投资国，也可存在于东道国。若投资国拥有技术上的相对优势，可诱发其对外直接投资；反之，当东道国拥有这种要素优势时，投资国可以通过对外直接投资的方式来利用东道国的这种要素优势。间接诱发要素是指除直接诱发要素之外的其他诱发对外直接投资的因素，主要包括三个方面：投资国环境、东道国环境、国际经济环境。发达国家企业的对外直接投资是直接诱发要素起主要作用，发展中国家企业的对外直接投资则更大程度上是间接诱发要素起主要作用。

8. 补充性对外直接投资理论

以上国际直接投资理论主要解释发达国家及其企业对外直接投资的现象。但随着发展中国家跨国公司的兴起及对外直接投资规模的扩大，如何解释发展中国家对外直接投资的新趋势，是国际直接投资理论界面临的重要挑战。由此产生了小规模技术理论、技术地方化理论、规模经济理论、市场控制理论、国家利益优先取得理论以及技术创新产业升级理论，这些理论对丰富国际直接投资理论的丰富和完善具有重要作用，也获得了西方经济理论界的高度评价。

其中，小规模技术理论被西方理论界认为是发展中国家跨国公司研究的早期代表性成果。美国经济学家刘易斯·威尔斯于1977年首次提出小规模技术理论，1983年威尔士对其进行了更详细的论述，认为发展中国家跨国公司的竞争优势主要体现在三个方面：一是拥有为小市场需要服务的劳动密集型小规模生产技术，二是在国外生产民族产品，三是产品低价营销战略。技术地方化理论由英国经济学家拉奥于1983年提出，用来解释发展中国家对外直接投资行为。拉奥在深入研究印度跨国公司的竞争优势和投资动机后，认为发展中国家跨国公司的技术特征尽管表现为规模小、使用标准化技术和劳动密集型技术，但这种技术的形成却包含企业内在的创新活动。规模经济理论认为，对于很多商品和服务的生产经营者来说，随着生产和管理技术的进步和生产规模的扩大，与商品、服务的市场价值增加相比，商品、服务的生产经营成本有递减趋势。如果主要规模经济效果大于设立子公司、分公司的成本，那么设立子公司、分公司就是可取的。当市场、原材料基地或其他生产要素在发达国家而母企业在发展中国家时，发展中国家的企业向发达国家直接投资就成了理所当然的事情。市场控制理论认为，许多商品经营都需要中间服务，而这一服务通常由中间商提供。如果一个厂商的商品或服务不能给中间商高额利润，或者该厂商生产经营的风险较大，则难以从中间商那里得到良好的服务。另外，如果中间商与厂商合作不好，则会导致厂商在公众心中的形象受损。在这两种情况下，只要具有经济、技术、法律上的可行性，对企业长远发展有利，企业就会将中间服务内部化，直接控制中间服务。当厂商来自发展中国家，中间服务在发达国家，则发展中国家的这一厂商就会向发达国家直接投资，自行提供这一中间服务。国家利益优先取得论认为，从国家利益角度看，大多数发展中国家的对外直接投资有其本身的特殊性，这些国家的企业按优势论标准来衡量是根本不符合跨国经营的条件的。但在世界经济一体化浪潮的冲击下，企业为赶上世界经济发展的潮流，不得不进行对外直接投资，寻求和发展自身的优势。在这种情况下，国家支持和鼓励企业进行跨国经营活动就在所难免。此外，英国学者坎特韦尔和托兰惕诺共同提出了技术创新产业升级理论。他们提出了两个基本命题：第一，发展中国家和地区产业结构的升级，说明了发展中国家企业技术能力的稳定提高和扩大，这种技术能力的提高是一个不断积累的结果。第二，发展中国家和地区企业技术能力的提高与其对外直接投资的增长直接相关。现有的技术能力水平是影响其国际生产活动的决定因素，同时也影响发展中国家跨国公司对外直接投资的形式和增长速度。在上述两个命题的基础上，该理论的基本结论是：发展中国家和地区对外直接投资的产业分布和地理分布是随着时间的推移而逐渐变化的，并且是可以预测的。该理论对于发展中国家通过对外直接投资来加强技术创新与积累，进而提升产业结构和加强国际竞争力具有普遍的指导意义。

三、国际金融理论

国际金融理论是现代国际经济学的一个分支。随着各国贸易关系日益密切，交往频繁，客观上需要债务清偿、货币兑换、收支调整、资产储备各方面金融活动，并产生相应的国际金融理论。国际金融理论主要包括国际收支理论、汇率制度理论、国际资本流动理论、国际货币体系与发展理论及金融自由化理论等。

（一）国际收支理论

国际收支理论是国际金融的重要基础理论之一，起源于 15 世纪至 16 世纪重商主义时期，20 世纪 30 年代至 40 年代，在经济学界先后出现了弹性论、吸收论、货币论等有关国际收支学说。这些学说的出现，为各国的均衡发展提供了一定的理论依据。其中，国际收支弹性论的基本观点为：货币贬值通过进出口商品价格的相对变化来影响本国出口商品的数量，在一定的进出口需求弹性下，可以改善贸易收支，进而起到调节国际收支的作用。国际收支弹性论建立在凯恩斯宏观经济分析框架之上，从国民收入恒等式出发，认为进口是国民收入的函数，任何自主性支出的变动都会通过乘数效应引起国民收入变动，进而影响国际收支状况。国际收支吸收论从宏观经济学的国民收入方程入手，着重考察总收入与总支出对国际收支的影响。该理论认为国际收支的不平衡原因是总收入和总支出的不平衡，因此可以通过改变总收入和总支出的政策来调节国际收支。国际收支货币论的基本思想是：国际收支不平衡表现为货币不平衡，如果货币当局的货币供应量供大于求，则过剩的货币供给会通过流向国外而消失；反之，如果货币当局的货币供应量供不应求，则对货币的超额需求将由从国外流入的货币弥补。

（二）汇率决定理论

汇率决定理论是国际金融理论的核心内容之一，主要分析汇率受何种因素影响、由哪种因素决定。汇率决定理论主要有国际借贷学说、购买力平价学说、利率平价学说、国际收支学说、资产市场说。国际借贷学说由英国学者 G.I. 戈申于 1861 年提出，该学说认为汇率是由外汇市场上的供求关系决定的，而外汇供求又源于国际借贷。国际借贷分为固定借贷和流动借贷，只有流动借贷的变化才会影响外汇的供求。1922 年，瑞典学者卡塞尔系统阐述了购买力平价学说，他认为两种货币间的汇率决定于两国货币各自所具有的购买力之比（绝对购买力平价学说），汇率的变动也取决于两国货币购买力的变动（相对购买力平价学说）。利率平价学说由凯恩斯在 1923 年提出，该学说认为两国之间的即期汇率与远期汇率的关系与两国的利率有密切的联系。同即期汇率相比，利率低的国家的货币的远期汇率会上升，而利率高的国家的货币的远期汇率会下跌。1944—1973 年布雷顿森林体系实行期间，各国实行固定汇率制度。这一时期的汇率决定理论主要从国际收支均衡的角度来阐述汇率的调节，即确定适当的汇率水平。这些理论统称为国际收支学说。1973年，布雷顿森林体系解体，固定汇率制度崩溃，实行浮动汇率制度，汇率决定理论有了更进一步的发展。资本市场说在20世纪70年代中后期成了汇率理论的主流。与传统理论相比，汇率的资本市场说更强调了资本流动在汇率决定理论中的作用，汇率被看作资产的价格，由资产的供求决定。

（三）国际资本流动理论

国际资本流动理论是国际金融理论的一个重要组成部分，旨在说明国际资本流动的原因、方式和影响。该理论根据赫克歇尔—俄林的贸易模式研究资本这一生产要素在国际间的流动，认为国际资本流动的原因是各国利率和预期利润之间存在差异。在各国市场处于完全竞争的条件下，资本可以自由地从资本充裕国流向资本短缺国，使各国的资本边际产出率趋于一致，从而提高世界的总产量和各国的福利。

（四）国际货币体系与发展理论

第一次世界大战前，各主要资本主义国家实行金本位制，实际上是实行以英镑为支柱的金币本位制，所以也称"英镑本位制"；第二次世界大战后实行的"布雷顿森林协定"，确定了美元在资本主义货币体系中的霸主地位，金本位制实际成为美元本位制；之后，随着经济实力的变化，围绕黄金非货币化和黄金再货币化的争论此起彼伏，反映出资本主义世界体系的深刻变化，这一变化意味着国际金本位制已一去不复返。

（五）金融自由化理论

自20世纪70年代以来，世界经济迅猛发展，其朝何方演变成为人们关注的话题；当此之际，金融自由化理论的提出给世界经济的发展带来了新的方向，各国都开始进行金融制度改革。金融自由化又称金融深化，是美国学者萧在《经济发展中的金融深化》一书中倡导的一种理论。萧认为，发展中国家要想使经济得到发展，就应重视金融对国民经济的影响，发挥金融对经济的促进作用，放弃它们所奉行的"金融压制"政策，实行"金融深化"或"金融自由化"政策。金融自由化理论主张改变金融制度，改变政府对金融的过度干预，放松对金融机构和金融市场的限制，增强国内的筹资功能以改变自身对外资的过度依赖，放松对利率和汇率的管制并使之市场化，从而使利率反映资金供求、汇率反映外汇供求。如此，整个金融体系特别是银行体系便能大量吸收储蓄存款，最终达到抑制通货膨胀、刺激经济增长的目的，这样金融体系和经济发展之间会出现良性循环。

四、开放型经济体系完善升级的理论基础

随着国际形势的不断变化，国外开放型经济理论不断完善和延伸，由此出现了全球价值链理论、区域经济一体化理论和全球治理理论，为开放型经济体系的完善升级奠定了理论基础。

（一）全球价值链理论

全球价值链理论萌芽于 20 世纪 80 年代，其中最具代表性的是波特（Poter）的价值链理论。波特认为公司整体的生产经营活动可根据不同性质和不同作用分解成基础活动环节与支持性活动环节。其中，基础活动包含生产、营销和售后服务；支持性活动环节则包含原材料供应、技术、人力资源和财务等。公司在各个活动环节中创造并传递价值，这些活动环节互相联系、相互影响，从而构成公司内部的价值链（Poter，1985）。寇伽特（Kogut，1985）则将价值链的概念扩展至区域与国家层面，其认为不同区域与国家在不同价值链的环节上具有不同的竞争优势，各个区域与国家在价值链上的位置应取决于自身在价值链环节的比较优势，而这一竞争优势又取决于一个区域或国家的企业竞争能力。相比于波特的理论，寇伽特的理论更能够反映价值链所具有的经济全球化背景以及垂直分离化特点。20 世纪 90 年代之后，Krugman 等（1995）进一步研究了价值链的垂直分离现象。Gereffi（1999）将价值链与全球化的理念相结合提出了全球商品链的分析框架，他认为生产者以及购买者是全球商品链的驱动力量，占据链条价值分配的主导地位，至此关于全球价值链力量的研究已经从真正意义上完成了从国内范围向全球范围的过渡。Gereffi 和 Kaplinsky（2001）在全球商品链基础上提出了全球价值链这一概念，提供了一种研究生产活动在全球空间范围内布局的方法，同时这个概念的提出也深刻揭示了当前世界经济运行的动态特征。全球价值链分工理论进一步解释了当前跨国公司主导下的生产活动跨地域布局，价值链包含设计、生产、组装、营销、售后服务等一系列环节，产品的国别属性越来越模糊，很难用产品的最后出口国来准确描述该产品的国别属性。但价值链上各个环节的

利润程度互不相同，每条全球价值链上总是存在一些能够创造更高利润的战略环节（Kaplinsky，2000）。

（二）区域经济一体化理论

区域经济一体化是20世纪下半叶以来，国际经济生活中出现的一大潮流，它是指两个或两个以上的国家或地区，通过相互协商制定经济贸易政策和措施，并缔结经济条约或协定，在经济上结合起来形成一个区域性经济贸易联合体的过程。区域经济一体化理论主要包括关税同盟理论、大市场理论、协议性国际分工原理以及综合发展战略理论。其中，关税同盟是指成员国之间完全取消关税和其他贸易壁垒，并对非成员国实行统一的关税税率而缔结的同盟。1950年，美国经济学家雅各布·维纳系统提出了关税同盟理论，他认为任何形式的区域经济一体化对于成员国和集团外国家都将产生一定的影响，这是区域经济一体化的效应。继维纳以后，米德、维纳克、利普塞等学者对关税同盟理论进行了补充，使其成为一种较为成熟的经济理论。大市场理论则从动态角度分析了国际区域经济一体化所取得的经济效应，其代表人物是经济学家西托夫斯基和德纽。这一理论的核心思想是：扩大市场是获取规模经济的前提条件，市场扩大带来的竞争加剧将促成规模经济利益的实现。协议性国际分工原理由日本著名教授小岛清提出，其内容是：在实行分工之前两国都分别生产两种产品，但由于市场狭小，导致产量较小、成本很高。两国经过协议性分工以后，都各自生产一种不同的产品，导致市场规模扩大、产量增加、成本下降。如拉美中部共同市场统一产业政策，由国家间计划决定的分工，就是典型的协议性国际分工。国际区域经济一体化的不断加强以及发达国家经济一体化的成功实践，使得发展中国家的经济一体化逐渐成为需要关注的重要话题。而对发展中国家经济一体化作出最具影响力的阐述的是鲍里斯·赛泽尔基，他提出的综合发展战略理论认为，经济一体化是发展中国家的 种发展战略，要求有强有力的共同机构和政治意志来保护较不发达国家的优势。所以，有效的政府干预对于经济一体化是很重要的，发展中国家的经济一体化是变革世界经济格局、建立国际经济新秩序的要素。

（三）全球治理理论

全球治理理论是顺应世界多极化趋势而提出的旨在对全球政治事务进行共同管理的

理论。该理论最初于 1990 年由社会党前国际主席、国际发展委员会前主席勃兰特提出。虽然全球治理理论还不十分成熟，但其无论在实践上还是在理论上都具有十分积极的意义。就实践而言，随着全球化进程的日益深入，各国的国家主权事实上已经受到不同程度的削弱，而人类所面临的经济、政治、生态等问题则越来越具有全球性特征，需要国际社会共同努力加以面对。全球治理顺应了这一世界历史发展的内在要求，有利于在全球化时代确立新的国际政治秩序。就理论而言，它打破了社会科学中长期存在的两分法传统思维方式，即市场与计划、公共部门与私人部门、政治国家与公民社会、民族国家与国际社会等。它把有效的管理看作两者的合作过程；它力图发展出一套管理国内和国际公共事务的新规制与新机制；它强调管理就是合作；它认为政府不是合法权力的唯一源泉，公民社会也同样是合法权力的来源；它把治理看作当代民主的一种新的现实形式；等等：所有这些都对推动政治学和国际政治学的理论发展起到了非常重要的作用。

第二节　典型国家（地区）实施开放型经济的政策实践

从世界经济的发展历程来看，不管是老牌发达国家还是新兴工业化国家，不管是市场经济国家还是转型经济国家，其工业化和现代化进程基本都与对外开放紧密联系在一起。鉴于在国家规模、资源禀赋、经济基础、历史文化以及科技水平等方面存在巨大差异，再叠加日益错综复杂的国际环境的影响，各国实施开放型经济的政策措施也千差万别。本节兼顾不同地域、不同国家（地区）规模、不同经济发展阶段、不同科技水平等因素，对发达国家、亚洲"四小龙经济体"、中东欧转型经济国家和拉美国家等四大类经济体的开放型经济政策实践进行了追溯与阐释。

一、发达国家实施开放型经济的政策实践

美国经济现代化的过程，同时也是对外开放和对外扩张的过程。凭借第二次世界大战后在世界经济中形成的特殊地位和在全球经济治理架构中的主导作用，美国一方面，致力于自身的对外开放与对外扩张；另一方面，一直向其他国家施加压力，要求它们全面开放市场。日本受制于自身地域面积狭小、自然资源贫乏等先天禀赋因素，于第二次世界大战后制定了"贸易立国"战略，旨在通过对外开放来解决发展瓶颈并

拓展国际市场，从而实现经济的突飞猛进。

（一）美国实施开放型经济的政策实践

美国不仅是全球最大的经济体，也是市场对外开放程度最高的国家之一。但在推进自身开放过程中，美国始终奉行自身利益优先原则，在贸易、投资和金融等领域均实施了相应的保护政策，并且近些年来其保护主义色彩越来越浓厚。

1. 自由主义与保护主义并存的贸易自由化进程

美国的贸易开放沿循贸易自由化的路径，在以"出口导向利益"为代表的自由贸易主义力量与以"进口竞争利益"为代表的贸易保护主义力量的较量中不断发展。堪称美国"贸易自由化宪章"的《1934年互惠贸易协定法》重构了美国贸易政策制定体制，开启了20世纪美国贸易自由化进程（戴斯勒，2006）。《1934年互惠贸易协定法》颁布后，1934—1939年，美国与其他国家共签署了22个旨在降低各自关税的贸易协定。同期美国向这22个有贸易协定国家的出口增长了61%，大大高于同期向没有贸易协定国家的出口增长38%的水平（Bailey et al.，1997）。此后各届美国总统都基于当时美国是世界上最重要的贸易输出国这一现实考虑，强调自由贸易的重要性，该协定法案对以后产生的《关税及贸易总协定》也有重要影响。但需要指出的是，《1934年互惠贸易协定法》在美国国会立法中的妥协性和互惠性特点使其不能将美国带入"自由贸易"阶段；它只能将美国带入"嵌入式自由主义妥协"阶段，这种妥协试图将自由贸易的收益与国内增加的社会压力和政治压力相协调（谈谭，2010）。

在乔治·沃克·布什（常被称为"小布什"）执政后，"竞争性贸易自由化"成为美国全球贸易的主导战略。该战略是指美国政府通过与贸易伙伴达成双边、区域性多边与全球性多边贸易协定，同时在双边、区域以及全球范围三个不同层次致力于美国主导下的贸易自由化（颜剑英，2006）。从小布什在总统任期内的具体政策实践来看，三个不同层次的贸易自由化均在不同程度上有所推进。在全球层次上，小布什政府把多边贸易谈判作为推行贸易霸权主义的主要渠道。在2001年11月的多哈会议、2003年9月的坎昆部长级会议等场合，美国展开了迫使发展中国家进一步开放市场的多轮攻势。在双边层次上，美国分别与新加坡、智利、摩洛哥、澳大利亚、巴林、阿曼等国签署了自由贸易协定（FTA），2007年签署的《美国—韩国自由贸易协定》成为小布什在总统任期内的封山之作。在区域层次上，2004年美国与哥斯达黎加、萨尔瓦多、危地马拉、洪都拉斯、尼加拉瓜等中美洲五国以及多米尼加共和国签署了《美国—中美洲自由贸易协定》，并启动了与非洲关税联盟五国[①]的自由贸易谈判。在双边 FTA 与区域自由贸易协定（RTA）中，投资与服务贸易自由化是美国的主要目标，同时裹挟着推广美式民主价值与服务美国安全政策的目的。所以，"竞争性贸易自由化"实则是以美国为中心、美国利益至上的自由化，也是一种典型的贸易霸权主义政策。

唐纳德·特朗普就任美国总统以后，先后宣布退出《跨太平洋伙伴关系协定》（Trans-Pacific Partnership Agreement，TPP）并多次宣称将退出 WTO 和《北美自由贸易协定》（North American Free Trade Agreement，NAFTA）等多边贸易体系，其贸易保守主义倾向更加明显。从美国贸易开放的历史进程来看，作为贸易强国，美国在贸易政策领域扮演着双重角色。一方面，美国寻求领导或管理全球规则和制度体系；而另一方面，美国寻求对国内利益需求的响应，以及自身相对霸权地位的维护（张丽娟，2016）。

2. 开放引资与外资审查并存的投资自由化进程

美国在立国之后的很长一段时间内，对外资保持欢迎态度。从整体来看，外资在美国享有国民待遇，美国政府对于利润转移和资本流出没有法律限制，在1973年还取消了对资本流入的限制，在1976年实行浮动汇率制之后，对于货币交易也没有外汇管制。为吸引外商直接投资，美国联邦政府、各州和地方政府均提供了各种激励措施。美国联邦政府层面的主要优惠措施包括：一是落后地区的税收优惠，联邦政府为落后地区提供了减免公司所得税等税收优惠，以鼓励外资流向这些落后地区，帮助其增加就业与提高收入；二是对特定投资的优惠措施，美国《国内收入法典》中有鼓励外资投向基础设施的优惠措施，包括允许全部减免外国投资者的资产收益税、允许某些资产的加速折旧等；三是出口产品的优惠措施，美国1982年颁布的《出口贸易公司法》对出口美国生产的产品或服务的外国公司提供了一系列优惠待遇，包括免受某些反托拉斯规定的约束、可吸收美国银行或银行控股公司的股权投资等。美国各州和地方政府为吸引外商直接投资提供了更为全面、更为细致的支持与激励：一是专门设置为外资企业从创业到开展经营全

---

① 非洲关税联盟五国包括博茨瓦纳、莱索托、纳米比亚、南非和斯威士兰。

过程提供帮助的机构与部门,为企业提供厂址选择、雇佣员工、融资保障等全流程服务;二是提供"一揽子激励计划",包括减免税、财政补贴、土地低价出让、低息贷款、特殊租期规定、员工培训资助等,甚至包括为外国投资者开办子女学校;三是特色产业招商方式成为吸引外商直接投资的高效手段,美国各州和地方政府基于"一城一业"或"一城几业"的发展定位,打造"群聚经济"发展模式,显著提高了对拟进入该产业的外商投资的吸引力。2007年,针对美国吸引外国直接投资不断下滑的趋势,美国联邦政府发表了《开放经济政策声明》,表示美国将在多个领域保护外国投资并提供各种投资便利,例如,消除某些领域对外资的不合理和歧视性限制,改善以所谓国家安全理由对外资进行的苛刻审查,等。在美国投资开放的过程中,跨国公司的作用举足轻重。跨国公司的数量越来越多,其国际化水平也越来越高,而跨国公司海外业务的迅速扩张使美国在国际市场竞争中始终保持很高的占有率,同时其也通过资本输出控制了越来越多的海外企业。如图2-1所示,美国跨国公司的资本流出额与外国跨国公司的资本流入额在过去40年总体呈现增长趋势。2021年外国跨国公司对美国的资本流入额达3 891.9亿美元,美国跨国公司对美国的资本流出额达3 499.6亿美元。

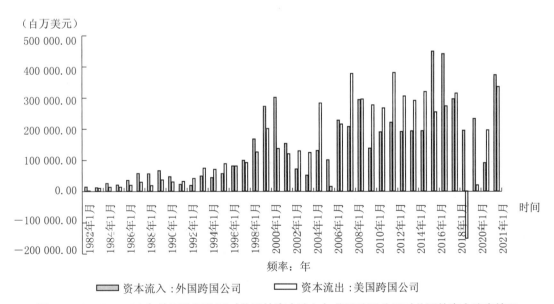

图2-1 1982—2021年外国跨国公司对美国的资本流入与美国跨国公司对美国的资本流出情况

注:图2.1中各年资本流入和资本流出均指所有行业当年总计。

资料来源:Wind数据库。

美国国家安全审查制度起源于第一次世界大战时期，1917 年为应对德国直接投资对美国国家安全产生的影响，美国国会出台了《与敌国贸易法》。1950 年美国国会又通过了《国防生产法案》，经过不断修订而发展成为美国国家安全审查的基础性法案。20 世纪 70 年代，由于日本经济的高速发展和欧佩克国家的石油资本大量流入美国，美国国会分别于 1974 年和 1976 年通过了《外国投资研究法》和《国际投资调查法》，这两项法案强化了对赴美外商直接投资的各项审查。1988 年，美国国会通过了《埃克森—弗洛里奥修正案》，授权美国总统管理并购类型的直接投资，该修正案于 1991 年成为永久性法律，以确保美国的竞争力。在"9·11"事件之后，美国国会于 2007 年通过了《外资与国家安全法》，该法案把对美国安全至关重要的关键基础设施和对国防至关重要的关键技术纳入审查范围。2018 年，时任美国总统特朗普签署了《外国投资风险评估现代法》，旨在收紧外资审查，保护国内制造业和敏感行业核心技术，从而继续维护美国的核心竞争力（熊灵、向欣宇，2022）。该法案不仅扩展了关键基础设施和关键技术的覆盖范围，而且进一步涵盖了文化安全、个人数据保护等非传统领域；不仅扩大了外商投资委员会[①]的审查权限，而且增加了强制性申报的要求。从美国国家安全审查制度的发展线索来看，尽管美国长期以来对外资持欢迎和开放的态度，但仍会根据特定时期的国际政治环境和国内经济状况对外资展开限制与审查。尤其是近些年来，美国国会与政府将更多的政治与安全因素纳入外资管制政策的考量中，将国家安全放在优先考虑的位置（陈妙、刘勇，2020）。

3. 放松管制与多重保护并存的金融自由化进程

美国于 1933 年颁布的《格拉斯—斯蒂格尔银行法案》明确了银行分业原则，1934 年的《证券交易法》、1940 年的《投资公司法》和《投资顾问法》等一系列金融业法案，逐步确立了美国金融市场的分业经营制度框架，也构建了各类金融机构的专业化经营模式。随着第二次世界大战后全球经济的迅速恢复，国际金融服务业迅猛发展，美国花旗银行率先开始积极拓展国际市场业务并取得巨大成功，其他美国银行如美洲银行、大通银行等纷纷效仿，积极拓展海外银行业务。1960—1990 年的 30 年间，美国

[①] 该机构于 1975 年增设，专门负责对外资的监管与审查工作。

银行业的对外开放步伐迅速加快：在海外设有分支机构的美国银行从8家发展到100家以上，资产总额从不足40亿美元增长到超过4 000亿美元（姚德良，2004）。为提高美国银行业的全球竞争力，美联储曾于1986年通过了一项允许部分美国银行提供有限投资银行业务的政策，从而突破了《格拉斯—斯蒂格尔银行法案》对混业经营的禁止限制。在新自由主义学派持续提倡的金融自由化理念之下，美国国会于1998年彻底取消了银行、证券公司、保险公司相互收购的限制，为突破银证保分业经营的格局奠定了法律基础。1999年11月通过的《格雷姆—里奇—布利雷法》（也被称为《金融服务现代化法》）则代表了金融自由化的立法成功，也标志着全能银行模式和放松金融管制成为国际金融业发展大趋势。该法案涵盖了金融自由化的所有内核，包括解除政府对资本市场监管和干预、金融机构混业经营自由化、汇率与利率形成机制完全市场化、资本项目自由化、金融产品创新自由化等。但必须指出的是，在推进银行业开放的同时，美国政府根据行业发展态势对银行提供了必要保护。例如，20世纪90年代，随着外国银行在美国市场的竞争力不断增强，美国政府认为外国银行已对本国银行业发展和金融体系稳定构成重要威胁，于1991年出台了《外国银行监管加强法》，全面收紧了对外国银行的监管，加强了对本国银行的保护。该法案建立了严格的市场准入标准，限制外国银行进入美国市场；获准进入美国市场的外国银行在吸收美国居民存款、吸纳美国联邦存款保险、并购或控股美国本国银行等经营范围上，被明令禁止或者受到严格限制。

二战后，美元成为国际中心货币，而美国有义务为世界各国提供流动性，因此美国几乎没有对资本账户实行特别管制，外国投资者在美国证券市场的投融资活动基本是自由的（周雄，2004）。1975年5月1日，美国证券委员会取消了对股票交易手续费的限制，实施股票交易手续费自由化，这次手续费自由化改革成为美国证券市场自由化的象征；其不仅为养老基金、共同基金、保险公司等机构投资者提供了证券投资便利，而且促使美国券商因佣金收入锐减而重新调整发展战略和不断开发金融创新产品。进入20世纪80年代，美国为吸引更多国际资本的流入，简化了外国投资者在美国发行美元债券的程序，发行人在美国证交所登记并获得批准后，可自行选择有利的发行时机。但在证券业开放的过程中，美国政府以准入限制和默认垄断为证券业提供保护，主要措施包括：一是美国政府以行业自律为名，使证券发行和公司并购业务处于长期监管空白之中，导致证券业建立了不完全的市场垄断（姜建清、赵江，2003）；二是对于共同基金市场，美国的《投资公司法》《投资顾问法》和其他法规把外国金融公司有可能涉及美国基金业的所有关键环节都纳入限制范围，包括发起人资格、基金注册、投资顾问身份、美国本土居民认购人数等。进入21世纪，随着新兴市场国家主权财富基金的迅速发展，为防止美国质优价廉的金融资产被外国投资者收购，美国政府在股权投资领域积极推行金融保护主义，如对主权财富基金提出政策限制、以国家安全为由强行阻止股权投资等。

2008年美国次贷危机爆发之后，金融自由化在美国跌了神坛，2012年美国出台的《多德—弗兰克华尔街改革和消费者保护法》开始推行全面而审慎的金融监管改革（何秉盛，2016）。主要改革措施包括：一是增设金融稳定监管委员会等机构，强化对所有具有系统重要性的银行和非银行金融机构的监管，防范系统性金融风险；二是增设消费者金融保护局，加强对消费者权益的保护；三是将对冲基金、私募基金、信用评级公司等纳入美联储等监管系统的监管范围。同时，随着金融危机影响的扩大和深入，美国开始从金融保护主义向金融新重商主义（左勇华，2014）转变，美国政府相继出台了金融市场稳定计划和金融机构救助计划，并接连推出几轮量化宽松货币政策，不仅鼓励本国金融机构将海外资金抽回美国，而且吸引大量国外资金进入美国股市。这种尽可能将金融资源留在美国的做法，实质上是一种"以邻为壑"的保护主义政策（张会清、王剑，2009）。

（二）日本实施开放型经济的政策实践

为克服自然禀赋因素对日本经济发展的制约，1952年日本确立了"贸易立国"战略并踏上外向型经济发展道路。在经济发展战略和对外开放政策的引导之下，日本经济得以快速恢复并进入高速增长期。随着经济全球化进程的加速，国际舆论压力和自身利益需求共同促使日本政府开启了经济自由化进程。

1. 以加入《关税及贸易总协定》为契机推进贸易自由化进程

日本虽然于1955年成为《关税及贸易总协定》的正式缔约国，但鉴于其在二战前的贸易倾销行为，多数国家对同日本进行贸易怀有戒备心理，对日本适用《关税及贸易总协定》最惠国待遇的主要国家只有美国、加拿大、意大利、联邦德国和北欧国家（崔岩，2000）。随着贸易自由化日益成为全球性趋势，日本政界和学界广泛意识到对自由化的被动防御比不上主动参与，加快自由化的进程才真正符合日本的自身利益。同时，国际货币基金组织、《关税及贸易总协定》等也纷纷提出，日本的经济实力已逐步恢复，其必须放弃外汇管制和进口限制等保护性措施，对外开放本国市场。在此背景之下，1960 年 6 月，日本通过了《贸易、外汇自由化计划大纲》这一历史性文件，该文件提出日本将逐步减少直至最终彻底消除进口限制等贸易限制，建立自由贸易体制。

自 1961 年开始，日本政府推进了第一次贸易自由化的进程并确定了循序推进的四项原则，一是对产业发展必需的原材料尽早实行自由化；二是对具备较强竞争能力及不与本国产品存在激烈竞争的产业，如纺织、钢材等可在最近的将来实行自由化；三是对处于技术开发过程中的产品和正在扶植的产业，如汽车、机床、重工机械等根据其竞争能力的提升情况实行自由化；四是对中小企业产品和农、林、渔、牧产品等推迟实现自由化。在上述原则指引之下，1961—1964 年，日本政府逐步对棉毛、化纤原料、原糖等原材料和纺织品、汽车等商品实行自由化，使其自由化比率从 1961 年的62% 提高到 1964 年的 93%，非自由化商品数量降至 174 种，残余进口限制商品数量同步降至 136 种（山本繁绰，1986）。日本的第二次贸易自由化高潮始于 20 世纪 70 年代初。迫于各方压力，日本开始先后对彩色胶卷（1971 年）、高级计算器及电子会计计算机（1973 年）、集成电路（1974 年）、电子计算机（1975 年）实施自由化（马成山，1991）。从 1972 年开始，日本的自由化比率稳定在 97% 的水平上，残余进口限制商品数量从 1968 年的 120 种降至 1976 年的 27 种，具体如表 2-1 所示。

表 2-1　日本贸易自由化的进展

年份	自由化比率（%）	非自由化商品数量（种）	残余进口限制商品数量（种）
1958	33	—	—
1959	34	—	—
1960	37	—	—
1961	62	—	—
1962	73	429	466
1963	89	229	195

（续表）

年份	自由化比率（%）	非自由化商品数量（种）	残余进口限制商品数量（种）
1964	93	174	136
1966	93	165	122
1968	93	163	120
1970	94	141	98
1971	94	123	80
1972	97	79	33
1973	97	83	32
1974	97	83	32
1975	97	83	29
1976	97	82	27
1977	97	80	27
1978	97	79	27
1979	97	79	27
1980	97	77	27

资料来源：根据山本繁绰（1986）相关数据整理得到。

2. 以加入经济合作与发展组织为契机推进投资自由化进程

1964 年，日本成为经济合作与发展组织（Organization for Economic Co-operation Development，OECD）的成员国，签署了《关于资本移动的自由化协定》，从而承担起放宽和取消对内投资和对外投资的限制、实现资本自由化的义务（崔岩，2000）。根据日本内阁会议通过的《关于外国直接投资等的自由化的决议》，日本从 1967 年 7 月开始实施第一次资本自由化措施，旨在以日本经济现状为前提条件，根据产业的不同成熟度实施不同程度的自由化。第一类是实行 50% 自由化的产业，适用于在资本、技术、设备、资源等方面具备国际竞争力但综合竞争力同国外相比仍存在差距的产业，如制药、照相机、电话设备、无线电等。该类产业的外商投资比例限制在 50% 以下并需要满足自动批准条件。第二类是实行 100% 自由化的产业，适用于在综合竞争力方面与国外差距不太大的产业，如钢铁、造船、啤酒、摩托车等。第三类是非自由化产业，是指第一类、第二类自由化产业之外的产业，不管外资出资比例多少，也不管是对现有公司或新设公司投资，外国投资均须经过个别审查。1969—1973 年，日本政府持续推进投资自由化进程，至 1973 年第五轮自由化之后，除了 5 个保留部门和 17 个暂缓实施部门之外，其他部门的新设企业均实现了外商直接投资比例达到 100%，外商股票投资的比例也达到 100%。

二战后，日本工业生产技术较之欧美发达国家大约落后 20—30 年，为改变技术落后的局面，实现"科技立国"的目标，日本将引进外资与引进技术紧密结合起来，实施技术引进自由化政策。[①] 一方面，日本政府利用外资向投资所在国或企业引进技术，不仅条件更为优惠，而且有利于消化和吸收；另一方面，要求外资与技术的引进同步进行，及时有效地发挥外资作用（郑功成，1987）。1961—1964 年，日本共引进甲类技术[②]5 256 项、乙类技术[③]3 291 项，分别比前期增长了 207% 和 80.4%。1971—1975年，日本共引进甲类技术 8 368 项、乙类技术 2 406 项，其中甲类技术增长了 59.2%（刘忠远、张志新，2010）。在技术立国战略的引领下，日本不仅引进技术，而且还重视积极消化、吸收、推广和扩散；不仅重视研究开发，更重视技术与创新在生产中的具体应用。通过引进外资与引进技术的结合，日本的经济增长方式逐渐从依靠要素投入向依靠技术进步转变。这不仅缓解了自然资源因素对日本经济增长的约束，而且培育了以劳动生产率和全要素生产率为核心的经济增长长期动力。

3. 以阶段式金融改革开放推进金融自由化进程

日本金融自由化可以分为三个阶段：以取消利率管制为主的反应式改革阶段、全面实施金融自由化的"金融大爆炸"阶段和以清理不良资产为主的金融再生改革阶段（孙丽，2018）。20 世纪 70 年代，在美国的主导之下，日本和美国共同设立了日美货币委员会，日本由此开启了金融自由化之路。最初的金融自由化进展较为缓和，70 年代日本主要自由化措施是培育国债市场和促进短期金融市场发展。在经济高速增长期结束之后，日本财政平衡政策被打破，超量国债发行成为常态，国债流通

---

① 根据 1968 年日本发布的《关于技术引进自由化内阁决议》，日本采取积极引进、消化、利用外国先进技术的策略，除了政府特别重视的部分技术之外，原则上采取自由化政策。只有对日本经济可能造成严重影响的技术，如飞机制造（包括附件及附属装置）、武器制造、火药、原子能、宇宙开发、电子计算机、石油化学等，方须经过个别审查。

② 甲类技术：合同期限或付款期限超过一年的项目。

③ 乙类技术：合同期限或付款期限不满一年的项目。

成为不得已的选择，管制利率受到破坏性冲击，利率自由化的窗口也被打开（孙智，2015）。1978 年，日本大藏省实施了国债"流动性"政策和利率"弹性化"政策，国债作为重要的自由利率金融商品开始流通。1979 年，为应对再回购债券商品，银行出现了可转让存款，标志着利率自由化正式开始。

进入 20 世纪 80 年代，日本金融自由化进程明显加快。1984 年，日本政府发表《金融自由化及日元国际化的现状与展望》的政策报告，开始加快存款利率自由化的步伐，并逐步取消存储起点、期限要求等限制，仅保留小额储蓄的利率限制，最终于 1993 年实现定期存款利率的完全自由化。贷款利率自由化则从 1989 年初开始实施，从最优惠短期贷款利率开始导入市场联动利率。1984 年 4 月，日本政府废除远期外汇交易的实际需求原则，于两个月后进一步废除外汇兑换日元的限制，这意味着日本实现了资本项目的自由兑换（木下信行，2018），从而实现了至关重要的外汇管理自由化。

1992 年，在日本泡沫经济破灭之后，其金融业遭受致命打击，银行业承担了巨额坏账，证券和外汇市场的交易量停滞不前，金融市场逐步脱离国际金融市场体系，出现边缘化现象。在此背景下，1997 年日本政府公布《金融体制改革计划》，开启被动的爆炸式金融改革，全部改革计划至 2006 年才得以完成。此次改革秉承自由、透明和全球化原则，旨在取消原有残留的金融规制，促进金融商品多样化和金融企业竞争，建立完全自由的金融市场，从而将日本打造成继纽约、伦敦之后的世界级金融市场。尽管本次金融改革活跃了资本市场，加速了资本流动，提高了资本运营效率，但全面加剧了金融机构竞争和个人金融资产的外流（陈建，1998），同时滞后的金融监管改革也加剧了日本金融体系的脆弱性。

2002 年，日本政府实行了金融再生计划，标志着日本新一轮金融自由化改革的开启。此次改革包含金融体系框架、企业复兴框架和新的金融行政框架三个方面，主要措施包括：加强金融制度建设、妥善解决不良资产问题、稳定中小企业金融环境、建立"特别支援机构"促进企业重组、建立企业复兴新机制、严格资产评估并加强金融治理等。因改革面临的整体环境相对宽松、改革目标清晰且改革路径明确，再叠加金融监管制度建设及时跟进等因素，此次改革取得了较好实施效果。

二、亚洲"四小龙"实施开放型经济的政策实践

亚洲"四小龙"——韩国、中国台湾、中国香港、新加坡，根据二战后内外环境的变化，在 20 世纪 50 年代经济初步恢复之际采取了进口替代型发展战略，60 年代转向出口导向型经济发展战略。这一调整主要包括三个方面内容：一是宏观经济管理体制由政府主导型向市场主导型转变，二是放宽对民营企业经营范围和经营活动的限制，三是推行外向型贸易政策，鼓励企业参与国际分工和国际交换（杜方利，1996）。

（一）基于自身情况实施合适的贸易发展战略

新加坡具有突出的岛国经济特点，作为国际著名的自由港，对外贸易是其经济命脉。新加坡在独立之后就积极推行自由贸易政策，依靠其得天独厚的地理位置，大力发展转口贸易，经济得以快速增长。20 世纪 60 年代中期开始，为了扭转过度依赖转口贸易的状况，新加坡将原有进口替代工业化战略及时调整为出口导向工业化策略，大力发展以制造业为重点的出口导向型企业。1985 年发布的《中期经济报告书》和 1986 年发布的《经济报告书》再次对新加坡的经济发展战略进行调整，优先发展贸易、金融、咨询以及国际通信等服务业，从而把新加坡打造为东南亚和亚太地区的区域性服务中心，并在此基础上使其最终成为国际服务输出国。1991 年，新加坡政府制定了新的《经济策略计划书》，提出用十年左右时间将新加坡建设成为亚洲的国际贸易中心。在不断完善国内贸易政策的同时，新加坡积极寻求区域贸易合作，不仅成为亚太经济合作组织和东南亚国家联盟的创始国，而且创建了东盟自由贸易区。进入 21 世纪，在新地区主义下的双边 FTA 浪潮席卷之时，新加坡马上进行了以自己为中心的贸易协定网络构建工作（湘君、邓霓，2007）。这一策略调整不仅可以继续稳固和加强新加坡在全球贸易体系中的地位，还可以维护其政治安全并实现经济稳定。

韩国实施了政府干预型贸易发展战略，依靠出口导向经济实现了快速增长。1962 年韩国推行第一个五年计划，推出一揽子鼓励劳动密集型产品出口的措施，包括税收减免、出口退税、贷款优惠和简化出口手续等，迈出贸易自由化的第一步。20 世纪 70

年代初，韩国政府意识到劳动密集型产品的比较优势在逐步丧失，有必要将出口产品结构调整到资本和技术密集型产品上来，由此推行了重化工业政策，重点扶持资本和技术密集型的重工业和化学工业发展。相应地，削弱了对劳动密集型产品的出口鼓励政策，为保护国内重化工产业的进口限制政策有所加强。进入 20 世纪 80 年代，韩国开始真正意义上的贸易自由化改革，并通过 1983 年设立的关税改革委员会牵头推进贸易自由化进程。一方面，韩国政府对在国内市场享有垄断地位的项目和商品优先放宽进口限制；另一方面，韩国政府加快关税改革，使平均名义税率由 20 世纪 50 年代末的 64% 下降到 80 年代末的 15%（World Bank，1987）。1989—1993 年，韩国政府又开展了新一轮的贸易改革，平均关税税率从 1988 年的 18.1% 降至 1993 年的 7.9%（尹翔硕，1997）。随着贸易自由化进程的推进，韩国的贸易依存度从 1971 年的 36.8% 上升到 2004 年的 70.3%（见表 2-2）。一系列政策成就了以贸易尤其出口为主的韩国经济增长，可以说韩国既充分利用了发达国家的市场、技术和制度，又充分利用了发展中国家的规模经济优势（刘信一，2006）。

表 2-2　1971—2004 年的韩国贸易依存度

年度	名义 GDP（亿美元）	贸易额（亿美元）	贸易依存度（%）
1971	94	35	36.8
1975	211	124	58.6
1980	622	398	64.0
1985	934	614	65.8
1990	2 525	1 349	53.4
1995	5 173	2 602	50.3
1998	3 461	2 256	65.2
2000	5 118	3 327	65.0
2004	6 801	4 783	70.3

资料来源：刘信一（2006）。

自 19 世纪中叶宣布作为自由港以来，中国香港就实施了自由贸易政策，不对本地贸易公司提供补贴或补助，也不对外国公司采取歧视措施，各类贸易公司均可以在相对平等的市场条件下开展自由竞争，由此香港逐步发展成为国际贸易中心。当时香港地区政府尽量避免使用指令性计划，只对贸易活动实施有限监管，对部分影响居民生活、健康和安全的商品进行管制，并履行香港参加的各类贸易协定。以香港贸易发展局（简称香港贸发局）为代表的准官方机构负责促进、协助和发展香港贸易，为香港公司缔造商机，促进产品和服务贸易，并推动全球中小企业通过香港的商贸平台经商。[1]香港总商会等多个工商团体则起到维护商界利益、提供培训和商业服务、提供联谊和信息交流以及抵制贸易保护主义的作用。[2]在香港回归之后，其国际贸易中心的地位持续得以稳固和提高。香港与内地的贸易视为进出口贸易，两地按照既有的出口贸易和规则进行管理；香港仍然保持单独关税区的地位，继续执行单独的关税制度；香港还继续作为 WTO 的成员，独立行使权力和履行义务（陈继元，1997），而内地经济的高速健康发展和对外开放的进一步扩大，也成为香港国际贸易中心得以巩固和发展的最大机遇。

（二）对标国际惯例建立外商投资规章体系

亚洲"四小龙"充分利用较为有利的外部条件，建立起较为健全的涉外投资规章，实现了积极有效利用外国资本的目标（郑衍杓、侯放，1988）。它们的涉外投资规章体系涉及外商投资的各个领域，包括投资范围、出资比例、优惠措施等。

在投资范围方面，韩国于 1960 年 1 月首次颁布《外资引进促进法》，允许和鼓励外商在韩国直接投资或合作投资。1966 年发布《外资引进法》，投资范围由允许行业的列举方式转化为禁止限制行业的列举方式，并优先批准于改善国际收支有重要作用的项目、采用高新技术的项目，以及位于出口加工区内的项目投资。在 1997 年亚洲金融危机爆发之后，韩国政府为了吸引外商直接投资，于 1998 年制定《外商投资促进法》，除了影响国家安全、维护公共秩序等特殊情况外，外国人可不受限制地在韩国进行投资。

在出资比例方面，中国台湾地区于 1954 年发布相关投资条例，规定凡向台湾地区需要的企业、有出口销路的企业，以及有助于工矿、交通事业发展、改进和从事科研开发的企业投资，海外投资者可拥有 100% 的股权。条例当时还规定对于外资比例超

---

① 资料来源：香港贸易发展局官网。
② 资料来源：香港总商会官网。

过 50% 的企业，不予征用和收购。后续经过六次修正，又调整为外资比例超过 45% 的企业，在开业 20 年内持续保持其投资额在 45% 以上时，对其不予征用或收购；外资比例未超过 45% 的企业，对其征用或收购时，应给予合理补偿。1955 年发布的"华侨回台投资条例"也有类似规定及对规则的相应修正。为适应不断变化的内外部环境，台湾当局于 1960 年发布了"奖励投资条例"，目的在于以特别法的形式"排除各种不能适应改善投资环境、奖励投资的现行条款"，排除和冻结了 14 种有关土地法规和税收等对投资的种种限制与障碍（束军意，1991）。该条例奖励的投资领域包括制造业、运输业、林业、矿业、农业、畜牧业、手工业、公用事业、国民住宅兴建业、技术服务业、观光旅游业等行业。"奖励投资条例"在实施的 30 年内历经了 15 次修正，大大改善了台湾地区的投资环境，刺激了外商投资，有力地促进了私人资本的形成（彭莉，1989）。

在税收政策方面，中国香港作为自由港，实行地域税收管辖权并采取低税率的税制模式，所适用的税务条例制定于 1947 年，该条例搭建了较为简单且税负较轻的税制结构。例如，所得税只有利得税和薪俸税两种，其中利得税对公司利润征收，有限责任公司适用税率为 16.5%，无限责任公司适用税率为 15%，公司股息汇出无须缴纳预提所得税；[①] 薪俸税对个人所得征收，实际最高税负仅为 15%。香港这种独特的税制结构客观上为大量吸引外资提供了良好的政策环境，外商通过独资、合资和委托加工等方式投资于香港地区的各行各业尤其是制造业和金融业，从而助力于香港成为亚洲制造中心和国际金融中心（罗晓林，1993）。在回归之后，香港作为特别行政区继续保持了独立的税收制度，其少税种、低税负、严征管的税制模式，使香港继续保有国际贸易中心和国际金融中心的地位。表 2-3 显示了香港在第 29—33 期全球金融中心指数（Global Financial Centers Index，GFCI）[②] 中的排名情况，可以看出香港国际金融中心地位的长期稳固性。

---

① 从 2018—2019 年度开始，香港特区政府对香港公司实行二级公司所得税制，对于首笔 200 万港币的利润适用 8.25% 的税率、超过 200 万港币的部分适用 16.5% 的税率。

② 该指数由中国（深圳）综合开放研究院与英国智库 Z/Yen 集团联合发布，从营商环境、人力资本、基础设施、金融业发展水平、声誉等方面对全球主要金融中心进行评价和排名。

表 2-3　第 29—33 期 GFCI 中的香港国际金融中心排名

GFCI 期数	排名（名）	得分（分）
GFCI 29	4	741
GFCI 30	3	716
GFCI 31	3	715
GFCI 32	4	725
GFCI 33	4	722

资料来源：国际金融中心官网，http://www.ifciicfed.org/research-and-analytics/。

在投资保障方面，新加坡的外商投资行为直接适用本国法律，即实行内外资立法统一的"单轨制"立法模式。1961 年新加坡通过了《经济发展法》（钟南，1995），该法规定外国投资者在新加坡的一切财产受法律保障，外国投资者可将其获得的报酬、利润和股息随时汇往国外，不受任何限制，也无须缴纳利润税。《竞争法》则禁止任何经营者（即任何个人、公司、机构，包括个人或其他实体设立的有能力从事商事和经济活动的机构，无论其外国人所有还是为新加坡人所有）滥用市场支配地位的行为。

（三）以渐进式金融改革推进金融自由化进程

第二次世界大战后至 20 世纪 70 年代末期，韩国金融体系受到政府的多重干预：所有银行均为国有且管理层由政府任命，利率、汇率和资本账户交易均在政府严密控制之下。80 年代初，韩国政府意识到政府控制下金融体系的局限性，开启了金融自由化改革。主要改革措施包括：一是推进商业银行私有化，规定最大的单一投资者或者任意一个财团家族共享的股权比例不超过 4%；二是放开非银行金融机构的准入门槛并扩大其业务范围，实施较为宽松的利率管制；三是尝试放宽银行贷款利率并放开企业债券收益率（张丽平、赵允济，2015）。前两项改革得以较为顺利的推进，但利率自由化则因其国内利率市场不稳定而以失败告终。同时，韩国政府着力推进资本市场国际化，于 1981 年宣布资本市场自由化方案。该方案不仅允许外国投资者参与韩国证券市场，允许外国居民在韩国进行证券投资，还允许韩国证券公司在国外发行证券。

进入 20 世纪 90 年代，韩国政府进一步推进金融自由化进程。1991 年 8 月，韩国银行和韩国财政部联合公布了《对利率放宽管制的中长期计划》，该计划分为四个阶段，按照从非银行机构到银行机构、从贷款到存款、从长期到短期、从大额到小额的顺序，至 1997 年渐进式地完全实现利率市场化。1992 年底，韩国政府宣布了一项包括银行、资本市场、货币市场和外汇交易在内的"三阶段金融自由化计划"。 1993 年 7 月，韩国政府公布了"金融自由化和市场开放计划"；1994 年 10 月，韩国开始实行一系列旨在促进韩国金融机构自由竞争的改革措施；1995 年上半年，其更是以惊人的速度放松金融管制（周先平，2005）。在 1997 年亚洲金融危机爆发之后，韩国政府意识到必须及时对金融业进行全面而深入的改革。主要改革措施包括：一是取消了对市场利率、汇率的控制；二是取消了对银行和其他金融机构资产负债管理和资本账户交易的多项监管限制；三是完善了监管体系，建立了金融监督管理委员会。以本次改革为契机，韩国逐渐建成了亚洲"四小龙"乃至新兴经济体中最自由、最开放的金融体系之一。

三、中东欧转型经济国家实施开放型经济的政策实践

20 世纪 90 年代，剧变后的中东欧国家在以"自由化、稳定化、私有化"为主旨的华盛顿共识的指导下，开始从中央计划经济向市场经济转型。在华盛顿共识的激进转型导致灾难性衰退[①]之后，中东欧国家开始采用渐进性外资驱动型经济增长模式。这种增长模式源于中东欧国家通过贸易自由化融入欧洲乃至全球市场，并为吸引外资和跨国公司出台各类优惠政策。

（一）以加入全球性经济组织和区域性经济组织为契机推动贸易开放

在经济互助委员会解体之后，中东欧转型经济国家亟须重新布局对外贸易关系，各国纷纷取消对外贸易垄断政策并进行汇率制度改革，加入 WTO 成为中东欧转型国家推动本国贸易自由化进程、加快融入世界经济的重要标志性行动。波兰、匈牙利和罗马尼亚三国早在 20 世纪 80 年代就按照特殊条款加入了《关税及贸易总协定》，在 WTO 成立后这三国自然成为其成员。捷克斯洛伐克作为《关税及贸易总协定》的创始成员，其解体之后形成的捷克和斯洛伐克两国仍保有成员资格。吉尔吉斯坦、格鲁吉亚、摩尔多瓦、亚美尼亚和乌克兰等国也陆续成为 WTO 成员；具体如表 2-4 所示。加入 WTO 对中东欧转型经济国家来说，一方面可有利于其改善国内投资环境，增强政策

---

① "灾难性衰退"一词，参见贾瑞霞：《从"华盛顿共识"到"渐进—制度观"——中东欧国家转型理论探析》，《国外社会科学》2004 年第 4 期，第 22—25 页。

透明度，促进国内经济增长；另一方面有助于与其他 WTO 成员建立长期而稳定的贸易伙伴关系，加快贸易自由化和融入世界经济的进程（刘薇娜、米军，2011）。至 2004 年，中东欧国家全部成为欧盟成员方。加入欧盟不仅使中东欧国家的市场经济体制进一步完善，也使其对外资的吸引力大大提高；不仅使中东欧国家获得来自欧盟的大量援助，也使其与欧盟区内其他成员方的贸易大幅增长（周谦，2004）。

表 2-4　中东欧转型经济国家获得 WTO 成员资格的情况

资格获得时间	国　家
在 WTO 成立之际自动获得资格	捷克、匈牙利、波兰、罗马尼亚、斯洛伐克
WTO 成立之后至 1999 年 12 月 31 日	拉脱维亚、斯洛文尼亚、保加利亚、爱沙尼亚、吉尔吉斯斯坦
2000 年 1 月 1 日至 2005 年 12 月 31 日	阿尔巴尼亚、克罗地亚、立陶宛、摩尔多瓦、格鲁吉亚、亚美尼亚、马其顿
2006 年 1 月 1 日至 2010 年 12 月 31 日	乌克兰
2011 年 1 月 1 日至 2015 年 12 月 31 日	俄罗斯、塔吉克斯坦、哈萨克斯坦
处于观察员地位的国家	阿塞拜疆、白俄罗斯、乌兹别克斯坦、土库曼斯坦

资料来源：WTO 官网。

在私有化和自由化的经济改革目标引导之下，中东欧国家对本国的贸易体制和贸易政策进行了大幅度调整，主要包括：一是对原国有垄断贸易企业或国有专业贸易企业进行私有化改革，并逐步放宽外贸经营权，鼓励私人企业从事与外贸相关的生产和经营活动；二是建立并完善各种贸易管理法律法规和政策措施，取消关税配额、许可证等各种贸易壁垒；三是开展贸易机构改革，成立进出口专门银行或出口信贷担保局为贸易公司提供出口信贷或出口信用证担保服务；四是由财政出资建立出口发展基金，为出口企业提供融资支持或研发资助；五是在国内成立自由贸易区，通过特殊优惠政策和监管措施扩大出口；六是同周边中东欧国家签订多种区域经济一体化协议，并兑现协议中关于市场准入、关税优惠、配额调低等各项开放承诺。

2012 年初，中国与中东欧 16 个国家展开了"16+1"合作，双方贸易均保持了良好的增长势头，在贸易领域上更加全面、贸易结构上也不断优化。特别是在"一带一路"倡议之下，中国同中东欧国家全面签署了"一带一路"合作协议，双方经贸合作获得了新的发展机遇，双方贸易年均增速超过同期中国外贸增速。根据中国海关总署的统计数据，2022 年，中国与中东欧国家双边贸易总值已达 9 210.5 亿元，比 2021 年（下同）增长 9%，其中对波兰、捷克、匈牙利的进出口总值分别为 2 878.6 亿元、1 579.2 亿元、1 034.9 亿元，分别增长 5.9%、15.5%、1.9%，分别占同期中国对中东欧进出口总值的 31.3%、17.1%、11.2%。[①]

（二）以外资大规模私有化推进投资开放

中东欧转型经济国家把大规模吸引外资视为实现私有化和整个经济转轨的重要条件，相继制定了有关外国投资的法律，提供了一系列优惠政策，并成立了相应的专门机构（许勤华，2001）。以匈牙利为例，1989 年该国制定了《外国企业投资法》，对符合特定条件的外资企业提供税收优惠待遇。例如，生产型外资企业年度生产总值达 10 亿匈牙利福林（约 700 万美元）及以上且出口总额至少达到 6 亿匈牙利福林（约 400 万美元），企业在生产运作的前五年可享受减半征税的优惠待遇。斯洛文尼亚则推行了 FDI 成本优惠计划，在该国开展业务的外资企业可以向政府申请资助资金，对于首次投资者，不论企业规模如何，政府给予的最高资助额可达企业总投资额的 50%；对于再次或多次投资者，政府给予的最高资助额视企业规模而不同：大型企业可为总投资额的 30%，中型企业为总投资额的 40%，小型企业为总投资额的 50%。

从整体来看，中东欧国家的转型过程就是外资大规模私有化过程，外资私有化占据 FDI 流入的很大比例（张明源等，2020）。外国公司，特别是来自西欧国家的公司在中东欧国家的大部分制造业中占据主导地位，并且在零售、银行和其他服务部门也有很大影响（孔田平，2022）。图 2-2 显示了中东欧国家外商直接投资存量的行业占比，从匈牙利的 50.4% 到爱沙尼亚的 80.6% 不等，但足以表明外资在中东欧国家经济中的主导地位。由于中东欧国家在转型过程中对西欧国家银行存款的高度依赖性，在信贷紧缩或经济危机时期，西欧国家银行大大减少了对中东欧国家的资金输出，这极大遏制了中东欧国家 FDI 的增长。例如，在 2008 年全球金融危机爆发之后，保加利亚 FDI 占 GDP 的比例从 2007 年的 28.9% 下降至 16.3%（高志勇、刘赟，2010）。外资大规模私有化客观上促使中东欧国家优化了资本利用效率并推进了投资自由化进程，但同时

---

① 资料来源：中国—中东欧国家海关信息中心，《2022 年中国与中东欧国家双边贸易简况》，http://cceeccic.org/1622561460.html。

不得不构建一套完全适配西欧国家产业链的产业结构，从而导致中东欧转型经济国家的产业结构被锁定，本土企业被外资兼并或消失，很难承接 FDI 的技术溢出，也很难促进本国的产业结构升级。事实上，中东欧国家已经成为欧洲的"工厂"，服务于西欧国家产业链发展的需要，在产业链上主要负责实际的生产活动；德国和其他西欧国家则为总部经济体，负责知识密集型生产前职能，并在不同程度上承担选定的生产后功能。[①]

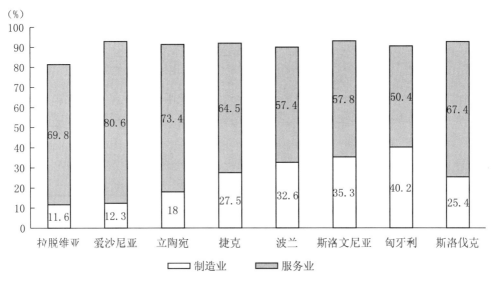

图 2-2 中东欧国家外商直接投资存量的行业占比

资料来源：OECD（2022），"Inward FDI Stocks by Industry"，https://data.oecd.org/fdi/inward-fdi-stocks-by-industry.htm。

（三）以银行业改革为基础推进金融开放

中东欧国家的经济转型带动了银行业的变革，各国纷纷开始对单一银行体系进行改革，实行了中央银行与商业银行相分离的两级银行体系。以匈牙利为例，1986 年该国就实行了两级银行体系，至 1990 年底，该国已拥有 11 家商业银行、8 家投资银行、2 家储蓄银行和 9 家专业银行。以两级银行体系为契机，中东欧国家开展了银行业私有化改革，限制商业银行的国有股权比例，引进境外战略投资者。外资银行尤其是西欧

[①] 资料来源：Grieveson, R., et al., "A New Growth Model in EU—CEE: Avoiding the Specialisation Trap and Embracing Megatrends", The Vienna Institute for International Economic Studies, May 2021, https://www.fes. de/cgi-bin/gbv.cgi?id=17843&ty=pdf.

银行，纷纷通过建立分支机构或子公司、收购或者参股东道国商业银行的方式进入中东欧国家的银行业，为中东欧转型经济国家带来资金和先进技术，也带来专业人才和管理经验。以银行业改革为基础，中东欧国家普遍选择了银行主导型金融自由化模式，外资银行尤其是西欧银行大举进入中东欧国家的银行业。数据显示，2002 年斯洛伐克银行业的外资占比高达 95.6%，匈牙利外资占比达 90.7%，捷克外资占比达 85.8%，[①] 如此高的比例说明中东欧银行体系基本被控制在外资手中。该种模式的优势在于不必冒着巨大的金融风险开放证券市场以吸引外资，这在一定程度上确保了证券市场和外汇市场的稳定性，但弊端在于银行体系的主导权旁落，导致国家对金融体系的控制力不强（殷红、王志远，2013）。以银行业开放为先导，中东欧国家后续不仅允许外资进入股票和债券市场，也逐步放松了外汇管制，允许本国货币自由兑换。

进入 21 世纪，中东欧国家的国际资本流入呈现出以下特点：一是政府资本占比越来越低，私人资本越来越成为主要来源；二是资本流入相对集中于较早进行了金融体制改革的匈牙利、捷克、波兰、斯洛伐克和斯洛文尼亚五国；三是长期投资比例较小，证券投资和短期银行贷款越来越多（庄起善、王席，2009）。国际资本流动和金融开放度的提高在一定程度上为中东欧国家的银行系统分散了风险，推动了金融市场的技术进步（Lane and Milesi-Ferretti，2006）。但一方面，外资在中东欧国家金融系统尤其是银行系统的重要性越来越高，造成这些国家对发达国家的严重依赖；另一方面，短期游资的快进快出扰乱了中东欧金融体系的稳定性，甚至引发金融动荡。

四、拉美国家实施开放型经济的政策实践

二战后，拉美国家改变了过往"门户开放"式对外政策，转为实行维护国家主权和尊严的自主式开放。拉美国家对外开放的政策实践促进了自身经济发展、巩固了政治独立地位，使得拉美国家成为战后资本主义经济发展最快的地区，在发展中国家中占领先地位（徐世澄，1986）。

---

① 资料来源：项卫星、王达：《中东欧五国银行体系改革中的外资参与问题研究》，《国际金融研究》2005 年第 12 期，第 36—41 页。

（一）致力于自主式开放

拉美国家推行的自主式开放战略的主要内容包括[①]：一是发挥国家自主权，自主决定本国经济的发展方向、发展战略和重大经济政策；二是实施国有化，把被外国资本占有或控制的、关系国家经济命脉的自然资源和基础设施收归国有；三是逐步取消欧美等经济体在拉美的经济特权；四是制定《外国投资法》，对外资采取既鼓励又限制和监督的政策。虽然拉美国家奉行了自主式开放战略，但因长期以来，其自然资源为欧美国家所争夺、重要产业被欧美资本所控制，所以自主式开放道路并非一帆风顺。进入 21 世纪，伴随拉美国家取得一系列阶段性政治发展成就[②]，在政治体制保持基本稳定运转的前提下，其经济自主程度和开放程度也日益提高。

从贸易开放来看，自 20 世纪 80 年代中期开始，随着外贸体制逐步与世界接轨，拉美国家普遍自主降低了关税和非关税壁垒，开启了贸易自由化进程。"1985—1991 年，所有拉美国家都开始实行取消对其贸易体系控制的一系列富有意义的计划。平均税率从改革前的 41.6% 降低到 1995 年的 13.7%，最高关税税率从平均 83.7% 降低到 40%"（Eduardo，1997）。自 20 世纪 90 年代初期开始，拉美国家又着手对汇率制度进行改革，由多重汇率制向统一汇率制转变，基本取消了对资本流动的限制，对利润汇出和出口收入返还也不再有任何限制。汇率自由化和贸易自由化使得拉美市场进一步开放，其经济显示出强劲增长的活力，拉美地区由此成为当时世界上最开放的新兴市场之一（王晓德，2002）。

从投资开放来看，20 世纪 70 年代末，拉美国家在外资准入、利润汇出等方面尚存在不同程度的限制。但进入 80 年代，大部分拉美国家对吸引外资政策进行了调整，主要措施包括[③]：一是放宽对外商投资领域和行业的限制，如委内瑞拉于 1984 年向外资开放除了电子、信息和生物等行业外的其他行业；二是放宽对资本抽回和利润汇出的限

[①] 参考高君诚：《关于拉美国家对外经济开放的几个问题》，《拉丁美洲研究》1986 年第 5 期，第 22—26 页。

[②] "阶段性政治发展成就"的提法参见：王鹏：《21 世纪以来拉美政治发展成就及其影响》，《拉丁美洲研究》2018 年第 1 期，第 100—116 页。

[③] 参考陈才兴、陈建豪：《拉美国家吸引外资的调整措施及其效果》，《复旦学报》（社会科学版）1990 年第 4 期，第 81—85 页。

制，如厄瓜多尔将外资企业汇出利润占所投资本的 20% 提高到 30%；三是放宽外资对企业股权的比例控制，例如，墨西哥曾规定除了机械、电器设备、运输设备、高技术服务等部门外，外资控股比例可达 100%；四是提供各类税收优惠或财政补贴，例如，巴西 1988 年出台规定，位于出口加工区的外资企业可享受进出口免税待遇；五是简化外资审批手续，例如，墨西哥规定，只要外资在墨西哥企业中所占比例低于 49%，可自由投资，无须申报。在各类措施出台之后，拉美地区吸引外资的规模不断扩张，外国企业数量不断增加，市场份额也不断提高，但拉美地区国有企业的市场份额和竞争力也相应有所下降。数据显示，1990—1999 年，在拉美地区 500 强企业中，外资企业从 149 家增长到 230 家，国有企业则从 87 家减少到 64 家；在制造业 100 强企业中，外资企业销售额从 53.2% 增长到 62.7%，国有企业则从 4.2% 下降到 1.2%。[①]21 世纪以来，拉美国家因其丰富的自然资源、日益广泛的 FTA 网络和持续推出的吸引外资政策，仍旧为全球投资的热点地区。联合国贸易和发展会议（United Nations Conference on Trade and Development，UNCTAD）的数据显示[②]，2020 年拉美地区 FDI 受新冠肺炎疫情的影响下降了 45%，但 2021 年快速反弹至 1 340 亿美元，同比增长了 56%，如表 2-5 所示。

表 2-5　2020—2021 年拉美和加勒比地区的 FDI 流入情况

地　区	2020 年	2021 年	增长比例（%）
拉丁美洲和加勒比地区	86	134	+56
南美洲	51	88	+74
中美洲	33	42	+30
加勒比地区	3	4	+39

注：以 10 亿美元计。
资料来源：UNCTAD，"World Investment Report 2022"。

从金融开放来看，拉美国家经历了两轮金融自由化进程（江时学，2003）。第一轮金融自由化主要是于 20 世纪 70 年代在智利、阿根廷和乌拉圭等国进行，主要表现为

---

① 资料来源：苏振兴：《拉美国家社会转型期的困惑》，中国社会科学院出版社 2010 年版，第 52 页。
② 资料来源：UNCTAD，"World Investment Report"，2023，https://unctad.org/system/files/official-document/wir2022_en.pdf。

利率市场化，采取了降低银行储备金比率、取消定向贷款[①]等措施。第一轮金融自由化给相关国家带来了大量外资，也提高了本国金融中介的市场地位，但高风险金融业务扩张过度，加之金融监管未能及时跟进，导致银行体系日益脆弱，其金融风险日益累积。受 1982 年墨西哥债务危机影响，前文所述拉美国家在国际资本市场上的信誉受损，国内金融自由化进程也趋于停滞。第二轮金融自由化始于 20 世纪 80 年代末，除了海地、巴拿马和苏里南三国基本很少或者没有采取自由化措施外，其他拉美国家按照美国开出的新自由主义药方纷纷推进自身自由化进程，主要措施包括：修订原有金融业的法律体系，加强中央银行的独立性，对国有银行实行私有化，积极吸引外资银行入驻，等等。但第二轮金融自由化也没有给拉美国家带来预期中的经济繁荣，相反 1980—1990 年，拉美国家的资金净流出额超过 2 000 亿美元；1990 年的外债已累计至 4 430 亿美元。[②] 不仅如此，因外资、外债等长期困扰拉美国家的深层次矛盾没有得到很好解决，拉美国家又发生了三次较大规模的金融（经济）危机，即 1994—1995 年的墨西哥金融危机、1998—1999 年的巴西货币危机、2001—2002 年的阿根廷经济危机。

自主式开放的一项重要内容是获得实现经济独立的先进技术。虽然欧美等发达经济体对拉美地区封锁了尖端的军用技术和民用技术，但一般民用技术可通过商品和技术贸易方式获取。以巴西为例，政府引导企业在与外资合营或合作过程中注重引进设备和技术，并要求企业引进某项技术时在一定期限内将零部件逐步国产化。如此企业不仅可以掌握国外先进技术，更会在吸收消化的基础上着力开展本土创新。一旦国内企业研发出创新技术或者产品，政府将及时推出限制同类技术或产品进口的措施，这样做既鼓励了企业的创新积极性，又保护了国内市场。

（二）致力于多边开放

在"门户开放"阶段，拉美国家的对外开放不得不受到某几个甚至某一个发达国家的控制与束缚。独立之后，拉美国家坚持多边开放原则，既向发达国家开放，也向发展中国家开放，或者说是面向全球开放。多边开放不仅可以获得发达国家的资金、

---

① 定向贷款是指政府将低利率贷款分配给其指定的地区、部门或者企业，而贷款来自中央银行或商业银行。

② 资料来源：苏振兴：《拉美国家社会转型期的困惑》，中国社会科学院出版社 2010 年版，第 49 页。

技术和人才，也能获得发展中国家的资源、市场和经验。在面向发达国家的开放过程中，拉美国家注重多样性开放合作，不仅继续保持与美国的经济与技术往来，也积极拓展与西欧国家、日本、加拿大等的经济与技术联系。自 20 世纪 60 年代以来，西欧国家与拉美国家的经济合作日益频繁。西欧国家更加看重拉美国家的原料供应和市场资源，以维持其在该区域的既得利益并加强自身与美国竞争的实力。拉美国家则利用西欧国家的经济实力、雄厚资本、技术优势和政治影响，发展民族经济，以便摆脱对美国的过度依赖（徐宝华，1999）。

在面向发展中国家的开放过程中，拉美国家不仅加强了与来自亚洲、非洲等地区的国家的经济与技术合作，而且拓展了拉美国家之间的经济与技术合作。特别需要指出的是，随着亚洲国家的经济飞跃式发展，拉美国家开始加强与亚洲国家的广泛联系和合作。代表性事件是 1994 年 8 月，里约集团 13 国与中国在巴西利亚举行了"中国—里约集团经贸研讨会"，双方就发展中拉经济关系、促进经贸和科技合作进行了深入研讨。[①] 以此为契机，中国与拉美国家之间的经贸往来日益频繁。进入 21 世纪，中国先后与智利（2005 年）、秘鲁（2009 年）、哥斯达黎加（2010 年）签署了 FTA，其中 2017 年对中国—智利自由贸易协定予以升级。[②] 在升级版协定生效后，双方将在三年内相互取消部分产品关税，零关税产品的比例将达到 98%。中智自由贸易区成为迄今中国货物贸易开放水平最高的自由贸易区，相应地也提高了拉美地区的整体对外开放度。

加入 GATT/WTO 是拉美国家实施多边开放的重要举措，除了巴西、智利和古巴曾是《关税及贸易总协定》的创始缔约国外，自 1980 年以来，其他拉美国家也纷纷加入 WTO，如哥伦比亚（1981 年）、墨西哥（1986 年）、委内瑞拉（1990 年）、巴拉圭（1993 年）等。加入 WTO 之后，拉美国家取消了绝大部分关税壁垒，大幅度降低关税税率并实施出口激励等措施。贸易自由化进程不仅夯实了拉美国家的经济基础，而且助其实现了贸易的多样化和多边化，从而使拉美国家深深融入国际分工体系和国际

---

① 资料来源：外交部官网。
② 升级后的协议为：《中华人民共和国政府与智利共和国政府关于修订〈自由贸易协定〉及〈自由贸易协定关于服务贸易的补充协定〉的议定书》。

贸易体制中。例如，阿根廷的肉类、羊毛和粮食在 20 世纪 60 年代曾占其出口总额的 90% 以上，但依靠多向开放原则，阿根廷用二十余年的时间建立了门类较为齐全的工业体系，工业制成品出口比例上升至出口总额的 50% 以上（肖枫，1986）。不仅如此，在 WTO 体制之下，有的拉美国家在接受《服务贸易总协定》等协议之后，实施了国有企业私有化等配套政策，这客观上为吸引外资奠定了基础；而有的拉美国家则对照《与贸易有关的知识产权协议》等条款，相应提高了对本国知识产权的保护程度，从而改善了整体投资环境（杨志敏，2003）。

（三）致力于区域一体化

拉美地区主张"开放区域主义"，通过区域一体化进程推进区域共同开放并实现共同发展。鉴于拉美地区各国政治环境不同、民主主义盛行，因此该地区呈现出地区一体化、次地区一体化、小地区一体化共同发展的独特现象（王益明、龙燕宇，2020），该现象在拉美区域一体化不同的发展阶段表现得十分明显。

拉美区域一体化大致经历了四个阶段（张勇，2020），进而构建起日益开放的区域经济体系。第一阶段是从 20 世纪 50 年代到 80 年代，该阶段以创建拉美国家共同市场来加速工业化为特征，代表性事件为 1960 年签署《中美洲经济一体化总条约》，1962 年成立中美洲共同市场（Central American Common Market，CACM），1973 年成立加勒比共同体和共同市场（Caribbean Community and Common Market，CARICOM），1980 年成立拉丁美洲一体化协会（Latin American Integration Association，ALAD[①]）。第二阶段是从 20 世纪 80 年代中期到 2008 年全球金融危机爆发前，该阶段以扩大拉美国家共同市场和建立区域性自由贸易区来促进经济结构改革为特征，代表性事件包括 1989 年哥伦比亚、委内瑞拉和墨西哥成立三国集团，1991 年成立南方共同市场（South American Common Market，MERCOSUR[②]），1994 年成立加勒比国家联盟（Association of Caribbean States，ACS）。第三阶段是从 2008 年至 2017 年，该阶段以建立更广泛的国家联盟来面对国际经济格局的调整和新一轮技术革命的挑战，代表性事件为 2008 年

---

① 官方缩写来自该协会西班牙语全称。
② 官方缩写来自该组织西班牙语全称。

成立南美洲国家联盟（Union of South American Nations，UNASUR[①]），2011 年成立拉美和加勒比国家共同体（Community of Latin American and Caribbean State，CELAC[②]，以下简称"拉共体"），2012 年成立太平洋联盟（Pacific Alliance，PA）。第四阶段是从 2018 年至今，该阶段是以深度推进区域一体化进程和加大与欧盟及亚太地区一体化的融合力度为特征，代表性事件为 2023 年阿根廷重返南美洲国家联盟和巴西重返拉共体，以及拉共体第七届峰会发布《布宜诺斯艾利斯宣言》，该宣言表达了推进区域一体化进程的共同愿望。

区域一体化无疑助力于拉美国家开放型经济的建设。表 2-6 显示了拉美主要国家 1950 年和 2019 年的贸易开放度，无论是绝对变化还是相对变化均呈现正增长态势，其中墨西哥的贸易开放度最高且变化幅度最大。整体而言，区域一体化不仅有利于拉美地区整合内部资源和市场、实现规模经济和共同开放，也有利于加强国家之间的团结，使其共同应对外部危机，从而营造出稳定的区域发展环境，达到本地区共同可持续发展的目标。

表 2-6　拉美主要国家的贸易开放度

国　家	1950 年	2019 年	绝对变化	相对变化
阿根廷	14.36%	32.39%	+18.03 pp	+126%
巴西	18.73%	28.98%	+10.24 pp	+55%
智利	43.27%	56.76%	+13.04 pp	+30%
哥伦比亚	15.89%	38.09%	+22.20 pp	+140%
哥斯达黎加	46.44%	66.15%	+19.71 pp	+42%
墨西哥	27.59%	78.46%	+50.86 pp	+184%

注：pp 为英文"percentage point"的缩写，意思为百分点。
资料来源：Our World in Data 官方网站。

第三节　开放型经济理论与政策实践的评析

开放型经济理论与政策实践犹如车之两轮、鸟之两翼，共同造就了世界经济的开

---

① 官方缩写来自该联盟西班牙语全称。
② 官方缩写来自该共同体的西班牙语和葡萄牙语全称。

放道路，共同构造了世界经济的开放格局，共同形成了世界开放型经济体制。但全球并无一个各国皆行之有效的开放型经济模式，也无一套各国首肯心折的开放型经济标准。理论唯有与一国的自然条件、历史条件、经济条件和政治条件等客观实际相契合，方可起到指导实践的效果。面对新一轮科技革命和产业变革，面对日新月异的国际国内形势，唯有促进理论与实践的有机结合，方能在推动开放型经济理论创新的同时，促进各国实施开放型经济政策的实践。本节主要对开放型经济理论和政策实践两部分进行评析，以期为构建中国特色开放型经济学学科体系、推进中国开放型经济发展的实践提供理论及现实证据。

一、主流开放型经济理论的缺陷

西方主流开放型经济学理论的发展为各国开放型经济发展提供了政策导向和理论依据，但仍存在一定的缺陷，主要有两个方面：一是较为严格的假设前提导致了自身解释力的局限性；二是对于当前全球经济发展新热点、新现象缺乏解释力，呈现明显的滞后问题。本节拟从国际贸易、国际投资和国际金融三个维度予以分析。

（一）主流国际贸易理论的缺陷

通过前一章节对国际贸易理论的梳理与总结可知，以李嘉图比较优势理论和赫克歇尔—俄林要素禀赋论为代表的传统贸易理论所讨论的国际贸易只有产业之间的贸易，即传统贸易理论只考虑了不同产业间产品的交换。根据传统贸易理论，一国不可能同时出口和进口相同的商品。因而，传统理论不能解释当今世界普遍存在的产业内贸易现象。随之，新贸易理论对这一缺陷予以弥补，该理论主要研究的是规模报酬递增和不完全竞争条件下的产业内贸易，较好地诠释了发达国家之间同一产业内贸易占绝大比例这一历史现实。然而，新贸易理论与传统贸易理论一样，都将"产业"作为研究单位，未涉及企业间差异。未从企业的异质性层面解释国际贸易现象，以梅里兹为核心的新新贸易理论开启了国际贸易研究新领域。尽管新新贸易理论的体系正在逐渐完善，但其较为严格的假设前提仍然导致自身解释力的局限性。首先，该理论没有充分考虑产品差异性，产品的差异性不仅体现在产品的功用上，而且还体现在技术含量、功能多样性、质量、档次等方面；现代企业越来越重视产品差异化和市场细分，将市场分为高端市场和低端市场，一些企业的产品主要销往高端市场，而一些企业的产品则销往低端市场，新新贸易理论还不能解释如技术含量等差异带来的产业内贸易现象。其次，新新贸易理论还有待引入企业异质性的其他内涵，企业异质性不仅体现在生产率、企业规模、组织结构等方面，而且还体现在跨国经营方式（出口、FDI、独资、合资等）、企业战略、市场定位等方面。最后，新新贸易理论没有考虑家庭和企业的动态最优化决策，该理论的均衡是一般均衡分析法得到的结果，没有考虑家庭和厂商的动态最优化均衡。

（二）主流国际投资理论的缺陷

随着全球政治经济环境的变化，国际投资理论也顺应时代形势有相应的变化和发展。但不同阶段的国际直接投资理论仍有许多不足。第一，主流国际直接投资理论，如垄断优势理论和内部化理论的研究对象均为微观个体。然而，实际运作中投资方与被投资方之间的利益分配不仅涉及企业之间的博弈，更与投资国和东道国的相对优势有关，而且受国际经济环境的影响。但这两个理论对此均存有忽视。第二，国际生产折衷理论虽然从跨国公司微观层面和东道国宏观层面研究对外直接投资，但微观分析仍未摆脱垄断优势理论、内部化理论等传统理论的分析框架。并且，该理论提出的对外直接投资条件过于绝对化，使之有一定的片面性。邓宁强调只有三种优势同时具备，一国企业才可能跨国投资，并把这一论断从企业推广到国家；这解释不了并不同时具备三种优势阶段的发展中国家迅速发展的对外直接投资行为，特别是大量面向发达国家的直接投资活动。同时，其也不能解释行业内的交叉投资现象。第三，未考虑企业的异质性因素。新古典经济学的主流国际直接投资理论秉持静态认识观，将跨国公司所拥有的竞争优势视为外生给定的。虽然后经产品生命周期理论、技术地方化理论以及国际直接投资发展阶段理论将其动态化处理，但仍没有深刻揭示企业竞争优势形成发展的内生机制；也无法回答为何具有类似优势结构的企业有的选择走出去，而有的却倾向于出口？以及同一行业中生产率较高的企业为何比生产率低的企业具有更高的海外投资倾向？此外，企业规模、资本密集度、所有权、人力资本、股权结构、治理结构、融资结构、技术选择等可能影响企业对外直接投资的特征差异未被主流国际直接投资理论吸纳。而国际间接投资理论中的国际证券投资理论只能说明资本从低利率国家向高利率国家流动，而未说明国际间大量存在的双向资本流动。该理论以国际资本自由流动为前提，但现实中国际资本流动面临各种壁垒，即使国际间存在利率差异，也不一定会导致国际证券投资。

（三）主流国际金融理论的缺陷

国际收支理论中弹性论的主要局限是忽视了非贸易收支和资本的国际移动；吸收论的主要局限是忽视了国际资本流动的作用；而忽视利率的作用则是货币论最致命的弱点。汇率决定理论中国际借贷学说的缺陷是未说清楚何种因素具体影响外汇供求。购买力平价学说最主要的缺陷是只考虑了可贸易商品，而没有考虑不可贸易商品，也忽视了贸易成本和贸易壁垒；且该学说未考虑越来越庞大的资本流动对汇率产生的冲击。利率平价学说则忽略了外汇交易成本并且假定不存在资本流动障碍和套利资本规模是无限的，这在现实世界中很难成立。国际收支学说的不足之处是以外汇市场的稳定性为假设前提，并且该学说的分析基础是凯恩斯主义宏观经济理论、弹性论、利率平价学说，故其结论往往与现实相背离。资产市场说的不足之处在于：第一，它仅仅是在新的经济条件下，对传统汇率理论进行的调整，并没有从根本上把握汇率决定和变动的内在原因；第二，该理论是以金融市场高度发达、各国资产具有完全流动性为假设前提的，这显然不符合当今世界经济发展的现实。

国际资本流动理论又称完全竞争理论，其缺陷在于：第一，它对直接投资与证券性的间接投资没有加以区别；第二，它认为对外投资的动机来自不同国家利率水平的差异，这可以用来解释间接投资，但不能解释直接投资，也无法阐述双向投资的原因；第三，该理论无法说明直接投资所带来的技术传播和规模经济效应等问题；第四，它假定完全竞争，资本可以在国际间自由流动，因而利润在世界范围内趋于平均化，这与现实情形是不相符合的。

虽然国际金融理论为我们分析现实问题提供了重要的理论基础和理论依据，但其仍不够与时俱进，尤其是对于最近兴起的区块链金融而言。区块链金融其实是区块链技术在金融领域的应用。应用区块链技术可以解决交易中的信任和安全问题，此技术成为金融业未来升级的一个可选方向；通过区块链，交易双方可在无须借助第三方信用中介的条件下开展经济活动，从而降低资产在全球范围内转移的成本。但由于传统国际金融理论缺乏对区块链技术的讨论，并且区块链在技术成熟度、治理机制和基础设施等方面存在缺陷，这将导致区块链技术的优势较难在金融领域完全发挥出来。因此，完善国际金融理论对促进区块链金融落地具有极其重要的作用。

二、对实施开放型经济的政策实践评析

各国实施开放型经济的政策实践表明，全球并没有统一的开放经济模式，也没有既定的开放经济道路。各国无不是基于本国的自然禀赋与经济基础，作出符合本国利益的选择，并且各国为应对国际环境的复杂变化，及时调整开放策略与政策措施。但无论选择哪种开放模式或开放道路，各国需要着力处理好对外开放与自力更生的关系、对外开放与市场保护的关系。对于大国而言，其还需处理好大国经济与开放经济的关系。

（一）要处理好三种关系

首先，要处理好对外开放与自力更生之间的关系。对外开放与自力更生是相互关联的统一体。要实现自立自强，离不开对外开放；要推进对外开放，必须以自立自强为基础。拉美国家在 20 世纪 70 年代以前通过外贸、外资和外债实现了经济发展，但进入 70 年代末期，由于自由主义盛行，其不仅放弃了对外资的限制和管理，而且取消了对本国工业的关税保护，把发展经济的基点放在外资和外债之上。其结果是外国商品涌入国内市场，国内大批企业破产倒逼并且陷入借新债还旧债的恶性循环，直至导致债务危机。因此，对于广大发展中国家而言，坚持独立自主、自力更生，牢牢掌握发展主动权才是经济行稳致远之根本。

其次，要处理好对外开放与市场保护之间的关系。美国在保持对外开放的同时，根据本国国情和行业需要对核心领域实施保护主义政策。以金融业为例，美国在需要最大限度地吸引市场参与者和提高市场流动性的领域实行全面开放，大力支持外国公司进入美国市场，力求在这些领域达到完全竞争目标和资源最优配置。但同时，其又出台针对性极强的法律法规和政策设计，设置各种准入门槛和限制障碍，对金融业的核心业务提供公开保护。保护本国市场和本国产业，既体现了一国政府义不容辞的责任和担当，也考验着一国政府的顶层设计和政策驾驭能力；需要处理好开放和保护之

间的关系，既要保持本国市场的高度开放，又要为本国行业提供必要保护。尤其当某个行业处于发展初期或不成熟阶段，需秉承渐进式的开放路线，既要积极倡导国际领域的对等开放，又要在国际市场把握好话语权和主动权。

最后，要处理好大国经济与对外开放之间的关系。大国经济拥有巨大的市场容量，可以实现国内经济的自我循环。与其他主要的发达资本主义国家相比，美国是唯一由国内市场支撑实现工业化的经济体；凭借其庞大的国内市场，美国在发展对外关系方面拥有较大的回旋余地（周茂清，2003）。事实上，二战后美国的出口依存度一直徘徊在 6%—7% 的水平上，外贸依存度也仅在 15% 上下（童有好，2001）。虽然大国经济国内市场巨大，国际市场的重要性相对较低，但大国经济并非封闭经济，也可以是，同时也必须是高度开放的经济。因为对外开放一方面可以增加国内就业、加速产业升级并推动技术创新，另一方面可以提高劳动生产率和提升国际竞争力，如此方能保证工业化和现代化的顺利进行。所以，大国经济既要充分利用国内市场，又要积极开拓国际市场，还要促进国内市场与国际市场更好联通起来。

（二）做到三个"既要""又要"

一是外资既要有效利用又要适度限制。吸引外资的重要手段之一是给予必要的优惠，如税收减免、再投资优惠等。但在初步开放阶段，有必要对外资的投资领域、持股比例、利润汇出、厂址选择、原材料采购、产品出口比例等方面以立法形式作出限制性规定。后续随着对外开放水平的提高和国内经济的稳步发展，可逐步放开对外资的相关限制，并对外资立法的有关条例及时进行修订。转型国家的政策实践表明，完全按照西方发达国家的理论要求或者遵循西方学者的政策建议，希望以新自由主义指导的激进转型来实现自由化，以外资的无限制涌入来实现私有化，结果却是不仅偏离了既定目标，而且造成了灾难性衰退。

二是外债举借既要控制规模又要注重投向。外债是许多发展中国家赖以发展的必要资金来源，但举借外债必须有节有度。以巴西为例，20 世纪 70 年代其平均负债率为 11.5%，但至 80 年代初超过了 20%。巴西经济增长初期在一定程度上得益于外部资金的支持，但后期巨额的债务负担成为其经济发展的阻力。由此可见，借债规模需要控制在一国经济能力和偿债能力范围之内，并且借债渠道宜以信贷周期较长和利率相对较低的官方优惠贷款或国际金融机构贷款为主，从而降低借债成本，减轻还债压力。同时，对不同来源的外债使用范围和投资方向也要审慎安排，例如，私人银行贷款应尽量避免用于投资规模大、建设周期长的大型基础设施项目。

三是技术引进既要消化吸收又要改造创新。无论是通过国际技术贸易获得的先进技术，还是伴随着外资引进而进入的先进技术，均不能局限于照搬照用或者简单模仿，而是应在消化吸收的同时，着力于本土改造、升级和创新。日本就是以技术引进助推本土创新的典型代表，其一方面通过学习国外先进技术来提升自身生产能力和科技水平，另一方面也注重培育创新意识、培养创新队伍，最终摆脱对国外先进技术的依赖，由技术引进国转变为技术输出国。近些年来，发达国家的技术保护倾向日益明显，发展中国家需要在积极推进国际技术交流与合作的同时，加快实现高水平技术的自立自强，从而由单一技术引进国向技术引进国和技术输出国并行转变。同时通过技术创新提升国内产业链供应链的现代化水平，提高对本国产业链供应链的控制能力，真正建立起独立自主的产业链供应链体系，从而实现由技术要素和技术进步驱动的经济增长。

第三章　新时代新发展格局的中国开放型经济学

党的二十大吹响了中国全面进军第二个百年奋斗目标的号角，"高质量发展"是"步入新时代、迈向新征程"蓝图下的经济建设主题；构建以国内大循环为主体、国内国际双循环相互促进的新发展格局（简称"双循环"新发展格局）则是推动高质量发展并统领中国式现代化进程的战略主线。因此，在实践上弄清楚新发展格局的演进脉络，弄清楚它在中国特色社会主义发展中的理论特色，不仅有助于更好地构建新发展格局，更有益于发展适合中国国情的新发展理论。

第一节　构建新发展格局是新时代中国经济发展的必然

在 2020 年 5 月 14 日中共中央政治局常委会会议上，习近平总书记首次提出构建以国内大循环为主体、国内国际双循环相互促进的新发展格局，并明确指出要充分发挥中国超大规模市场优势和内需潜力。2020 年 6 月 18 日在第十二届陆家嘴论坛开幕式上时任副总理刘鹤发表书面致辞，强调一个以国内循环为主、国际国内互促的双循环新发展格局正在形成。2020 年 7 月 21 日，习近平总书记在企业家座谈会上再次指出：我们必须充分发挥国内超大规模市场优势，通过繁荣国内经济、畅通国内大循环为中国经济发展增添动力，带动世界经济复苏。自此，社会各界开始全面理性解读双循环的内涵和中央的战略政策意图。直到党的十九届五中全会正式提出，形成强大国内市场，构建新发展格局。坚持扩大内需这个战略基点，加快培育完整内需体系，把实施扩大内需战略同深化供给侧结构性改革有机结合起来，以创新驱动、高质量供给引领和创造新需求。要畅通国内大循环，促进国内国际双循环，全面促进消费，拓展投资空间。此后，党中央在部署中国经济发展战略思路时，均会把构建新发展格局作为统领战略的一条主线。

2022 年党的二十大报告指出，要加快构建新发展格局，着力推动高质量发展。该报告明确要求，以中国式现代化全面推进中华民族伟大复兴，必须将构建新发展格局作为新发展阶段着力推动完成的重大历史任务，坚持以推动高质量发展为主题，为全面建成社会主义现代化强国提供坚实的物质技术基础。确切地讲，党的二十大明确了双循环新发展格局的核心要义，从更长期角度来看，要深刻领会构建新发展格局必须根植百年未有之大变局这个论断的时代意义。从该论断的起源来看，在 2018 年 6 月中共中央外事工作会议上，习近平总书记提出一个重大论断，即当前中国处于近代以来最好的发展时期，世界处于百年未有之大变局。此后，他又反复多次重申这个论断。那么，百年大变局的核心是什么？目前已有很多研究在探讨，有从科技革命、产业革命机制调整角度开展思考的，也有从发展中国家崛起、发达国家总体国力应对世界经济重大变化强弱能力角度进行研究的。从经济发展角度来看，大变局是判断全球经济未来走向、辨识中国经济发展方向、制定经济发展政策的基本依据，也是研究新发展格局所必须深刻理解的首要命题。党的五中全会明确指出，世界百年未有之大变局，决不是一时一事、一域一国之变，而是世界之变、时代之变、历史之变。因此，对构建新发展格局的研究，不是出于短期矛盾或应对外部贸易战所提出的适应性策略，而是基于国外国内新的长周期变化所作出的具有长期性和重大意义的战略部署。

实际上，提出构建新发展格局的战略思路，既是中国经济发展的必然，也是前期发展思路不断汇聚的结果。众所周知，2008 年全球金融危机的后续影响已经持续了十多年，这场危机的波及范围和影响至今犹存。在这期间，全球经济体经历了从联合抵御向分散应对的转变，全球化浪潮也出现了从积极顺应向主动退离的逆转，一系列带有局部对抗性质的事件不断发生，似乎我们正在进入一个极其不确定的时代。与此同时，中国参与全球治理的力量越来越强，中国也在全球经济发展中完成了从收益者向贡献者的转换，这种角色意识和担当意识的加速提升，表明中国已经成为最负责任的经济体。

第二节 "双循环"新发展格局的国内研究特色

以"双循环"新发展格局和对外开放为关键词，众多研究者对该问题开展了高密集度的研究，并形成了具有启示意义的结论和政策建议。从研究视角来看，马克思主义政治经济学理论、转型经济理论和新古典经济学理论等是探索新发展格局的不同理论视角，其成果也具有较强的代表性。

一、国内研究概况

学术界在研究"双循环"新发展格局时，涉及的理论内容很多，包括"双循环"提出的动因、"双循环"的科学内涵、国际大循环的内涵、国内大循环的内涵，以及国内与国际大循环的关系。

就"双循环"提出的动因而言，其可以归结为以下三个方面。一是中国超大规模的经济体量和经济发展水平为"双循环"发展格局的提出提供了有利条件。曾剑秋等（2005，2007）的系列研究结果表明，中国是一个超大型经济体，其经济系统复杂庞大，在物质资本、人力资本和技术创新等方面具有很大的互补空间，这是超大型经济体的优势。郭晴（2020）认为，在当前西方国家逆全球化倾向日益抬头的背景下，中国企业拓展西方国家的市场会面临困难，而本国的巨大居民消费潜能还有待开发。姚树洁和房景（2020，2023）指出，中国超大规模经济体的优势造就了一个重要优势就是技术研发的边际成本越来越低。二是在百年未有之大变局下，中国内外部发展环境发生了变化，中国需要加快构建"双循环"发展格局。伍山林（2020，2022）指出，2020年新冠肺炎疫情的全球大流行导致经济全球化发生了深刻变化，中国需要加强自身的经济韧性。从内部发展环境来说，内陆产业链和沿海产业链中间的循环不畅，沿海地区在深度参与国际大循环时无法带动内陆地区的产业链发展，最终造成各地区产业链的松散格局（刘洋，2020）。另一方面，中国当前的人口老龄化日益加剧、人口红利减退，过去依靠劳动要素规模驱动经济发展的模式难以为继，需要获取新的国际竞争优势（徐奇渊，2020）。内外部发展环境的变化，凸显了中国构建新发展格局的重要性和紧迫性。三是为了解决新时代中国社会主要矛盾以及实现"两个一百年"奋斗目标，中国要主动实施"双循环"发展战略。钱学锋和裴婷（2021）认为虽然当前中国面临全球各类冲击，但"双循环"发展战略并非应对冲击的被动措施，而是当前发展阶段要求中国必须进行主动选择、长期谋划的前瞻性战略决策。彭小兵和韦冬萍（2020）的研究结果表明，中国国内大循环的发展程度与中国的大国地位与国际影响力呈现非对称态势，为了纠正这一非对称发展态势，中国也需要加快构建"双循环"发展格局。

就"双循环"发展格局的总体阐释来说，刘鹤（2020）指出"双循环"新发展格局的关键在于实现经济循环流转和产业关联畅通，根本要求是提升供给体系的创新力和关联性；在实践中应坚持深化供给侧结构性改革这条主线，以国内循环为基础，坚持开放合作的双循环，建立有效的激励机制和创新的制度环境，实现高效规范、公平竞争、充分开放的国内大市场，推动市场经济体制建设，最终实现生产力发展和社会进步。在此基础上，刘世锦（2020，2021）进一步提出了双循环的结构性框架，指出以都市圈城市群为发展龙头，补充基础产业效率、中等收入群体和基础研发能力三大短板，以数字经济和绿色发展为两翼，推动国内经济体制改革，促进结构性潜能的发挥，从而加快建成高标准的国内市场体系。管清友（2020）认为双循环的核心在于以内需为主导，统一国内市场，推进数字基建和产业链重构；吴晓求（2020）和高尚全（2020）均认为推进国内市场化改革和拓展科技创新是建设国内市场体系的关键内容。黄群慧（2022）指出，"双循环"新发展格局强调经济循环，其着力点在于以更深层次改革推动构建中国完整的内需体系。此外，宁吉喆等（2023）总结了"双循环"新发展格局的战略意义、制度逻辑和现有问题，并提出在稳定内需环境、国内产业链构建、国内国际市场互动、"六稳"工作的现实要求等方面的实际政策建议。

就"国际大循环"的内涵而言，"国际大循环"战略构想的基础理论是比较优势理论，20世纪90年代开始，中国通过大力引进外资以及发展具有比较优势的劳动密集型产业，形成了"两头在外、大进大出"的出口导向型发展格局，而"国际大循环"这一概念就是对这种发展格局的形象概括（张军等，2020）。"国际大循环"发展战略可以将国内的农村劳动力引入国际分工中，有助于解决农村过剩劳动力问题，同时中国通过"干中学"机制使自身也获得进步，并且在国际上积累外汇储备，以获得国内工业发展所需的资本（彭小兵、韦冬萍，2020）。当然，这种发展模式的不足之处在于国内的各类资源可能会被虹吸到沿海地区出口部门，造成内需与外需分割的二元经济，这将成为中国发展国内需求必须面对的挑战（贾根良，2020）。

就"国内大循环"的内涵而言，张军等（2020）认为，"国内大循环"并非仅仅关注中国经济发展是否依靠国内巨大市场，国内市场规模并非其重点，重点是国内市场是否被"循环"起来。黄奇帆（2020）进一步验证了这一观点，"国内大循环"并非简单地讨论内需是什么，其内涵是我们需要什么样的基础和条件以及构建什么样的机制，才能形成完整的内需体系。从循环过程来说，"国内大循环"指的是社会再生产过程中"生产—分配—流通—消费"各环节的往复循环，其起点是生产，连接生产和消费的桥梁是分配与流通，消费同时是旧一轮社会再生产的终点和新一轮社会再生产的起点（王昌林、杨长湧，2020）。如果从空间意义上来探讨，"国内大循环"中社会再生产的过程还可以表现为地域空间意义上的循环，包括城乡循环、区域循环等（胡博成、朱忆天，2021，2022）。国民经济活动的这种循环过程，如果在某个环节、某个部门、某个地区出现"脱轨"，循环过程就会受阻，经济就会出现下行风险，甚至发生危机和变革（杨承训，2020，2023）。

就"国内和国际大循环"的关系而言，黄群慧（2020）认为考虑经济循环的国内和国外之分是因为存在经济活动的国家（或经济体）边界，在当今全球价值链分工时代，绝大多数国家都是同时存在国内经济循环和国际经济循环的双循环结构。张二震和戴翔（2023）支持这一观点，他们认为就一国而言，国内大循环和国际大循环的本质是国内市场和国际市场之分，但是国内市场和国际市场对一国经济增长的作用存在差别，因此存在经济循环的内外之说。由此可以推论出，构建以国内大循环为主体的经济模式，必然不可能全面替代国际大循环，国内大循环与国际大循环之间存在互相影响的关系。刘元春（2020）将以"国内大循环"为主体的发展格局概括为：以内需为出发点和落脚点，以国内分工体系为载体，以国内生产分配流通消费等环节的畅通、新动能的不断提升为内生动力，以国际大循环为补充和支持的一个经济循环体系。但是，中国要将过去以"国际大循环"为重心的发展格局调整到以"国内大循环"为重心的发展格局并非易事，其原因之一就在于中国参与"国际大循环"导致供给侧也相应产生了一系列"堵点"，国内经济部门的非平衡发展成为制约供给体系水平和质量的重要障碍（刘志彪、凌永辉，2020，2021）。因此，贾根良（2020）综合了国内大循环与国际大循环的关系，论述了第二种"国内国际大循环协同发展"的含义，即在贸易平衡之下国民经济各个部门之间的动态平衡增长。

二、不同视角特色

在上述研究中，学者们探索时所秉持的理论视角有所不同，但总体上可以归入马克思主义政治经济学理论、转型经济理论和新古典经济学理论三大视角。具体评述如下：

（一）马克思主义政治经济学理论视角

马克思主义政治经济学认为，国民经济循环与实现社会再生产具有等价性。马克思的两大部类社会再生产理论及其公式，可以为以畅通国民经济循环为主的新发展格局提供科学的理论指导。而运用马克思社会再生产理论的基本观点和基本概念分析研究构建双循环的重大问题，也是在新的时代条件下发展马克思社会再生产理论的具体体现。具体来说，马克思主义于国内国际双循环的分析是以国民经济循环的内部平衡和外部平衡为基础，认为国内循环、国际循环分别要实现内部平衡和外部平衡。实现外部平衡主要是指通过进出口获得以及调节本国社会再生产使用的生产资料、消费资料产品与服务。而实现内部平衡主要是指通过某种恰当安排，在社会再生产中实现生产资料、消费资料两种产品与服务的生产、交换、分配和消费，使本国社会总产品在价值形态上得到实现并且在物质形态上得到补偿。由于国际循环和国内循环相互交织、相互依赖、相互制约、相互作用，因此国际贸易、国际投资和国际金融等会通过影响国际循环而影响国内循环。同时，参与国际市场作为本国与外国之间的产品与服务相互交换，本身也受到自身发展规律的支配。就现有文献而言，较多研究讨论了国际贸易、国内消费、国内生产结构等对两大部类的作用机制，但对于国内循环与国际循环的内部结构、相互关系和作用机制等问题，仍缺乏深入探讨。尤为重要的是，现阶段中国面临着复杂的国内国际形势，如何以国内大循环为主体、积极融入国际经济循环，需要考虑国内生产和消费结构、国际贸易和经济周期等多种因素的复杂作用。

（二）转型经济理论

转型经济理论对双循环的互动分析，主要表现为对东亚国家的发展理论和产业政策的讨论。客观来说，东亚国家的经济增长深刻反映了国内国际经济双循环的意义，尤其是以出口为代表的国际贸易对国内经济的溢出效应和关联效应。此外，良好的经济管理也是实现发展的重要方面，这包括有利的投资环境、政策可预期和一致性，以及稳定的法律和管理框架，以上各个方面是实现国内经济和国际经济积极互动的重要保障。转型经济理论充分注意到在后发国家的经济增长过程中，国内国际经济双循环具有至关重要的作用，但现阶段的国内和国际环境与 20 世纪 60 年代已有较大区别，包括区域主义兴起、产品内贸易分工发展、国际政治格局的变化等方面。因此，现阶段中国对国内国际双循环战略的施行与韩国、日本在 20 世纪 60 年代的措施必然有很大不同。面对发达国家的贸易保护主义、发展中国家的区域合作潮流、国内产业结构不合理、劳动力成本上升、有效需求不足等问题，中国的发展道路必然是深入推进供给侧结构性改革、完善需求侧管理、构建国内经济大循环结构，同时中国还需要广泛参与多边、区域经济合作，加强与发展中国家的区域一体化进程，构建国际国内双循环经济体系。

（三）新古典经济学理论视角

新古典经济学理论对国内循环与国外循环的研究，主要是以要素禀赋论为基础讨论各国参与国际分工、促进国内经济发展的可能路径，其为发展中国家实现国内国际经济互动提供了良好的理论基础。发挥比较优势是一个国家进行国际经济互动的重要因素，成功实现长期发展的国家也几乎无一例外地在对外贸易方面实施了按照比较优势进行出口贸易的政策，并因此加速了国内的资本积累。但是，仅仅按照比较优势进行生产和出口可能无法实现对发达国家技术的赶超，发展中国家必须深入推进国内供给侧结构性改革，尤其注重发展新兴产业、增加新技术投资、促进国内产业链建设、提升劳动生产率，这样才可能实现技术赶超。

第三节　新时代中国"双循环"新发展格局的理论逻辑

新发展格局讨论的重心在于国内国际两个循环的相互促进，这就必须在理论上分离出来两个循环的构成要素，在阐释其特色内涵的同时，揭示引入中国国情后所具有的独特的现实意义和理论价值。本节试图从国民经济循环的"注入—漏出"模型视角解构双循环的基础内涵，明确中国双循环互促的新发展格局涉及的关键问题。

一、传统理论的解释与缺陷

（一）传统理论的解释

传统的国民收入"注入—漏出"模型提供了一个基本的框架线索，可供理解和分析整个国民经济的循环体系。最简化的"注入—漏出"模型是以两部门为例进行介绍的，在一国国民经济中主要有企业和家庭两个部门，企业部门购买生产要素进行产品生产，家庭部门提供生产要素并消费产品。进一步地，从供给侧来看，企业部门购买家庭部门提供的要素，如劳动力、资本等，进行消费品与资本品生产，并通过销售这两种产品获得收入，同时这些收入又作为要素报酬最终支付给家庭部门；从需求侧来看，家庭部门利用所得的要素报酬购买消费品进行消费，消费所余即储蓄，同时企业部门通过金融市场盘活家庭部门的储蓄，购买资本品进行投资。在上述经济活动中，家庭部门的实际消费与企业部门的实际投资构成国民经济的注入量，对应着购买国民经济中所有最终产品的总支出，总支出形成了国民经济中的总收入，经由企业部门以要素报酬的方式回流到家庭部门，最终形成保障家庭购买意愿与支付能力的意愿消费与储蓄，此即国民经济的漏出量。当实际消费与意愿消费不变时，需要投资将因储蓄而漏出的国民收入重新注入国民经济中去，这样方能维持国民经济循环过程中的体量不变，实现充分就业，此即"注入—漏出"模型的核心内涵。

（二）传统理论存在缺陷

"注入—漏出"模型能够很好地反映经济循环的基本路径、关键变量和跨期变化特征，为理解和促进国民经济良性循环奠定了基础。但以中国改革开放以来的经济发展实践与当下构建新发展格局的目标进行反思，容易发现传统的"注入—漏出"模型还存在着以下缺陷。

1. "注入—漏出"模型对开放经济体的解释力不足

传统的"注入—漏出"模型主要关注封闭经济体的经济循环，即使后来增加了关于"进出口"问题的探讨，却仍不足以全面反映当下开放经济体的经济循环体系，原因是对开放经济体发展具有深远影响的国际直接投资与国际证券投资均未能被有效地纳入模型体系。目前，国际经济格局深刻调整，国际产品服务贸易、国际直接投资与国际证券投资流向复杂多变，其对中国经济循环的影响已不容忽视。为此，胡晓鹏、惠佩瑶（2020）初步尝试将国际贸易、国际直接投资与国际证券投资统筹于国民经济循环体系，并揭示了国际贸易、国际直接投资与国际证券投资之间的恒等关系。但要更深入地从国民储蓄与国民投资跨国流动的视角来解构国际直接投资与国际证券投资，以及更深层次地从要素产品与货币资金两层循环体系来解构两者的影响，还需要对"注入—漏出"模型进行更加广泛和深入的创新研究。显然，只有将国民储蓄和国民投资的跨国流动问题纳入经济循环的理论框架中，才能为国内国际双循环的相互促进提供有效的理论支撑和指导。

2. "注入—漏出"模型强调需求侧的总量问题，而忽视了供给侧的结构性问题

传统模型批判了"供给自动创造需求"的观点，转而强调有效需求的重要性，突出了消费、投资和出口（开放经济模型）"三驾马车"对经济增长的驱动作用，认为有效需求不足是经济循环陷入萎缩的主要原因。但事实上，当供给结构不足以适应需求变化时，企业部门和家庭部门对国内产品和服务的需求将会以进口和对外直接投资的方式外流。外流的需求无法有效驱动国内经济循环，拉动本国就业与经济增长，将导致国内经济循环体量不断萎缩。目前，中国经济发展过程中供给和需求之间存在深层次的结构性矛盾与问题，导致消费能力严重外流。如何提高供给水平以适应需求，是构建新发展格局的关键，需要将供需结构问题纳入经济循环理论框架中，以支撑和指导"国内大循环"的构建。

3. "注入—漏出"模型关注国民收入循环的数量，而忽视了国民收入循环的质量

增长和发展是两回事，国民收入"注入—漏出"模型主要关注经济总量的增长，认为增加投资、增加消费是实现国民收入增长的关键。但事实上，粗放式的、以增加生产要素投入，甚至是以破坏生态环境为代价的高速增长是不可持续的，国民经济最终应当实现高质量发展而非简单的高速增长。目前，国际经济形势复杂严峻，中国人口红利衰减，已经无法支撑过去以增加要素投入而驱动的高速增长，亟须推动国民经济从资源导向型向效率导向型转变。决定国民经济循环质量的关键因素有哪些？如何提升国民经济循环的质量？如何促成国民经济在质量层面上的良性循环？这些都是当

下要构建新发展格局亟须解构清楚的重要问题。

4. "注入—漏出"模型未能关注科技变革与组织变革对经济循环的影响

时值信息技术革命期，大数据、云计算、人工智能已经深刻地改变了企业部门的投资模式与投资周期，同时也深刻地改变了家庭部门的消费模式与消费需求。一方面，传统的边际消费倾向递减规律与投资的边际效率递减规律是否仍然适用当下还需要研究考察，如一些学者认为平台经济领域的投资边际收益是递增而非递减的。另一方面，平台企业这种新型组织形式的出现，已经深刻颠覆了学术界对企业组织的认识，"中介论""厂商论""机制论""生态系统"论层出不穷。一方面，平台企业包含撮合交易、搜索排序、交易治理等一系列新的功能；另一方面，平台企业因其特有的交叉网络外部性已经在许多领域都形成了赢者通吃、一家独大的市场格局，这就导致平台企业对社会经济的影响广泛而深刻。平台企业是否已经使得传统对企业部门的分析不足以反映当下经济循环的所有特质，需要进一步的考察和深入研究。此外，数据要素的重要性已经越来越得到凸显，它具有许多与劳动力、资本等传统要素所不同的特点，数据要素是如何参与经济循环的，在经济循环中扮演着什么样的作用，这些都是当下亟须研究的重要课题。

二、基于中国实践的理论逻辑

物化的国民收入可以按产品类型进行加总，具体等式：国民收入＝消费品＋投资品。其中，消费品用于满足消费者的最终需求，是一国经济发展的基本立足点，它在名义价值上构成了物化国民收入的两大来源之一。在这里，CC 为私人消费注入项，对应本国消费品的实际消费，结构等式为 $CC=CF+CDS$，其中 CF 代表外国居民在本国发生的消费（消费品出口），CDS 代表本国居民在本国发生的实际消费。CM 为私人消费漏出项，对应私人消费形态的本国国民收入中的一部分，结构等式可拆解为 $CM=CDY+FC$，其中 CDY 是本国居民在本国的意愿消费，FC 代表本国居民在外国的意愿消费（消费品进口）。

投资品即通常讲的资本品，是生产活动得以维持的基本前提，代表一国的产能规模并在内容上对应产业结构。在国民收入循环模型中，与投资品相关的注入和漏出主要考察投资品的消化方式和消费主体。例如，作为出口品消化的投资品，它最终形成的是国外产能或产业布局；反之，如果是作为投资品被本国消化，那将形成本国产能，这也是经济学意义的投资内涵。具体来说，I 代表投资品消化（注入）项，反映了本国投资品是如何被消化的（由于投资是一种主流消化投资品的形式，因此教科书都取英文投资的首字母 I），结构等式为 $I=ID+IF+IIF$，其中 ID 为本国企业对本国投资消化的投资品总量，IF 为外国企业对本国投资消化的投资品总量，IIF 为外国企业购买用于非本国生产所用的本国投资品总量。

S 为剩余漏出项，是私人储蓄（不是国民储蓄，因为政府已经单列）对应除去私人消费和政府税收后的国民收入余额，它也是转化投资的资本来源项（虽然转化方式会很多，如直接投资设厂或者金融股权投资等，但并不改变储蓄通过投资形成价值增值的本质特点）。结构等式为 $S=SD+FS$，其中 SD 为本国私人在本国储蓄，FS 为本国私人储蓄转化的外国投资品购买。

G 和 T 分别代表政府作为行为主体的购买（仅限于国内）与税收，前者是国民经济循环的注入，后者则是漏出。但要注意的是，政府购买项不仅包括消费品，而且还包括投资品（IG），如图 3-1 所示。

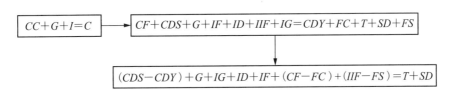

图 3-1 国民收入恒等式关系图

如果加入国别因素，上述等式可以进行分类合并，并开展国家间的链接，从中我们便可以观察到双循环的依存关系以及国与国之间的关联特点。在这里假设世界上有两个国家 A 和 B，链接国民收入恒等式，关系图如图 3-2 所示。

首先，图 3-2 中所列内需和外需具有广义的特征。以 A 国内需为例，理论上讲 $IF_{B \rightarrow A}$ 不应该包括在 A 国内需的统计范围中，因为这是 B 国投资者购买的 A 国投资品，它属于 A 国投资品出口，但考虑到这部分投资品最终被用于 A 国生产并成为 A 国产能的一部分（主导权是 B 国投资者），因此将其广义地视为内需组成部分。如果从狭义角

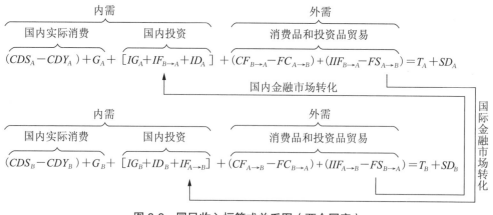

图 3-2 国民收入恒等式关系图（两个国家）

度衡量，A 国内需就必须扣除这一块，而 A 国的外需在构成上则应当加上这部分。此外，图中的外需由消费品净出口和投资品净出口两部分构成。

其次，A 国和 B 国在境外都有按照本国意愿开展的全球产业分工和产业链布局，这体现在 $IF_{B \to A}$ 和 $IF_{A \to B}$ 两个指标上。在实践中，一国对他国展开投资时会通过金融中介这一转化渠道，因此，这些投资主要来源于本国私人储蓄的国外投资品购买，也可以理解为一国私人储蓄的溢出。

再次，在不考虑时间因素的前提下，国内实际消费项（$CDS - CDY$）这一差值应为 0。但在现实经济运行中，意愿消费对应的是收入形态，实际消费对应的是消费品的物化形态，两者并不完全相同。事实上，在消费者对经济预期偏坏或者制约居民消费的因素不断加强的情况下，该指标经常会小于 0，表征的是一国实际消费不足的问题。

从次，金融是资源配置和宏观调控的重要工具，是扩大内需的关键一环，是驱动双循环互促的血液，在构建新发展格局中具有极其重要的地位。图 3-2 中显示，金融中介是链接一国经济双循环和国与国经济联系的关键节点，它是引发诸如跨国产业链布局、跨国供应链协调、跨国价值链分布的重要驱动力。虽然这里仅仅展示了国内和国外的两个金融市场中介，但其作用却是不可轻视的。因为，一国金融市场发展和金融能级的提升将在推动经济供给侧结构性改革、推动技术创新、推动扩大有效供给和有效需求等方面发挥重要作用，但它同时也很可能是引发金融风险和国内经济结构畸形的主要原因。

最后，图 3-2 中还展示了由一国内外经济循环体现的空间经济联系特征，这就要求全面"统筹国内国际两个大局",建设以我为主、内外联动的新的开放和发展格局;这是利用国内国际两个市场、两种资源,实现国内国际双循环互促发展的根本要求所决定的。对内来看,做大内循环必须立足于优化区域战略布局,促进国内区域联动发展,加强国内区域经济的协同发展,激发构建"双循环"新发展格局所必需的内生动力、发展活力和市场竞争力。对外来看,要科学谋划和主动参与国际经济循环,在更为广阔的国际空间中推动国内区域与国际地缘经济之间更好地协调发展,在开放合作中获得更有力的资源、技术、人才、资金支撑。因此,从全球网络、国际城市、国内经济板块等多层次地缘视角出发,需要思考在多层次制度环境中构建双循环格局的主要应对策略与举措。

另外,税收 T 与政府购买 G 这两个变量涉及财税制度,它可以从供需两端同时发力,是从分配侧打通供给侧和需求侧的重要手段,通过减税降费、优化财政支出结构、公平收入分配等措施,可以有效增强居民消费能力、扩大企业投资、促进科技创新,进而形成促进双循环顺利推进的长效机制。

第四节　"双循环"新发展格局的理论内核与问题聚焦

任何国家任何时期都有经济双循环发展的实践(有失败也有成功的),当下中国提出以内循环为主,这是面对复杂外部环境的一种战略性调整。例如,《区域全面经济伙伴关系协定》(Regional Comprehensive Economic Partnership,RCEP)的备受关注,实际就涉及中国区域化的战略面向和协调。相对来看,中国市场规模大,经济内循环有基础、有条件,但如何从区域化中获得给养,最终形成以我为主、安全可控的经济内循环,进而驱动区域化乃至新全球化,就必须在理论上找到关键线索。也正是源于此,通过修正国民收入恒等式,结合中国实践需要,叮以提炼出中国构建新发展格局需要把握的四个重要问题。

一、新发展格局的目标取向

双循环发展战略的目的之一是不断积聚中国经济发展的内生动力,目的之二是重塑中国参与国际经济合作和竞争新优势,目的之三是提升中国国民的福利水平。

从目的之一来看，党的"十四五"规划建议指出，双循环发展战略的基点是扩大内需。而党中央有关"内需"的表述：一是 2020 年 5 月 23 日，习近平总书记在看望出席全国政协十三届三次会议的经济界委员并参加组会时的讲话中指出，"我们要把满足国内需求作为发展的出发点和落脚点，加快构建完整的内需体系"。二是 2020 年 11 月 17 日，国家主席习近平在金砖国家领导人第十二次会晤上强调了以扩内需来促发展的方针："我们将下大气力扩大内需，全面深化改革，推动科技创新，为国内经济发展增添动力。"三是 2020 年 7 月 21 日，习近平总书记在企业家座谈会上更加明确地指出了新发展格局要以国内大循环为主体，"通过发挥内需潜力，使国内市场和国际市场更好联通，更好利用国际国内两个市场、两种资源，实现更加强劲可持续的发展"。这些内容都体现了双循环发展战略的目的之一。

从目的之二来看，双循环发展战略决不是"关起门来"自己发展，而是以新一轮更高水平的对外开放参与国际合作和竞争。正如 2020 年 8 月 24 日，习近平总书记在经济社会领域专家座谈会上所强调的那样，"国际经济联通和交往仍是世界经济发展的客观要求……我们要全面提高对外开放水平"。国际经济联通和交往仍是世界经济发展的客观要求。中国经济持续快速发展的一个重要动力就是对外开放。对外开放是基本国策，中国要全面提高对外开放水平，建设更高水平开放型经济新体制，形成国际合作和竞争新优势。中国在内需市场潜力方面具有强大的国际竞争合作优势，在新发展格局下，中国不仅能够获得自身经济发展的动力，而且也能为世界各国创造更多市场需求，进而促进国际合作并实现互利共赢。

从目的之三来看，国家主席习近平在 2018 年博鳌亚洲论坛年会开幕式上指出，"内需是中国经济发展的基本动力，也是满足人民日益增长的美好生活需要的必然要求"。双循环发展战略对中国居民消费的重视，把满足国内需求作为经济高质量发展的出发点和落脚点，贯通生产、分配、流通、消费各环节，释放国内消费潜力，满足丰富多样的国内需求，并且有助于化解社会主义新时代所面临的主要矛盾。

二、新发展格局的主要内容

双循环发展战略的主要内容。双循环发展战略的内容主要包括两个方面：一是发展壮大国内大循环；二是基于国内大循环之上，统筹发展国内国际双循环。

在 2020 年 8 月召开的经济社会领域专家座谈会上，习近平总书记就双循环发展战略的具体内容作了阐述。习近平总书记指出：要以畅通国民经济循环为主构建新发展格局。要坚持供给侧结构性改革这个战略方向，扭住扩大内需这个战略基点，使生产、分配、流通、消费更多依托国内市场，提升供给体系对国内需求的适配性，形成需求牵引供给、供给创造需求的更高水平动态平衡。

在《中共中央关于制定国民经济和社会发展第十四个五年规划和二〇三五年远景目标的建议》中，进一步明确提出了双循环发展战略的主要内容，即全面促进消费，增强消费对经济发展的基础性作用。拓展投资空间，发挥投资对优化供给结构的关键作用。畅通国内大循环，促进国内国际双循环。以上论述涵盖了中国双循环发展战略的主要内容。值得注意的是，党中央是把发展壮大国内大循环作为主要矛盾来看待的，而国内国际双循环是建立在国内大循环基础上的，属于次要矛盾。同时，消费升级、拓展投资以及国民经济的循环畅通等都属于发展国内大循环的主要内容，但是矛盾的主要方面集中在国民经济的循环畅通上。

三、新发展格局的战略重点

畅通国内大循环是双循环发展战略的重点内容，打通国内生产、分配、流通、消费各环节的障碍点是驱动双循环发展战略的核心关节，这是构建新发展格局的重要特点之一。其之所以成为双循环发展战略的重点，是因为其与国内统一大市场建设的关系最为密切，而一个统一、高标准的大市场经济体系是形成国内国际双循环发展战略的重要依托。

党的"十四五"规划建议明确指出，要依托强大国内市场，贯通生产、分配、流通、消费各环节，有效破除行业垄断和地方保护，促进国民经济良性循环。针对生产环节，供给侧结构性改革是核心要义，具体包括完善科技创新体制机制，优化产业布局以及维护产业供应链稳定，等等。针对分配环节，党的十九届四中全会提出要"健全劳动、资本、土地、知识、技术、管理、数据等生产要素由市场评价贡献、按贡献决定报酬的机制"。就流通环节而言，流通是畅通经济循环的重要基础，要构建现代物流体系，就要完善综合运输大通道、综合交通枢纽和物流网络。针对消费环节，党的指导方针是"顺应消费升级趋势，提升传统消费，培育新型消费，扩大服务消费，适当增加公共消费"。

其中，党中央将适度合理的公共消费也纳入双循环发展战略的重点内容之中，这意味着中国未来经济发展模式将不再采取"大水漫灌"式的强刺激措施，而是追求结构合理、方式合理的公共消费，更高质量地发挥公共消费的带动引领作用。

四、新发展格局的保障机制

在如何有效支持新发展格局建设方面，党中央反复强调了三个体制机制建设的重要性，即科技创新体制机制、现代财税金融体制、更高水平开放型经济新体制。

党的"十四五"规划建议上明确指出要建设和完善上述三个体制机制，而构建新发展格局，使新发展格局变为现实，需要推动科技创新在畅通循环中发挥关键作用；推动金融更好服务实体经济；推动更高水平的对外开放，更深度融入全球经济。

以上"三个推动"反映了中国双循环发展战略需要重点考虑的三个支持层面。从科技创新方面来看，习近平总书记在谈到有关"新发展格局"的会议上，几乎每次都会提到科技创新。例如，在2020年5月看望政协会议的经济界委员时，习近平总书记强调，要"大力推进科技创新及其他各方面创新，加快推进数字经济、智能制造、生命健康、新材料等战略性新兴产业，形成更多新的增长点、增长极"；在2020年7月的企业家座谈会上，习近平总书记指出，要"提升产业链供应链现代化水平，大力推动科技创新，加快关键核心技术攻关，打造未来发展新优势"；在2020年8月的经济社会领域专家座谈会上，习近平总书记强调，要"创造有利于新技术快速大规模应用和迭代升级的独特优势，加速科技成果向现实生产力转化，提升产业链水平，维护产业链安全"。由此可见，科技创新体制机制建设是支持双循环发展战略的重要支撑。

从现代财税金融体制来看，金融在国内大循环中担任着重要角色。党的"十四五"规划建议指出，现代金融体制不仅要能够有效支持实体经济发展，而且还要同实体经济一起均衡发展，实现金融支持"上下游、产供销有效衔接，促进农业、制造业、服务业、能源资源等产业门类关系协调"的局面。同时，也要完善金融支持创新体系，促进新技术的产业化和规模化。在财税体制方面，党中央在"十四五"规划建议中的表述与以往表述有所不同，强调要"加强财政资源统筹，加强中期财政规划管理，增强国家重大战略任务财力保障"。这表明，未来新发展格局的建设要强化党中央对财政预算编制进行宏观指导以及对财政资源进行宏观调控的精神。此外，"现代财税金融体制"也是党中央的新提法，这一提法体现了党中央构建财政金融协调机制的思路，进一步完善了党中央的宏观经济治理能力。

值得注意的是，"更高水平开放型经济新体制"是党中央在十九届四中全会上的新提法，这也是新时代中国对外开放的重要特点，这一表述与传统的对外开放概念存在差异。更高水平的对外开放要求中国的对外开放不仅要提升开放的范围、领域和层次，而且要注重开放的质量、效率和效益。同时，更高水平的对外开放也要坚持"引进来"与"走出去"并重的精神；中国未来将不仅仅是参与全球经济，更是融入全球经济，与世界各国形成"你中有我、我中有你"的对外开放新局面。

第五节　构建新发展格局需要深化研究的问题

从中国语境出发，以国内大循环为主体、国内国际双循环相互促进的新发展格局，是新时代高质量发展的根本要求，是一种全方位和高水平的开放发展新格局，需要开展深层次的体制机制改革和创新。要发挥国内循环对国际循环的带动作用，进而形成国内国际双循环相互促进发展，还需要把握好新发展阶段面临的主要矛盾，从理论与现实相结合的角度深入思考三大基本问题。

一、经济效率与经济安全的发展目标协同

能否成功构建新发展格局，其关键测度之一就是国民经济安全是否可以得到保障，即表明全面提高国民经济的抗风险能力是构建新发展格局的必要条件之一。在构建新发展格局的过程中，既要关注国内经济大循环不畅引发的安全问题，也要关注国外经济循环风险输入及其对国内风险的放大，如大国产业链的可控性、财政金融的稳健性、关键产业中间品贸易断供、金融开放的更好监管、地缘经济合作的不确定性等。在这里，要格外关注全球经济风险问题，该问题将贯穿至中国下一步的全面深化改革与实

行高水平对外开放问题的交汇点上，也将伴随中国构建新发展格局实践的各个环节和各个时点。

探究新发展格局构建中的经济安全，还需要从过往发展历程中探寻风险诱因，思考未来的可能变化。众所周知，自全球金融危机发生以来，以美国为代表的国家纷纷采取了宽松货币政策，目前全球已经处于负利率状态，但实体经济的投资依然没有显著起色。一些国家采取的制造业回流战略虽然暂时缓解了本国发展困境，但因其阻碍全球资本的有效配置而加大了世界经济复苏的难度。尤其是新冠肺炎疫情发生之后，各国投资者更是保持谨慎态度，全球投资不可能在短期内大规模扩张。此外，全球资本还遭遇各国对投资结构的选择壁垒，即出于母国发展要求的投资和东道国选择的投资发生抵触，世界经济面临的国家之间的对抗比以往更加显著。这种情况表明世界经济仍旧处于朱格拉周期的下行阶段，而且还会继续维持到 2025 年前后。

建筑业与房地产的需求变化与人口的繁衍和迁移息息相关，所以库兹涅茨周期在一定程度上反映了人口周期。1991—2010 年美国经历了一个典型的库兹涅茨周期，即 1991—2006 年为兴盛期，这一时期房地产市场向好，带动上下游行业快速发展；2007 年次贷危机爆发，房地产泡沫破裂，美国经济进入四年的下行通道。此外，日本和中国香港也印证了库兹涅茨周期。中国房地产市场化起步较晚，还不足以对库兹涅茨周期提供实质性的证据支持。但自 1998 年进行住房货币化改革到 2015 年前后的触顶回落，中国已经结束第一个库兹涅茨周期的上行期，目前中国处于此轮库兹涅茨周期的下行期。未来 5—15 年，随着中国城市化的全面推进，尤其是大城市人口政策的松动，库兹涅茨周期很可能会进入新一轮中周期的上行阶段。

当前全球经济正处于康波周期的下降阶段，并且各种新技术层出不穷，信息技术飞速发展，人工智能方兴未艾，5G 技术正从实验室走向产业化，生物科技、新材料与新能源技术成为各国角逐的重点，但推动产业革命的标志性技术还未出现。未来 5—15 年，很有可能发生新一轮产业革命。从 21 世纪头 20 年发展的动向和趋势来看，新一轮工业革命技术突破的总体方向是数字化、网络化、智能化、绿色化，前期在这个方向的创新和实践尽管有零碎和片段性的特点，但却为未来打下了大规模运用、供给与需求良性互动的基础。目前诸多国家不断推出各种振兴制造业、推动技术创新的战略方案，如法国的"新工业法国"、韩国的"制造业创新3.0"、印度的"印度制造战略"、西班牙的"工业4.0"、俄罗斯的"国家技术计划"、日本的"机器人新战略"等。作为拥有5G核心专利最多的国家，也是新能源汽车市场最大的国家，加之国内市场的庞大需求潜力优势，中国在新一轮产业分工中有着良好的基础条件。

基于上述判断，我们认为，在未来5—15年中，虽然外部政治经济形势依然复杂多变，但中国先行进入新一轮经济周期上升通道的力量却会不断增强，这主要是中国城市化发展潜力、良好投资环境引力以及强大市场规模推力的结果。新冠肺炎疫情的全球扩散态势被普遍认为在短期内不会结束，但即便将会持续一段时间，它仍然属于暂时的冲击因素，对国际国内经济社会发展的影响也会呈现递减态势。新冠肺炎疫情发生前，一些国家采取了鼓励资本回流的"内向化"政策，但回流后的资本却没有想象中增加更大的获利能力。随着时间的累积，资本逐利的动机越发强烈，而中国拥有庞大的市场优势、产业配套能力、城市化红利、土地资源优化空间等，这些会再次成为外来投资和他国产业转移的理想去处。这一情况有望在2025—2030年"十五五"时期凸显出来，原因可能就是新一轮国内刺激政策的激励以及国外形势的复杂多变。因此，构建新发展格局就显得非常突出和必要，它也是中国提前准备并积累条件以顺应甚至引领下一轮全球经济周期的必然动作。然而，顺应和引导经济周期也将面临更大的风险。一方面，新一轮科技革命蕴含巨大的不确定性，一旦选择错误很可能会错失新一轮的发展机遇；同时，新技术和高科技的对抗是国家间经济角逐的主战场，要审慎选择更加合理且减少冲突的方式。另一方面，中国国内的金融风险、债务风险、供应链风险也需要格外注意。虽然近年来内部风险在国内政策调整中正逐步消化，但也不排除外部因素进一步诱发国内风险；需要统筹规划改革开放的红利与风险，经济内循环与外循环的相互促进必须把风险识别、风险判断和应对风险作为关键问题。

更为重要的是，未来5—15年中国在经济实力上将与美国迅速缩短差距，甚至关键指标可能出现超越，来自国家之间的竞争和摩擦可能加大，国际形势不确定性增强；所以，中国必须抓住内循环为主体这个核心，加快建设更加符合中国国家利益的内需体系，通过内循环的阶段性发展策略调整，应对外部不同特点的阶段性压力。在这样的情况下，以内需为主将贯穿中国现代化强国建设的始终，而双循环互促则必须立足在"以内需促外需，以外需服务内需"及"安全和效率共同兼顾"的要求之下，这是突破"怎样促"时要解决的关键性问题。对于"促什么"的问题，在纵向层次上应牢牢把握住贯通生产、分配、流通、消费各环节这一主线索展开研究，既要突出每一个环节"促"的重点，也要关注四大环节一体化联动发展；在横向层次上要注重各环节上的国内国际互动机制，明确高水平开放合作中的重点环节与互动模式。要重点聚焦经济循环流转和产业关联畅通，将需求侧、供给侧和分配侧有机结合起来并综合考察经济循环互促的效果，把要素互促、消费互促、市场互促、科技互促、人才互促、供应链互促、产业互促、制度互促等各个方面纳入内需体系建设的重点领域中，进而探寻薄弱环节、找出问题、挖掘根源。

总的来说，中国是世界第二大经济体、制造业和货物贸易第一大国、商品消费和外资流入第二大国，并且其外汇储备连续多年位居世界第一位，这为中国构建新发展格局提供了有利条件。但内循环绝不是"自循环""单循环"，也不是唯经济效率至上的"不安全循环"。正如习近平总书记所提到的那样，"坚定不移贯彻新发展理念，着力构建新发展格局，统筹国内国际两个大局，办好发展安全两件大事"。这即说，以内需升级为基础，继续推动更大范围、更宽领域、更深层次的对外开放，以及以高水平外部合作促进国内经济体系的高质量安全发展，才是构建新发展格局的基本要义。

二、全面深化改革与高水平对外开放的内外协同

新发展阶段提出形成以国内大循环为主体，本质上是一次深层次的体制机制改革和创新，是新时代全面深化改革的重要战略抉择。以国内大循环为主体、国内国际双循环新发展格局本质上是一种全方位和高水平的开放发展新格局。要发挥国内循环对国际循环的带动作用，进而形成国内国际双循环相互促进发展，就必须要实行对外开放，没有对外开放，双循环就无从谈起。由此可见，"双循环"新发展格局对新时代的开放发展提出了更高要求和更高标准，是一次全新的对外开放，也是高水平高质量的开放发展。

第一，要坚决维护国家核心利益，这是新一轮改革开放的基本要求，核心是要处理好被动发展与主动发展的关系。

被动发展与主动发展的关系体现了国家意志与市场选择的关系，其内涵包括两个方面。一是主动发展中国经济。但在全球化日益扩张的背景下，其发展的路径上却出现了被动发展局面，即中国经济在分工布局和发展战略方面的自主性被发达国家的全球战略布局所牵制。二是被动发展虽然也为中国带来了增长，但前提是中国要始终保持主动发展的意识，不能止步于此。而这种意识恰恰被中国后来的巨大发展成就所淡化。

对此，习近平总书记在中央政治局第三次集体学习时指出："我们要坚持走和平发展道路，但决不能放弃我们的正当权益，决不能牺牲国家核心利益。任何外国不要指望我们会拿自己的核心利益做交易，不要指望我们会吞下损害我国主权、安全、发展利益的苦果。"实际上，这一讲话的基本精神就是要求我们在今后的改革道路上必须扭转被动发展的状况，形成自主发展的状态。当然，满足自主发展的需要是一个长期过程，在日益全球化的背景下，核心手段只能是"以我为主"地参加公正的全球化过程，自主掌握对外开放的广度和深度。也就是说，中国在今后必须作为发展中大国的身份，以"互利互惠、和平共赢"理念，积极参与国际经济体制的修改和制定；同时，积极实施新的开放观，提升对外开放的水平，提高引进外资的收益，突破制约中国经济社会发展的"收益瓶颈"——有出口而无产业、有增长而无发展、有经济利益而无社会效益的粗放型增长模式。

第二，发展新型大国关系是新一轮改革所秉持开放发展的重点指向，其本质是突破制约中国国际经济地位提升的"国际体制约束"和"国际市场约束"。

世界历史已经证明，多次区域性金融危机和全球金融危机的化解之道是进一步全球化，其结果是全球化的进一步深化。因此，中国必须主动推进经济全球化的战略规划。而最近正在开展的一系列沿海开发开放措施实质是中国融入全球化过程以获得发展机遇的一次尝试。这与20世纪80年代的沿海开放具有相同的功能作用。但是，与20世纪80年代不同的是，过去是按照点的方式开放，而现在是以面的方式开放；过去主要强调外资的稀缺性，而现在是内外并举的；过去主要是以纯粹的激励为主，而现在则是限制性的激励。基于此，我们的观点是：将中国目前的改革方略放置在全球化背景下来解读，就是要以"互利互惠、和平共赢"理念，积极营造促进中国经济进一步发展的外部世界环境，通过"亲、诚、惠、容"理念推进周边外交，通过营造新型大国关系突破制约中国国际经济地位提升的"国际体制约束"和"国际市场约束"。

进一步来讲，一方面，国际经济体制作为国际微观经济主体的上层建筑，它的制定和运行机制对全球化中的世界各国经济发展起着十分重要的影响力。中国必须作为最大的发展中国家身份，以"互利互惠、和平共赢"理念，积极参与国际经济体制的修改和制定，因此全面深化改革目标必须立足于争取本国国际权利，来进一步获得经济发展的国际经济体制保障。另一方面，国际市场是任何一个参与全球化的国家的经济增长的重要外部拉动力量。随着中国经济规模的不断扩大，国际市场的容量已逐渐成为中国经济可持续发展的重要外部因素。因此，中国必须以"互利互惠、和平共赢"理念，通过全面深化改革开放，积极开展"经济外交"和"文化外交"，为中国企业和商品开拓国外投资市场和贸易市场，从而进一步获得经济发展的国际市场空间。

第三，中国的全面深化改革并非是中国自己的事情，要正确把握中国改革对世界经济的积极影响。

这些年来，对中国经济的崛起，国际上有两种反应："中国威胁论"和"中国机遇论"。"中国威胁论"担心中国强大后会搞扩张，会争夺地区或世界霸权，会损害某些国家的战略利益。"中国机遇论"的前提是中国如果走和平崛起的道路，会带动世界经济的发展，会成为维护世界和平稳定的力量。其实，中国经济的快速发展并不像"中国威胁论"所说的进一步加剧了世界经济发展的不稳定性，并日益成为世界经济的不稳定性因素；恰恰相反，中国正快速地成为稳定和推动世界经济发展的中坚力量。与此同时，消除西方国家对中国经济发展的扭曲看法，并不能一味地解释，而应当加快改革步伐，通过全面深化改革激发中国经济实力进一步提升的动力。正如国家主席习近平在2013年回答俄罗斯留学生提问的那样，"13亿多人口的中国发展起来给这个世界带来的是实实在在的好处，相反中国如果是积贫积弱的，这才是世界真正的麻烦，这才是真正值得世界担心的事情"。由此可见，坚持以开放发展的逻辑理解中国改革，是以积极的态度回应"中国威胁论"的最好方法，也是中国主动承担大国责任的切实体现。

三、新发展格局与经济高质量发展的动态协同

现代化历史实践告诉我们，只有保持自主选择的权力并拥有自主发展的能力，这样实现的国家现代化才是稳固的。反之，如果一个国家连发展的道路都无法自主选择，那么越是增长，其贫困就会越严重；越是繁荣，其发展的安全风险就会越大，这恰恰是高质量发展必须注重安全、牢牢守住安全发展这条底线的缘由。能够根植国情世情自主选择适合本国特色的现代化道路，是高质量发展应有之义。为此，就必须明晰发展中的四个问题，即主体清晰、阶段清晰、任务清晰和思路清晰。在主体方面，指出中国式现代化，是中国共产党领导的社会主义现代化。在阶段方面，总的战略安排是分两步走，从 2020 年到 2035 年基本实现社会主义现代化；从 2035 年到 21 世纪中叶把中国建成富强民主文明和谐美丽的社会主义现代化强国。未来五年是全面建设社会主义现代化国家开局起步的关键时期。在任务方面，强调着力提升产业链供应链韧性和安全水平、健全新型举国体制、加快实现高水平科技自立自强、坚决打赢关键核心技术攻坚战，以及确保粮食、能源资源安全等。在思路方面，把扩大内需战略同深化供给侧结构性改革有机结合起来，突出强调国内大循环的重点是增强内生动力和可靠性、国际循环的重点是提升质量和水平，明确以新安全格局保障新发展格局。

加快构建新发展格局是推动经济高质量发展、实现中国式现代化的必然要求。在国际环境方面，自 2008 年全球金融危机以来，世界经济经历了长期衰退和动荡，发达国家的贸易壁垒不断增加，而中美经贸摩擦使中国的外部经济环境变得更加复杂。在此背景下，改变以投资和出口拉动的传统经济增长方式、构建具有自主性的国内大循环体系，是促进经济结构调整和维护经济安全的关键任务。在国内经济结构方面，中国长期以基础设施投资、劳动密集型环节出口为基础的增长模式难以适应经济结构调整和技术进步的需要，亟须在产业结构、地区结构、分配结构等方面进行深入调整，促进企业研发和技术进步、提升劳动者技能，改善资本积累的质量和效率，扩大技术进步对全要素生产率的作用，为实现可持续、高质量的经济发展奠定基础，也将为实现中国式现代化的长期目标提供动力支持。

在实现中国式现代化的进程中，加快构建新发展格局和推动经济高质量发展具有

内在统一性。首先，提升国内大循环的自主性和创新性，一方面，构建高水平的国内生产和流通体系、维护国内经济稳定；另一方面，改善科技创新能力，将自主研发作为促进国家发展的战略任务，将自主、创新等理念贯穿构建新发展格局的不同阶段。其次，改善国际经济循环的效率和质量，推进高水平的对外开放，扩大基础设施、数字经济等领域的标准和规则开放水平，全面推进高标准的"一带一路"倡议建设，参与国际多边机构和区域经济组织的改革议程，维护以多边为基础的国际经济合作体系；最后，重视增强关键产业供应链的安全性，深入研究俄乌冲突、中美经济竞争、中欧经济关系变化对中国产业链布局和产业结构升级的作用，制定合理的应对机制与方案；同时加强高科技产业链建设，着力解决国内技术短板、提升中国在全球产业链中的相对优势。这既是完整贯彻新发展理念、推动经济社会健康平稳发展的必然要求，也是构建以国内大循环为主体、国内国际双循环相互促进的新发展格局的重要任务。

在此背景下，从学科建设角度讲，我们需要深入思考高质量发展与构建新发展格局的战略协同与阶段匹配的研究。尤其是要在理论上明确：新发展格局的战略内涵以及最终目标和阶段目标的具体内容；要阐释清楚如果外部环境未来几年趋于缓和，内循环要不要继续坚持以及外循环如何服务内循环。从二十大报告的表述中，我们已经看到"高质量发展"是统领为中国经济发展的战略性手段和要求，体现了经济建设的目标方向。考虑到 2035 年是社会主义现代化基本实现的重点远景目标，"加快构建以国内大循环为主体、国内国际双循环相互促进的新发展格局"这条主线，必须统领到 2035 年中国经济发展的战略重心。这也意味着，"内循环为主体"和"内外双循环互促"应该作为一个整体统筹起来，既要注重战略对策的可行性和可操作性，按照对标时点和阶段目标进行任务分解，细化具体的战略思路和实施策略；又要从中国初步实现的现代化强国目标出发，弄清楚中长经济周期下中国经济发展机遇和挑战的动态变化特点，在长周期视距下梳理出解决这些难题的阶段任务。

第四章　高水平金融开放与金融风险防范

构建国内大循环为主体、国内国际双循环相互促进的新发展格局，关键是要实现高质量经济循环流转和产业关联畅通。既要做大国内循环，又要通过更高水平的开放打通国际循环，使得有效供给和有效需求在更高的水平上实现动态均衡。金融是配置资源和宏观调控的重要工具，是驱动双循环互促发展的血液，同时又是容易形成风险集聚的关键领域；因此，高水平金融开放和系统性金融风险防范在构建新发展格局中具有极其重要的地位。由于人民币国际化在中国建设金融强国中具有关键性的作用，党的二十大报告中专门提出要"有序推进人民币国际化"，因此，本章将从高水平金融开放与金融风险防范的角度进行研究。

第一节　金融开放与金融风险防范理论的发展

一、关于高水平金融开放及其监管方面的研究

2017 年下半年，在全国金融工作会议和中央财经领导小组会议上，习近平总书记强调了实施金融开放的必要性和重要性。党的十九大报告提出"中国特色社会主义进入了新时代"，并提出新时代全面提高中国开放水平的发展战略。在这一背景下，中国国内学术界就新时代金融开放问题展开了广泛的讨论。其内容可以概括为以下几个方面。

第一，新时代提高金融开放水平的意义和影响。有关这一问题的研究主要聚焦于金融开放对新时代经济发展的影响。就金融开放的意义而言，周小川（2017）指出需要从更高层面认识开放的意义，唯有如此才能在面临各种困难和潜在危险的情况下，义无反顾地坚持扩大开放的大方向。首先，从金融开放对经济的影响来看，主流观点认为在经济增长换挡期，金融开放可以为经济增长提供新的动力。径山报告课题组

（2018）认为金融开放是实现经济可持续增长的重要条件；徐慧（2017），邱兆祥、刘永元（2018）等认为金融开放有助于促进中国的经济转型。就金融开放对金融业发展的影响来看，主流观点认为金融开放有助于提高中国金融业的发展水平和质量。易纲（2018）和余永定（2018）等指出扩大金融开放可以通过"鲶鱼效应"促进竞争，提升金融业的发展水平；徐忠等（2017），连平、刘健（2018），管涛（2017）和涂永红（2017）等指出扩大对外金融开放有助于倒逼金融业改革，从而实现金融业的高质量发展；魏革军（2018）指出金融开放的主要目的不是单纯地引进资金，而是引进先进的管理方法和理念，有助于建立更好的治理机制；魏尚进（2018）强调金融开放还可以起到降低融资成本的作用。其次，从金融开放与中国国际地位的关系来看，主流观点认为金融开放有助于提升中国的国际地位和国际影响力。程实、王宇哲（2018）认为金融开放有助于推动中国金融与国际全面接轨，是获取全面市场经济地位的条件之一；张宇燕（2017）指出全面开放的重大意义之一体现为可以为中国参与全球治理开辟道路；赵庆明（2018）认为金融开放有助于中国成为全球性金融强国。

第二，新时代扩大金融开放的动因。这一问题的讨论涉及中国为什么会在当前的环境下实施提高金融开放水平的发展战略。其动因主要可以概括为以下三点。一是中国金融体量的增强和发展水平的提高为金融开放创造了有利条件。周琳（2017）指出党的十九大扩大金融开放的政策凸显了自信。其背景是中国经济的崛起和金融市场的快速发展为全面金融开放奠定了坚实基础。朱隽（2017）认为目前中国是全球第二大经济体，中国金融市场容量的扩大、金融机构实力的增强为金融开放创造了有利条件，这是新时代中国有信心全面推进金融开放的重要原因之一。二是中国与其他国家在金融开放方面的差距要求其全面提升金融开放水平。径山报告课题组（2018）认为，目前中国金融业的开放程度既滞后于实体经济发展，也滞后于大多数国家，其中包括新兴市场国家，这一现状已经成为制约经济发展的不利因素，为此中国需要加快金融开放的步伐。徐忠（2018）强调中国金融业的对外开放程度与自身大国地位和国际影响力严重不匹配，为了纠正这一不匹配，中国也需要加速金融开放的步伐。三是作为对外债权大国，为了获得较高的对外资产收益，中国需要实施金融开放政策。艾利奥特·亨托夫、陈佳鑫（2017）指出中国的对外资产主要为低收益的外汇储备，这使中国遭受了巨大的福利损失。为了改变这一状况，中国需要通过金融开放，将外汇储备转化为民间对外资产，并为民间提供对外投资的渠道。这是中国实施金融开放的一个重要动因。

第三，新时代金融开放的内涵。新时代赋予了金融开放新的内容，对此学术界有各种不同的表述。从新时代金融开放的内涵来看，学术界有广义和狭义两种不同的界定。广义的金融开放不仅包括金融业开放和资本项目开放，而且还包括汇率形成机制改革和人民币国际化的内容。由于人民币汇率形成机制改革和人民币国际化反映了中国的特殊国情，因此该分类方法强调了中国金融开放的特殊性。周小川（2017）指出新时代的金融开放包括"三驾马车"：一是贸易投资的对外开放；二是深化人民币汇率形成机制改革；三是减少外汇管制，稳步推进人民币国际化，稳妥有序实现资本项目可兑换。连平（2018）指出新时代金融开放包括六个方面的内容，即金融行业开放、金融市场开放、资本和金融账户开放、对外投融资开放、汇率机制改革和人民币国际化。该界定属于广义的金融开放。狭义的金融开放定义沿用了国际上通用的传统分类方法，该定义强调了国内外金融开放内涵的一致性。余永定（2018）把金融开放的内涵限定于资本项目自由化和金融服务业开放。卓尚进（2018）将新时代金融开放界定为金融业开放再扩大，其内容主要包括全面实施准入前国民待遇和负面清单原则。从具体的改革建议来看，径山报告课题组（2018）和程恩富（2018）建议把取消外资对银行和证券等金融企业的股比限制作为新时代金融业开放的主要内容。也有一些学者根据资本项目管理的现状来界定未来金融开放的内涵。巴曙松（2017）认为，从参与主体来看，以机构为主的资本流动渠道已打通，个人资本项目还需进一步开放；从市场层次来看，证券类项目的境内外二级市场投资渠道开放程度较高，非居民在境内发行证券仍有限制，需要进一步开放；从资本期限来看，长期资本流动比较通畅，短期交易性资本流动需要逐步放开；从资本流向来看，资本流入基本通畅，流出仍受限制，未来需要开放资本流出渠道。

第四，新时代金融开放的特点。与改革开放前40年的金融开放相比，新时代的金融开放具有一些新的特点，这些特点可以概括为：一是从单向金融开放向双向金融开放的转变、从局部金融开放向全面金融开放的转变。周小川（2017）和易刚（2018）

强调新时代的金融开放为双向开放。徐忠等（2017）指出中国需要制定金融市场双向开放路线图、时间表，稳步推进金融市场双向开放。也有学者将金融双向开放聚焦于"引进来"和"走出去"。如径山报告课题组（2018）、宗良（2018）将金融开放分为金融服务业的"引进来"和"走出去"。卓尚进（2018）强调新时代的金融开放是从过去的局部开放进入全面开放，从浅层次开放进入深度开放。二是新时代的金融开放需要服务"一带一路"倡议，并向"一带一路"倡议倾斜。黄奇帆（2018）认为"一带一路"给中国金融开放注入新的内容，服务"一带一路"是新时代中国金融开放的重要特点之一。周宇（2018）指出从推进"一带一路"倡议的需要来看，中国可以考虑优先开放与"一带一路"沿线国家和地区之间的跨境资本流动，为"一带一路"倡议提供制度上的便利。三是中国未来的金融开放应该向国际标准和国际水平靠拢。径山报告课题组（2018）指出中国新时代的金融开放应该尊重国际市场规则和惯例，推进金融市场更高层次开放。与这一观点不同的是，余永定（2018）认为中国的金融开放固然要以发达资本主义国家为目标模式，但是也应该有中国特色，要打上中国印记。

第五，新时代金融开放的顺序、条件和速度。在金融开放问题研究中，金融开放顺序是一个永恒的主题，但是对不同的国家和不同的时代而言，金融开放顺序问题的内涵有所不同。金融开放顺序问题主要涉及金融业市场化改革和开放、汇率形成机制改革和资本项目开放三者之间的顺序问题。易纲（2018）强调保持三者之间协同关系的重要性，他指出金融业对外开放将与汇率形成机制改革和资本项目可兑换改革进程相互配合，共同推进。从中国金融开放的现实情况来看，这三项开放措施是同时推进的，因此中国人民银行更重视三者之间的协同关系，而不是三者的前后顺序。作为协同关系的理论依据，中国人民银行调查统计司课题组（2012）曾提出"三元悖论非角点选择"的理论，即可以采取资本项目部分开放和汇率机制有限弹性化的选择。与中国人民银行的观点不同，学术界的研究更多强调金融开放的先后顺序问题，而非协同关系。何帆等（2018）指出汇率市场化改革要先于金融开放，否则会加大金融开放的风险。赵洋（2017）指出金融开放需按照先利率自由化、其次汇率市场化、最后资本账户可兑换的顺序推进。余永定（2018）分析了人民币国际化、资本项目开放和汇率市场化的顺序问题。他指出学术界认为汇率市场化是资本项目开放的前提，而资本项目开放又是人民币国际化的前提条件，如果以上关系成立，那么汇率市场化改革也是人民币国际化的前提条件，但是从现实情况来看，这一关系并不成立。人民币国际化的路线图不符合公认的时序。何帆等（2018）按照时间序列将新时代的金融开放顺序分为短期开放和长期开放，短期金融开放以金融业开放为主，倒逼国内金融改革；长期开放以资本项目开放为主，加速人民币国际化进程。还有一些学者结合中国目前的现实情况，从其他视角提出了金融开放的顺序问题。管涛（2017）指出，作为传统的金融开放顺序，中国遵循了先贸易后金融、先经常项目后资本项目、先资本流入后资本流出、先长期资本后短期资本、先直接投资后间接投资、先机构投资后个人投资的顺序。作为未来合理的金融开放顺序，管涛提出了"三位一体"的开放原则，即中国金融开放要贯彻服务实体经济优先、防范金融风险优先和开放改革双轮驱动的原则。最后，一些学者认为在金融开放速度方面，应该采取非线性的变速开放。例如，何帆等（2018）等指出新时代金融开放应该合理掌握速度和节奏，即在国内外经济环境较好的情况下加快金融开放，在国内外经济环境蕴藏较大风险的情况下采取减缓金融开放速度的政策。结合当前国内以及国际形势来看，金融开放宜缓不宜急。埃德温·杜鲁门（2015）也认为在外部环境出现不利变化的情况下，中国可以考虑放缓金融开放速度。

第六，新时代金融开放与金融监管的关系。处理好金融开放与金融监管的关系是新时代中国金融开放的核心问题之一。首先，在金融开放与金融监管的关系问题上，主流观点认为中国需要通过加强金融监管来控制金融开放的风险。周小川（2017）指出，2017年7月的全国金融工作会议和十九大报告都传递出了一个重要信号，即党中央在加强金融监管的同时，明确了进一步扩大金融开放的方针。他认为金融开放与金融监管具有相辅相成的关系，一方面，金融开放需要金融监管；另一方面，金融开放可以通过促进改革、增加市场竞争和学习外国监管理念等路径改善中国金融监管的状态。邵宇、陈达飞（2017）强调改革与开放需要建立在稳健的制度之上，新监管框架的确立将会开创中国金融改革与开放的新局面。韩笑、李德尚（2017）指出，十九大在金融发展方面的基本方针是"强监管和再开放"。刘铮（2017）认为在十九大过后政府同时推出金融监管和金融开放新规，这表明强化金融监管不是不要开放，而是要以开放促发展。赵洋（2017）认为，不管是推进金融改革，还是扩大金融开放，都有一条基本的原则或前提，即防控金融风险。周琳（2017）指出金融业要在构建开放性的监管体系过程中，提升现代金融业效率和市场资源配置效率，促进微观主体的经营效率。其次，也有一种观点认为金融开放有助于降低风险，从而有助于改善金融监管环境和提升金融监管效率。径山报告课题组（2018）、魏尚进（2018）等指出金融开放是防控系统性金融风险的重要手段；扩大金融开放，有利于提高经济效率，降低金融风险。余丰慧（2017）认为金融开放可以通过促进优化和繁荣，起到化解金融风险的作用。如果以上逻辑关系成立，那么金融开放将助于改善金融监管环境和提升监管效率。

二、关于开放条件下金融服务实体经济和系统性金融风险防范方面的研究

（一）关于金融服务实体经济方面

在当代经济和金融条件下，特别是美国次贷危机和新冠肺炎疫情暴发之后，无论是发达国家，还是发展中国家和新兴经济体，都将宏观经济政策几乎运用到最大限度，尤其对使用货币政策而言，在这一较长的非常时期内，各重要经济体的货币当局都在重新默认和执行相机抉择货币政策；虽然这种政策在救助危机以及在突然到来的新冠肺炎疫情暴发时，对稳定和推动经济发展起到了一定作用，但长期使用极度宽松的货币政策（甚至非常规货币政策）刺激需求（包括供给），尤其是当经济存在着较为严重的长期性、结构性等问题时，极易造成经济的扭曲发展，特别是容易造成经济的脱实向虚；货币供给的长期扩张和经济结构问题的相互作用还可能造成滞涨现象，并且不断积累系统性金融风险。因此，无论是从全球发达经济体来看，还是从中国的实践来看，金融支持实体经济发展都是需要重点强调的重大理论问题和现实问题。

我们这里所论的"金融"一词，是一个较为宽泛的概念，从本质上说，其不但涉及货币与经济波动和经济增长的关系，同时涉及金融结构、金融市场、金融开放和金融发展等与经济发展之间的关系。从西方宏观经济学的研究来看，迄今为止，在货币与经济波动和经济增长的关系上，仍未得到统一的结论。古典经济学和新古典经济学将整个经济分裂为实物面与货币面，只研究影响经济的实物因素，而不研究影响经济的货币因素、不研究货币与经济的关系。它们认为，货币只是一种交易媒介、一种便

利交换的工具，货币数量的变化只影响一般物价水平，而不对实际的经济活动产生任何实质性的影响。1936 年，凯恩斯出版了《就业、利息与货币通论》（即"凯恩斯革命"），之后现代宏观经济学研究一般被区分为短期分析和长期分析；而至少从短期分析来看，除了真实经济周期理论之外，几乎所有的经济学流派都认为货币会对经济产生影响，只是在影响机制和方式上，各学派持有不同的观点。[1] 从货币与经济增长的关系来看，经济增长理论中关于货币是中性的还是非中性的，仍然存在争议，但根据劳伦斯·哈里斯的观点，"实际上，即使唯一的金融资产是外生货币，货币在增长模型中也是非中性的"[2]。赫尔普曼在《经济增长的秘密》一书中指出："由于信贷约束的存在，不平等可能会阻碍一国的增长；由于信息不对称或制度约束，发展中国家的资本市场是不完善的……这样，无论是物质资本投资项目还是人力资本投资项目，只要项目的成本超过这些贷款人的借款能力，他们就无法进行项目投资……社会越公平，投资额将越多，社会增长得也越快。"[3] 我们认为，由于货币与经济周期和经济增长的关系在理论上至今难以统一，因此引用上述理论观点已经足够，否则就会陷入无休止的争论中。总之，即使从现实角度观察，货币数量的变动会引起经济体系中各类资本资产的价格和产量的变动，这一观点应该是大多数学者所赞同的。[4] 在下文中，我们还将提纲挈领地提出一种"利率体系理论"，期望以该理论统合现已被西方经济学家割裂开来的经济周期理论、货币理论和经济增长理论；在该理论中，货币利率与其他各种资本资产的边际预期收益率（也可称为"实物资产利率"）之间的关系及其相互作用，将便于解释储蓄、投资、消费等重要经济变量的变动及其相互作用，并将所谓的短期分析与长期分析融合，从总体上解释货币与经济的关系，解释当代经济为什么会出现脱实向虚、

---

[1]　例如，对于理性预期学派的创始人卢卡斯，萨金特认为卢卡斯"几乎就是一个纯粹的货币主义者（指以米尔顿·弗里德曼为首的现代货币数量说——引者注），因为他试图在不影响价格理论体系的基础上将货币整合进价格理论中；用数量论来解释通货膨胀；将货币波动视为经济周期的驱动因素"。参见米歇尔·德弗洛埃：《宏观经济学史——从凯恩斯到卢卡斯及其后》，房誉、李雨纱译，北京大学出版社 2019 年版，第 207 页。

[2]　劳伦斯·哈里斯：《货币理论》，梁小民译，商务印书馆 2017 年版，第 405—406 页。

[3]　E. 赫尔普曼：《经济增长的秘密》，王世华、吴筱译，中国人民大学出版社 2007 年版，第 81 页。

[4]　这里，关于"货币数量的变动"中"货币"一词的含义，我们采取米尔顿·弗里德曼的观点，即"对于经济中最终的财富所有者来说，货币是一种资产，是持有财富的一种形式"。参见米尔顿·弗里德曼等：《货币数量论研究》，瞿强、杜丽群译，中国社会科学出版社 2001 年版，第 4 页。

债务积累以及债务风险等现象。这一理论也易于推广至开放经济条件下的分析。

另外，纵观近期的研究文献，关于金融与实体经济发展的关系，诸多理论和实证研究结果均表明，金融与实体经济发展之间关系密切，它既有可能促进实体经济发展，也极有可能阻碍实体经济发展。金融促进实体经济发展的渠道机制可以概括为以下四个方面。第一，金融发展有助于降低交易成本，融通社会资金，有效动员储蓄，提高实体经济资源配置效率，最终促进实体经济发展（例如，参见 Levine，1997；Greenwood and Jovanovic，1990；King and Levine，1993）；第二，金融发展有助于分散实体经济风险，平抑实体经济波动（例如，参见 Merton，1995；贾妍妍等，2020；Cabrales et al.，2017）；第三，金融发展有助于促进技术创新，促进经济增长（例如，参见 Benhabib and Spiegel，2000；姚耀军，2012；庄毓敏等，2020）；第四，金融发展能够通过促进产业结构转型升级，推动经济增长（例如，参见 Beck and Levine，2002；伍海华、张旭，2001；孙莉娜，2002；等等）。金融过度发展抑制实体经济发展的渠道机制可以归纳为如下基本机制：金融系统过度发展会"挤占"实体经济资金（例如，参见王宇、黄广映，2019）；金融系统过度发展会"挤占"实体经济稀缺资源（例如，参见 Krugman，2009；Kneer，2013）；金融系统风险累积会冲击实体经济：金融的顺周期性会加速资金在金融体系内的循环速度，这有可能会使金融系统内部累积的高传染性风险集中爆发（王君、郭玲玲，2019），并通过信贷渠道传导至实体经济部门，最终对宏观经济产生负面影响（何青等，2018），甚至导致金融危机爆发。

（二）关于防范和化解系统性金融风险方面

目前，中国通过金融稳定治理来切实改善金融服务实体经济的能力，以及防范化解系统性金融风险，具有重大现实意义。吴晓求（2019）认为，中国现行金融体系供给效率与服务能力低下，需求与供给失调错配，这导致自身蕴含极大的金融风险。何德旭、王朝阳（2017）认为，中国金融业高增长是传统宏观调控手段与经济新常态的特征不匹配、金融创新快速推进与监管改革相对滞后不协调等矛盾的集中体现；一些研究发现，企业金融化行为会增加企业的财务风险（黄贤环等，2019），抑制实体投资（Orhangazi，2008；张成思、张步昙，2016），从而阻碍企业的创新发展（谢家智等，2014）。金融系统过度发展会"挤占"实体经济资金（王宇、黄广映，2019），金融的顺周期性会加速资金在金融体系内的循环，可能使高风险集中爆发（王文、芦哲，2022），并通过信贷渠道传导至实体经济部门，产生负面影响（何青等，2018），甚至导致金融危机。陈雨露（2014）认为，政府主导下的金融运行可能伴随着"金融政治经济学难题"，即强势政府主导信贷资源分配，增加政府介入问题的复杂性。根据王辉等（2021）的研究，政府事前对银行关联度进行适当限制可提高政府救助政策效果，危机的最优应对策略取决于当时的市场预期，救助濒临倒闭的系统重要性银行成本巨大，但可使整个银行系统迅速恢复稳定。郁芸君等（2021）认为，在影子银行快速发展、银行规避监管的方式快速演变的背景下，治理监管规避是避免金融风险暗中积累乃至突然爆发的关键所在。就中国金融开放与金融稳定治理的关系问题，学术界分为两种观点：主流观点认为需要通过加强金融监管控制金融开放风险。根据杨子晖、王姝黛（2021）的分析结果，在新冠肺炎疫情的冲击下，全球股票市场表现出显著的地理溢出效应，贸易依存度与资本开放度较高的经济体之间，金融风险传染效应更为明显。另一种观点认为，金融开放有助于降低风险，从而有助于改善金融监管环境和提升监管效率。关于短期跨境资本流动冲击与金融稳定治理和国际货币政策协调等问题，一些研究发现，资本自由流动可能会导致资源配置的扭曲，阻碍生产力提高（Guichard，2017）。Benigno 等（2015）以中等收入国家和高收入国家为研究对象，发现在大规模资本流动时期，劳动力会脱离制造业部门。韩剑等（2015）发现新兴经济体频繁遭遇短期跨境资本流动的激增和骤然中断会增大经济周期的波动幅度。Ghosh 等（2016）发现债务资本流动相比其他类型资本流动更容易引发经济过热和本国信贷扩张，导致宏观经济失衡和金融脆弱性。也有学者如 Magud 等（2014）认为，短期跨境资本流动可以加深该国金融深化程度，并通过平滑消费增加社会福利。为应对短期跨境资本流动风险，不少学者建议将金融稳定目标纳入货币政策调控框架（Adam and Woodford，2012；马勇等，2017）。根据 Kalemli-Ozcan 等（2010）的研究，金融监管国际协调有利于促进全球金融一体化，但同时会导致各国出现不同的经济周期波动。关于新发展格局与金融稳定治理的关系，巴曙松（2020）基于全球化趋势和新冠肺炎疫情背景，强调金融业应着重修复产业链中断环节，在布局市场和客户方面形成中国竞争优势。娄飞鹏（2021）认为，供应链金融以其业务模式灵活多样的优势，能够更好地服务小微企业，金融科技能够有效推动供应链金融发展及金融风险管理。易纲（2020）认为，通过扩大金融开放，可以更好地促进国内相关产业发展。Rossi 等（2020）证明，金融创新和良好的外部融资渠道能够推动一国出口，降低其退出外国市场的可能性。2021 年毕马威的研究认为，在审慎监管下进行的金融创新才能更好地实现服务实体经济和贯通内外双循环功能，目前数字金融监管相对落后，如果金融与科技的结合处理得不好，也会影响金融系统稳定。

三、关于推进人民币国际化方面的研究

早在 20 世纪 80 年代，中国相关学者如方向南、曾宪久（1988）就提出了"人民币国际化"这个概念，但是关于人民币国际化的系统研究始于 2008 年全球金融危机爆发。此次全球金融危机爆发再次让人们深刻认识到现行以美元为中心的国际货币体系的缺陷和国际货币多元化的必然性和必要性。2009 年跨境人民币结算业务开始实施，标志着人民币国际化作为中国重要的国际金融政策选项正式落地。以此为起点，14 年来国内外关于人民币国际化的相关研究成果如雨后春笋般涌现。本书主要从人民币国际化的收益、风险、影响因素、路径、策略五方面进行梳理和总结。

（一）人民币国际化的收益

Aliber（1964）、Tavalas（1998）认为货币国际化的收益主要是铸币税收益。Tavalas（1997）认为，国际化的货币可以扩展该国金融机构营业领域。李稻葵、刘霖林（2008）等指出，推进人民币国际化可以带来以下收益：第一，增加人民币的国际发行量；第二，改善贸易收支；第三，避免汇率变动侵蚀中国企业效益。高善文（2009）认为，一个国家的货币国际化包括三个方面的好处：一是铸币税，特别是针对境外居民的铸币税；二是促使一个国家金融市场的交易规模变得更大，更具有流动性，从而可以降低以这种货币标价的金融资产的风险溢价，进而减少其筹资成本；当然，其他国家的居民以该种货币来筹资的成本也会因此降低；三是针对境外居民强征通货膨胀税。以美国为例，由于美元作为主要的国际储备货币，美国因此所享受的利益大概占到美国 GDP 的 0.5%—1%。我们取一个中值——占美国 GDP 总量的 0.75%。假设人民币处于美元的国际储备货币地位，以 2008 年中国大约 30 万亿元人民币 GDP 总量

来看，其 0.75% 的好处每年大概是 2 200 亿元人民币略多一些。余淼杰等（2022）认为，当前美元主导的全球货币体系会对中国经济高质量发展造成诸多负面影响。人民币在国际贸易结算体系中所占的比例和中国庞大的国际贸易量不相匹配，也会阻碍构建以国内大循环为主体、国内国际双循环相互促进的新发展格局。因此，大力推进人民币国际化，改变美元一家独大的国际货币格局，将是下一阶段中国高质量发展的关键所在。

（二）人民币国际化的风险

Ranjan 和 Prakash（2010）认为，人民币国际化将要求更高程度的资本项目开放和汇率浮动，并使影响货币需求的因素增多，从而可能降低货币调控的有效性；Otero-Iglesias 和 Steinberg（2013）认为，大规模或不可预测的资本流动还会冲击境内金融市场，并可能形成货币替代和货币国际化逆转风险。李晓（2011）分析了离岸人民币市场发展可能带来的几种预期风险。Peter（2012）分析了人民币在岸与离岸汇率的差异可能导致的风险。He 和 McCauley（2010）提出，新兴市场国家在推动本币国际化过程中的离岸市场风险是可控的；修晶、周颖（2013）则从人民币离岸与在岸市场汇率的动态相关性研究了人民币离岸与在岸市场之间可能存在的互动关系。关于离岸人民币市场对境内货币供应的影响，现有研究倾向认为离岸人民币市场发展在长期内会对境内货币政策产生实质性影响，但根据伍戈、杨凝（2013)的研究，对中国货币供应量产生影响的是从境内流入离岸人民币市场并存放于境内银行体系的"基础货币"，而这些"基础货币"在境外派生出的人民币存款不进入境内货币统计体系，因此不会对境内货币供应量产生影响。沈悦等（2019）通过构建金融风险预警压力指数证明，随着人民币国际化进程的推进，中国所面临的金融风险水平将会上升。

（三）人民币国际化的影响因素

长期以来，国内外学者基于对国际货币一般规律的研究，总结出成为国际货币的三大决定因素[①]：一是货币发行国的经济规模和贸易体量，二是货币发行国金融市场的发展程度和国际投资者对某种货币的信心，三是包括经济规模效应、使用路径依赖等

---

① 参见徐扬、汤珂、谢丹夏：《人民币国际化及其影响因素：基于汇率联动视角》，《国际金融研究》2023 年第 3 期。

在内的外部性。Subramanian 和 Kessler（2013）发现，人民币区域化形成的核心驱动因素是东亚地区的贸易一体化。近年来，中国学者分别从中国金融市场广度、深度和经济规模（吴舒钰、李稻葵，2018），以及"一带一路"倡议（林乐芬、王少楠，2016）等方面具体分析了人民币国际化的影响因素、作用机制和实现路径。王孝松等（2021）基于 SWIFT 交易数据通过实证分析发现，贸易和直接投资有助于提高人民币国际化程度，更高水平的经济一体化和金融体系改革也是推进人民币国际化的重要途径。吴婷婷、刘格妍（2023）利用理论推导和 OCA 指数测算共同验证出，加强与 RCEP 其他缔约方的经贸往来和货币合作有利于加速人民币国际化进程，并提出如下建议：重点加强与新加坡、越南、柬埔寨等国的贸易合作；提倡中资银行和金融机构向 RCEP 区域提供资本服务；加快完善 RCEP 区域内跨境交易制度和离、在岸市场建设；以数字经济为依托，丰富以人民币计价的金融产品的种类；提高中国在复杂区域价值链中的参与度。

（四）推进人民币国际化的路径

高海红、余永定（2010）以及 Park 和 Song（2011）等提出，由于初期阶段对金融自由化和金融发展等要求较低，人民币国际化应走先区域化、后国际化的道路。潘英丽、吴君（2012）将未来 15 年人民币国际化的路径推进策略定义为"前期稳健创造人民币国际需求，后期激进释放人民币海外供给"。李稻葵等（2011）认为，从国际货币职能划分来看，主要有国际贸易、国际协议和金融市场三条路径可供选择，三者相辅相成，其中金融市场路径将是人民币国际化的核心选择。陈雨露等（2013）从时间角度提出人民币国际化分三步走的策略：从 2011 年起步到初步实现国际化至少要经历一个 30 年的周期，第一个十年实现周边化，第二个十年实现区域化，第三个十年实现国际化；在货币职能上，三个十年分别对应贸易结算化、金融投资化和国际储备化。Ito 和 Kawai（2016）认为，中国金融市场的封闭性和美元在亚洲地区已形成的主导地位是人民币国际化的重要障碍。王博、赵明（2018）提出在人民币国际化空间设计上应遵循由近及远的顺序，采用"周边化—亚洲化—国际化"分阶段推进。白钦先、程鹏（2018）提出要本着顺应市场需求为主、政策推动为辅的方针，密切配合资本项目与金融市场开放进程，在政策推动与市场主体的选择中不断权衡。丁剑平（2022）依据货币国际化发展的七大类理论，提出推进人民币国际化七大新路径：第一，中国已有如此大的市场，加上中国进口博览会的助力，应通过人民币经常账户的回流机制来避免"特里芬两难"问题；第二，双循环还需要诸如中国进出口商品交易会等的配合来实现中国国际收支的动态均衡；第三，国家之间虽然有货币互换协议，但"囚徒困境"现象依然存在，为此要做好服务来减少企业选择第三方货币的可能；第四，自贸试验区应进一步改变两种利率和两种人民币汇率并存的局面，实现"汇率并轨"；第五，中国境内还是要开放人民币期货市场，提供风险对冲平台和培育高效率的资本市场；第六，"跟进"央行货币互换，积极参与区域数字货币协调；第七，聚焦未来产业"血液"，如英镑锚住煤炭、美元锚住石油，而未来的绿色能源产品计价则是"锚货币"的竞争焦点，人民币也要朝这一方向进一步努力。

（五）推进人民币国际化的策略

邱兆祥、安世友（2013）建议设立人民币自由兑换区作为人民币完全可兑换前的过渡性手段；高洪民等（2012）将沪港金融中心发展作为人民币区域化、国际化的战略支点，并强调建设上海人民币全球清算中心对推进人民币国际化的作用。He 等（2016）通过构建重力模型发现，在美国和英国金融市场增加人民币交易能够有效促进人民币国际化。徐明棋（2016）认为，人民币国际化是在资本账户没有完全开放、人民币尚未完全自由兑换的背景下推进的，因此离岸人民币市场将在其中扮演重要的作用，而上海自贸试验区承担了连接国内金融市场与人民币离岸金融市场的衔接作用，在人民币国际化的进程中具有非常特殊的地位。Liu 等（2019）认为，货币在境外国家之间的循环使用对其货币国际化具有重要作用。张春等（2020）提出，创设境内人民币离岸金融市场，发展人民币金融衍生品，扩大外商直接投资和跨境贸易人民币结算规模，对发挥人民币区域性锚货币作用具有重要意义。国务院发展研究中心课题组（2022）强调，要以共建"一带一路"为契机，深化与"一带一路"沿线国家和地区的金融合作，增加人民币计价的金融交易份额，积极推动大宗商品人民币计价结算。张明（2022）认为，从2009年至今，人民币国际化进程经历了"上升—下降—上升"的周期性转变，并且这一转变伴随着人民币国际化策略从旧"三位一体"到新"三位一体"的结构性调整。以新冠肺炎疫情与俄乌冲突爆发为特征的全球新变局既给中国经济增长与金融安全带来了新挑战，也提供了新机遇。为应对新挑战、把握新机遇，可以考虑再次对人民币国际化策略进行扩展与改良，实施以"大力推动人民币在跨境大宗商品交易中的计价与结算、加大力度在国内市场与离岸市场向外国机构投资者提供高质量人民币计价金融资产、加快人民币跨境支付清算体系建设"为特征的新新"三位一体"策略。

第二节　新发展格局下高水平金融开放研究

自 2017 年以来学术界对新时代金融开放问题展开了广泛讨论。本节将在梳理学术界相关研究的基础上，对中国新时代高水平金融开放的动因、内涵和重点以及与金融监管的关系进行多视角分析。

一、新时代高水平金融开放的动因：以竞争促发展

全面提升中国的金融开放水平是党中央在新时代的重要方针之一。党的十九大报告提出了新时代推动形成全面开放新格局的发展思路。为了落实这一发展目标，在金融领域必须要提高金融开放的水平。这意味着在对外金融领域，未来中国将会加速金融开放步伐和实施全方位开放。2018 年两会政府工作报告再次明确指出，作为"建设现代化经济体系"的重要内容之一，中国要"推动形成全面开放新格局"，并且"放宽或取消银行、证券、基金管理、期货、金融资产管理公司等外资股比限制，统一中外资银行市场准入标准"。

通过梳理党中央有关金融开放的论述，我们认为党中央新时代金融开放的战略具有以下基本特征：新时代高水平金融开放的目的是以金融开放促进经济发展，通过引进外部竞争，促进经济发展。在改革开放早期阶段，由于中国遭遇了资本和外汇不足的发展瓶颈，金融开放的主要目的是引进外资；然而，经过 40 多年的发展，中国已经成为资本净输出国和对外债权大国，已经克服资本和外汇不足的问题，因此，中国新时代高水平金融开放的主要目标已经不是引进外资，而是通过引入竞争来增加经济发展活力。

正如习近平总书记在 2017 年 7 月全国金融工作会议讲话中所强调的那样，要不断扩大金融对外开放。十九大报告再次强调了以开放促进发展的方针："推动形成全面开放新格局。开放带来进步，封闭必然落后。中国开放的大门不会关闭，只会越开越大。"以上内容阐述了金融开放的目的。

就金融开放促进经济发展的路径来看，除了增加市场竞争外，金融开放可以通过利用外部资源促进国内经济发展，金融开放不仅有助于资本流入，而且还有助于加速技术转移，有助于改善中国的经济结构。在以上这些作用中，党中央专门强调了"通过竞争带来优化和繁荣"的开放目标，这是新时代中国金融开放的重要特点之一。

利用外部竞争促进各行业的发展是中国实现高质量经济发展的重要手段之一。高质量经济发展的内涵之一是实现高质量金融发展，提高金融开放的程度，加强来自外部的竞争有助于中国通过"鲶鱼效应"实现高质量金融发展。从国内外经济发展的经验和教训来看，在市场经济环境下，推动经济发展的根本动力是竞争，而金融开放是强化金融业和金融市场竞争的重要推手之一。

二、新时代高水平金融开放的内涵：全方位双向开放

新时代的高水平金融开放属于全方位的对外金融开放，全面金融开放包含三个层面的含义。第一，在金融开放范围方面，新时代金融开放几乎包括所有金融领域和所有金融业务的开放。第二，在金融开放深度方面，新时代金融开放意味着全面取消行政管制和隐形管制。第三，在金融开放方向方面，新时代金融开放属于双向金融开放，其不仅包括对内投资开放，而且还包括对外投资开放；不仅包括外国金融机构"引进来"，而且还包括中国金融机构"走出去"。

2015 年 11 月发布的《中共中央关于制定国民经济和社会发展第十三个五年规划的建议》明确提出了金融开放的内容，即扩大金融业双向开放。有序实现人民币资本项目可兑换，推动人民币加入特别提款权，成为可兑换、可自由使用货币。转变外汇管理和使用方式，从正面清单转变为负面清单。

在 2017 年 7 月召开的全国金融工作会议上，习近平总书记就金融开放的具体内容阐述了看法。习近平总书记指出：在对外金融领域，中国要扩大金融对外开放，深化人民币汇率形成机制改革，稳步推进人民币国际化，稳步实现资本项目可兑换，积极稳妥推动金融业对外开放。

值得注意的是，党中央把汇率形成机制改革和人民币国际化也列入新时代金融开放的内容，这是新时代高水平金融开放的又一重要特点。这一表述与传统的金融开放概念存在差异。传统的金融开放概念属于狭义的金融开放，其内涵只包括金融业开放和资本项目开放。然而，值得强调的是，汇率形成机制改革与金融开放之间存在密不可分的联系，而人民币国际化也成了中国对外货币开放的重要内容之一。正是基于以上联系，广义的金融开放包含四个方面的内容，即金融业开放、资本项目开放、人民币汇率形成机制改革和人民币国际化。

三、新时代高水平金融开放的重点：直接投资和金融服务业开放

直接投资和金融服务业构成中国高水平金融开放的先行领域和重点领域。这也是新时代中国金融开放的重要特点之一。

党的十九大报告指出，应"实行高水平的贸易和投资自由化便利化政策，全面实行准入前国民待遇加负面清单管理制度，大幅度放宽市场准入，扩大服务业对外开放，保护外商投资合法权益"。由于金融服务业是服务业的重要内容之一，因此可以得出，外商直接投资和金融服务业构成金融开放的重点内容。

在党的十九大召开后，汪洋（2017）在《人民日报》上发表了题为"推动形成全面开放新格局"的文章，其中特别强调重点推进金融等服务业领域的有序开放。2017年8月，国务院印发《关于促进外资增长若干措施的通知》，提出要进一步减少直接投资的准入限制。2018年4月国家主席习近平在博鳌亚洲论坛上宣布一系列金融开放措施，其内容也主要以直接投资和金融服务业开放为主。

优先推进直接投资和金融服务业开放与金融开放顺序有着密切的关系，直接投资和金融服务业属于中国新时代金融开放的优先项目，其开放时间要早于其他金融业务的开放，其重要性要高于其他金融业务的开放，正因如此，优先开放直接投资和金融服务业反映了党中央对金融开放顺序的高度重视。

在如何推进金融开放方面，党中央反复强调合理安排开放顺序的重要性。在2017

年 7 月召开的全国金融工作会议上，习近平总书记指出：积极稳妥推动金融业对外开放，合理安排开放顺序，加快建立完善有利于保护金融消费者权益、有利于增强金融有序竞争、有利于防范金融风险的机制。以上"三个有利于"反映了新时代金融开放需要优先考虑的三个方面。此后在中央财经领导小组第十六次会议上，习近平总书记再次强调：扩大金融业对外开放是中国对外开放的重要方面，为此需要合理安排开放顺序。在以上两次会议上，习近平总书记都提到了金融开放的顺序问题，强调要合理安排开放顺序，由此可见，金融开放顺序是新时代金融开放需要重视的重要问题之一。从国内外金融开放的经验和教训来看，金融开放顺序问题不仅关系金融开放的效率，而且还关系是否能够有效控制金融开放的风险。

就金融开放顺序而言，十九大以来中国政府优先推进直接投资和金融服务业开放与以下两个因素有着密切的关系。

其一，基于防范金融开放风险的需要。2015 年和 2016 年，中国发生了大规模的资本流出，受此影响，资本项目开放和人民币国际化的速度有所减缓，在这一背景下，直接投资和金融服务业开放的重要性明显提高。

其二，基于服务实体经济发展的需要。直接投资和金融服务业之所以成为金融开放的重点领域，是因为其与实体经济的联系最为密切，从金融开放服务实体经济的需要来看，中国有必要优先推进直接投资和金融服务业的开放。

四、新时代高水平金融开放与金融监管的关系

采取"金融开放"和"金融监管"双管齐下的政策是新时代中国对外金融发展的基本战略之一。从金融开放与金融安全的关系来看，党中央反复强调了新时代加强金融监管的重要性，其意图是通过金融监管为金融开放保驾护航，安全高效地推进金融开放进程。具体而言，在如何把握金融监管与金融开放的关系问题上，我们需要注意以下几个方面的问题。

（一）重视党中央以金融监管保驾金融开放的精神

习近平总书记在 2017 年 7 月的中央财经领导小组会议上指出，"扩大金融业对外开放，金融监管能力必须跟得上，在加强监管中不断提高开放水平"，并且要"确保监

管能力和对外开放水平相适应"。习近平总书记的这一讲话高度概括了金融开放与金融监管之间的紧密关系，也反映了金融监管对金融开放的针对性和从属性。

首先，就针对性而言，金融监管主要是预防金融开放风险的监管，这是因为金融开放有可能导致系统性风险的发生，该系统性风险的存在要求中国加强金融监管。从这一关系来看，在对外金融开放环境下，中国金融监管的核心任务是防范来自外部的金融风险和由外部金融风险外溢引发的国内金融风险。

其次，就从属性而言，金融监管服务于金融开放，即中国实施金融开放是为了促进经济发展，而实施金融监管是为了预防金融开放可能诱发的风险。金融监管不会对经济发展产生直接作用，但是金融监管可以通过保障健全的金融开放来间接促进中国新时代的经济发展。

再次，"在加强监管中不断提高开放水平"反映了金融监管对金融开放的制约作用，即金融开放能走多远受制于金融监管水平的高低，金融监管水平越高，金融开放的潜力就越大，可开放的程度也就越高。由此可见，金融监管与高水平金融开放是一对矛盾的统一体，金融监管也具有促进金融开放的作用。

最后，"确保监管能力和对外开放水平相适应"反映了金融开放与金融监管之间存在的对等关系，即金融监管能力与金融开放水平要保持一致，要在同一个层次。低层次的金融监管对应于低层次的金融开放，而高水平的金融监管对应于高水平的金融开放。中国新时代的金融监管与金融开放是两者高层次的组合，两者的结合有助于中国实现高质量的金融发展。

（二）吸取金融开放引发金融危机的教训

从国内外经济发展的经验和教训来看，发展中国家经济成功和失败的案例都与金融开放有关，而金融开放成功与否又与金融监管有着密切的关系。

一方面，发展中国家所有的高速经济增长都受益于金融开放，早期亚洲"四小龙"的高速经济增长、此后的东南亚高速经济增长以及再后来的中国经济发展奇迹都受惠于金融开放背景下的外资利用。另一方面，发展中国家所有的金融危机也几乎都与金融开放有关，20世纪80年代的拉美债务危机、90年代中期的墨西哥金融危机、90年代后期的亚洲金融危机和俄罗斯金融危机都在不同程度上起因于金融开放背景下的大规模资本流出。另外，中国 2015—2016 年发生的大规模资本流出和汇率的波动以及外汇储备的流失也在一定程度上与金融开放有关，因为只有在对外金融相对开放的条件下，才有可能发生如此大规模的资本流出。

从以上经验和教训来看，金融开放是一把双刃剑，为了发展经济，中国需要推进金融开放，但是如果缺乏必要的金融监管，金融开放就有可能引发系统性金融风险。鉴于这一可能性，党的十九大确定了金融开放与金融监管两手抓的政策：一方面，通过金融开放为经济发展注入新的发展动力；另一方面，通过金融监管防范可能出现的金融开放风险。

（三）防范国内金融风险转化为由资本流出导致的系统性风险

在新时代高水平金融开放环境下，金融监管的重要目标之一是预防国内金融风险转化为由资本流出引发的系统性风险，即金融危机和货币危机。

党的十九大提出，加强金融监管的重要目标是防范系统性金融风险。从国内外经济发展的经验和教训来看，系统性金融风险更容易出现在金融开放进程中，这是因为金融开放有可能把国内金融风险转化为由大规模资本流出引发的金融危机和货币危机，后者属于在发展中国家频繁发生的系统性金融风险。

从中国的情况来看，金融杠杆率过高、债务水平过高、货币发行过多、银行坏账过多和金融犯罪频发等问题是长期存在的国内金融风险，防范这些国内金融风险也是金融监管的重要内容之一。对于在推进高水平金融开放条件下对防范和化解国内系统性金融风险的问题，我们将在下文中进行较为详细的分析；这里首先需要强调的是，近几年随着中国对外金融开放程度的提高，国内金融风险成为诱发大规模资本流出的原因，从而提高了发生系统性金融风险的可能性。如前文所述，2015 年和 2016 年中国出现了大规模资本流出和人民币贬值，这一系统性金融风险在一定程度上起因于国内金融风险的积累，中国金融开放程度的上升提高了国内金融风险转化为对外系统性金融风险的可能性。

（四）防范来自外部的金融风险

在新时代金融开放环境下，中国金融监管的另一重要目的是防范来自外部的金融风险。随着中国金融开放程度的提高，其经济遭受外部金融风险冲击的可能性上升，这也是党中央强调加强金融开放风险监管的重要原因之一。

在外部风险管理方面，正如习近平总书记所指出那样：在经济全球化深入发展的今天，金融危机外溢性凸显，国际金融风险点仍然不少；一些国家的货币政策和财政政策调整形成的风险外溢效应，有可能对中国金融安全形成外部冲击。

在 20 世纪 90 年代末期，中国金融开放还处于较低的阶段，受惠于此，亚洲金融危机对中国经济的冲击相对较小。进入 21 世纪，中国对外金融开放的程度大幅度提高，在此背景下，美国次贷危机和欧洲主权债务危机对中国经济的破坏作用明显上升。鉴于此，在金融开放环境下，预防外部金融风险的冲击是中国金融监管的重要内容之一。

第三节　高水平金融开放下金融服务实体经济研究

一、交易方程式、总体价格的结构性特征与经济的结构性变动

我们总体上赞同克里斯特（1991）的观点，即从古典和新古典货币数量论衍生出的交易方程式 $MV=PY$ 是"在经济学中最重要的关系之一"。此方程式对时间 t 全微分，则有：

$$\frac{1}{M}\frac{\mathrm{d}M}{\mathrm{d}t}+\frac{1}{V}\frac{\mathrm{d}V}{\mathrm{d}t}=\frac{1}{P}\frac{\mathrm{d}P}{\mathrm{d}t}+\frac{1}{Y}\frac{\mathrm{d}V}{\mathrm{d}t}$$

这里，将各变量的变化率分别以 m、v、p 和 y 表示，从而有：

$$m+v=p+y$$

基于此关系式，我们可以从较为宽泛的角度讨论金融支持实体经济发展的重要性。无论是从信用媒介理论的角度，还是从信用创造理论的角度，货币数量 M 的变化（如增加）都可能引起货币流通速度、总体价格水平 P 和当期产出 Y 的变化，或三者同时变化；但这里讨论的重点是 P 和 Y 可能的变化，特别是当 P 和 Y 的变化存在结构性问题时。从 P 来看，它代表总体物价水平，但从理论上看，总体物价水平是一个抽象的概念。从最具代表性的欧文·费雪的交易方程式的推导过程来看[1]，其

---

[1] 欧文·费雪对交易方程式的推导过程，可参见刘絜敖：《国外货币金融学说》，中国展望出版社1983年版，第190—192页。

首先从微观水平研究"各商品"的交易量及其"平均"价格水平，再由"各商品"的平均价格水平通过"加权平均"较为突兀地上升到"一般物价水平"；从"社会总交易量"[①]看，其也是通过价值加总得到的，并未强调产出（或进入流通的产品交易）的内在结构。在现实中，物价指标CPI不可能包含经济体系中所有的商品种类，GDP增长率也是全社会加总，很难区分最终产品和服务的结构。因此，根据前述两个方程式，从绝对的意义上看，价格的变动完全是由社会中各类产品价格的变化引起的，而且特别需要注意的是，这是一种结构性变动，产出的变化也完全是由各企业产品（包括服务）、各类产业的最终品价值变动引起的，但在现实的统计分析中，在上述两个方程中，这些结构性因素都难以反映。这里要表达的主要观点是：无论是从纯抽象的理论领域来看，还是从相对具体的统计分析来看，虽然上述交易方程式基本能够表达出经济运行的基本规律，但是它很难反映经济结构和价格结构的变化：譬如，当货币供给增加导致CPI上升时，简单的CPI指标并不反映经济中各类资本资产（这里采用米尔顿·弗里德曼的定义）价格的变化，例如，若CPI中并不包括房地产和股票等资本资产价格的变化，在以CPI为中介目标的货币政策执行中就可能产生误导，对于弗里德曼所说的"通货膨胀无论何时何地都是一种货币现象"也会产生误解[②]，特别是，当在金融中介作用下，金融过多地支持虚拟经济使得实体经济与虚拟经济之间产生较大的扭曲效应时，上述两个方程也难以明确地反映这些变化。

二、金融开放条件下的利率体系理论：论经济脱实向虚

这里，本书初步提出一种利率体系理论。根据这一理论，在经济系统中，凡是能够带来收益的财货，都可被看作广义的资本资产，其所可能产生的预期边际收益率，

---

① 古典货币数量论是价格水平学说，同时，古典和新古典经济学总是假定产出由劳动市场的均衡决定，并且其通过货币工资的灵活调整使得产出总是决定在充分就业水平上；因此，交易方程式中的产出（或交易量）可以是充分就业下的当期产出，也可以是当年进入流通领域的总交易量，这两种概念存在基本的统一性。

② 当然，我们这样说，并非完全赞同弗里德曼的这一观点，而只是说，以这种方式否定弗里德曼的观点，在逻辑和事实上可能是乏力的。

即可看作其预期利率（例如，凯恩斯认为货币有货币的利率，麦子有麦子的利率）[①]。需要特别指出的是，本利率体系理论接受米尔顿·弗里德曼关于货币也是一种资产的观点，并且认为货币需求理论是资本理论中的一个特殊议题。这样，在经济系统中，就存在一个利率体系，而且这一利率体系是动态变化的。[②] 引起这种动态变化的原因在于：经济主体会根据各类资本资产（包括机器设备等实体经济资本资产）的预期利率水平，由高到低进行序列投资和资产选择。由于这些投资和资产选择会造成这些资本资产的预期边际收益率（即其利率）的变动和相互作用，从而导致这一系列利率在动态上和理论上趋于收敛并达到均衡，即从理论上说，当这一系列利率都相等时，经济系统会达到均衡状态（而不是如凯恩斯所说，当市场利率与一般性资本边际效率[③] 相等时，投资即告停止）。但本理论所说的这种理论上的均衡，并非只重点强调货币市场的均衡（货币需求的变动适应货币供给的变动，直到货币市场均衡），而是也强调了货币市场、货物市场、技术市场和劳动市场同时达到均衡（注意，此时没有一种机制保证劳动市场一定达到充分就业状态）。进一步说，上述序列投资和资产选择行为的变动过程，就是消费、储蓄和投资的变动过程（如在封闭经济条件下），从而影响宏观经济的

[①] 庞巴维克在研究资本概念的历史发展时指出，"开始，资本乃以一笔生息的货币金额出现。杜阁把它发展为货币或物品……"（具体参见庞巴维克：《资本实证论》，陈端译，商务印书馆 1964 年版，"目录"第 2 页）。由于资本和利息的本质及概念的历史演变较为复杂，这里我们总体上参考凯恩斯在其《就业、利息与货币通论》中的相关分析，并重点沿用米尔顿·弗里德曼的研究方法。弗里德曼对货币、资产、财富、效用、利率等概念的主要观点，参见其主编的《货币数量论研究》，瞿强、杜丽群译，中国社会科学出版社 2001 年版，第 1—24 页。

[②] 这里提出的利率体系理论与传统理论之间的主要区别是：如维克塞尔在《利息与价格》一书中提出了"自然利率"的概念（凯恩斯以"资本边际效率"概念承袭了这一分析方法），维克塞尔本人也承认，这只是一个理论上的概念，在实际中很难观察到。我们认为，关键是与经济发展的事实相联系，特别是与当代经济和金融的高度发展和复杂化相联系；在进行理论和现实分析时，应该着重于分析经济系统中的一些重要的利率种类及其构成的利率体系，没有必要将它们合成为"自然利率"或"资本边际效率"这种完全属于理论上的概念，因为这种"合成"，看似让理论变得简单了，但实际上反而不利于建立统一的理论体系，也不利于对现实问题进行分析。因此，为了使理论大厦建立在更加坚实的现实土壤上，我们宁愿保持经济系统中各类资本资产都具有本身的利息和利率这一本质特征，并分析其相互作用，从而从微观和宏观角度研究经济周期理论、货币理论和经济增长理论；即让它们统一起来，旨在达到微观分析与宏观分析的统一。

[③] "资本边际效率"一词，是凯恩斯在《就业、利息和货币通论》一书中提出的一个重要概念。根据凯恩斯的观点："我之所谓资本之边际效率，乃等于一贴现率，用此贴现率将该资本资产之未来收益折为现值，则该现值恰等于该资本资产之供给价格。""用同样方法，可得各类资本资产之边际效率，其中最大者，可视为一般资本之边际效率。"具体参见《就业、利息和货币通论》中译本，徐毓枬译，商务印书馆 1963 年版，第 115 页。

增长和波动（包括金融危机和经济危机）。这种利率体系理论，也适用于开放经济条件下的分析。在开放经济条件下，这一利率体系将会扩展到全球国家（或地区或经济体，下同）的利率体系的比较和相互作用，并由此决定全球经济体系的经济循环流转以及各个国家的经济发展状态。由于这里提出的利率体系理论相对来说较为复杂，我们暂且说到这里。

下面进一步将西方传统宏观经济学与上述利率体系理论相结合，对当前存在的经济脱实向虚现象予以初步解释。西方传统货币理论在研究货币市场时，通常都是研究货币供给和货币需求如何达到均衡，并以下述资产选择理论作为均衡的一般情况，即如米尔顿·弗里德曼所认为的，在货币市场均衡时，各类资本资产的实际边际收益率相等。[①]这里，弗里德曼没有说明这是一种短期均衡，还是一种长期均衡。问题是，譬如，美国次贷危机已经过去了 15 年，2020 年初全球范围内暴发了新冠肺炎疫情，在此过程中，各国央行（包括中国人民银行）都实施了较为长期的宽松货币政策。在上述条件下，弗里德曼所论的那种均衡始终未能达到，也就是说，无论从短期来看，还是从长期来看，这时货币市场并未达到均衡，因为此时易于产生泡沫的资本资产领域（如房地产市场）与实体经济产业的资本投资领域，在预期边际收益率上始终存在差距（实体经济的资本边际效率过低）。譬如，在中国，在住房限购等行政手段干预下，这种资本资产预期边际收益率差距与其说缩小了，不如说暂时被抑制了，使得货币市场的非均衡持续存在；也就是说，此时人们对于手中多余的货币（或获得货币流动性的能力）缺乏投资机会，人们对货币的持有（如微观角度的个人货币需求）并未达到满意的均衡状态；从宏观角度来看，此时的货币市场也持续处于非均衡状态，但这种非均衡已经造成总体经济的扭曲，即出现了经济脱实向虚和宏观意义上的债务积累效应。从货币供求相互作用的机制来看，当货币当局力图外生性地增加货币供给时，叠加了货币供给的内生性运动（以中国的情况为例）：当商业银行、企业和个人都一致地预期实体经济的资本边际效率过低、房地产价格可能还将继续上涨时，它（他）们在进行

---

① 弗里德曼是这样阐述其观点的："货币的持有者可以被看作在不断地改变他的货币持有，直至这样一种状态：在他的货币存量中增加一美元所产生的总服务流量的增加给他带来的价值，与他持有资产的某一种其他形式中减少一美元所引起的服务流量减少所减少的价值相等。"（米尔顿·弗里德曼等，2001：15）

资产选择时，仍将加大房地产信贷、房地产投资和消费，从而在此领域内生性地扩大货币投放，使得在房地产领域投资的"一元"人民币所获得的长期预期收益显著大于在实体经济资本资产领域投资"一元"人民币所可能获得的预期收益。因此，当中国人民银行意图外生性地增加货币供给时，由于在信贷供求上存在银行、企业和个人之间的相互作用，使得新增货币不断地进入房地产等虚拟经济领域，这是一种由市场机制产生的资本利得预期积累效应；不仅如此，特别在中国以间接金融为主导的金融体系中，这种机制还将产生内含极大风险的债务积累效应，并在宏观意义上形成债务链条和债务网络，对宏观经济将产生重大影响。债务合同在中国经济体系中已处于核心地位。① 下文在讨论金融和经济风险问题时，我们会回过头来进一步探讨形成这种现象的内在机理。

三、构建新发展格局和金融服务实体经济条件下的国际金融战略

这里，我们可以把金融支持实体经济发展和构建新发展格局所涉及的主要领域划分为三个相互关联的层次② ：总体目标、第一层次战略和第二层次战略。其中，总体目标指新发展格局下的金融强国目标和防范化解系统性金融风险。鉴于金融在一国（或一经济体，下同）发展中所具有的特殊重要性，即无论从经济强国的构成要素来看，还是从历史和现实中大国崛起的主要特征以及金融在其中所发挥的作用来看，在国家竞争中，金融都具有相对独立的重要性；特别在促进中国金融支持实体经济和构建新发展格局中，实施金融强国战略与防范化解系统性金融风险需要有机结合。

总体目标之下的第一层次战略，主要包括新发展格局下的经济增长转型和国际经济战略两大基本战略。这里的经济增长转型，与通常所指的"经济增长方式转变"在内容上基本是统一的。所谓"经济增长方式转变"包括多种含义，这里至少包括如下两种含义：经济增长方式由粗放型、高碳经济型、忽略环境型、少数人先富型和不可持续型向集约型、低碳经济型、环境友好型、共同富裕型和可持续型转变，或者说，

---

① 这一基本判断在理论界仍存在争论，但根据我们的分析，当债务合同和债务网络积累到一定程度时，将会变成一个重要的宏观问题。

② 由于此处的主要目的是研究金融支持实体经济和新发展格局的总体思路，以及它们与国家总体战略的关系；因此，这种层次划分并未涉及与总体思路相关的经济和其他领域的相关战略。

生产力发展由高投入、高消耗、高污染、低产出、低质量、低效益转向低投入、低消耗、低污染、高产出、高质量、高效益；经济增长由主要依靠出口拉动向出口、消费、投资等各方面协调发展转变，即由经济脱实向虚和结构易于失衡型向拉动内需的、结构较为均衡的经济增长方式转变；在投资领域，则由单纯的投资拉动型向技术进步型转变。国际经济战略则是在金融支持实体经济发展、扩展内循环为主的前提下，进一步在更高的水平上推动双循环的互促发展；在金融支持双循环互促发展方面，则涉及在推进高水平金融开放中促进金融国际化、货币国际化以及资本输出战略等多个方面。

从总体目标与第一层次战略之间的内在关系看，第一层次战略主要有如下基本特征。第一，与总体目标所纯粹具有的那种"目标性"相比，第一层次战略与其说同样具有一定程度的目标性，不如说在更大程度上是达到总体目标的手段。第二，在时间跨度上，与总体目标所具有的那种"长远性"相比，第一层次战略与中国当前阶段所具有的内部状态以及外部机遇和挑战有着密切关系，也就是说，高水平金融开放和新发展格局下的经济增长转型和国际经济战略作为当前阶段的两大基本战略选择，更多地是由中国当前所处的内外部环境所决定的，具有较强的阶段性。此外，从总体目标与第一层次战略所包含内容之间的关系来看，使得有效供给与有效需求在更高水平上达到相对动态均衡的这一经济增长转型大目标，即扩大内循环的战略目标，是更多地强调从国内经济增长方式转变来实现经济和金融强国目标的；而国际经济战略则是为推动双循环的互促发展，更加强调以高水平的金融开放促进发展。中国当前的发展阶段则特别强调在防范和化解系统性金融风险的前提下，进一步推动金融的高水平和制度型对外开放，因此与长远的金融强国目标有着特殊的联系。

如图 4-1 所示，第二层次战略相对较为具体，涉及在促进金融服务实体经济、提高金融效率和保障金融安全的前提下，稳步推进高水平金融开放，有序推进人民币国际化战略，推动国际金融中心建设战略，以及较为安全、有效率地推动资本输出，等等。上述这些具体战略都与金融开放具有密切关系，特别是与资本项目开放和自由化之间有着直接的联系，而且重要的是，这些具体战略之间也具有内在的关联性。另外，需要注意的是，上述各层次战略的实施，无论是这些战略本身，还是这些战略之间相互作用的过程，都离不开宏观经济政策在其中的协调和控制。这些宏观经济政策，既包括那些通常意义上的货币政策和财政政策，也包括那些金融监管、资本管制以及与贸易等领域相关的经济政策。

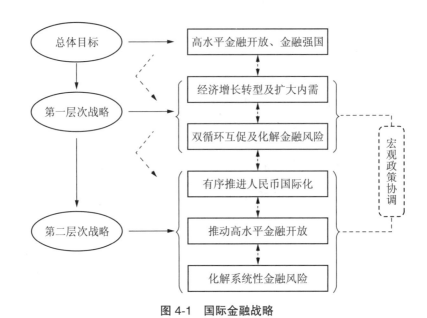

图 4-1　国际金融战略

第四节　高水平金融开放下系统性金融风险防范研究

一、市场型信贷配给和预期积累效应：再论经济脱实向虚

由于美国次贷危机、全球新冠肺炎疫情都对全球经济造成了重大影响，此间相关主要经济体实施的货币政策也对其经济内部和全球经济造成重大影响；因此，这里的讨论既包含具有全球重要性的美国经济，也包括具有全球重要性的中国经济，而且这两大经济体都存在经济脱实向虚的问题。

传统理论在讨论货币政策时，一方面是研究封闭经济条件下的短期性政策，另一方面是研究开放条件下的货币政策，而且也是短期性问题。自美国次贷危机爆发以来，在传统货币政策难以奏效的情况下，不少发达经济体普遍使用非常规或超常规货币政策（如量化宽松政策、零利率甚至负利率政策）来救助危机，尤其是想以此促进经济发展。但即使采用了这些非常规货币政策，其政策效果也难以达预期，特别是用这些政策来解决经济结构和经济转型问题；其不仅难以解决上述问题，反而还会对经济进一步产生扭曲作用。由此，货币政策在全球化条件下，到底会发挥多大作用，是一个重要问题，也就是说，宏观经济学理论现在应该深入研究全球化条件下货币政策的作用问题，这是一个需要研究的重大理论问题和现实问题。

另外一个问题是，这次全球危机的救助到底用了哪些经济理论？或者说用了哪些经济学派的政策。现在很多人认为包括发达国家和发展中国家在内，许多国家主要运用了凯恩斯主义的政策。但我们认为，对于这次危机的救助，许多国家既利用了凯恩斯主义的政策，也利用了以米尔顿·弗里德曼为代表的现代货币数量说的研究成果。从美国的情况来看，美联储前主席本·伯南克曾经深入地研究过大萧条，他接受弗里德曼的观点，认为在 20 世纪的大萧条中，美联储采取了紧缩性的货币政策；而且根据弗里德曼的观点，他认为短期内货币最重要。虽然弗里德曼的政策主张并不是采取相机抉择货币政策，但他认为货币供应量对货币收入的短期变化有重要作用，因此，作为美国次贷危机爆发时的美联储主席，伯南克在危机一开始就利用宽松的货币政策刺激经济，这是与货币主义的观点一致的，特别是在大的危机救助过程中，其做法也是与弗里德曼的观点一致的。

但实践表明，在较长的时期内，相机抉择货币政策的随意使用，不仅不会带来经济的稳定合理增长，反而更容易成为经济不稳定的根源。这恰恰也是弗里德曼的观点。在救助危机时，长期使用宽松的货币政策，是造成当前金融和资产价格泡沫的根本原因之一，而这种政策在经济存在结构性矛盾时又难以有效解决问题。在全球化条件下，目前无论是发达国家，还是发展中国家，大都存在经济结构问题，但这是长期性问题，宽松的货币政策只能提供一个基本的货币环境，但不能从根本上解决经济增长问题。不少学者认为，根据萨伊定律，供给会自动创造自己的需求，创新可以解决经济增长问题，这一观点似是而非，因为创新是长期性问题。（这里需要指出的是，虽然上文提出的利率体系理论力图融合短期和长期的分类分析方法，但就技术创新这一具有更多自然科学属性的问题来说，尽管其带有随机性特征，不过从系统性、大规模扩展市场有效供给的角度来看，它仍然带有长期性特征）

接下来，我们将具体分析金融和经济脱实向虚的内在机理。第一，当货币供给的外生性与内生性相互作用促进货币供应量大幅度扩张时，实体经济的资本边际效率过低，就可能导致新增货币较多地进入虚拟经济。传统经济学派（如古典经济学和新古典经济学派、凯恩斯主义学派、货币主义学派等）都假设货币供给是外生的；后凯恩斯主义则强调货币供给的内生性，同时强调商业银行自身也具有流动性偏好。[①] 在次贷危机发生后，各国中央银行（包括中国人民银行）采取宽松的货币政策，美、欧、日等发达国家和经济体甚至采取零利率（甚至负利率）以及量化宽松等非常规货币政策，以期促进实体经济发展。但在预期的作用下，实体经济资本边际效率即使与零利率或负利率相比，仍然过低（甚至为负），使得实体经济投资不振。此时，虽然中央银行通过价格型（利率）和数量型工具增加了商业银行超额准备金，但因商业银行具有自己的利润目标和流动性偏好，不会将过剩的资金投入实体经济，使得实体经济产业循环处于较低的水平；同样，实体经济企业由于资本边际效率过低，对银行信贷资金的需求也较低。这种货币供给的内生性，使得投资萎靡不振（特别是在中国以银行间接金融为主导的金融结构中）。另外，从消费角度来看，虽然根据较成熟的传统经济学中消费理论的逻辑，消费将随收入（当期收入或永久收入）一同增长（只是边际消费倾向递减），但在金融危机和新冠肺炎疫情冲击下，当人们对日常消费品的需求得到满足时，消费将受到一定的上限约束，除非技术创新导致新的有效供给增加，否则经济将在较低的有效供给和有效需求水平上达到均衡。

第二，市场型信贷配给和资本利得的预期积累效应造成货币进入虚拟经济，产生金融脱实向虚和资产价格泡沫。凯恩斯在其流动性偏好理论（凯恩斯本人将其作为一种决定利率的理论）中，对金融资产进行了直接的简化处理，把它们简单地合成为两种资产：货币和债券。这里我们不论这一利率决定理论的合理性，但从对现实世界的分析来看，我们认为，这种分析对现实世界过于简化了。根据货币主义的观点，货币与所有其他资产之间都存在替代性，即如前文所述，人们会在一般性消费品、耐用消费品、债券、股票和房地产等大的范围内进行资产选择。这一分析方法相对来说较为

[①] 后凯恩斯主义者卡凡尔赫认为："货币的创造以及非银行代理人获得货币都是银行资产组合决策的结果。银行对公众需求的敏感性取决于适应这种资产决策的偏好。"同时，他借用凯恩斯在1930年所写《货币论》中将货币流通区分为工业流通和金融流通的方法，认为"银行可以将其金融资源投入到金融循环中（例如，当它们购买政府长期债券或短期债券时），或者也可以投入到产业循环中（如果它们为企业的流动资金融资）"，因此"产业循环和金融循环与收入流之间的联系不相同"。具体参见保罗·威尔斯所编的《后凯恩斯经济理论》，瞿卫东译，上海财经大学出版社2001年版，第38页。

符合现实。这样一来，当长期实施宽松的货币政策时，其将会通过银行的市场型信贷配给行为以及银行与客户（包括房地产开发企业和住房抵押贷款需求者）之间的资本利得预期积累效应，导致金融资产泡沫（特别是在美国这种市场主导型金融结构中）和房地产泡沫（特别是在中国这种银行主导型金融结构中）。其机理在于：一方面，以斯蒂格利茨①为代表的新凯恩斯主义者在提出完全市场化、完全竞争型信贷市场中产生的信贷配给现象时，其所论述的配给机理主要是针对单个企业或客户而言的，而以马歇尔为代表的新古典主义者则主要以制度性因素解释信贷配给现象的存在。② 我们这里提出的信贷配给机制，主要是一种市场型信贷配给，即当银行预期将信贷资源配给到某一行业或某一类型的市场（如房地产市场）时，银行将在规避信贷风险的前提下获得稳定的预期收益（预期利润），并且能满足其流动性偏好；这种配给机制与新古典主义和新凯恩斯主义研究的信贷配给现象存在很大差别，这也是导致信贷资源流入房地产市场等虚拟经济的重要内生性原因（尤其是在中国的金融结构条件下）。另一方面，当实体经济的资本边际效率过低而中央银行又意图外生性地提高货币供给量时，商业银行与其借款客户（企业或个人）可能会因为同时预期到虚拟经济领域（如房地产市场）将获得较高的资本利得，从而对这一领域的信贷供给和信贷需求同时增加，并产生预期积累效应，即商业银行的贷款供给与借款客户的信贷需求相互作用，不断推高信贷总量和货币总量，由此造成金融脱实向虚。上述两种机制，特别是在以银行间接金融为主导的金融体系中，极易产生经济脱实向虚现象。

二、债务合同、系统性金融风险与金融开放

综观截至 21 世纪前十年的西方宏观经济学发展史③，主流宏观经济学基本没有把债务合同纳入宏观经济分析，很多学者仍然认为这总体上是一个微观问题。弗里德曼和

---

① 斯蒂格利茨关于信贷配给理论的代表性论文参见 Stiglitz, J. and A. Weiss, 1981, "Credit Rationing in Markets with Imperfect Information", *American Economic Review*, 71:393—410。

② 高洪民（2007）通过对中国转轨经济中的制度性因素内生化，对中国商业银行的信贷配给现象进行了研究，但其研究对象也主要是商业银行对国有企业、中小企业之间的结构性信贷配给机制。

③ 具体参见米歇尔·德弗洛埃所著的《宏观经济学史——从凯恩斯到卢卡斯及其后》，房誉、李雨纱译，北京大学出版社 2019 年版。

施瓦茨合著的《美国货币史（1867—1960）》详细讨论了美国近 100 年的货币供给历史演化及其对美国经济的影响情况，阐释其现代货币数量说观点，但也基本没有明确涉及债务合同对宏观经济产生的影响；只是在研究 20 世纪 20 年代末的大萧条时，他们认为当时美联储执行的是紧缩性货币政策，否则，大萧条造成的影响不会那么严重。新凯恩斯主义者研究了微观信贷配给机制对有效供给和有效需求的宏观影响，Bernanke 和 Blinde（1988）曾对传统的 IS—LM 模型进行修正，并将其纳入银行贷款渠道，以研究信贷对宏观经济造成的影响，但他们没有考虑信贷配给问题，也没有将债务合同及其可能造成的风险纳入宏观分析。这里需要特别强调的是，海曼·P. 明斯基曾明确地将企业融资、投资、运营现金流和债务等问题作为分析的核心，并研究其对宏观经济的影响；[①] 但明斯基的研究在西方经济学研究中一直处于非主流地位，只是这次全球金融危机爆发后，人们才以"明斯基时刻"来肯定其研究的重要理论意义和现实意义。

股票市场是一个不存在债权债务关系的股权型市场，但债券市场显然是一个债权债务相互交错的市场；在银行主导型金融体系中，银行体系创造货币的过程同时也是一个创造债权债务关系的过程，[②] 在中国经济中，这一特征特别值得重视。我们认为，债务合同、债务链条和债务网络处于经济和金融体系的核心地位。前文所讨论的由银行的市场型信贷配给效应和市场预期积累效应导致的股票市场泡沫和房地产泡沫，特别是房地产泡沫，其在很大程度上都是由债务链条和债务网络构成的，从而可能集聚较大的宏观金融和经济风险，这一领域的"去杠杆"不仅较为困难，[③] 而且容易刺破泡沫从而造成系统性金融和经济危机。我们认为，预期引导、结构性信贷供给、直接金融的发展以及在稳定房地产价格的前提下通过经济的增量发展逐步稀释房地产泡沫，

---

① 参见海曼·P. 明斯基所著的《稳定不稳定的经济：一种金融不稳定视角》。本书 1986 年初次在美国公开发行，清华大学出版社于 2015 年 7 月根据 McGraw-Hill Education 出版社 2008 年的版本，由石宝峰、张慧卉翻译出版了中译本。

② 关于货币创造和货币供给过程的讨论，详见米什金所著的《货币金融学》，李扬等译，中国人民大学出版社 1998 年版；米什金在本书的第四篇用三章的篇幅专门讨论货币供应过程。

③ 高洪民（2005）曾立足于中国垄断竞争型信贷市场，以直接金融对银行间接金融的替代性较弱为前提，研究了银行贷款收缩或变动通过资产负债表的直接传染可能产生的一种信贷冲击乘数效应；并且他指出，这种乘数效应可能与已有文献研究的信用渠道中的银行借款渠道和金融加速器效应形成相互强化机制，进一步放大信贷变动对经济造成的冲击。这里提出的信贷冲击乘数效应也是近年来中国经济中"去杠杆"存在较大困难的重要原因之一。

可能在维持金融、房地产和实体经济均衡发展上起到重要作用。事实上，2023 年 3 月美国硅谷银行倒闭引起的局部金融崩溃，再次证明了即使在市场主导型金融结构的美国经济体系中，债权债务合同及其链条和网络，也在宏观经济稳定中处于极其重要的地位。

这种脱实向虚和扭曲的经济现象，特别是脆弱的债务合同、债务链条和债务网络，在推动金融开放（特别是资本项目开放和自由化）过程中，可能会放大系统性金融风险。需要强调的是，这里我们把关键点放在资本项目"开放过程"可能带来的影响和冲击上。如前文所述，原有的经济脱实向虚和经济扭曲本身虽然存在巨大的系统性风险，而且虽然这一风险状态如前文所述是由一种非均衡机制造成的，但一旦达到这一状态，起码从短中期来看，它可能仍然在总体上处于一种相对稳定的状态；然而，如果资本项目开放的时机或路径不当，就可能对上述"相对稳定的状态"造成冲击，从而刺破泡沫，发生金融和经济危机。这种"冲击"，既可能来自短期大规模资本流动，也可能是由资本项目开放所导致的宏观经济政策调整对上述状态形成的外部冲击，甚至还可能是在不当的资本项目开放过程中，仅仅由内外预期，导致的对上述状态的冲击。

三、双循环金融战略链接与国际金融中心风险生成机理

2020 年 11 月，习近平总书记在浦东开发开放 30 周年庆祝大会上的讲话中指出，"浦东要努力成为国内大循环的中心节点和国内国际双循环的战略链接"。习近平总书记对浦东提出的要求，也是对整个上海市提出的要求。上海的长远目标之一是建设全球性金融中心。基于上海国际金融中心建设的重要战略地位，要把其放在构建新发展格局中予以考量和谋划，由此我们认为，上海双循环金融战略链接的主要内涵是：上海全球性金融中心的功能，不仅是促进国内实体发展的中心节点，而且也是配置全球金融资源的战略链接枢纽；在全球金融战略链接的意义上，上海全球性金融中心既是沟通境内外储蓄余缺的枢纽，也是调剂全球储蓄余缺的核心枢纽之一，这种双循环金融战略链接基础性功能的发挥，对于保持和扩展中国经济的国际大循环、推进人民币国际化，以及实现中国从经济和金融大国向经济和金融强国的转化，具有极其重要的

作用。

新发展格局是形成"以国内大循环为主体，国内国际双循环相互促进"的国民经济运行机制。根据宏观经济恒等式，在封闭经济下，国内生产总值等于国民总支出；但在开放经济下，居民和企业的总支出等于国内外生产的产品和服务的吸收。在经济循环流转中，存在如下基本关系：在货物市场，国内储蓄、投资和消费构成国内经济大循环的基本框架。在新古典经济学的分析中，封闭经济条件下，储蓄完全转化为投资；但这种分析略去了金融中介的作用。[1] 在现实经济中，金融中介对储蓄向投资（包括消费）[2] 的转化起着基础性作用。从金融中心的功能来看，Kindleberger（1974）提出，国际金融中心一方面为国内经济区域间的借贷和支付提供了集中性中介服务，另一方面提供了高度集中的国际支付和借贷服务。从促进国内经济循环的角度来看，上海国际金融中心在促进国内储蓄转化为国内投资方面处于枢纽和中心节点地位。但需要指出的是，从封闭经济的角度来看，上海的股票市场和债券市场都是全国性市场，[3] 而信贷市场则具有一定的区域性特征。另外，结合开放经济条件下的经济循环流转，上海国际金融中心对于推动双循环互促发展的战略链接作用表现在如下几个方面。无论是中国，还是境外其他国家，在经济运行中，都可能产生储蓄的余缺。从动态角度来看，如果中国存在储蓄剩余，则通过上海国际金融中心的中介作用，其会把这些剩余配置到全球范围内储蓄短缺的国家和地区；相反，若其他国家和地区存在着储蓄剩余，同样可以通过上海国际金融中心的中介作用，将该剩余配置到中国或其他国家和

---

[1] 至今关于货币是如何影响经济的一直是困扰理论界和各国货币当局的最重要、最基本的问题之一。尽管凯恩斯主义宏观经济学家和米尔顿·弗里德曼、卢卡斯在货币扩张是否能够持久地促进经济活动这一问题上存在严重分歧，但他们都赞同货币冲击确实对实际变量具有短期影响；真实经济周期理论则坚持认为货币无论是在长期还是在短期都是中性的。现代经济增长理论一般强调信贷可得性对经济增长具有影响。由于这一主题过于宏大，这里不作详论，相关讨论可参见米歇尔·德弗洛埃（2019）第十八章和 E. 赫尔普曼（2007）相关章节。

[2] 在现代经济和金融条件下，如商业银行信用，不仅促进储蓄转化为投资，而且在促进个人消费上也发挥着重要作用；如个人住房抵押贷款、个人消费贷款等都得到了较快发展，这些是商业银行信用的重要形式。

[3] 根据中国人民银行调查统计司发布的统计数据，截至2021年底，在中国的社会融资规模存量中，人民币贷款达191.54万亿元，企业和政府债券合计为82.99万亿元，上述具有债权债务性质的贷款和债券合计占社会总融资的比例高达87.39%，股票市场融资则占比较少。在下文关于债务合同风险的分析中，对此我们还会作进一步分析。

地区。因此，上海国际金融中心的这一中介作用，在中介路径上并非单一的，而是具有全球性、交叉性和网络性特征。[①] 在当前中国资本项目开放和货币自由兑换仍受到一定管制的条件下，人民币可以通过 QFII、沪港通、沪伦通、债券通等相对有限的资本项目通道部分实现上述功能。另外需要强调的是，中国的资本项目仍会实施渐进式开放策略，在此之前，推动上海人民币离岸交易的发展，是一种重要的战略举措。我们认为，上海离岸人民币市场的主要目标应是建立基础性的离岸人民币市场枢纽，这是上海发挥双循环金融战略链接的重要一环。

上海构建双循环金融战略链接、人民币国际化中心[②]与国际金融中心三大长远目标之间是相互耦合的。我们这里重点讨论国际金融中心可能出现金融系统性风险的内生机理。我们认为，国际金融中心对金融机构、金融市场和金融产品的集聚，同时也是对金融风险的集聚，我们将这种风险集聚和传导的机理区分为以下几种基本类型。第一，金融市场同向波动风险。同向波动风险是指各类金融子市场的总量和规模同时收缩甚至同时崩溃的风险。例如，当一国出现股市或（和）房地产泡沫时，功能性金融中心往往也是这种泡沫最为集中的地方，此时若货币当局突然收紧货币，使得货币供给减少和利率上升时，股市和房地产市场可能同时向下波动甚至爆发危机，这时金融中心可能成为危机的爆发源头，并由此传导至其他地区，甚至传导至境外其他金融中心城市或境外与其有金融关联的其他国家和地区。这种传染效应既可能通过金融市场的内在联系，也可能通过市场的预期效应发生。第二，企业融资方式关联性传染。受托宾 Q 理论的启发，我们认为，股票融资、债券融资与信贷融资这三大基础性融资市场之间的风险扩散也存在较大的关联性。从微观角度看，若一家企业因经营问题

---

① 这一交叉性和网络性特征，主要是指除了其他国家和地区与中国之间可能存在储蓄和投资余缺外，境外的国家和地区之间也可能存在储蓄和投资余缺，这种其他国家和地区的储蓄和投资余缺可能通过上海国际金融中心的中介作用进行调剂，从而体现储蓄和投资调剂的全球性、交叉性和网络性。

② 高洪民（2010）在研究人民币国际化问题时曾提出一个理论分析框架，其将一经济体与其境外的经济金融活动，按流量区分为跨境实体经济循环和跨境金融循环。跨境实体经济循环是指与实体经济相关的跨境贸易和跨境直接投资等活动；而跨境金融循环则是指跨境金融投资和跨境金融交易等活动。或者从货币流通的角度来看，跨境实体经济循环是指为了支撑商品和劳务的跨境投资、生产、分配及交换而投入使用的货币量；而跨境金融循环则是用于跨境金融资产交易所投入使用的货币量。根据上述分析框架，则上海国际金融中心正好处于人民币跨境金融循环的枢纽地位，也处于人民币国际化中心地位。

使得其净值下降，不仅可能使得该企业以债券进行融资的能力降低，而且将导致其向银行获得贷款融资的能力减弱［如 Bernanke 等（1996）的金融加速器效应］，同时也可能导致企业股票市值下跌，再融资和新投资的成本上升（托宾 Q 系数降低）。反过来，若因某种原因（外部的或内部的），企业股票价值首先下跌，则银行在对企业新增贷款时，可能要求企业增加新的足值抵押品或质押品；或者企业若直接以股票作为质押品向银行融资，则上述情况都将使得企业信贷融资能力受限，若以债券融资，同样也会受限。从宏观角度来看，若股票市场整体大幅下跌，则信贷市场上的银行贷款意愿会显著下降，企业通过债券市场融资能力也会整体下降。值得注意的是，上述融资方式之间的关联效应与金融中心的风险集聚之间具有如下基本关系：若金融中心同时是信贷、股票和债券市场集聚地，则发生危机的关联效应可能达到最大值；若金融中心仅是股票和债券市场集聚中心，而非信贷市场中心，则这种关联性依然存在：譬如，企业的贷款是从位于其他地区的银行获得的，若该企业贷款出现违约，也将同时影响到该企业的股票价值和债券价值；若位于其他地区的信贷中心出现企业贷款大面积违约，将通过上述融资方式的关联效应和预期效应，可能导致金融中心股票和债券市场的崩溃，并以此为中心，将危机传染到其他地区。第三，金融产品关联性传染。金融中心的金融市场和金融产品高度聚集，金融资产、金融产品之间可能通过金融产品创新、抵押、担保等方式产生债权债务之间的相互关联。[①] 如前文所述，货币和资本市场在当代国际金融中心的竞争中起着重要作用，由于这类金融产品和工具具有标准化、透明化和跨地区、跨境流动的特征，因此这类金融产品存在一种复杂的链条式、网络式关联，一旦出现金融风险，这种风险首先就可能在该金融中心发生系统性关联，并通过产品网络的实质性内在关联，或者通过预期效应，迅速扩散到国内其他地区和境外金融中心。第四，债务合同式泡沫崩溃与实体经济危机连锁爆发风险。这种风险主要爆发于股票市场欠发达、债权债务合同占主导地位的金融中心。如前文所

---

① 在美国次贷危机爆发之前，其基础性的次级抵押贷款以及在此基础之上形成的各类层级的创新型次级抵押贷款债券就形成了复杂的债权债务链条和网络，包括纽约在内的美国各大金融中心是这类基础性金融产品和与此相关的各类抵押贷款衍生证券的集中地，这类衍生品还通过债权债务关系甚至通过股权关系与欧洲和其他国家（地区）金融中心的金融市场之间具有内在的关联性，这些风险也在后者的金融中心集聚。

述，例如，中国属于银行主导型金融结构，而且是垄断竞争型银行信贷市场，目前与房地产有关的贷款（主要包括房地产开发企业贷款和个人住房抵押贷款）占到银行总贷款余额的 40% 以上，在房地产泡沫形成时期，这种债权债务关系内含的风险相对隐蔽，同时，由于中国抵押贷款证券化发展一直较为缓慢，因此，从上海双循环金融战略链接的角度分析，一般认为由上海国际金融中心发生连锁性金融风险的概率相对较低。但这里必须注意的是，从全国的角度来看，即使系统性金融风险爆发的源头可能不在上海，但若其他城市（如二、三线城市）发生系统性金融风险，也可能首先通过预期效应对上海的股票、债券和房地产市场产生难以预料的冲击。由于上海的房地产市场同样存在泡沫，最重要的是上海国际金融中心是各类金融市场的高度集聚区，上述预期效应引起的冲击就可能通过第二种和第三种渠道造成上海金融市场的连锁反应，从而加剧全国范围内的系统性金融风险。由此，根据上述四种金融风险可能发生的渠道和机理，上海国际金融中心和金融战略链接地位，在系统性金融风险防范上具有核心作用。

四、高水平金融开放条件下的金融稳定治理框架与政策优化
（一）坚持金融服务实体经济并注重防范和化解系统性金融风险

关于实体经济与虚拟经济的定义和区别，目前仍存在争论。[1] 通常认为，虚拟经济是相对实体经济而言的，经济的本质是一套价值系统，包括物质价值系统和资产价格系统。由于存在争论，我们这里广义而简单地将资本性生产制造业、一般的最终消费品制造业以及与此密切相关的生产性服务行业、对外直接投资、对外贸易等产业划分为实体经济产业，而那些容易因为发展过度而产生泡沫的如金融业、房地产业等则划入虚拟经济产业。

上述简单的划分方法，对于金融支持实体经济发展这一概念来说，并不是绝对的，不能机械地理解为金融业和房地产业的发展都会产生不利的泡沫经济。其关键点在于：借用维克赛尔等古典经济学家的分析，总的来说，在封闭经济条件下，投资与储蓄相

---

[1]　参见 2021 年 6 月 11 日中国人民银行前行长周小川在第十三届陆家嘴论坛上的演讲。

对均衡的状态是较理想的状态。以此为前提，金融支持实体经济虽然是促进经济健康发展的基本条件，但若金融业为实体经济提供的金融支持不够或者过度，也将扰乱实体经济的运行；更为重要的是，如果经济系统中实体经济与虚拟经济之间产生了扭曲，则金融会更加促进虚拟经济的发展（无论是由内生的反应机制，还是外生政策变动导致的），在这种情况下，金融不但没有达到支持实体经济发展的目标，反而使得由金融微观运行产生的宏观经济状态更加不稳定（例如，产生金融资产泡沫或房地产泡沫）。这里有必要引用海曼·P. 明斯基所作的分析。明斯基认为，在经济的融资结构中，"可以确定三种类型的资本头寸融资：对冲性融资、投机性融资和庞氏融资"[1]，其中，对冲性融资是指融资主体期望从资本资产所获得的现金流除了足够满足现在和未来的支付承诺外还有剩余；投机性融资涉及利用短期融资为长期头寸融资；庞氏融资主体的融资成本会超过收入，从而使应偿债务的面值上升。在上述三种融资方式中，投机性融资和庞氏融资主体对金融市场的变化比较敏感。用这一理论进行分析，中国的虚拟经济，特别是房地产市场泡沫的形成，在很大程度上与投资性融资和庞氏融资密切相关，地方政府平台融资也与这两种融资方式有较大关系（虽然从性质上看，政府作为融资主体与企业和商业银行作为融资主体有所不同）。根据前文所作的理论分析，化解地方融资平台风险和房地产泡沫破灭风险，并非短期内可以解决的问题。对于房地产泡沫破灭风险，由于中国是建设有中国特色的社会主义市场经济，政府在市场中应发挥着重要作用，应使用政府干预与市场相结合的办法尽力使其逐步向稳定性发展过渡。我们认为，如前文所述，预期引导、结构性信贷供给以及直接金融的发展，将在维持金融、房地产和实体经济均衡发展上起到重要作用，特别是通过稳步推动新发展格局的形成，逐步在稳定房地产价格的前提下，利用经济总量不断提升，以经济增量不断稀释房地产泡沫，在有效供给和有效需求在更高的水平上达到相对均衡后，逐步化解房地产泡沫风险。

（二）采取适当措施逐步化解地方政府债务风险

为有效化解地方政府债务风险，我们认为，首先，要不断完善中国信用评级体

---

[1]　海曼·P. 明斯基：《稳定不稳定的经济：一种金融不稳定视角》，石宝峰、张慧卉译，清华大学出版社2015年版，第181页。

系，发展第三方信用评级。随着中国的信用评级体系的市场化发展，信用评级对于降低债券发行成本具有一定的解释力（何平、金梦，2010），但仍存在评级信息不透明、评级机制不完善、评级机构与发行人合谋等问题，信用评级尚未完全有效地反映信用风险（刘士达等，2018）。政府应积极推动信用评级机制和体系的完善，加快推进平台付费、投资者付费等评级模式，拓宽评级机构的收入来源（Mathis et al.，2009），真正有效发挥信用评级对于提供风险信息、监督企业良好运行、提高市场效率等的功能，使得地方政府债务风险、城投债信用评级、城投债信用利差三者之间的传导机制有效运行。其次，打破刚性兑付。城投企业更像一个"融资平台"，而非市场化企业（罗荣华、刘劲劲，2016）。不断增加的地方政府债务风险将对信用评级有效性产生显著的负面影响，地方政府不能依赖低融资成本的城投债来不断扩张其债务规模，因此，打破刚性兑付才是长期可持续发展之道。虽然2014年国务院发布的《国务院关于加强地方性债务管理的意见》有效削弱了刚性兑付的作用，但城投债仍未完全市场化，城投债发行价格和偿债能力仍在很大程度上依赖其背靠的地方政府的财政能力、支持意愿和注资水平。另外，政府应制定合理的城投债管理机制，推动政府债务信息和城投企业信息透明化，打破市场对于城投债刚性兑付的预期。一方面，这有利于推动地方政府隐性债务良性发展，减小地方政府债务风险；另一方面，这也可以促使城投债发行和流通能够市场化运作，促进中国债券市场健康良好地发展。第三，目前城投债的资金流向还不够合理，大量资金流向低收益率的项目，解决地方政府债务风险的根本方法在于真正开发有价值、有潜力的产业和项目。城投债的项目选择应该以市场化为主导、以项目的盈利性和现金流作为保障，实现政府投资的可持续稳步发展。

（三）金融支持双循环互促发展对于塑造开放型经济将发挥重要作用

改革开放以来，中国外向型产业一直采用"两头在外"（来料加工）的发展模式，处于全球产业链的低端。在推动形成新发展格局中，金融如何在双循环互促发展中为中国提升在全球价值链中的地位，是需要重视和研究的一个重大问题，这主要包括如下基本方面：一是金融如何支持发展新兴产业和服务业，形成国际竞争新优势；二是金融如何支持出口结构升级，包括金融支持新兴产业出口融资等重要问题；三是进口在建立现代产业体系中的作用与金融支持方式，这里重点涉及关键设备与零部件、技术专利进口融资与建立现代产业体系的金融支持机制问题；四是金融支持对外并购提升国际分工地位的机制，如涉及金融支持对外并购以获取先进技术、品牌和全球企业网络，通过在全球价值链分工中获得主导地位，支持中国先进企业建立全球生产和营销网络；五是金融促进双向直接投资，这里既涉及金融促进吸引高水平外商直接投资、构建现代产业体系的机制问题，又涉及金融促进中国对外直接投资、提高中国企业在全球价值链中地位的机制问题。

第五节　高水平金融开放下有序推进人民币国际化研究

党的二十大报告中提出要"有序推进人民币国际化"。本书对此的基本理解是：在短期内实现较高水平的人民币国际化不仅较为困难，而且也没有必要将人民币国际化作为短期性目标；人民币国际化仍然应是一个以市场为主导、由政府给予适度推动的长期化过程，更为重要的是，推进人民币国际化一定要与国内和国际的政治、经济等总体形势相适应，尤其是要在守住不发生系统性金融风险底线的前提下，有序推进人民币国际化。具体来说，就是要根据资本项目自由化的安排和步骤以及国内金融市场改革和发展的安排和步骤，结合对外贸易和投资结构，既要努力抓住机遇，又要处理好各种挑战；在此前提下，推动人民币顺其自然地成为重要的国际货币。

一、一个理论分析框架：跨境实体经济循环和跨境金融循环

本书将一经济体与其境外的经济金融活动，按流量区分为跨境实体经济循环和跨境金融循环（以下简称"两个循环"，参见图4-2）。跨境实体经济循环是指与实体经济相关的跨境贸易和跨境直接投资等活动；而跨境金融循环是指跨境金融投资和跨境金融交易等活动。或者从货币流通的角度来看，跨境实体经济循环是指为了支撑商品和劳务的跨境投资、生产、分配及交换而投入使用的货币量；而跨境金融循环则是指用于跨境资产交易所投入使用的货币量。

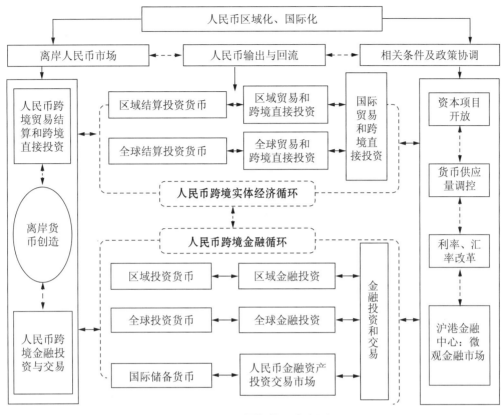

图 4-2　"两个循环"的理论分析框架

上述区分方法借鉴了凯恩斯在《货币论》一书中的研究方法。在该书中，凯恩斯（1996：204—215）将货币流通区分为工业流通和金融流通。不过，凯恩斯所分析的是封闭经济下货币的两种流通方式。如果我们将这种分析扩展到开放经济条件下，那么，一方面，货币的工业流通（或循环）将通过跨境贸易和跨境直接投资等渠道扩展到开放条件下更广范围内的实体经济循环；另一方面，与此相联系，境外对该货币的跨境金融流通也会产生现实需求，由此将进一步推动该货币在境外发挥投资工具和价值储藏手段等职能，也就是说，从货币供求相互作用的角度来看，相对于跨境实体经济循环，跨境金融循环具有一定的衍生性。但在当代信息技术和金融条件下，金融流通已在更高程度上脱离了实体经济层面，具有更强的独立性。与此相对应，在跨境流通上，当实现高水平金融市场开放时，无论是从绝对量还是从相对量上看，跨境金融循环一般都具有更大的货币流通速度和流通量。另外，对于两个规模不同、各自封闭的经济体来说，若两者内部的金融市场发展程度一样，则规模较大的经济体，其境内居民和企业因消费、储蓄和投资等行为而产生的本币需求就会较大；在开放条件下，对于规模越大的经济体而言，若其金融开放程度越大，金融深化程度越高，则在与外部经济的联系中，其跨境金融流通（循环）的规模也就会越大。

需要特别说明的是，这里的货币"跨境"，虽然更多地是指本国货币跨出国境参与跨境经济循环或金融循环，但一旦跨出国境，这一货币也就可能在境外继续其循环运动，也就是说，其后的跨境流通不一定就是与其本国（或本经济体）之间的"跨境"流通，而是可能在境外国家（或经济体）之间随着贸易、直接投资或金融渠道继续其跨境循环。不过，本书所讨论的人民币跨境经济和金融循环，首要指的还是第一种意义上的"跨境"循环，因为在人民币区域化、国际化的初级阶段，只有首先实现了这种意义上的跨境循环，才会促进第二层意义上的跨境循环。而第二层意义上跨境循环与该货币（如人民币）离岸市场和离岸金融中心的发展直接相联系。当人民币最终成为重要的国际货币时，其在上述两种意义上的跨境循环都将占有重要地位。

最早的货币概念，是指作为计价单位的货币，即货币是用来表示合约价值的计价单位。货币之所以又能成为一种资产，是因为债务到期时，货币具有支付合约规定的债务的能力，这就是货币在所有资产中具有最高流动性的根源所在。在未来不确定条件下，货币作为一般财富形式的特征，使它成了一种实现防范性策略的合适手段。[①]按照凯恩斯的分析，货币作为一种资产，其收益形式为流动性溢价，利率正是人们愿意放弃其流动性的报酬。拓展到开放经济条件下，货币跨出国境，当境外经济人意愿持有外国货币时，他除了要考虑不同货币的流动性溢价（即利率）之外，还需考虑货币间的汇率、该货币的可兑换性、与该货币有关的微观市场交易机制、市场活力及稳定性等因素[②]，当面临未来不确定的情况时，他需要考虑的因素会更加复杂，这样就会对其持有该外国货币的需求产生影响。另外，如果相对于凯恩斯在后来的《就业、利息和货币通论》中所提出的货币需求的三大动机，则在境外对本币的需求中，

---

① 货币的这种所谓防范性功能，主要是指在不确定条件下，货币所具有的灵活性（即其流动性）。关于货币作为一种资产的特性及其需求特征，可进一步参照后凯恩斯主义者的分析，如参见保罗·威尔斯（2001：27—32）的讨论。

② 关于微观市场活力、流动性和稳定性等方面的讨论，可参见莫琳·奥哈拉（2007）第七章、第八章。

也可对此加以区分：跨境经济循环中的货币需求一般对应于货币需求的交易动机，跨境金融循环中的货币需求对应于投机动机，而预防动机存在于两种循环中，在理论和实践中都较难区分。在当代金融条件下，预防动机的货币需求在金融循环中具有重要作用。

需要说明的是，与国际收支统计中将对外直接投资划入"资本和金融项目"不同，这里我们将跨境直接投资划入跨境实体经济循环，主要是基于如下考虑：其一，在国际收支统计中，是按增值性活动与非增值性活动来区分"经常项目"与"资本和金融项目"的，但我们认为，跨境直接投资活动在这种"资本和金融项目"中属于长期资本流动，更多地与实体经济活动有关。其二，这种区分方法，撇开了对外直接投资这种具有实体经济和长期资本流动性质的活动，也有利于凸显当代微观金融市场和国际金融中心的发展在促进货币国际化中所起的特殊作用，特别有利于凸显国际金融中心所处的金融循环枢纽地位，并有利于研究构建跨境金融循环对货币国际化的基础性促进作用。

二、基于"两个循环"框架的人民币国际化的基本条件

这里首先需要说明的是，当分析人民币国际化的条件时，我们在前文提出的人民币跨境实体经济循环和人民币跨境金融循环，既包含宏观层面的含义，也包括微观层面的含义。

我们还特别强调离岸人民币金融循环对促进人民币国际化的重要作用，当然，这里的"离岸人民币金融循环"，也是既包含宏观意义上各个离岸人民币市场的战略布局，同时更重要的是指在此基础之上微观层面的离岸人民币市场建设。

结合图 4-2 中"两个循环"的基本分析框架，我们首先将人民币国际化的条件概括为如下几个基本方面。

人民币跨境实体经济循环方面的基本条件：中国的 GDP 总量及其增长潜力，中国的对外贸易总量及跨境人民币结算的发展情况，中国的对外直接投资和接受的外商直接投资总量及人民币结算量。

人民币跨境金融循环方面的基本条件：中国的货币供应总量、金融结构和金融发

展情况，中国的金融开放情况，上海国际金融中心作为人民币跨境金融循环枢纽的发展情况，离岸人民币市场的发展情况。

辅助性基本条件：利率市场化改革、汇率市场化改革、货币政策调控能力。

三、基于"两个循环"框架的人民币国际化路径

从推进人民币国际化的角度来看，显然，人民币在"两个循环"中逐步扩展使用的过程，就是人民币国际化的过程。从货币本身的作用来看，国际化货币将在世界和区域经济中影响人们经济活动的动机和决策。因此，按照上述"两个循环"框架研究人民币国际化的路径，并分析境外人民币需求的动机具有重要意义。

人民币国际化基本思路的核心在于，不断扩展人民币跨境实体经济循环和人民币跨境金融循环。当前阶段推动人民币国际化的主要区域为与中国临近的周边国家和地区、东盟国家（地区）及"一带一路"沿线国家和地区。推动人民币跨境金融循环建设的路径，则是在推动高水平金融开放特别是推动资本项目开放和国内金融自由化过程中，优先利用上海和香港两大金融中心优势，不断推动建设上海以人民币本币为核心的全球资产交易中心、定价中心和人民币全球清算中心，以及推动建设香港人民币离岸金融中心，并在全球范围内不断拓展境外金融机构网络和人民币结算清算网络。为此，需不断增加沪港两地可供选择的人民币金融产品，拓宽人民币金融资产跨境流通（回流）渠道，率先在亚洲地区和"一带一路"沿线区域形成以实体经济交易和人民币金融市场为支撑、人民币出境与入境相协调、人民币经济循环与金融循环相互强化的境外人民币需求与供给的大循环、大流通机制。

人民币国际化的演进路径还可以具体区分为货币职能路径、地域路径和时间路径三个维度。我们认为，根据全球政治、经济及金融特点，人民币国际货币职能的演化路径将会明显突破"国际计价结算货币→国际投资货币→国际储备货币"的传统演进模式，从而交叉提升其"三位一体"式功能。从时空结合的演化路径来看，人民币国际化虽无具体时间表，但亚洲地区和"一带一路"沿线国家和地区在区位和贸易结构上有利于人民币的区域化和国际化，有利于推动人民币在经济循环领域发挥国际计价结算货币职能。

四、人民币跨境金融循环相对较弱是当前推进人民币国际化的主要障碍

货币的区域化、国际化过程及其各项国际货币功能的实现，与该货币参与交易的跨境贸易、跨境直接投资和跨境金融交易等方面都存在直接的相关性，在亚洲地区和"一带一路"沿线国家和地区拓展人民币在上述相关领域的各项功能，是当前阶段推动人民币区域化和国际化的主要方向。在此过程中，沪港两地在这些区域的经济和金融循环中都处于重要地位。但从货币国际化发展所需的金融条件来看，人民币跨境金融循环的相对不完善是当前人民币国际化过程中的主要障碍。人民币跨境金融循环的相对缺失包含以下基本含义：一方面，中国的资本项目尚未完全开放，这直接限制了人民币境内外流通的渠道；另一方面，人民币金融产品的供给仍相对短缺。尽管国内金融自由化的步伐在逐步推进，特别是存贷款利率已基本实现自由化，但国内金融市场的创新力度还需进一步加大。对于香港金融市场，尽管人民币债券、股票和贸易融资等金融产品都已陆续推出，但人民币金融市场在深度和广度上仍需进一步深化，特别是人民币金融衍生品市场仍需进一步发展。

五、推进本币驱动金融开放的主要策略

坚持本币优先的金融开放路径的核心是将人民币国际化作为中国金融开放的锚，构建透明稳健的货币政策框架，从正面清单向负面清单转移，构建一个合理的金融市场、金融机构体系、金融监管体系和金融基础设施体系。具体策略主要涉及以下几个方面。

（一）加快健全和完善境内外人民币资产交易市场

目前人民币已经从早期的国际贸易货币逐步发展为国际投资和储备货币，人民币作为计价、支付、投资和储备货币的职能不断显现。人民币纳入特别提款权货币篮子，越来越多的境外央行增持了人民币资产。目前，人民币已成为全球第五大支付货币、第三大贸易融资货币、第八大外汇交易货币、第六大储备货币，全球有60多家中央银行或货币当局将人民币纳入外汇储备。但也要认识到，人民币成为国际投资、储备货币并不意味着人民币国际化臻于完善、大功告成，人民币国际化还有更高的台阶要

上。一旦人民币成为国际投资、储备货币，就必然会产生对人民币资产流动性、期限和汇率风险等方面的交易需求和管理需求。为了更好地吸引国际投资者投资、持有人民币资产，就必须解决好境外非居民持有人民币资产的风险管理和对冲问题，相应地就必然要求在境内外有一个发达的人民币资产交易市场。这个市场包括人民币货币市场、资本市场和外汇市场以及相应的衍生品市场，为非居民持有人民币资产提供流动性和风险管理工具，而且这个市场在准入、交易、税收及其他监督管理等方面也要与国际规则充分对接，解决流动性管理、套期保值和其他各种风险规避和管理要求。否则，人民币作为国际投资、储备货币的基础是不牢固的，特别是在人民币结束单边升值走向和人民币汇率灵活性、波动性不断加强的情况下，如果没有一个成熟发达的人民币资产交易市场，就很难为国际投资者真正解决投资、持有人民币资产的后顾之忧。因此，从人民币国际化的阶段性来看，这实际上意味着人民币从国际投资、储备货币进一步发展为国际金融交易货币，需要推动人民币跨境金融循环建设，建立一个不断完善、充分发展的境内外人民币资产交易市场。

（二）大力推动离岸人民币市场发展和本土离岸金融体系建设

伴随着人民币国际化、中国资本账户开放和资本项目可兑换的不断推进，本币驱动的金融开放意味着跨境支付结算和资金流动将主要以人民币为主，境内对外汇的兑换及交易需求将随着人民币的广泛跨国使用而不断减少，与跨境资金流动相关的本外币兑换和交易环节将主要发生在离岸市场。因此，境内外汇市场会相对萎缩，而离岸人民币及其外汇市场将蓬勃发展。

客观上说，离岸人民币市场一旦发展并成熟起来，其交易成本、交易活跃度和效率在多数情况下将优于境内外汇市场，只要资金能跨境自由流动，不管是境内居民投资者还是境外非居民投资者，都将更倾向于选择在离岸人民币市场上进行兑换、交易和管理操作。因此，在人民币国际化和金融开放条件下，未来人民币外汇市场很有可能将呈现以离岸市场为主、离岸市场比在岸市场发达的格局。实际上，这也是现有国际货币呈现的普遍规律。

上述情形意味着：一方面，中国要更加积极开放地对待离岸人民币市场发展，在政策上鼓励境内居民投资者和境外非居民投资者更多使用人民币实现跨境资金流动，把兑换和交易环节更多地放在离岸市场，更好地促进离岸市场发展；另一方面，中国要加快国内外汇市场开放，打通境内外人民币外汇市场，同时允许、支持和鼓励国内金融机构广泛参与境外外汇市场交易，增强业务能力和国际竞争力，为今后离岸人民币市场培养主力军。

从离岸人民币市场发展实践来看，中国虽然已经构建起了以香港为核心并且包括新加坡、伦敦、法兰克福等呈现梯次分布的多个离岸人民币交易中心，但是在推动人民离岸与在岸金融市场高效联通和良性互动方面仍然存在严重不足。一是在离岸人民币资金的运用层面，亟待在已经建立的沪港通等多个通道式回流机制的基础上，进一步完善回流机制，例如，在特定区域市场如上海临港新片区（特殊功能区）开展全面放开的试点，推进资本项目可兑换；二是考虑到一国货币的国际化需要在本国掌控下推进，以及亟待推进在上海浦东新区建立人民币离岸交易体系；三是鉴于中国庞大的国内经济体量带来的在岸金融需求和高增速的海外资产带来的离岸金融需求，上海应当更加积极地在国内最大的在岸金融中心的基础上，建设与中国改革开放发展相适配的在岸／离岸双向运营、双向有条件渗透的内外分离型国际金融中心，进而推动中国迈向史高水平的金融开放。

（三）积极推进人民币汇率、利率形成机制和货币政策框架转变

一方面，在中国资本项目仍然存在较多管制的条件下，未来离岸市场在交易规模、活跃度、市场深度、市场广度以及价格形成的有效性等方面都将可能超过在岸市场，离岸市场形成的人民币汇率将更加具有均衡汇率的性质。另一方面，随着资本账户开放和资本项目可兑换的推进，在岸外汇市场和离岸外汇市场最终将被打通，离岸人民币和在岸人民币之间的价差将大大缩小，甚至为零，最多只反映境内对外汇跨境流动进行必要管理的交易成本。这时，人民币汇率实际上成了自由市场汇率，真正实现了市场均衡和清洁浮动。这也意味着中国货币政策框架的重塑。在这种情况下，汇率稳定将不再成为中国人民银行的政策目标，或受其钳制。中国人民银行将更多地依赖利率工具，通过调整政策利率实现国内货币政策调控和人民币相对价格调整，从而引导跨境资本流动。从"三元悖论"的角度来看，中国最终将实现汇率清洁浮动、跨境资本自由流动、保持货币政策独立性的开放大国货币政策框架。

上述情形要求中国进一步加快利率市场化改革，形成一套从政策利率到市场利率的完整利率调控和传导机制。同时，跨境资金自由流动并不意味着完全放任自由，要加快构建适应人民币国际化、跨境资金流动以本币为主、离岸人民币市场高度发达的新格局下的宏观审慎管理机制，必要时通过更加符合市场化原则、规则清晰透明且非歧视的宏观审慎政策工具，对跨境资金流动进行调控和干预。

（四）加快完善人民币跨境循环流通体制机制

目前，中国以《中华人民共和国外汇管理条例》为基本立法建立了外汇管理法律制度，并已初步构建起人民币国际化所需的跨境循环流通渠道，但该渠道目前仍有诸多缺陷，与发达成熟市场及其国际货币相比，还有很大差距。人民币在国际金融交易中的可自由使用程度及其便利性，将很大程度上影响国际投资者的接受度和持有人民币资产的程度，以及人民币下一步向国际金融交易货币发展的进程。中国应以人民币国际化为目标，对照国际规则，整合现行法律规定，构建以外汇法为核心、以负面清单为基础的统一的外汇管理法律体系，解除人民币可使用性的各方面障碍，全面提升人民币可自由使用性，建立宏观审慎监管和微观行为监管双维度的跨境资本流动风险防范体系，实现人民币国际化。与此同时，从维护信心的角度来看，金融当局要保持政策的前瞻性、连续性：一方面，关于金融开放、人民币国际化的政策在逐步向国际标准靠拢的过程中，仍应保持稳定、透明、可预期，避免受到太多短期因素的干扰；另一方面，在相关制度安排、发展模式、基础设施建设等方面，要在充分研究论证的基础上，有长远眼光和前瞻性考虑，形成清晰的思路和顶层设计，确保在技术、标准、规则等方面与国际接轨，使相应的能力建设和服务水平具有国际竞争力。

（五）加强金融基础设施的适应性顶层设计

在人民币国际化和本币驱动的金融开放加快推进条件下，随着中国经济规模、对外贸易和投资的不断扩张，将呈现资本跨境自由流动极度活跃、大量非居民持有人民币资产和大量居民配置境外资产、离岸人民币市场高度发达的金融开放格局，人民币从早期的国际贸易结算货币发展到国际投资、储备货币，最后进一步发展成为国际金融交易货币。相应地，其对人民币在岸和离岸账户体系、跨境清算结算体系、人民币资产跨境托管交易清算结算体系、人民币衍生品市场交易清算结算体系以及统计监测和长臂管辖等都将提出极高的要求，需要尽早进行顶层设计。

上述情形意味着一些关于境内金融开放的基础设施架构和布局有了比较清晰的方向。例如，在针对境外非居民投资境内人民币资产的托管、交易和清算结算方面，名义持有、多级托管将更有利于境外非居民投资和持有人民币资产，更有利于在离岸市场形成完整的人民币金融资产物权，并围绕这些人民币资产开发出更多的离岸人民币金融工具和衍生工具，从而使得境外非居民投资者可以更好地进行人民币资产的期限管理、流动性管理和各种风险管理，相应地，离岸人民币市场也才能更为活跃、有效。再如，除了现金外，所有的离岸人民币资金最终都将存放在中国境内银行账户并得到最终清算。相应地，境内人民币账户体系也应为境外金融机构提供规则统一、账户开立便捷、资金管理集约高效的账户服务，使得国内货币当局对境外主体持有的人民币存款能做到"一目了然"。这就要求从根本上改变目前境内本外币账户割裂，账户种类、规则过于复杂的局面，以及尽快构建全国统一、本外币合一的账户体系。又如，未来离岸人民币市场高度发达，将存在大量的人民币、人民币外汇及衍生品交易，因此，离岸人民币外汇及其衍生品交易、清算、结算，以及离岸人民币及其衍生品交易、清算、结算等在制度安排和基础设施布局上应该有全球眼光，并尽早着手；与之相匹配的是，中央对手方、交易数据库、统计监测、长臂管辖等领域，也应在法律、制度、规则和具体实施等方面开展充分研究并做好准备。

第五章　制度驱动、比较优势与贸易强国建设

本章从制度因素的视角分析中国特色的贸易强国建设。新制度经济学认为政府不仅是宏观经济的调控主体，更是一个"超级企业"，政府行为本身成为"制度"的一部分，对国家间的竞争产生重要影响。中国的贸易强国建设，其国际共性是奉行市场经济发展的基本理念，遵循"比较优势"参与全球分工的逻辑和路径；在计划经济向市场经济转型过程中，通过"适度干预"缩短了中国深度参与全球分工和贸易获益相匹配的制度差距，在一定程度上避免了比较优势的"低端锁定"和"套牢"问题，通过制度驱动降低了国际贸易的交易成本和契约成本，培育并维持了中国参与全球分工的动态比较优势，这是贸易强国建设的"中国特色"。现有新制度经济学分析在国际贸易理论中的应用，主要是基于制度因素影响"比较优势"的静态分析的，本章试图基于中国经验，拓展新制度经济学在动态比较优势培育中的理论分析框架。

第一节　制度驱动与动态比较优势培育：一个理论分析框架

传统比较优势理论作为经典的国际贸易理论，难以解释现实中为何部分国家没有按照其比较优势进行国际分工和贸易。事实上，比较优势或自然禀赋、规模经济只是提供国际贸易的必要条件，但并未提供充分条件（李景峰、刘英，2004；杨青龙，2013）。传统的比较优势理论主要关注生产成本，但由于国际贸易的实质是产品的产权在国际间的交易，交易必然也受交易成本、基于风险的契约安排的影响。而制度因素则会同时影响生产成本和交易成本，进而影响一国的比较优势。本节结合新制度经济学的分析范式，从生产成本和交易成本两个层面，分析制度驱动在动态比较优势培育和贸易强国建设中的作用。

一、制度因素与比较优势理论：理论发展与演化

传统的贸易理论强调由要素禀赋和技术差异所决定的比较优势在贸易中的决定作用，但其对经济现实缺乏解释力，而相关制度的发展水平和性质可能会通过改变生产和交易成本来影响竞争力（Belloc，2006）。因此，越来越多的研究开始将制度因素纳入贸易理论，对比较优势的内涵和外延进行拓展。新制度经济学对国际贸易理论中的比较优势概念进行了深化，逐渐成为研究制度与贸易之间关系的基本范式。

（一）制度、成本与比较优势

李景峰、刘英（2004）介绍了新制度经济学对国际贸易理论研究的贡献，指出新制度经济学将交易成本理论引入贸易理论研究，并在生产成本和贸易成本的基础上提出了制度成本和制度收益的概念，使得贸易研究更加接近现实。罗良文、杨艳红（2006）梳理了20世纪90年代以来国际上使用新制度经济学范式对国际贸易进行研究的一些主要成果，提到基于制度差异而产生的风险是国际贸易与国内贸易之间的实质区别，而传统的国际贸易理论却忽略了这一点。新研究范式中交易成本的存在会使按比较优势原则确定的贸易活动受到阻碍，甚至不可能发生，而一国的正式制度和非正式制度均会对交易成本产生影响，这使得各国因制度不同而产生的套利原则正在成为促进国际贸易增长的重要因素。

郝璐、年志远（2015），赵天阳（2019）等也在新制度经济学的框架下讨论了制度和交易成本的关系如何影响一国的比较优势，进而影响对外贸易。杨青龙（2013）构建了包含交易成本的比较优势模型，分析表明交易成本与生产成本同样重要，使用制度要素表现出来的交易成本是一国比较优势的重要成本基础，纳入交易成本后，基于总成本的比较优势可增强或削弱或抵消甚至"逆转"一国基于纯粹生产成本的比较优势状况。Berkowitz 等（2006）指出出口商和进口商制度都会影响复杂和简单产品市场上国际和国内交易成本，有良好制度的国家往往出口更复杂的产品并进口更简单的产品。此外，制度对贸易的影响主要是通过生产成本（比较优势）而不是通过国际交易成本。陈和平、祁春节（2016）进一步强调了文化传统、社会信任等非正式制度同样是影响国际贸易的重要因素，已有的研究主要集中于正式制度方面，对非正式制度的

研究较为薄弱，未来应拓展和深化非正式制度对国际贸易影响方面的研究，构建一个包含正式制度和非正式制度的总体制度分析框架，系统地探讨总体制度对国际贸易的影响效应及影响机制，以便更全面地刻画制度质量对国际贸易的影响。

（二）制度、合同不完备性与比较优势

一些文献从合同不完备性的角度探讨了制度对比较优势的影响。Nunn（2007）论述了合同不完备性和关系特定性对贸易模式的影响。当生产需要关系特定性投资时，如果合同无法执行，则会出现投资不足；投资不足会导致生产成本上升，从而影响贸易模式。研究发现，合同执行效率越高的国家，其出口更多依赖关系特定性投资的行业。Acemoglu 等（2007）分析了合同不完备性、技术互补性和技术采用之间的关系；他们的研究表明更大的合同不完备性会导致采用不太先进的技术，并且当中间投入之间存在更大的互补性时，合同不完备性的影响更加显著。此外，这一机制可以在具有不同合同制度的国家之间产生相当大的生产率差异，并进一步导致内生比较优势差异。Costinot（2005，2009）基于一个由两个大国组成的世界经济模型分析了不完美的合同执行对劳动分工程度和贸易模式的影响，当合同不完全执行时，收益与交易成本之间的权衡将固定每个国家各个部门中生产团队的大小。当两个国家开放贸易时，在自给自足状态下生产团队更大的国家（即制度质量和工人生产力乘积较大的国家）会专门从事生产更复杂的商品，这意味着制度和生产力水平是比较优势的互补来源。Krishna和 Levchenko（2013）在此基础上进一步考察了制度对商品产出波动的影响，合同执行能力较低或人力资本水平较低的发展中国家将专业化于较不复杂的商品，这些商品也以更高的产出波动性为特征。因此，贸易开放使发展中国家更倾向于生产复杂性更低的产品，即在低复杂性产品生产上更具有比较优势，实证证据也证明了这一点。Nunn和 Trefler（2014）回顾了国内制度是比较优势的来源这一观点的理论基础和实证基础，论证了国内制度尤其是合同制度与比较优势的关系，指出国内制度通过对要素的影响而对比较优势产生间接影响。

（三）制度内生性与比较优势

国内制度对比较优势和贸易的影响并不是单向的，制度在开放的贸易环境下是一个内生变量，部分研究集中探讨了贸易对国内制度的反向影响。Belloc 和 Bowles

（2009）建立了一个关于自给自足、贸易和因素流动下的内生偏好和制度的演化模型，其中可能存在多个渐近稳定的文化制度惯例，这些惯例之间的转换可能是由雇主或员工的分散和非协调行动引起的。结果表明贸易自由化不会导致文化制度的收敛，它会加强比较优势所基于的文化制度差异，甚至可能阻碍帕累托改进的文化制度转型。相比之下，更大规模的生产要素流动有利于减少诱导转型所需的最小文化或制度创新者数量，以促进去中心化转型到更优越的文化制度惯例。Levchenko（2013）分析了国际贸易对于诸如合同执行、产权或投资者保护等制度质量的影响，其提出了一个模型，其中不完善的制度为经济体中的某些领域创造了租金，并成为贸易中比较优势的来源。制度质量是一个政治经济博弈的均衡。当国家拥有相同的技术时，制度质量存在"向上竞赛"的情况：开放后，双方都被迫改善制度。另一方面，当其中一个国家在制度密集型商品上拥有足够强的技术比较优势时，两国的国内制度都不会得到改善。张莉、黄汉民（2015）对国际贸易作用于国内制度、比较优势对国内制度变化的异质性影响等方面的文献进行了梳理，还从经济史和各国经济发展实践的角度进行了简要评述。

（四）制度因素对贸易的效应

除理论方面的总结和分析外，部分文献对制度对比较优势的影响进行了实证分析。Levchenko（2007）讨论了制度质量对国际贸易的影响。文章提出了一个简单的国际贸易模型，将制度差异建模为不完全合同的一部分，并指出制度差异是比生产率更重要的比较优势来源之一，这意味着发展中国家可能无法从贸易中获益，因为制度因素价格可能会因贸易而出现差异。此外，文章还使用行业层面的美国进口数据进行了实证分析，结果表明拥有更好制度的国家在更依赖制度的行业能够占有更大的进口份额。胡超、张捷（2011）利用 2005 年跨国截面数据对制度环境对服务贸易比较优势形成的影响进行了实证检验，结果表明以服务贸易出口显示性比较优势（relative comparative advantage，RCA）作为比较优势衡量指标，无论是全部样本还是剔除了小国的样本，制度环境对服务贸易出口 RCA 的影响均十分显著；而且在制度环境"糟糕"的国家，制度对服务贸易出口 RCA 的影响更为明显。制度改善能够促进服务贸易出口 RCA 的提升，并提高服务经济在 GDP 中的占比。黄玖立等（2013）通过计量模型实证分析了相比没有设立经济特区的地区，设立经济特区的地区在契约密集度高的行业中具有比较优势。他们通过中国海关细分贸易数据考察了经济特区的制度优势，发现除了拥有更多的平均出口之外，设立经济特区的城市在契约密集型行业上具有比较优势，这种制度优势主要是沿着集约边际实现的。该研究认为这种结论不受样本选择、度量指标和贸易方式的影响。作为制度创新和试验，经济特区政策提高了局部地区的制度质量，在一定程度上弥补了整体制度发展滞后的不足，从而部分解释了中国的"增长奇迹"。熊俊、吴小康（2014）实证分析了契约制度对产业层面出口三元边际的影响，结果发现契约执行效率越高的国家出口越多，契约制度好的国家在契约密集型产业进入出口市场的概率更高、出口的产品种类更多、产品的平均出口数量更多、产品的出口质量更高。并且，在包括实物资本、人力资本和金融发展等众多影响出口边际的因素中，契约制度最为重要。

二、制度驱动与动态比较优势的理论分析框架

制度是指一系列用来指导规范生产、交换与分配的基本政治、社会和法律基础规则（Davis and North，1971）。本文关于"贸易制度"的内涵是建立在新制度经济学的相关界定基础上，即贸易制度是指经济组织和个人在进行交易时所遵循的政治、社会和法律基础规则，这些制度包括正式制度和非正式制度。为了便于分析，本文不会刻意区分正式制度和非正式制度的差异。[①]

（一）制度驱动下的制度成本与制度收益平衡

在制度驱动模式下，政府作为制度的主要供给方，本身可以视为一个利益最大化的"超级主体"，在制度成本（创立、维持和遵守贸易制度带来的成本）和制度收益（制度供给带来的贸易增长）之间平衡。为此，根据制度变迁理论，制度升级的发生主要依赖两种情形：一种情形是制度创新的潜在收益相对较大，一种情形是制度创新的成本相对较小；否则，国家将处于一种制度均衡状态。制度安排的潜在收益和实施成本变化，将推动制度变迁的发生（Davis and North，1971）。

---

① 与正式制度（产权制度和契约制度）相比，作为制度一部分的非正式制度同样重要。特别是对于中国等正式制度不健全的国家而言，"特事特办"等非正式制度安排是一个"次优解"（白重恩等，2021）。在"特事特办"制度下，地方政府往往选择对生产率更高、规模更大的企业给予支持，由于地区保护主义无法将其触角延伸至出口市场，因此这无意识地培育了出口贸易中的"先锋"企业。

　　中国改革开放以来的实践探索，是一个不断降低贸易制度安排成本和扩大贸易制度潜在收益的动态过程。从贸易制度创新成本来看，中国一直遵循渐进式增量改革的模式（张曙光、程栋，2010），通过设立特殊经济区，使其扮演局部率先深层次开放的"安全阀"（Aggarwal，2017），这样从制度创新的成本来看，可以较好地控制改革和深层次开放的制度性风险，从而使改革的阻力较小。当制度创新措施在特殊经济区内试点成熟后，再将其拓展至全国，带来全国范围内的制度升级。

　　从贸易制度创新的潜在收益来看，20世纪80年代末和21世纪初，分别出现了全球纺织服装等劳动密集型行业和全球电子信息产业等资本密集型产业的转移，对彼时的中国而言，大规模承接这些国际产业转移和实现生产环节的规模经济，并实施出口导向型的对外贸易战略，是贸易制度变迁（制度创新）的潜在收益，这会导致第一次制度变迁的发生。随着中国经济的持续增长和居民可支配收入的不断提升，国内市场逐渐壮大，此时国内市场和国际市场的互促发展成为贸易制度创新的潜在收益，从而产生第二次制度变迁的内在动力（见图5-1）。

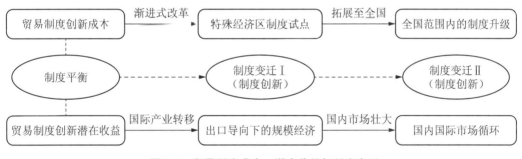

图 5-1　贸易制度成本、潜在收益与制度变迁

（二）制度驱动、生产成本与动态比较优势培育

　　传统比较优势理论认为，生产成本差异是决定国际分工和一国比较优势的来源。古典贸易理论、新古典贸易理论和新贸易理论分别从技术（劳动生产率）、要素禀赋和规模经济等角度探讨贸易的原因和结果，但几乎未曾涉及对国际贸易产生重要影响的制度因素的分析（杨青龙，2013）。事实上，制度因素会对生产要素价格产生影响，进而影响生产成本并最终决定一国的比较优势。在新制度经济学的理论体系下，制度不再像传统国际贸易理论中那样被视为一个"外生"变量，而是被视为决定一国经济运

行效率和参与国际分工的内生变量。

中国参与全球分工和国际贸易的实践，见证了制度因素如何通过影响生产要素价格培育比较优势，进而通过要素市场改革形成新的比较优势的动态过程（见图5-2）。

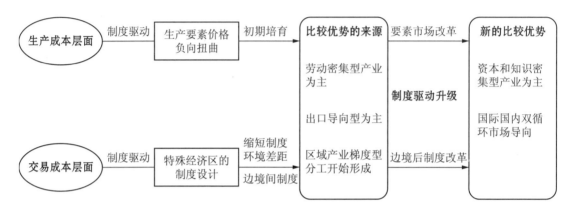

图 5-2　制度驱动下的生产成本、贸易成本和动态比较优势

改革开放以来，特别是 1992 年确立社会主义市场经济体制改革目标以后，中国进一步加大了对外开放和引进外资的力度，一方面，随着粮食问题的解决和户籍管理的松动，中国出现了大规模的人口流动，但城乡二元分割的体制并未被根本打破（张曙光、程栋，2010），从而劳动力价格被低估；另一方面，在地方引资竞争的格局下，各地方政府对于土地使用的优惠政策以及企业所得税的"两免三减半"等优惠政策的底线亦屡有突破。虽然，学界对生产要素价格的负向扭曲所产生的综合效应尚存争议；但要素价格的扭曲在很大程度上培育和放大了中国在改革开放前期参与国际分工的比较优势，并创造了中国出口和经济增长的奇迹（纪明，2015），这几乎已成为学术界的共识。

从总体上看，2010 年前中国对生产要素价格的负向扭曲所培育的比较优势体现为主要通过劳动密集型产业或劳动密集型生产环节参与国际分工，形成了以出口导向型为特征的贸易模式（特别是 2001 年中国加入 WTO 以后）；同时，伴随着东部沿海地区产业集聚和生产成本的不断提升，以及国家西部大开发政策的提出，劳动密集型产业在国内的转移有了契机，区域产业梯度型分工开始形成，这在一定程度上拉长了中国参与全球产业分工的时间周期。

随着中国参与全球分工的不断深入，其主要通过劳动力低廉的比较优势融入跨国公司主导的全球产业链，这容易形成产业链环节的"低端锁定"；同时，国内外对劳动者保护和生态环境保护的意识也在不断提高。在此背景下，中国加快推进要素市场化改革进程，特别是 2007 年颁布、2012 年修订《中华人民共和国劳动合同法》与 2012 年和 2022 年对《中华人民共和国环境保护法》的修订，很大程度上改善了长期以来劳动力价格负向扭曲的局面，同时也进一步将生产过程中对环境影响的"负外部性"纳入了生产成本。这可以视为一个"制度驱动"升级的过程，通过要素市场的改革，推动中国由低廉劳动力比较优势到受教育劳动力比较优势的转变。庞大的人口基数和劳动力素质提高不仅是中国推进高水平开放的基础条件，也将成为中国参与全球分工的第二次人口红利。

（三）制度驱动、交易成本与动态比较优势培育

传统比较优势理论，通常以制度给定和不存在交易成本作为理论的假设前提，这与国际贸易的客观实践存在较大的反差，真实世界的国际贸易活动不仅受到各种正式制度和非正式制度的约束，而且广泛存在各类交易成本（伍世安、杨青龙，2010）。在承认交易成本存在的前提下，传统比较优势理论中关于要素禀赋差异或技术差异只是决定两国之间国际贸易形成的必要条件之一，交易成本的高低同样成为决定一国比较优势形成的重要因素。

显然，中国的制度驱动并非仅停留在对生产成本影响层面，在交易成本层面上，中国采用渐进式改革的理念，以特殊经济区为制度实施载体缩小与发达国家之间的制度环境差距，从而降低因国际贸易制度产生的交易成本。事实上，中国自改革开放以来，一直就以不同类型的特殊经济区作为推进对外开放和贸易制度创新的主要承载区（彭羽、沈玉良，2019）。始于 20 世纪 90 年代的保税区和 20 世纪初的出口加工区制度设计，是通过特殊经济区开展"边境间"制度创新降低交易成本的成功典范，进口保税制度和加工贸易账册制度显著地降低了货物"大进大出"的交易成本，在相当程度上促进了中国在劳动密集型产业的比较优势和以出口导向型为主的贸易模式的形成。

随着中国经济发展和开放水平的不断提高，中国开始步入全面提高开放型经济水平的新发展阶段。一方面，全球化带来的获益不均导致贸易保护主义抬头，中国依靠已有开放模式继续拓展的空间受阻；另一方面，依托"边境间开放"的发展模式虽然

有助于实现一般性生产要素的跨国流动,但对高端和创新性生产要素的吸引和集聚力不够,这样将对"边境内开放"提出新的要求。产业和贸易结构从低端产品向中高端产品升级过程中,需要建立与之相匹配的"边境后"制度,以进一步降低与国际贸易结构升级相关的交易成本。中国通过特殊经济区制度的升级,在自贸试验区/港等局部地域范围内实行部分与国际接轨的法律法规制度,提高契约制度水平,进而培育动态比较优势。

以自贸试验区/港为载体的制度驱动升级主要体现在三个方面。一是为国际、国内贸易投资提供了比较稳定的政策预期,有利于保障贸易和投资的长期稳定发展。二是强调开放与改革的协同,通过监管制度改革推动市场机制在对外开放中发挥配置资源的决定性作用。三是与国际高水平贸易投资规则的总体发展趋势保持一致,通过国内改革优先事项的率先开放,渐次推动与国际规则的接轨。

第二节　贸易强国建设目标下的制度驱动升级

党的二十大报告指出,要"推动货物贸易优化升级,创新服务贸易发展机制,发展数字贸易,加快建设贸易强国"。当前,中国已成为全球最大的货物贸易国,但从货物大国向贸易强国的转型并不是"一蹴而就"的简单过程,它需要进一步发挥中国的制度优势,通过深层次的贸易制度创新推动贸易强国战略的实现。

一、贸易强国建设目标的内涵

根据海关总署的数据,2022 年中国进出口总值首次突破 40 万亿元关口,连续六年保持世界第一货物贸易国地位。但贸易大国并不意味着贸易强国。一方面,尽管目前中国制造规模已跃居全球第一位,但由于缺乏全球化经营的跨国公司,在全球产业链中仍处于低端制造和加工环节。另一方面,在逆全球化和中美科技竞争的背景下,遏制中国出口增长的国际阻力日益增加,从贸易领域的反倾销到货币领域的汇率纷争,再到投资领域要求中国扩大开放,外部压力向各个领域渗透。中国进口高科技产品的阻力也在增加,以美国为主的发达国家对中国科技围堵趋势愈加明确。此外,中国在贸易领域的谈判中仍处于被动地位(如数字贸易领域),不仅缺乏对议题倡导和设置的主导权，而且在重要议题的谈判中还未形成明确的应对方案。

因此，在贸易大国基础上进一步建设成为贸易强国，成为中国制度型开放的重要战略主题。实现这一目标，包括两个方面：一是"硬体制"因素，实现法律、规则、基础设施等层面的进一步升级；二是"软体制"因素，在营商环境建设等方面实现新的突破。根据这两个方面，具体体现为三个层次。一是基础战略，在微观机制层面实现要素禀赋的升级，如从要素引入转向数据、创新等要素的培育，从运用劳动力规模优势转向人力资本优势等。二是核心战略，在中观层面实现产业链的安全稳定，推进供应链的韧性发展，摆脱"锁定效应"，实现分工地位从价值链低端向价值链高端的转变。三是宏观战略，改善营商环境，构建新发展格局，推进制度型开放。

（一）基础战略

在以吸收外部要素流入为主的上一轮经济贸易发展中，将外部要素（资金、技术等）结合中国本土要素（劳动力、土地等）从而激发出中国的比较优势，推动中国对外贸易的发展。这在一定程度上成为中国对外发展战略目标的重要实现手段。但外部环境的改变如中美贸易摩擦、中美科技竞争等，同时加上中国国内劳动力数量红利的减少，劳动力、土地等生产要素收益的下降，环境成本的加大，对新的开放战略提出了新要求。

生产要素理论分析证明，中国提升贸易与经济增长的关键在于高级要素的培育。数字经济已成为经济生活中的重要主题，数据作为新型生产要素，融入经济生活中的各个方面，深刻改变着生产方式、生活方式和社会治理方式。因此在数字时代，不仅要推动高级要素的培育，促进技术进步与产业创新，而且要积极构建数据基础制度，激活数据要素潜能，做强做优做大数字经济，增强经济发展新动能，构筑国家竞争新优势。

（二）核心战略

安全稳定的产业链供应链是构建新发展格局的内在需求与重要基础，贸易的多样性使一国供应链具备了更大韧性（Bonadio et al., 2020；Espitia et al., 2022）。以加工贸易为主的出口方式，使得中国长期处于全球价值链分工的低端位置。如何摆脱"锁定效应"，加强贸易多样性，实现分工地位从价值链低端逐步走向高端，提升要素收益和供应链韧性，是新发展格局下中国贸易战略的核心。而自主创新，推动新兴产业的突破，实现技术发展，是升级战略的根本。

（三）宏观战略

逆全球化及贸易保护主义的抬头、地缘政治的重大变化及其他不稳定因素对世界经济格局产生了重大影响，全球多边主义受阻。为了有效应对外部环境的变化，中国需要积极参与全球经济治理并推动 WTO 改革和"一带一路"倡议，加强与金砖国家等新兴经济体的合作，同时也应积极参与全球数字治理，参与乃至引领数字经济国际规则的谈判，从而积极推动全球经济治理进程。

二、贸易强国建设的新优势培育路径

中国从贸易大国走向贸易强国需要聚焦"硬体制"和"软体制"的建设，注重三大战略目标的实现。基于此，贸易强国是在制度驱动升级而成的比较优势基础上，通过培育竞争新优势最终建设而成的。

（一）促进劳动要素向人力资本优势转变，实现要素禀赋升级

根据斯托尔帕—萨缪尔森定理，贸易在改善国内充裕要素所有者收益的同时，也使得稀缺要素所有者的收益受损。那么，中国参与国际贸易分工的结果必然是相对于充裕的劳动要素的，国内技术、资本等要素获得的收益较小。这不利于高级要素的培育，从而影响并强化了价值链低端的分工定位。因此，高级要素的培育是价值链升级的重要手段。

随着人口红利的减弱，以及制造业智能化、数字化的快速发展，市场对人才的需求不断增加，高技能人才是未来相当长一段时间经济发展的刚性需求。通过教育、职业培训等多手段的投入，加大人力资本投入力度，强化人力资本，是实现高质量发展的客观要求和重要推动力。提升人力资本、增加高技能人才供给，不仅可实现中国要素禀赋的升级，成为经济发展的新制度优势，而且也能推动实现产业的转型升级，最终推动中国贸易结构的转型和升级。

（二）推进数据要素市场化建设，实现要素禀赋结构转型

数据已经成为各经济体提升国际竞争力的重要因素。数据及其数据流动不仅会影

响贸易、创新和经济发展，而且还会影响与数字化收益分配、人权、执法及国家安全有关的一系列问题（UNCTAD，2021）。在数字经济时代，数据使用权而非所有权影响参与国际贸易利益分配，数据成为高级要素，推动新的比较优势产生。

从贸易利益来看，绝大多数经济体包括欧盟都成为美国主导的全球数字服务平台原始数据提供方，并支付原始数据处理以后的数字智能服务（沈玉良，2022）。因此，要改变全球数字服务绝对不平衡的局面，必须要提升本国的数字技术能力，提升核心技术的自主创新能力，抓住"数字化、网络化、智能化"发展契机，推进数据要素市场化建设，激发数据要素市场发展潜力，构筑数字经济竞争优势，实现要素禀赋结构转型。

（三）推动产业转型，实现价值链分工地位升级

工业 4.0 驱动新一轮工业革命，快速发展的大数据、人工智能、物联网等数字技术和生物技术，以及新能源、新材料的运用，带来了产业结构升级的新要求。世界产业结构的一场大调整正在拉开序幕，中国能否抓住这一大调整的历史机遇实现新的突破是当前发展战略的重要环节，是实现价值链分工地位升级的关键问题。这一问题的难点在于中国不能只注重所熟悉的引进外资方式的发展途径，而要通过自主创新，优化科技创新力量布局，建立完善国家创新体系，加快科技自立自强，在战略性新兴产业的发展上夺取先机，发展本土跨国公司实现有利的国际价值链分工。

因此，中国建设贸易强国的出路之一是，研究把握新一轮科技和产业革命的机遇，科学合理布局科技创新，推进科技体制改革，推动有效市场和有为政府更好结合。通过市场需求引导创新资源有效配置，并支持拥有一定高级技术和资源的本土跨国企业走向国际市场，逐步进入全球价值链的中高端，推动国内新兴产业发展和产业结构升级，形成科技治理的良性局面，向贸易强国目标切实迈进。

（四）深化双边、区域和多边合作，维护产业链安全稳定

全球产业链供应链面临重构压力，逐渐向区域化、多元化调整，受逆全球化思潮和新冠肺炎疫情的影响，以美国为首的发达经济体及部分发展中经济体正在推动供应链的转移、收缩乃至"去中国化"，这对中国产业链供应链的稳定带来极大挑战。尽管世界在不断变化当中，贸易体系比预期的更为韧性，供应链迅速适应了突如其来的外

生冲击，贸易起着关键作用（WTO，2021）。因此，维护产业链的安全稳定、增强供应链的韧性，在维护经济稳定中发挥着重要作用。

党的二十大报告将产业链供应链可靠安全作为亟须解决的重大问题之一，并明确提出"着力提升产业链供应链韧性和安全水平"，并把加强"重要产业链供应链安全"作为"增强维护国家安全能力"的一项重要内容。安全稳定的产业链不仅在于对内，实现产业结构升级，企业自主创新；而且在于对外，加强诸边、多边机制的合作交流，这不仅有利于原材料等来源的多元化发展，也有利于产品的多渠道开发。因此，对中国来说，在制度创新的支撑下，深化双边、区域和多边合作，构建并扩大中国主导的产业链，成为贸易强国建设目标的重要升级路径。

（五）加快数字贸易相关的制度型开放，占据贸易竞争制高点

全球跨境数字服务贸易为促进全球经济稳定复苏注入新动能。数据显示，2021年，全球跨境数字服务贸易规模达到3.86万亿美元，同比增长14.3%，在服务贸易中的占比达到63.3%，数字服务贸易的主导地位日益稳固。[①] 数字贸易的发展对产业链、供应链、价值链和创新链产生了深刻影响，重塑了贸易方式和贸易格局，成为国际贸易新的增长引擎，为经济全球化注入新动力，同时也成为全球经济合作的一个新的重要纽带。

数字贸易不仅是一种新型贸易形态，而且带动了货物贸易和服务贸易的数字化转型，并促进了经济形态向数字经济发展，因此数字贸易成了主要经济体国际竞争力的争夺焦点。主要经济体将继续围绕数字技术、数字贸易标准和数字贸易规则展开竞争（沈玉良，2022）。持续加快数字贸易相关的制度型开放，占据贸易竞争制高点，成为中国经济发展的重要战略。

（六）推动深层次的规则制度型开放，形成贸易竞争新优势

中国的对外开放始于经济特区建设，而给予特区以特殊的优惠政策及自主权是开放最关键的路径选择。随着开放进程的推进，这种特殊政策逐渐从特区向其他地区扩散，从而形成一种普遍性的政策进而通过立法等上升为一种制度。这种制度建设是一

---

① 资料来源：https://finance.sina.com.cn/jjxw/2022-09-02/doc-imqmmtha5665573.shtml。

个长期过程。中国在长期的经济发展实践中，已经形成独有的发展路径与模式，其中政府对经济发展的影响作用不容忽视。在发展新产业过程中，由于市场风险、社会风险等复杂性因素存在，市场失灵难免发生，政府在解决此类问题中的作用不可忽视。正确的政府定位是培育战略性新兴产业的重要保障。

此外，全球贸易投资规则体系从关税协调、进出口安排、贸易便利化、原产地规则等传统经济议题，到知识产权政策、竞争政策、环保标准、劳工标准、数字贸易等新议题，都在提出新的要求并呈现新的变化。由于中国在规则创设和引领方面的能力尚待加强，对区域性治理和全球治理的规则贡献仍然有限，因此中国应继续发挥政府作用，推动自贸试验区建设，积极对标国际高标准数字经贸规则，形成贸易竞争新优势，同时还要积极参与全球经济治理，践行多边主义，维护全球自由贸易秩序。

三、中国国际进口博览会与贸易强国建设

2018 年 11 月，首届中国国际进口博览会在上海举办，它是中国推进新一轮高水平对外开放的创举，为中国对外贸易尤其是进口贸易的发展带来了重要机遇。举办中国国际进口博览会是中国政府坚定支持贸易自由化和经济全球化、主动向世界开放市场的重大举措，它有利于促进世界各国加强经贸交流合作，促进全球贸易和世界经济增长，推动开放型世界经济发展。

中国举办国际进口博览会不只是进一步深化开放的宣言，更是通过一系列行动展示中国市场开放的决心。这些行动通过进口关税调整、大幅放宽市场准入（金融和汽车领域）和进口贸易便利化等一系列制度型开放政策集中体现。中国通过国际进口博览会传递的扩大开放信号以及由此带来的一系列扩大开放举措，对中国贸易强国建设有重要的推动作用。

积极扩大进口和放宽投资市场准入等深化开放的措施，对中国的产业结构调整和经济转型有重要的促进作用，进而推动贸易强国建设。首先，通过降低进口关税，积极扩大资本品和中间品的进口，有利于国内高技术产品生产成本的下降，通过产业链上下游的传导提升整条产品供应链的竞争力，并加快提升中国企业在产业链中的附加

值和地位。其次，通过降低进口关税，积极扩大消费品的进口，有利于加剧国内消费品的竞争程度，加快消费品供给企业的优胜劣汰，满足人民群众对高质量消费品日益增加的需求。最后，进一步放宽外商投资市场准入和优化营商环境建设，有利于加快国内制造业特别是服务业的对外开放，通过引进优质的外资服务提供商，推动国内产业的转型升级，通过内外资企业的公平待遇，促使国内企业在国际化的竞争环境中成长壮大。

第三节　由点及面：自贸试验区／港的试点与贸易强国建设

党的二十大报告指出："加快建设海南自由贸易港，实施自由贸易试验区提升战略，扩大面向全球的高标准自由贸易区网络。"自贸试验区／港的建设对标国际高标准自由贸易区经贸规则，以开放促改革，进而加快贸易强国建设。

一、全球高标准自由贸易区网络构建与贸易强国建设

21世纪以来，全球化的"二次松绑"使得国际分工深入产品工序层面，从而带来大量以中间品为载体的任务贸易，而且在此过程中伴随技术、人员、资金等要素频繁的跨境流动，作为微观主体的企业呼唤"贸易、投资、服务一体化"的国际贸易新规则（Baldwin，2011）。由于WTO框架下的多边贸易谈判进程缓慢，美欧等发达国家主导的FTA正在加速国际经贸新规则的形成（彭羽等，2019）。在此背景下，加快实施自由贸易区战略成为中国新一轮对外开放的重要内容，党的十八大和十九大均提出要积极推进自由贸易区建设，国务院《关于加快实施自由贸易区战略的若干意见》明确指出，"逐步构筑起立足周边、辐射'一带一路'、面向全球的高标准自由贸易区网络"。党的二十大报告中进一步提出，"扩大面向全球的高标准自由贸易区网络"。

（一）高标准自由贸易区出现的理论动因

1. 异质性企业模型与深度一体化协定

美国哈佛大学著名经济学者安特拉斯（Antràs）在国际经济学领域顶级期刊发表了系列论文阐述FTA产生的原因及对跨国公司投资和贸易的影响。Antràs和Foley（2009）分析了FTA对跨国公司对外直接投资的影响，文中扩展了Helpman等（2003）的包含

异质性企业的 FDI 模型，其假设有三个国家（西方国家、东方国家和南方国家），后两个国家签订了 FTA。FTA 对西方国家企业 FDI 行为产生了激励影响，具体包括：东方国家和南方国家的 FTA 增加了西方国家在这两个国家进行 FDI 的企业数量；当企业生产率服从帕累托分布时，这种 FTA 带来的进入和退出的净结果是西方国家企业在东南国家分支的增加。FTA 增加了各个层面的经济活动（销售量、资产、就业等）；基于帕累托分布，FTA 提升了分支机构在东南国家的总体销量；这种 FTA 通过三种途径增加了子公司向第三个国家（除了东部国家和南部国家外）的销量。

Antràs 和 Staiger（2012a）考察了离岸外包是否会激励贸易协定的产生，并认为中间品外包的兴起使得政府很难通过 GATT/WTO 的框架，来解决贸易相关的问题，因此需要深度一体化的协定。其主要结论包括五个方面。第一，考虑存在外包情况下不同贸易政策的影响，由于这种锁定效应的存在和双方合同的不完全，自由贸易条件下的均衡并不是最优的。第二，对投入品贸易进行补贴有助于解决这种低效率，主要是通过改变买卖双方的谈判条件（受到补贴的企业实际上是发送了一种信号），而非传统文献中的市场出清条件。第三，讨论了纳什均衡政策和世界最优政策的差别，相比于后者，前者在两个方面存在低效率：更低的中间品贸易量和本国市场更低的最终品价格。第四，认为 WTO 框架下的一体化是浅度的一体化，其只有狭义的市场准入条件的开放和非歧视规定。而外包和国际价格歧视的存在要求我们实行深度一体化（更加个性化的贸易协定），但也存在成员国政府偏好（成本转移、贸易项目操纵）的问题。第五，存在外包情况下的贸易协定应当承担两个角色：它必须提供收益，使得政府有能力摆脱有关贸易条件的"囚徒困境"（即互相背叛），它必须能够协调各国政府之间的政治经济目标。

Antràs 和 Staiger(2012b) 进一步考虑了国际价格歧视的存在（在不完全竞争的环境下，假设国外的生产是由单个垄断企业，国内和国外市场是分割的，企业可以进行分别定价）情况下，贸易协定对福利的影响。其中，国际价格是由买卖双方的谈判议价决定的，而这种协商发生在合同上白纸黑字写明的和并未明确规定的。由于这种国际价格歧视，浅层次的贸易一体化已经很难实现贸易条件的最优均衡。因此，政府需要制定最优补贴或最优关税政策来改变买卖双方的议价条件，从而实现最优均衡状态。

作者在理论模型中分别考虑了全球福利最大化和非合作纳什均衡条件下的最优关税率和最优补贴率。如果价格形成机制是基于买卖双方议价而非简单的市场出清条件：在追求全球福利最大化的条件下，最优的关税是 0，最优的补贴率与国内剩余的分配方式有关。在非合作纳什均衡的条件下，关税大于 0，补贴大于全球福利最大化下的补贴。即使保持贸易量不变且维持市场进入限制政策，浅层次的贸易协定也无法达到有效水平。在劳动供给不变的情况下，提高出口税收和补贴会提高国外价格进而有利于国外贸易条件的改变，因此需要国家制定更深化的贸易协定来达到帕累托最优。

2. 国家间标准差异与边境后规则

Parentiz 和 Vannoorenberghe（2019）研究了在存在外部性的情况下，降低非贸易壁垒的协定所产生的福利影响。文章构建了一个李嘉图贸易模型，其中商品的消费会产生外部性。为了解决外部性问题，每个国家都会设定消费税和产品标准以最大化本国福利。产品标准规定了消费每单位商品所允许产生的外部性。不同国家在产品技术上和监管偏好上都不同，因此不同国家以不同的权重将消费外部性计入效用函数中。在没有贸易的情况下，由于不同国家对外部性有不同的看法，设定的标准也不同。此时商品的价格取决于两个因素：一是李嘉图技术参数，二是该国的生产标准。在贸易开放后，每个国家都倾向于从最有效率的国家进口，但是必须接受其他国家的标准。如果国家之间的标准相差太大，贸易就会变得不那么有吸引力。效率与标准差异两者之间的权衡产生以下主要结论：一是技术的差异是贸易的必要不充分条件；二是自给自足时期的相对价格并不能决定贸易模式，只有在成本降低所带来的受益高于管理上的分歧所需要的补偿时，贸易才会发生；三是当两国对外部性的重视程度相似时，贸易更有可能发生，这会导致基于"价值观"的贸易集团的出现。在作者设计的框架下，贸易协定的主要作用就是对不同国家最优的生产标准进行协调。在存在多个国家的情况下，签订一个多边协定不一定是最优的。

Kawabata 和 Takarada（2021）根据区域一体化程度的差异，对 FTA 类型进行了细分，研究了当各国各自确定标准和关税时，FTA 和关税同盟（CU）对多边贸易协定（MTA）的影响。提高产品和流程标准会降低商品的消费负外部性，但会使企业的成本增加。虽然 WTO 鼓励各国共同协商，使用相同的产品标准。但是在现实世界中，因为不同的国家有不同的政策目标，所以其制定的标准往往是不同的。而标准的差异会造成贸易壁垒，因此外国公司需要承担额外的成本来满足特定国家的标准。在过去的多边和区域贸易协定中，关税壁垒有所降低，标准差异引起的贸易壁垒往往高于传统的关税壁垒。作者将标准这一变量引入传统的分析框架，建立了一个包含关税和标准的三国寡头贸易模型，每个国家都会设定标准和关税以最大化福利水平。其得到三个主要结论。一是在签订标准协调的深度区域贸易协定后，各个成员国倾向于提高标准，降低对外关税。FTA 提高标准和降低关税的程度比 CU 更大。二是附带标准的 FTA 在签订之后，会降低成员国的福利，而使非成员国收益。附带标准的 CU 在签订之后会使得成员国受益，非成员国受损。三是 FTA 的签订会使得非成员国拒绝 MTA，因此深度 FTA 会成为多边贸易自由化与标准协调的绊脚石，而深度 CU 却是垫脚石。这是因为 FTA 成员国对外降低关税使得非成员国获益良多，而非成员国要满足 FTA 所制定的标准成本很高，因此选择不加入 MTA。相比之下，CU 会促进 MTA 的签订，使每个国家的福利都得到提升。这与传统框架下得到的结果并不一致。

以上理论文献的基本观点得到了实证研究的支持。Schmidt 和 Steingress（2019）从产品层面研究了标准的一致对总贸易流动的影响，定量地研究了非关税措施对国际贸易的影响。作者首先根据国际标准建立了一个产品层面的标准数据库。使用双重差分的方法比较标准一致的产品和标准不一致的产品的贸易流动，发现前者比后者平均高0.67%。这一差距大部分来源于现有产品（74%），小部分来源于新产品的进入（26%）。对现有产品的销售进一步分析表明，贸易流的变化主要来源于销量的变化而非价格的变化。为了更清楚地描述影响力的大小，作者将标准的影响折算成关税等价物，发现对标准的统一相当于关税降低 2.1%。为了说明这种现象背后的经济机制，作者构建了一个有异质性公司的多国模型，在这个模型中公司可以自由选择是生产标准化产品还是非标准化产品。标准涉及质量、安全和环境等，标准化产品会面临更高的消费需求。同时，生产标准化产品会导致更高的固定成本和可变成本。因此，只有高效率的公司可以生产标准产品，而低效率的公司则选择生产非标准化产品。由于总需求的扩张，生产非标准化产品的公司也能够盈利。作者的研究结果表明，标准的一致性通过降低信息不对称性和保证产品的兼容性增加了需求，这使得公司更有动力去投资生产标准品。作者用法国公司的数据进行验证，结果与理论结论一致。

（二）全球高标准自由贸易区网络的特征

第一，不断纳入高标准新议题形成高标准自由贸易区网络，从以贸易相关规则为主，转向涵盖国际投资、国际资本流动、竞争政策、跨境数据流动、知识产权等更多高标准条款的自由贸易区网络。2000 年以前的贸易协定侧重于边境内贸易规则（即第一代贸易协定），主要涉及关税减让、贸易便利化、非关税壁垒等与贸易相关议题。2000 年以后的贸易协定开始将重心转向边境内条款（即第二代贸易协定），以竞争政策、知识产权、投资、资本流动等为主的 WTO 框架外的条款，成为第二代贸易协定中频繁出现的新议题。这反映了 21 世纪以来在全球生产分工深化的背景下，跨国公司全球化运营对新规则的微观需求。随着数字技术的迅速发展，"数据"开始在制造、营销、管理、服务等领域发挥引擎作用，新近达成的 FTA 日益突出"电子商务 / 数字贸易"规则的重要性，开始形成以数据跨境流动主导的新规则体系（即第三代贸易协定），以政府数据开放、禁止数据本地化、允许跨境数据传输、不公开软件源代码、个人数据保护和网络安全等核心条款为主，这些高标准条款见诸《全面与进步跨太平洋伙伴关系协定》（CPTPP）、《美墨加协定》（USMCA）、美日数字贸易协定中。

第二，供应链贸易以及数字密集型将成为主导高标准自由贸易区网络的主要因素。一方面，基于供应链贸易的全球价值链源于区域生产贸易网络联系的加深，欧盟、北美和东亚三大区域供应链体系的高效运转需要高标准的规则保障。由于货物跨境流动过程涉及商业样品通关、临时入境、维修和再制造、退税和关税延期等多个供应链环节，使得供应链贸易相关条款成为高标准 FTA 规则在货物贸易领域的重要体现，从而频繁出现于 USCMA、CPTPP 等区域性贸易协定文本之中。另一方面，"数据"在制造和服务中所产生的引擎作用，也需要生产和服务供应链体系中的相关参与国在跨境数据流动便利上形成"合力"，以提升整个区域生产和服务供应链体系的运营效率。USCMA 首次提出"数字贸易"专章、CPTPP 纳入高标准跨境数据流动条款以及欧盟试图推行数字单一市场战略等，是基于数据跨境流动的新规则开始在区域性贸易协定网络中盛行的佐证。

第三，欧盟和美国主导的高标准自由贸易区网络既有趋同性，也有差异性，因而存在多样性高标准自由贸易区网络体系。两者的趋同性主要表现在第一代贸易规则领域和第二代贸易规则中的部分条款上，不管是美式 FTA 规则还是欧式 FTA 规则，在第一代贸易规则领域中都把供应链贸易条款作为高标准规则的核心。对于第二代贸易规则来说，投资、资本流动和知识产权等高标准规则条款，在美式 FTA 和欧式 FTA 中都以有法律约束力的语言形式频繁出现，呈现规则趋同特征。两者的差异性则表现在三个方面。一是网络的数量和覆盖区域存在差异，美式 FTA 网络仅涉及 14 个协定，其中的绝大多数集中在亚洲、美洲；而欧式 FTA 网络涉及 41 个协定，覆盖五大洲。二是从高标准规则的内容上看，美式 FTA 中有法律约束力条款的占比明显高于欧式 FTA，这间接反映了美国在高标准规则的主导力方面要强于欧盟。三是在第三代贸易协定方面，美式 FTA 在数字贸易相关条款的规则深度上明显高于欧式 FTA，2019 年签署的 USMCA 中包含了禁止数据本地化、不公开软件源代码及算法和开放政府数据等条款，而这些高标准条款在最新签署的欧盟—日本协定和欧盟—新加坡协定中均未出现。

此外，地缘政治也影响全球自由贸易区网络体系，但无论是美国，还是欧盟，都没有因为地缘政治而降低自由贸易区协定的标准，例如，美国对约旦、美国对阿曼、美国对巴林，以及欧盟对非洲一些原殖民地国家等的自由贸易区协定，就是如此。

（三）扩大高标准自由贸易区网络体系推动贸易强国建设

构建中国高标准自由贸易区网络体系是基于中国参与全球经济的程度和位置所作出的战略选择。我国在国际货物贸易方面，已经成为世界最大的进出口国；在国际服务贸易方面，也已经成为世界第二贸易大国；在国际直接投资方面，从原来的吸收外资大国转变为吸收外资和对外投资并存的国家；在国际专利申请方面，已成为排名世界第二位的专利大国。在这种态势之下，中国一方面需要通过高标准自由贸易区协定促进贸易投资的自由化和便利化，另一方面需要借此形成公平的竞争环境，推动经济的高质量发展。因此从以下几点展开。

第一，以供应链关联度和区域网络中心节点为导向优先选择贸易伙伴，形成以双边重点贸易伙伴为主、区域为辅的自由贸易区网络体系。从双边贸易协定的推进上看，一方面，从生产和服务供应链视角，重点构建基于高标准规则的东亚FTA网络体系，提升中日韩和东盟共同组成的东亚区域供应链体系的关联度，实现中国在货物和服务贸易领域的核心利益；特别要加快中国在投资、服务领域的第二阶段谈判，中日韩三国谈判以及中国与马来西亚、泰国、越南、菲律宾、印度尼西亚等东盟主要国家的双边FTA构建。另一方面，其他地区的双边贸易协定伙伴选择应该以其在区域网络中的节点地位为导向，通过以点带面的方式，最大限度地发挥双边FTA对所在区域市场的辐射作用。此外，从区域协定网络体系来看，应当以各大洲运行良好的区域一体化组织为对象，推动形成中国与欧盟、中国与南方共同市场、中国与欧亚经济联盟、中国与东南非共同市场为重点的区域贸易网络体系。

第二，积极参与国际公认的高标准核心规则，探索形成中国优势领域的高标准规则条款，建立符合中国核心利益的国际高标准规则体系。一方面，以供应链贸易为主导的市场准入规则以及特殊货物的监管一致性、以负面清单及准入后国民待遇为特征的国际服务贸易和国际投资规则、以竞争中立为主要内容的竞争政策、以执法及透明度为主要内容的知识产权规则，以及以跨境数据流动为条件的数字贸易规则，这些都是目前高标准自由贸易区协定的基本标准，应该在中国自由贸易区协定网络中得以体现。另一方面，要探索形成中国在跨境电子商务（货物领域为主）、电信5G网络运营、跨境工业园区运营等优势领域的高标准条款，作为中国参与美式、欧式高标准贸易协定规则的对价领域，形成符合中国核心利益的国际高标准规则体系。

第三，需要加快对不适应高标准自由贸易区网络体系发展的国内规则进行调整。在供应链贸易相关的市场准入、国际投资和服务贸易的负面清单制度、数据跨境流动等三大核心领域加快国内制度改革的步伐。在供应链贸易方面，需对整条贸易供应链环节所涉的管理部门进行梳理，对标国际高标准规则，出台系统性改革方案；在负面清单制度方面，要对标美式高标准规则的负面清单列举模式，清理和整顿各个投资领域所涉及的各个层级的法律、法规、规章和规范性文件，落实外商投资准入后国民待遇；在数据跨境流动方面，要在《中华人民共和国网络安全法》等法律文件的基础上，明确"重要数据"的内涵，加快出台数据分类管理办法及其细则。

二、国际高水平规则对标与自贸试验区／港的制度创新

与全球范围内其他国家或地区的特殊经济区相比，中国自贸试验区／港的制度设计既有国际共性，又体现了中国特色。这主要表现为：一方面，中国的自贸试验区／港建设强调通过制度创新探索形成可复制推广的制度型经验，服务于国家进一步深化改革开放；另一方面，中国自贸试验区／港的建设还承载了对标高标准国际经贸规则服务于国家对外谈判的重要使命。

（一）全球特殊经济区的演进与国际经验

鉴于全球各经济体发展的多样性，特殊经济区的建设可被视为各国基于不同发展目标导向下的动态推进过程，这些目标主要包括促进出口、加强与国内经济联系、促进劳动力市场和服务业开放等，特殊经济区通常被视为促进区域经济发展的一种有效工具。从全球特殊经济区的发展历程和建设经验来看，大致可以分为三个阶段。

第一阶段的特殊经济区在推动出口和创造就业方面发挥了重要作用，为实现进一步的经济腾飞奠定基础（Aggarwal，2012）。在最初阶段，特殊经济区的主要形式是"飞地"，核心目标是通过吸引外商直接投资提高就业和增加收入，并且尤为注重在特殊经济区内发展出口导向型的劳动密集型产业。例如，柬埔寨政府建立特殊经济区的目的是使工业基础多样化，使其不仅仅局限于纺织服装业，从而促进出口和创造就业，建立城乡经济联系，促进首都金边以外的工业投资。特殊经济区吸引了大量的外商直接投资进入柬埔寨，成功地推动了工业基础的多样化，由于特殊经济区内部的服装产业和电子产品制造业是承接发达国家产业转移所形成的结果，因此其主要产品流向是国际市场，这就大大促进了柬埔寨的出口。同样，在孟加拉国，依靠低廉的基础设施成本和丰富的劳动力资源优势，其特殊经济区实现了服装制造业和电子产品组装业的集聚，其产品去向同样以国外市场为主，从而促进了就业和出口增长。

第二阶段的特殊经济区通过不断加强与国内经济的联系，促进了特殊经济区产业的多样化发展。例如，马来西亚和泰国的特殊经济区从起步阶段的加工组装活动，逐步转向在国内和全球市场增加自有品牌商品的销售。第二代特殊经济区得益于承接跨国公司开展的新一轮国际产业转移。与以就业为主要国内联系纽带的传统特殊经济区

相比，第二代特殊经济区越来越多地通过与产业上下游经济活动的整合，逐步形成企业的网络集群（ADB，2015）。特殊经济区内的企业网络集群扩大了企业、工人、管理、设备供应商、技术机构和营销公司之间的合作。这种互动式学习有助于提高特殊经济区内经济活动的生产效率，并成为优化生产过程和产品创新成果的重要来源（Enright，2003）。

在技术更加先进的第三阶段，现代特殊经济区的发展重心实现了从劳动密集型产业向资本密集型和高技术密集型产业的转型。特殊经济区可以在劳动力市场和服务业等领域进行改革，通过提高生产率、促进创新和加强技能发展等多个渠道扩大其对全国经济增长的辐射力。其中，经济技术开发区和高新技术开发区是最重要的两种类型，这些开发区在发展过程中，通过技术外溢为周边区域产业的技术升级提供了动力，带动了国内产业结构升级和经济高质量增长。

因此，第一代特殊经济区最重要的贡献是创造就业和促进出口，第二代特殊经济区促进了人力资本升级和出口多样化，而第三代特殊经济区则是技术进步、转移和溢出效应的主要来源地，同时也是服务业多元化的重要贡献者。[1] 总体而言，特殊经济区的产业基础、与其他经济部门的联系以及生产的复杂性，决定了它们对技术追赶和经济增长的贡献。

（二）自贸试验区 / 港制度设计：全球共性与中国特色

从全球范围来看，自贸试验区 / 港属于特殊经济区的多种类型之一（彭羽、沈玉良，2018）。世界银行认为特殊经济区一般具有四个特征（FIAS，2008）：通常是被封闭起来的地理分割区域，实行单一的管理制度，处于区域内特定位置才具有获得特权的资格，单独的关税区（免税优惠）和简化程序。[2]

中国自贸试验区 / 港与全球范围内特殊经济区的共性在于以下方面。第一，都属于地理上存在分割（不管是否存在物理围网）的区域。从实践来看，中国自贸试验区在单个省级（直辖市）层面通常限定在 120 平方千米左右，海南自由贸易港实行全岛封

---

[1] 参见 ADB，"Asian Economic Integration Report 2015: How Can Special Economic Zones Catalyze Economic Development," Working Papers, 2017。
[2] 参见 FIAS，"Special Economic Zones: Performance, Lessons Learned, and Implications for Zone Development," The World Bank, Washington DC, E3, 2008, pp.3—5。

关运作，其地理范围则更大得多。第二，在区内实行有别于区外的特定管理制度。许多自贸试验区的制度创新至少一开始都限定在区域内实施（如外商投资负面清单管理制度）。第三，在区域内注册才能享受特定政策。根据现有制度设计，一般来说只有注册在自贸试验区/港内的企业才能享受区内的特殊政策。第四，自贸试验区/港内拥有关税延缓缴纳和贸易便利化等方面的特殊政策。中国自贸试验区内通常包含保税片区和非保税片区，保税片区沿用了海关特殊监管区域的政策，从而具有关税延缓缴纳的功能，同时还拥有货物通关贸易便利化等其他特殊政策。

与全球其他区域的特殊经济区相比，中国自贸试验区/港的制度设计特色是，其目标定位不仅是推动当地经济和产业的发展，更是通过其制度创新探索形成可复制推广的制度型经验，从而在全国范围内形成广泛的制度创新示范效应。同时，中国自贸试验区/港的建设还承载了对标高标准国际经贸规则服务于国家对外谈判的重要使命。对此，国务院 2015 年颁布的《关于加快实施自由贸易区战略的若干意见》明确指出："继续深化自由贸易试验区试点。上海等自由贸易试验区是我国主动适应经济发展新趋势和国际经贸规则新变化、以开放促改革促发展的试验田。可把对外自由贸易区谈判中具有共性的难点、焦点问题，在上海等自由贸易试验区内先行先试，通过在局部地区进行压力测试，积累防控和化解风险的经验，探索最佳开放模式，为对外谈判提供实践依据。"

（三）对标高标准规则进一步深化自贸试验区/港制度创新

自贸试验区要以制度创新为核心，进一步开展首创性、差别化改革开放探索，构建多样性的开放型经济新格局，推动贸易强国建设。

1. 建立"一区一策"的自贸试验区战略，在有限的区域内试点国家需要的重大制度创新

在有限的一个区域里，不可能试点范围过于宽泛的制度创新，而是需要结合各自贸试验区的优势，试点具体领域的制度创新。在国际投资领域，各自贸试验区需要以具体产业领域为依据试点外资企业准入后国民待遇，这样可以与高标准自由贸易区协定衔接，并建立完整的事中事后监管体系。在贸易领域，各自贸试验区需要试点与产业供应链有关的市场准入、贸易安全和风险监管制度的便利化措施以及国内税则调整

等制度改革；在金融领域，各自贸试验区需要重点围绕如何为产业提供金融支持服务。而一般意义上的国际投资、货物贸易、服务贸易以及金融等，应该放在国家层面进行试点。

2. 通过建立自贸试验区评估体系，调整现有自贸试验区布局

要发挥自贸试验区的示范引领作用，需要有两个条件：一是自贸试验区有一定的产业基础，没有产业基础，就没有试点的制度创新载体；二是地方政府有能力承担制度创新的任务。因此，下一步自贸试验区试点布局思路在于：一是暂停批准设立新的自贸试验区或者自贸试验区新片区；二是对现有 21 个自贸试验区内部布局进行调整，去掉既没有产业基础又没有能力承担制度创新的片区，或者在下一步各自贸试验区深化方案中选择具备条件的自贸试验区片区先行试点。

3. 建立完整的政府监管下的自贸试验区治理体系

事中事后监管是地方政府的主要职责，这就需要将事中事后监管制度建立在完整的一级政府的基础上，并进一步强化对现代行政体系的塑造。这种体系包括不同层级下事权分配的治理体系、自贸试验区治理体系的目标模式，以及基于数字基础设施的制度体系。

4. 建立区内区外、国内国际市场一体化的自贸试验区海关特殊监管区制度体系

现有海关特殊监管区是 20 世纪 90 年代适应"大进大出"的制度安排，完全不适应现有的基于国内产业和国内市场需要而建立的国内国际一体化监管制度体系，因此需要突破离岸资源和在岸资源结合的相关瓶颈，并确立海关特殊监管区和非海关特殊监管区的制度结合点。一是深化货物状态分类监管制度，涵盖贸易、物流到制造等领域。二是建立海关特殊监管区和非海关特殊监管区的主区、分区制度，实现产业内外一体化的分工体系。海关特殊监管区需要将重点放在与供应链贸易市场准入相关的国内规则的突破上。

5. 自由贸易港建设应基于国家安全和风险控制下分步骤、分阶段形成自由贸易港政策和制度体系

海南自由贸易港要具备自由贸易港的基本特征，实现基于安全和风险控制下的贸易、投资和金融自由化。同时要基于"三区一中心"下的产业发展定位，形成旅游服

务业、现代服务业和高技术产业所需要的货物、投资和金融自由化的基本形态。此外，海南岛全岛自由贸易港的建设需要在治理体系上形成中国特色自由贸易港制度体系，为未来中国进一步深化改革开放提供更大的压力测试场景并形成普遍性的制度型经验，最终服务于贸易强国战略。

第六章 双向投资高质量发展与建立开放型世界经济

双向投资是连接境内外两种资源、两个市场的最主要形式，也是一国实现产业转移、技术升级，深度嵌入全球价值链生产的重要手段。后疫情时代，国际产业链供应链深度重构，从追求效率转到更加重视安全与韧性，呈现多元化、区域化、本土化特征。推进高水平对外开放，从要素流动型开放向规则制度型开放转变，将有利于实现全球资源优化配置，促进中国双向投资体系升级，加快构建内外循环相互衔接、相互促进的新发展格局。

第一节 双向投资高质量发展模式与路径

改革开放以来，中国通过大力吸引外资，引进了先进技术、资金和管理经验，融入了全球分工体系，有效促进了对外贸易发展和经济增长。随着世界生产体系的演进，中国逐渐从吸引和利用外资转变为引进外资和对外投资并重。中国双向投资高质量发展，为推进高水平对外开放，加快构建以国内大循环为主体、国内国际双循环相互促进的新发展格局作出了贡献。

一、从市场换技术到双向投资高质量发展

FDI 不仅是发展中国家重要的资金来源，而且是实现技术进步的重要渠道。许多文献肯定了在华外资企业存在溢出效应（傅元海等，2010），但也有研究指出，FDI 的技术溢出效应大小是与东道国制度环境、本地企业吸收能力大小为前提条件的（蒋殿春、张宇，2008）。FDI 促进技术进步的渠道有以下几个方面。第一，通过企业的不同组织形式影响技术进步和生产率。改革开放之初，在"以市场换技术"方针的指引下，中国以鼓励兴办中外合资企业的方式引导外资进入中国市场。随着中国外商投资

准入政策的不断放宽，外资企业独资化趋势日益明显，而且外商独资企业显著促进了中国企业生产率的提高（刘斌、傅欣璐，2019）。第二，通过产业结构影响技术进步和生产率。经典垂直型 FDI 理论认为，跨国公司通常将生产环节布局在发展中国家，将研发环节布局在发达国家，以便充分利用不同地区的优势要素（Antràs and Yeaple，2013）。然而，近年来中国劳动力要素优势有所减少，而资本和技术优势相对增加，这将改变中国要素禀赋，从而使 FDI 改变在华投资产业结构的动力进一步强化，进而影响中国企业技术进步的路径。从行业来看，外资管制放松能够提高 FDI 对制造业全要素生产率的溢出效应。第三，通过海外并购实现技术的逆向溢出。通过对技术要素充裕的发达国家投资以获取东道国的逆向技术外溢是发展中国家的合理选择（祁春凌等，2013）。改革开放 40 多年来，中国从侧重引进外资，逐渐发展为高质量"引进来"和高水平"走出去"相结合，有效促进了中国对外开放和经济发展，为推动开放型世界经济发展作出了贡献。

（一）中国利用外资的进程

改革开放以来，中国利用外资的进程可以分为起步与发展、全面发展、高质量发展三个阶段。

1. 利用外资的起步与发展阶段

1979—1991 年是中国利用外商直接投资的起步与发展阶段。1978 年，党的十一届三中全会作出了实行改革开放的重大决策，为外资流入奠定了制度基础。截至1991 年底，共批准设立了 43 255 家外商投资企业，实际利用外资额为 811.59 亿美元（见图 6-1）。起初外商直接投资主要以旅游、娱乐等传统第三产业和纺织服装、食品饮料等劳动密集型第二产业为主。1979 年以后中国开始用外债形式引进外资，到1987 年初步建立起较为规范的外债管理制度。

2. 利用外资的全面发展阶段

1992—2011 年是中国利用外资的全面发展阶段。在这一阶段，中国外资项目的平均规模不断扩大，跨国公司开始大量投资中国，行业分布开始转向工业制造业为主。在这一阶段，中国全方位、多层次的开放格局逐渐形成，交通、通信、能源等基础设施投资环境得到很大改善，极大提高了外商投资的积极性。

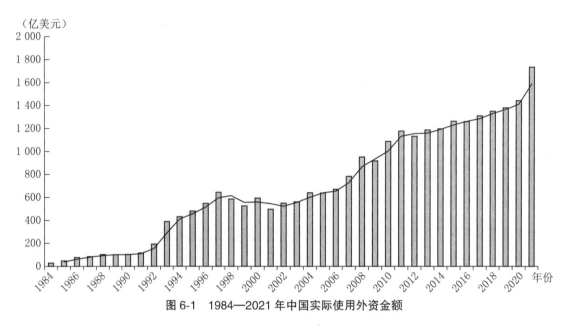

（亿美元）

图 6-1　1984—2021 年中国实际使用外资金额

资料来源：国家统计局。

　　经过前一阶段利用外资经验的积累，中国对外资政策作出了调整。1995 年 6 月，国家计划委员会、国家经济贸易委员会、对外贸易经济合作部联合颁布了《指导外商投资方向暂行规定》，并同时发布了《外商投资产业指导目录》（以下简称《目录》）。《目录》分为鼓励、允许、限制和禁止四类，鼓励类、限制类、禁止类外商投资项目列入《目录》；允许类外商投资项目不列入《目录》。国家政策导向的调整引发了外资流动特点的变化，主要表现为外商直接投资额进一步扩大的同时，从事高新技术、基础设施行业的外资大幅度增加。2001 年底中国加入 WTO，对外开放程度也进一步扩大。2002 年中国吸收外资又迈上一个新台阶，当年中国实际利用外资金额首次突破 500 亿美元。经济全球化的迅速发展为中国经济嵌入全球价值链提供了难得机遇，外商直接投资大量流入。2008 年底由美国次贷危机引发的全球金融危机爆发，全球经济环境恶化，导致 2009 年中国实际利用外资金额有所回落，但随后在美欧等发达经济体不景气的状况下，跨国公司寄希望于中国等新兴经济体的增长，并相应提高对中国重视程度并加大对中国的投资力度。2011 年中国实际利用外资金额达 1 160 亿美元，再创历史新高。

　　3. 利用外资的高质量发展阶段

　　2012 年至今，中国进入了积极有效利用外资和更大力度吸引外资、努力实现利用外资高质量发展的新阶段。2010—2019 年，全球 FDI 增长乏力，复合年均增长率仅为 0.8%。受此影响，中国 FDI 流量增速较前一阶段有所下降。随着中国经济进入新常态，经济增长转向依靠创新驱动，引进外资的目的从引进技术和资本为主转变为促进创新和产业链完善为主的高质量发展阶段。为了实现以开放促进改革和发展，中国于 2013 年设立上海自贸试验区，随后又加以扩容，到 2020 年已经设立 21 个自贸试验区，并设立了海南自由贸易港。2020 年《中华人民共和国外商投资法》正式实施，标志着中国外商投资管理体系的进一步完善。对外开放程度的扩大和水平的提升极大提高了中国对外国投资者的吸引力。2014 年中国实际利用外商直接投资达到 1 196 亿美元，居世界首位。2021 年，中国克服了新冠肺炎疫情的不利影响，实际使用外资 1 809.6 亿美元，FDI 流入额仅次于美国，成为世界第二大外资流入国，在发展国家中居于首位。

（二）中国对外直接投资的进程

中国对外直接投资的历程可以分为探索起步阶段、初步发展阶段、快速发展阶段和调整升级阶段等四个时期。

1. 对外直接投资的探索起步阶段

1979—1991 年是中国对外直接投资的探索起步阶段。这一阶段国务院推出了"出国办企业"政策，一些拥有丰富涉外经验的专业外贸公司和对外经济合作企业纷纷开展对外投资活动。原对外经济贸易部为贯彻执行政府的对外直接投资政策，颁发了《关于在国外开设合营企业的暂行规定》和《关于在国外开设非贸易性企业的暂行规定》。1985 年，对外经济贸易部又出台了《关于在国外开设非贸易性合资经营企业的审批程序和管理办法》。此后，国家外汇管理局和原国家计划委员相继颁发了《境外投资外汇管理办法》和《关于加强海外投资项目管理的意见》等一系列文件。在国家政策的推动下，一些有实力的大企业和国际信托投资公司也逐渐开展对外直接投资业务，中国对外直接投资的主体开始逐步迈向多元化。1979—1991 年，中国政府平均每年新批准 77 家非贸易性境外企业，到 1991 年底国家共批准 1 008 家企业；这些非贸易性企业的总投资额为 13.95 亿美元，平均每年新增对外直接投资大约为 1 亿美元（见图 6-2）。

（亿美元）

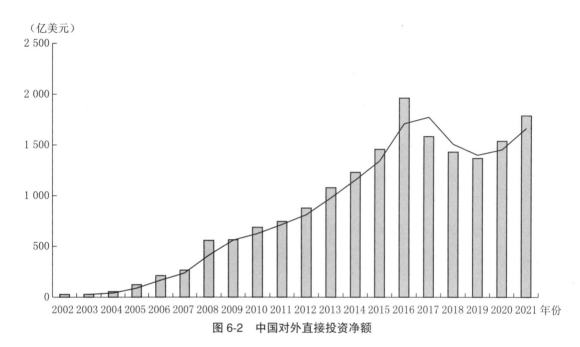

图 6-2　中国对外直接投资净额

资料来源：国家统计局。

2. 对外直接投资的初步发展阶段

1992—2000 年是中国对外直接投资的初步发展阶段。党的十四大之后，国家进一步肯定了"出口导向型"政策在中国外向型经济发展中的地位，企业对外直接投资取得较快进展。为了防范投资风险，1993 年，国务院颁发《关于暂停收购境外企业和进一步加强境外投资管理的通知》，国有资产管理局颁发《关于用国有资产实物向境外投资开办企业的有关规定》，1996 年，财政部颁发《境外投资财务管理暂行办法》用以加强企业的对外直接投资审批力度。1999 年，国家经济贸易委员会、对外贸易经济合作部、财政部联合发布《关于鼓励企业开展境外带料加工装配业务意见的通知》，为中国企业到境外投资办厂、开展境外加工贸易提供一系列优惠政策，中国对外直接投资出现了快速增长的态势。"十五"计划中提出"走出去"战略，中国对外投资政策从限制对外投资逐渐向放松对外投资管制和鼓励对外投资转变。

3. 对外直接投资的快速发展阶段

2001—2011 年是中国对外直接投资的快速发展阶段。2001 年中国加入 WTO 之后，对外开放的领域和层次得到进一步扩大。党的十六大报告提出了坚持"引进来"和"走出去"相结合，全面提高对外开放水平，在更大范围、更广领域和更高层次上参与国际经济技术合作和竞争的方针。此后，中国企业对外直接投资出现迅猛增长，2002 年被称为"中国并购元年"，TCL 集团并购施耐德，中国网络通信集团收购亚洲环球电讯，华立集团收购飞利浦 CDMA 手机芯片等重大并购事件成为当时的标志性案例。2004 年，商务部发布《关于境外投资开办企业核准事项的规定》，在全国范围内下放境外投资核准权限，进一步推动了中国企业对外直接投资的便利化进程。2005 年，财政部、商务部联合印发《关于印发〈对外经济技术合作专项资金管理办法〉的通知》，对对外直接投资采取直接补助和贴息方式予以支持。在国家财政的大力支持下，企业对外直接投资的积极性极大提高，2007 年累计对外直接投资存量突破 1 000 亿美元大关。2000—2008 年，对外直接投资中上亿美元大项目从 9 个增加到 165 个，项目金额也从几亿美元上升到几十亿美元不等，投资涉及建筑业、交通、石化、冶金工程、煤炭、通信、电力设备、港口等多个领域。2009 年以后，由于受到全球金融危机的影响，国际资本流动、跨国投资并购活动急剧萎缩。为了帮助"走出去"企业做好风险防范，国家编写了《对外投资合作国别（地区）指南》，全面介绍了东道国政治、经济、人文背景，对投资项目的潜在风险作出提示。国家还建立了对外投资合作信息服务系统，商务信息平台和运行监管系统得到不断完善。企业获取东道国相关信息更加便捷高效，降低了对外直接投资的信息成本。另外，金融业的发展为中国企业对外投资提供了更方便快捷的金融服务，人民币升值以及外汇资金管理的宽松为企业对外投资带来了更多机遇。由于中国积极统筹对外直接投资，又慎重规避风险，因此实现了非金融类对外直接投资的逆势上扬。

4. 对外直接投资的调整升级阶段

2012 年至今是中国对外直接投资的调整升级阶段。党的十八大提出加快"走出去"的步伐，中国对外直接投资继续保持较高增速。2013 年，中国提出"一带一路"倡议，在给沿线广大发展中国家带来经济发展机遇的同时，也为中国企业在更高水平上开展对外投资提供了新平台。根据 Wind 数据库，2016 年的对外直接投资流量为 1 961.49 亿美元，是 2002 年流量（27 亿美元）的 72.6 倍。然而，中国对外直接投资在总体上保持健康发展态势同时，也出现了一些缺乏科学论证的项目投资，主要涉及房地产、文化体育行业，这对产业健康发展带来了不利影响。国家迅速采取措施，完善对外投资管理体制，加强对外投资真实性审查，有效遏制了此类投资的扩张，使企业投资行为更加成熟，对外投资结构更加优化，效益不断提升。近年来，尽管受到世界经济格局加速调整，保护主义抬头，新冠肺炎疫情等不利因素的影响，中国对外直接投资仍然保持了平稳发展。2020 年对外直接投资流量为 1 537.1 亿美元，比上一年增长了 12.3%；2021 年为 1 788 亿美元，比上一年增长了 16.3%，有力推动了经济全球化的发展。

二、世界生产体系的变革与中国双向投资的机遇与挑战

（一）世界生产体系变革的表现

世界生产体系是建立在国际分工基础上的各国商品与服务的生产联系及组织关系（金芳，2007）。从历史视角来看，世界生产体系自 20 世纪 90 年代以来开始的扩张进程正在发生趋势性减缓甚至逆转。从双向投资总量与分布来看，世界生产的传统大三角格局加速分化，中国已经成为重要一极。从技术视角来看，制造业服务化和供应链数字化促使世界生产向轻资产方向转型，新冠肺炎疫情冲击进一步加强了这一趋势。从生产成本变化视角来看，劳动力等有形生产要素成本上升，跨国公司进行全球低成本套利的机会在减少，FDI 投资回报率降低。从经济治理视角来看，主要发达国家政策不确定性增强，保护主义趋势增强，改变了原来的促进贸易投资自由化的政策导向。

（二）世界生产体系变革的动因

技术进步与新一轮工业革命将影响企业的成本结构，从而引起世界生产组织方式变革。随着技术进步与新一轮工业革命的迅猛发展，土地、劳动力、机器设备等有形生产要素的投入在最终产品中的占比不断降低，技术、服务、品牌等无形生产要素的投入占比则相应提高。20 世纪 90 年代以来的全球价值链分工格局主要表现为发达国家占据研发和销售等服务和技术密集的高附加值环节，而将劳动密集的低附加值加工制造环节外包给发展中国家和地区。然而，随着知识要素投入占比的不断提高，跨国公司在全球寻找劳动力成本套利的动机逐渐减弱，东道国的信息优势、服务要素禀赋、营商环境优势等成为吸引跨国公司投资的首要因素，这将引发传统世界生产格局的重构。

各国政策和全球经济治理变化将对世界生产格局产生影响。在世界经济复苏乏力背景下，外商投资对促进一国经济发展的重要性日益凸显，发达国家和发展中国家引资竞争加剧，国家对资本输出的管控日趋严格，全球经济治理从自由化向保护主义转变。国际贸易和投资政策的保护主义倾向加强将增加企业开展跨境经营的成本，不利于世界生产体系的地理扩张。发达国家对高技术和知识密集型行业的审查日益加强，将增加贸易和投资壁垒，也不利于世界生产体系的扩张。这些变化将引发世界生产格局发生变化。

气候变化、保护环境、减少碳排放等可持续发展问题的应对措施将对世界生产格局产生影响。随着气候变化对人类经济社会的影响日益显著，各国政府纷纷出台应对气候变化的政策。应对气候变化的政策将增加运输成本，从而改变建立在原有分工格局上的区位优势。此外，由于目前各国和地区之间应对气候变化的政策存在较大差异，这些差异也可能导致新型贸易壁垒，从而影响世界生产格局。

（三）中国双向投资面临的机遇与挑战

当前世界生产体系正发生加速变革，在技术进步、全球经济治理和可持续发展的驱动下，世界生产体系可能会呈现生产回流、区域化集聚、多点复制和供应链多元化等四种演进趋势。生产回流指的是跨国公司将制造环节从离岸外包转变为近岸或本土生产。区域化集聚指的是跨国公司全球价值链布局转向区域价值链布局。多点复制指的是跨国公司的生产环节从原来集中在东亚地区的布局转向临近各大消费市场的布局。供应链多元化指的是跨国公司通过增加供应商和生产地点，以适度降低规模经济性来提高供应链安全性。这些新趋势将深刻改变原有世界生产格局中各国形成的区位优势，加剧各国之间的引资竞争，从而给中国吸引外资和对外投资带来巨大的不确定性和严峻挑战。

三、新发展格局下的中国双向投资高质量发展

改革开放之初，中国面临储蓄短缺和外汇短缺并存的"双缺口"问题。吸引外资可以同时弥补这两个缺口，中国以其廉价的劳动力资源、良好的基础设施和诸多优惠的政策，吸引着来自世界各地的外商直接投资，并由此奠定了中国"世界工厂"的地

位。限制对外投资可以同时防止这两个缺口扩大。中国对外直接投资规模较小、地域分布不均，投资形式以合资为主，投资行业选择相对集中，投资主体以国有大型贸易公司为主。

20世纪90年代中后期，中国"双缺口"问题得到逐步改善。加入WTO后，中国外汇储备逐年增高，居民储蓄和企业储蓄也实现了连年增长，储蓄和外汇从"双缺口"转变为"双过剩"局面。在"双缺口"基础上形成的鼓励吸引外资和限制对外投资的逻辑亟待转变。2000年以后，中国开始实施"走出去"战略，政策导向从原来的限制对外投资向放松管制和鼓励对外投资转变。

党的十八大以来，为了适应新的经济全球化形势，中国迈入全面开放、高水平开放的新阶段。提高利用外资的效益和提高对外投资水平是实现全面开放、高水平开放的重要内容。中国以"一带一路"建设为重点，坚持"走出去"和"引进来"并重，加强双向投资协同。党的二十大报告提出要吸引全球资源要素，提升投资合作质量和水平，要放宽外资准入、保护外资权益，还要营造一流营商环境，对双向投资的未来发展提出新规划。中国双向投资高质量发展，为推进高水平对外开放，加快构建以国内大循环为主体，国内国际双循环相互促进的新发展格局作出了贡献。

第二节　外商投资制度改革与营商环境建设

外商投资制度包括投资便利、投资促进、投资保护和投资管理等多个方面。改革开放以来，中国在外商投资制度的多个领域进行了大胆创新，逐渐摸索出一套较为健全的外商投资制度体系，营商环境得到不断优化，有效促进了区位优势的动态升级，为吸引和利用高质量外资提供了有力的制度保障。

一、国内大市场与高质量"引进来"

根据国际生产的折中理论，母国或东道国的区位优势是影响跨国公司境外活动的重要因素之一，包括生产要素禀赋、市场规模、交易成本、基础设施、制度环境等多个方面。根据跨国公司开展国际生产的原因，外商直接投资可以分为资源寻求型、市场寻求型、效率寻求型、战略资产寻求型外商直接投资。资源寻求型外商直接投资倾向于选择拥有丰富资源禀赋的东道国，市场寻求型外商直接投资倾向于选择拥有较低劳动力成本、较大市场规模的东道国，效率寻求型外商直接投资倾向于选择产品和工艺具有规模经济性的东道国，战略资产寻求型外商直接投资倾向于选择拥有先进技术、组织资产等战略性资产的东道国。从中国改革开放的实践看，超大规模市场优势是中国吸引和利用外资的独特优势。中国的超大规模经济体具有有效需求巨大、供给能力强大、要素禀赋总量充裕的特征（干春晖、刘亮，2021），对资源寻求型、市场寻求型、效率寻求型和战略资产寻求型外商直接投资均具有巨大的吸引力。

从需求角度来看，中国市场发展潜力巨大，对市场寻求型外商直接投资具有较大吸引力。中国进口金额从 2012 年的 11.48 万亿元增长到 2022 年的 18.1 万亿元，增长速度超过 57.7%。自 2018 年开始，中国每年都举办中国国际进口博览会，为众多国家和地区的企业提供了开拓中国国内大市场的平台，为推动世界经济复苏注入了强劲动力。

从供给角度来看，中国具有较强的生产能力，而且深度融入国际分工体系，对效率寻求型外商直接投资具有较大吸引力。中国 2022 年 GDP 突破 120 万亿元，人均 GDP 达到 85 698 元，综合国力进一步提高，继续稳居世界第二大经济体。中国 2022 年货物贸易进出口总额超过 40 万亿元，连续六年蝉联世界第一货物贸易大国。中国拥有独立完整的现代工业体系，已经形成了以京津冀、长三角、珠三角地区为中心的产业集群，具有较高的生产效率和庞大的规模经济优势。

从科技创新的角度来看，中国正在努力建设创新型国家，劳动力要素和新型要素禀赋比较充裕，对要素寻求型和战略资产寻求型外商直接投资均具有较大吸引力。中国拥有大量受过高等教育的高素质劳动者，同时通过积极参与全球产业分工，培育了一批拥有丰富实践经验的工程师队伍，为中国经济创新发展提供了良好支撑。近年来，中国在载人航天、探月工程、深海工程等领域取得了重大科技成果，在人工智能、云计算、量子通信、大数据、区块链、芯片、5G 等领域都取得了突破。中国数字经济发展迅速，全球的综合竞争力日益增强。中国在全球数字经济竞争力排名中位列第二位，仅次于美国，并且是排名前十位的国家中唯一的发展中国家（吴翌琳，2019）。根据中华人民共和国科学技术部统计，2019 年中国计算机、通信和其他电子设备制造业的发明专利申请数量（规模以上企业）已经多达 12.05 万件，而在 2011 年仅有 4.10 万件，增长迅速。创新能力的快速提升，使中国在技术、管理和数据等新型生产要素方面逐渐形成新的比较优势。

在世界生产体系加速变革的背景下，发达国家和发展中国家纷纷出台多项举措加大吸引外资的力度，全球引资竞争日益激烈。为了充分发挥超大规模市场优势，中国需要进一步放宽市场准入，加快要素市场化改革步伐，加强数据要素市场的培育。

二、投资自由化便利化与营商环境改善

投资自由化便利化政策是中国优化外商投资环境，实现高质量利用外资的重要举措。外资准入负面清单制度改革极大促进了投资自由化水平提升。从世界各国外资管理实践来看，外资准入主要有两种模式：一种是正面清单管理模式，另一种是负面清单管理模式。在负面清单管理模式下，东道国除了将需要保护的某些特定产业或活动列入负面清单之外，在外资的设立、获取和扩大阶段均给予外商投资者国民待遇，即外资得以享有投资准入前国民待遇（赵玉敏，2012）。2013 年，上海市政府公布了《中国（上海）自由贸易试验区外商投资准入特别管理措施（负面清单）（2013 年）》，在探索建立外资准入负面清单管理制度方面进行了初步探索。此后，准入前国民待遇加负面清单的外资管理模式在全国得到推广，并且列入负面清单的管理措施不断减少，外资准入不断放宽。由于准入前国民待遇加负面清单的外资管理模式已经被越来越多的国家所采纳，中国实施外资准入负面清单管理模式有利于建设"市场化、法治化、国际化"的营商环境，有利于引进和利用高质量外资。

关于营商环境的概念，相关文献并无统一的定义。世界银行发布的《营商环境报告》侧重于从微观经济视角，考察一个经济体对企业的整个生命周期具有重大影响的外部条件，具体包括开办企业、办理施工许可证、获得电力、登记财产、获得信贷、保护少数投资者、纳税、跨境贸易、执行合同以及办理破产等 10 个一级指标。世界经济论坛发布的《全球竞争力报告》则将宏观经济环境、技术水平、市场规模等因素也纳入其营商环境评估体系。此外，一些智库和学者也从不同角度出发，构建了营商环境评价指标（宋林霖、何成祥，2018）。以习近平同志为核心的党中央高度重视营商环

境优化问题。党的二十大报告指出，要"合理缩减外资准入负面清单，依法保护外商投资权益，营造市场化、法治化、国际化一流营商环境"[1]。

由于营商环境具有公共产品的特征，因此政府在优化营商环境中扮演着关键的角色。党的十八大以来，党中央、国务院以"简政放权""放管结合""优化服务"为主要抓手，持续推进"放管服"改革，加快转变政府职能，在培育和激发市场主体活力，放宽市场准入，规范市场秩序，打造法制化营商环境方面取得了巨大成就。近年来，中国政府简化外资审批流程，强化部门间协同管理机制，提高政府政策透明度，这些措施极大提高了投资便利化水平。

三、投资促进与营商环境改善

通过外商直接投资引进技术是中国实现技术进步和创新的重要路径之一。为了积极吸引外资，中国采取了一系列促进投资的政策措施，取得了良好的效果。市场失灵理论认为，市场机制存在缺陷，而政府有必要通过实施产业政策纠正市场失灵。而发展中国家的市场失灵更为严重，并且突出表现为信息外部性和协调失灵；通过产业政策纠正这两类失灵，是发展中国家政府的重要任务。改革开放40多年来，中国政府在通过外资准入政策促进对外开放和经济发展方面进行了大量实践。1983年，中国颁布《中外合资经营企业法实施条例》，初步尝试以政策法规形式对外资企业市场准入进行明确规定。1995年，中国政府颁行了《指导外商投资方向暂行规定》和《外商投资产业指导目录》。此后，《外商投资产业指导目录》经过多次修订。截至2023年1月，《鼓励外商投资产业目录（2022年版）》已经正式施行。党的二十大报告对扩大外资准入、提升利用外资质量提出了新要求。2022年12月召开的中央经济工作会议也提出要更大力度地吸引和利用外资。

中国的实践表明，投资促进政策能够有效促进利用外资质量和水平的提升。据中华人民共和国商务部统计，实际使用外资金额从2017年1 363亿美元增长到2021年的1 809.6亿美元，实际使用外资占全球跨国投资的比例从2017年的8.3%波动上升至

---

[1]　习近平：《高举中国特色社会主义伟大旗帜　为全面建设社会主义现代化国家而团结奋斗——在中国共产党第二十次全国代表大会上的报告》，《人民日报》2022年10月16日。

11.4%。[①]2021 年中国利用外资结构持续优化，高技术产业外资占比提升至超 30%。据联合国贸易和发展会议发布的《2022 年世界投资报告》显示，2021 年中国继续保持世界第二大外资流入国的地位。

中国的投资促进政策改革进一步优化了营商环境，从而能够更好地吸引外资。投资促进政策具体通过两条路径发挥其作用。第一，加大投资促进力度，有助于吸引外资流入，外资流入将通过技术外部性路径影响利用外资质量。第二，外资流入还能够引起市场集中度发生变化，从而通过信息外部性路径影响利用外资质量。从理论逻辑上看，中国的投资促进政策改革理念是对西方市场失灵理论的发展，由于发展中国家市场经济体系还不完善，政府不能仅仅扮演"守夜人"的角色，还应该担负起市场机制构建的重要责任。而制定和实施投资促进政策用以引导外资流向本国经济发展的重点产业和重点区域，是更好发挥政府作用的重要路径。

第三节　双向投资保护与风险防范

世界贸易投资规则重构对于中国开放型经济的发展来说，既是机遇也是挑战。作为资本输出和资本输入双向投资大国，中国既要考虑推进国内制度对接国际高标准投资规则，又要密切关注和预测高标准经贸投资协议对缔约国投资政策的动态影响，构建高效风险防范机制。

一、外商投资权益保护与高质量"引进来"

为了营造良好的投资环境，更好地吸引和利用外资，东道国通常都很重视外商投资权益保护。中国在改革开放之初就非常重视外商投资权益的保护问题。根据《中华人民共和国中外合资经营企业法》第二条规定，国家依法保护合营企业，不实行国有化和征收；在特殊情况下，根据社会共同利益的需要，对合营企业可依法实行征收，并给予相应的补偿。此后的《中华人民共和国外资企业法》和《中华人民共和国中外合作经营企业法》均对国家保护外商投资义务作出了规定。

---

① 商务部：《中国外资统计公报 2022》，http://wzs.mofcom.gov.cn/article/ztxx/202301/20230103377273. shtml，2023 年 1 月 4 日。

党的十八大以来，习近平总书记多次强调中国开放的大门不会关闭，只会越开越大。为了适应新时代中国对外开放新形势和构建开放型经济新体制新要求，中国于2019年颁布了《中华人民共和国外商投资法》。2020年1月1日，《中华人民共和国外商投资法》正式实施。《中华人民共和国外商投资法》对征收征用、资本和相关经营收入转移等常见的外商投资风险作出保护规定之外，还就知识产权保护、外商投资规范性文件的制定、外商投资政策的制定和合同约定履行、投资争议的救济方式等问题作出了符合中国国情的规定（孔庆江、郑大好，2019）。加强知识产权保护有助于降低外资企业维权成本，激励外资企业增加研发投资。加强对各级政府涉及外商投资的规范性文件的约束，能够降低外商投资企业的合规成本。促使地方政府对外国投资者和外商投资企业信守政策承诺，依法履行订立的合同，有助于降低外商投资风险，减轻经济损失。建立外商投资企业投诉工作机制，有助于提高外资争议解决效率，为外商投资企业处理与东道国政府的争议带来便利。在投资保护方面，根据2020年中国修订出台的《外商投资企业投诉工作办法》，在全国范围内或国际上有重大影响的外资企业投诉事项由全国外商投资企业投诉中心负责处理，地区层面的外资企业投诉事项则由县级以上地方人民政府指定有关部门或者机构负责处理。这些保护外国投资者和外资企业的措施都有利于降低外资的经营风险，从而增加了中国市场对外资的吸引力并提高了引进外资的质量。

二、对外直接投资风险防范与高水平"走出去"

跨国公司在东道国开展经营活动可能面临各种不确定因素，东道国政治风险和经营风险是最常见的两种风险。东道国政治风险是跨国公司在制定投资决策时需要考虑的重要风险因素之一，通常包括国有化风险，转移风险等。国有化风险指的是东道国将外国资本实行全部或部分收归国有，从而给外国投资者造成经济损失。转移风险指的是东道国对外国投资者经营收入、资本等的汇出或汇入实施限制，从而给外国投资者造成经济损失。经营风险是跨国公司因行业周期变化、汇率波动、技术变革等因素而遭受的经济损失。

自从2000年党的十五届五中全会提出"走出去"战略以来，中国对外直接投资迅速增加，据商务部统计，投资金额从 2003 年的 28.5 亿美元增加到 2021 年的 1 788.2 亿美元，在对外投资大国中连续十年位列全球前三位。随着中国对外直接投资的规模不断增加、范围不断扩大，提升投资风险应对能力，减少对外投资损失对从事跨国经营的中国企业而言变得越来越重要。从风险来源来看，近年来发达国家纷纷加强对外资的审查是中国技术寻求型对外直接投资企业面临的主要风险之一。2014—2019 年，法国、加拿大、德国、意大利、日本、澳大利亚、英国、美国等主要发达经济体陆续出台了以限制 FDI 为目的的政策，对涉及基础设施、信息技术、机器人、生物技术、粮食安全等领域的跨国并购采取了更为严格的审查措施（葛顺奇等，2019）。对参与共建"一带一路"的中资企业而言，由于"一带一路"沿线国家和地区的政治、经济、文化与宗教特点各不相同，相关国家和地区可能面临政局动荡风险、恐怖主义风险、武装冲突风险、金融风险、文化风险和法律风险，这些风险可能使中国企业的海外投资产生损失（张述存，2017）。

从根本上解决企业对外直接投资面临的风险问题，需要建立完善的全球投资治理体系。然而，当前全球投资治理存在严重的公共产品赤字，投资争端不得不通过双边、多边投资协定或含有投资条款的贸易协定加以解决。由于各个协定之间缺乏协调，极大增加了相关争端解决的复杂性和不确定性。2016 年二十国集团领导人杭州峰会通过的《G20 全球投资政策指导原则》是相关国家首次在多边机制内就全球投资规则达成共识，为完善全球投资治理体系，推动建设开放型世界经济作出了历史性贡献。

三、产业链供应链韧性与安全能力建设

党的二十大报告指出，着力提升产业链供应链韧性和安全水平，坚定维护重要产业链供应链安全。自全球遭遇新冠肺炎疫情以来，世界各国越来越关注产业链供应链的脆弱性，跨国公司海外投资策略趋向产业链和生产网络的区域化布局，从追求效率转向更加重视韧性与安全能力建设，以应对未来突发事件带来的全球性供给冲击。在此背景下，欧美发达经济体加大实施贸易保护政策，人为割裂全球化的内在联系和供应链的合理配置，导致全球资源配置效率下降以及全球产品价格上升。

当前，全球产业链形成了以美国、德法及中日韩为核心的三大网络。一是基于

USCMA 的北美产业圈。美国成为这一区域经贸网络的核心，辐射带动加拿大和墨西哥，形成了紧密的区域产业链供应链合作关系。二是以德法为核心，辐射带动欧盟主要经济体，形成了欧洲制造业中心。三是以中日韩为核心，辐射带动与东盟、南亚各国的经贸关系，形成了日益牢固的产业链供应链。2008 年国际金融危机后，世界经济重心由西向东迁移，亚洲已成为全球制造业中心，中国制造对世界经济的贡献度显著增强。

新冠肺炎疫情的暴发造成全球产业链供应链的中断，让世界各国意识到在突发危机和外部环境下确保生产供给安全可靠及自主可控、摆脱国内产业链供应链过度依赖的重要性。全球产业链供应链从高度集中、地区跨度大且相对单一的布局朝着区域化、本土化、多元化方向加速重构。美欧发达经济体提出并积极实施所谓的供应链韧性战略，试图主导产业链供应链的重新布局，打压遏制竞争对手，实现其自身利益最大化。但这一战略不仅难以克服自身面临的悖论，即产业链供应链弹性增强的同时，也可能会由短链化布局导致其生产能力的无效率增加和由供应链布局集中而导致灵活性缺失和下游风险无法分散。这种出于政治目的的扭曲市场行为，可能会使欧美经济体付出更大的代价。

近年来，中国因受人口红利减弱、要素成本上升以及地缘政治摩擦等影响，出现了部分劳动密集型的低附加值产业向东南亚、南亚国家转移的态势。越南和印度成为承接中国产业转移的主要国家。受此影响，越南制造业增加值从 2010 年约 150 亿美元猛增至 2021 年逾 481 亿美元，但其占全球制造业增加值的比例目前仍仅为 0.3% 左右；同一时期，印度的制造业增加值也从 2010 年约 2 853 亿美元快速增长到 2021 年 4 465 亿美元，但其全球占比也一直维持在 2.7%。全球化背景下产业外迁是很正常的事情，由比较优势的演进发展规律所决定。在全球化背景下，企业依靠跨国投资和国际贸易在全球范围内合理配置生产要素，国际分工不断深化，使得各国要素间的比较优势充分发挥，有助于生产效率提升。

值得关注的是，全球供应链的高端要素向发达国家收缩，而低端要素向成本更低的发展中国家转移的分化态势会阻碍发展中国家发挥后发优势，也会阻碍研发、设计等技术溢出渠道，使发展中国家陷入产业低端锁定的困境。在这种产业迁移趋势下，发达经济体会提高对发展中国家的贸易投资保护要求，逼迫发展中国家接受，达到其控制的目的。

中国的外部环境也正在发生显著变化。在追求供应链韧性战略下，美欧采取的"多元化""近岸化""友岸化"手段对中国参与的全球产业链供应链造成扰乱。从短期来看，供应链的多元化程度会进一步提高，在关键供应链上，近岸外包和在岸生产的现象将愈发显著。在全球产业链供应链重构背景下，中国在追求效率，提升产业链竞争力的同时，还面临着产业链供应链的安全问题，存在如何处理好产业链的国际竞争力和完全自主可控之间两难关系的问题。自1978年改革开放以来，中国制造业已融入全球价值链，在国际分工中的地位不断提升，但一些核心领域的关键部件、关键技术依然受制于人，随时面临产业链"断链"的风险，因此有必要对这种产业链实现完全自主可控，不依赖进口。中国必须兼顾在主动参与国际分工，深度嵌入全球价值链与确保制造业体系安全性之间的平衡；既不能因为要提高产业链供应链韧性，而走向完全的本土化，又要在提高对外开放水平的同时，能够承受随时可能出现的"断链"风险，确保产业链供应链安全。

相对西方发达经济体，中国的产业基础雄厚。根据联合国工业发展组织的产业分类标准，中国拥有41个工业大类、207个中类、666个小类，是世界上唯一产业体系相对完整、工业门类齐全的国家，并且中国也形成了一批产品集中生产、专业化协作配套程度高、产业链供应链比较成熟的产业集群。中国目前工业制造优势是其他国家难以比拟的，不可能被轻易撼动，而且中国不少产业的生产规模已占全球30%以上，短期内中国制造依然不可替代。中国企业需要加快培育、发展以中国龙头企业为主导的国内生产网络，适当缩短某些高技术产业领域的产品参与全球价值链的"长度"，把更多制造环节留在国内，打造立足于国内的完整产业链。

就中长期而言，需要从产业和产品多个维度进行调整，实现在经济效率和产业体系安全之间的最佳平衡。一方面，以自主创新与开放协同为推进路径，尽快提高产业链供应链稳定性和国际竞争力。加快实现在重要领域、核心环节的科技创新突破，提升关键技术的供给能力，打造自主可控的全产业链。同时，加快国内优势产业开拓国际市场，不断提升中国制造在全球价值链中的地位，形成中国参与国际竞争与合作的新优势和综合实力。另一方面，加快建设国内统一大市场，实现生产要素在全国范围内无障碍流动。充分发挥中国的人口大国和市场规模优势，挖掘消费潜力，做大内需市场，降低中国产品对海外市场需求的依赖度。

从长远来看，产业链的数字化、科技带来的智能制造程度的提升，或将加速产业链供应链的重组，可能还会使各国摆脱地缘政治的影响。未来数字经济领域的竞争，将会影响中国在全球产业链中的国际分工地位。尽快抢占数字经济领域新赛道，充分发挥数字应用场景丰富及数字基础设施相对完备的优势，形成对数字技术标准、规则体系的主导权。

第四节　"一带一路"：开启双向投资的新范式

党的二十大报告指出，"推动共建'一带一路'高质量发展，维护多元稳定的国际经济格局和经贸关系"。深化"一带一路"国际合作是中国扩大高水平对外开放，促进国内外规则、规制、管理、标准相互衔接，从政策性开放向制度型开放转变的重要途径，也是不断提升双向投资水平，实现国内国际双循环相互促进新格局的重要保障。

自 2013 年"一带一路"倡议提出并实施以来，"一带一路"沿线国家和地区合作成员的数量迅速增加，中国与"一带一路"沿线国家和地区间建立了双边、多边、区域、次区域等多层次的自由贸易区，推动"一带一路"贸易与投资规模不断扩大，贸易便利化、投资自由化水平显著上升；"一带一路"投融资模式创新吸引全球金融机构参与，推动共建"一带一路"高质量发展的金融大动脉。绿色、数字、创新成为"一带一路"双向投资合作的新亮点。

一、"一带一路"投资的实践意义

"一带一路"倡议遵循"平等互信、合作共赢"的理念，以基础设施互联互通建设为突破口、以扩大产能合作为抓手、以促进各国发展为导向，提升全球投资增速、带动国际贸易增长，扩大金融开放与创新合作，建立公平公正、包容有序的国际经济新秩序，为世界经济摆脱全球化困境，培育经济增长新动能，开启新的发展周期创造了重要机遇。

　　"一带一路"沿线国家多为发展中国家或欠发达国家，吸收外资更多依赖中国资本。中国扩大对外投资，推进基础设施互联互通建设和国际产能合作为相关国家的经济发展注入了活力，增强其内在发展能力。自"一带一路"倡议实施以来，中国对"一带一路"沿线国家投资总体稳步增长。数据显示，2013—2021年，中国对"一带一路"沿线国家的直接投资总额超1 600亿美元。同期，投资带动贸易效应凸显，货物贸易额持续创新高，已近11万亿美元。全球新冠肺炎疫情暴发后，尽管投资受人流、物流等诸多因素限制，但中国对"一带一路"沿线国家的投资规模仍逆势走高，投资活力和增长动能持续不减，呈现较强的韧性。

　　"一带一路"投资带动中国装备、技术、标准、服务的"走出去"，有利于中资企业优化全球产业布局，积极参与国际产业分工，深度融入全球产业链，不断提升全球资源配置能力。中资企业在全球价值链中的地位进一步提升，也会让与中国开展国际产能合作的"一带一路"沿线国家受益，推动价值链体系的重构。同时，发展中国家通过深化与中国的"一带一路"投资合作，还有助于改善国内的投资环境，增强中国企业对其的投资意愿。

　　"一带一路"倡议丰富了中国对外开放战略内涵，不仅加快了对外投资步伐，而且有助于提升利用外资质量，促进"引进来"和"走出去"协调发展。通过启动自贸试验区建设，实行外资准入负面清单管理模式，不断优化与国际标准接轨、适应外资企业发展的投资环境，以制度型开放引导外商投资战略性产业，探索提升外商投资质量与效益的新路径与新模式。

　　"一带一路"倡议是中国给世界提供的重要公共产品。自2008年全球金融危机以来，美国主导的国际秩序和多边合作机制已越来越难以应对经济全球化进程中出现的新问题、新挑战。逆全球化思潮与贸易保护主义日渐盛行，不仅严重威胁世界经济的持续发展，也破坏了既有的国际运行机制与投资贸易规则，增加了国际贸易与国际投资的制度成本。世界各国迫切需要提供能够适应全球化发展新环境的国际公共产品，为推动全球化进程注入新动力，同时也为世界经济增长提供新引擎。

　　在此背景下，"一带一路"倡议为世界提供了一个崭新的国际经济合作新平台，在"构建人类命运共同体"的发展理念下，让所有成员方共享"一带一路"国际合作带来的经济利益，尤其是让广大发展中国家和新兴经济体的利益在扩大全球投资贸易往来中得以充分体现，推动互利共赢的区域经济一体化发展。

二、"一带一路"投资的中国特色

中国对"一带一路"沿线国家的投资受到各成员国要素禀赋的差异与中国经济互补程度不同的影响，投资的方式和产业领域呈现异质性。双方之间的产业结构差异而形成的分工关系也决定了要素的跨境流动特征和贸易合作关系。同时，伴随全球价值链分工进一步细化，投资与贸易的相互关系，无论在产业内还是企业内，都在不断深化，表现为贸易愈发依靠投资驱动，而投资更多是为了扩大贸易。投资与贸易融合的现象也反映在"一带一路"建设上。"一带一路"投资具有以下诸多特色。

（一）服务贸易与融资相结合

工程承包是中国参与"一带一路"沿线国家建设的重要途径，也是国际服务贸易的常见形式，在中国外贸结构中有相当大的占比。中国对"一带一路"沿线国家工程承包新签合同额占到中国对外承包工程总量的一半以上。由于工程承包涉及金额大，受到融资约束；因此将工程承包和融资方式创新相结合是推动"一带一路"国际合作的重要手段。

（二）绿地投资与基础设施建设相结合

中国在高速公路、高速铁路、水力核电等工程建设领域技术成熟且人才积累雄厚，是中资企业"走出去"的比较优势。通过绿地投资与当地企业合作共同建厂经营，既能扩大中国高端装备等基建产品出口，又可为当地国家提供就业岗位，成为降低海外投资风险的一条重要捷径。

（三）跨国并购与产能合作相结合

大多数"一带一路"发展中国家对中国的优势产能需求量大，产能合作的空间巨大。"一带一路"产能合作以项目为载体，通过并购项目带动优势产能"走出去"及资本输出，既促进东道国产业升级与贸易发展，也带动国内相关产业升级，推动双边投资贸易增长，实现合作共赢。跨国并购已成为近年中国"一带一路"投资的新特征，民营企业的投资主体作用也日益增强，其在利用全球资源提升自身创新能力的同时，也拓宽了企业自主品牌产品的国际销售市场。

（四）设立境外经贸合作区

境外经贸合作区是中国企业在境外投资的重要集聚区域，成为促进"一带一路"投资合作和贸易发展的重要载体。境外经贸合作区主要有境外农业合作示范区、境外商贸物流区和境外工业园区三种类型。其中，境外工业园区分布最广，覆盖近80个"一带一路"沿线国家。通过境外工业园区建设，不仅带动了中资企业"抱团出海"，形成了中国与东道国有机联系的跨国产业带，而且还利用了园区内各国在不同生产环节上的比较优势和市场需求，形成了不同国家之间原材料、中间品和制成品的工序配置和投资，并且通过贸易方式协调企业内和企业间的生产和贸易分工，形成多种新型的国际贸易投资范式，进一步建立健全区域合作的供应链、产业链和价值链。

（五）签署双边 FTA

通过签署FTA，不仅促进了中国与"一带一路"沿线国家之间的国际经贸往来，而且也有利于化解双方贸易摩擦问题，完善"一带一路"风险防控和安全保障体系，建立高效合作的体制机制，形成区域性的经贸网络。目前，中国与巴基斯坦、格鲁吉亚等13个"一带一路"沿线国家签署了FTA。中国与这些国家的贸易规模占到对"一带一路"沿线国家进出口总额的比例一半以上。未来"一带一路"建设还将稳步推进亚太自由贸易区建设，加快构建面向全球的高标准自由贸易区网络。

（六）发挥海外侨商的作用

"一带一路"投资重视与海外的民间交往，充分利用海外侨商在当地政治、经济、文化等领域的资源和影响力，积极开展公共外交和民间交流，推动中外人文深度融合，夯实"一带一路"的民意基础。同时，密切与海外华商的经济联系，并借助侨领、商会、社团与当地官方的特殊关系，促进中资企业的海外投资。

三、"一带一路"投资的模式创新

"一带一路"国际合作平台为构建开放型国际投融资新体制提供了理论及实践创新的契机。经典国际投资理论是从分析跨国公司对外直接投资（ODI）的动因或目的的视角，提出ODI与国际贸易之间存在替代关系，认为跨国公司通过ODI进入东道国市场目的是以替代方式突破贸易壁垒对投资国带来的进口限制。但伴随全球贸易自由化水平大幅提升，像这样的贸易壁垒已大多不存在了，因而也不构成 ODI 的主要动因。与此同时，跨国公司投资推动了从过去的货物贸易延伸至跨国要素合作，全球价值链分工不断深化。在此背景下，比较优势已不再成为决定国际分工的主要基础，出口结构也不再反映一国要素禀赋的结构特征，国际贸易理论的前提和机制均已发生变化，贸易与投资之间的联系、融合程度日益增强。

从贸易投资融合的演进过程来看，该过程大致体现了投资替代贸易、投资创造贸易和投资改变贸易的三重超越特征。无论是投资替代还是创造、改变贸易都具有两面性：在投资替代贸易中，进口规模下降但带来经济增长；在投资创造贸易中，由于传统的贸易分工变为要素合作，利用两国的生产要素生产同一产品带来出口贸易增长但会使出口收益减少一半；在投资改变贸易中，基于产品内零部件分工的价值链分工形成，国际分工细化有助于促进一国出口结构升级但可能会导致分工地位低下。因此，全球化下的投资贸易融合导致资本和劳动关系更加复杂，也改变了比较优势理论的泛化思维。

当前，"一带一路"投资对贸易的拉动效应在不断增强。分区域看，对非洲市场的直接投资主要涉及贸易、生产加工、资源开发等领域，因而在生产过程中与中国相关产业形成上下游产业链关系，由此带动机械设备、中间产品、技术等的出口；对东盟国家的直接投资有助于提升本国企业出口产品质量。一方面，这给予中国和东盟国家相似的产品结构带来激烈的市场竞争，进而提供了中资企业产品质量升级的强烈动力；另一方面，中国与东盟国家相近的地理位置、历史文化、雁形结构及双方签署的 FTA 对促进双边贸易也不无关系。与对非洲、东盟国家的投资带动贸易的方式不同，中资企业对欧洲国家进行的技术寻求型直接投资会促进本国相关产业的升级、提升产品质量，从而带来较显著的出口拉动作用。

可见，"一带一路"投资拉动贸易的影响机制主要表现为：一是企业通过对外直接投资转移生产基地，利用东道国的廉价要素降低生产成本，同时扩大"一带一路"沿线国家对本国的中间产品、生产设备等的进口需求；二是通过海外投资布局将产品的一部分生产阶段放到东道国，把东道国纳入该产品的整个价值链之中，国际贸易转变为产品内的价值链分工而不再是以往的产品或产业分工，促进企业出口产品结构升级。

"一带一路"倡议开启了新型多边投融资合作模式。中国倡议设立的亚洲基础设施投资银行（简称"亚投行"），不仅为"一带一路"投资提供了重要的融资平台，在一定程度上弥补了融资缺口，而且通过整合域内外金融资源，为扩大国际金融合作创造了良好开端。亚投行设立的目的还在于维护亚洲金融体系的稳定性。虽然，亚投行的注册资本是美元，在投资基础设施建设项目初期大都使用美元填补资金缺口，但随着中资企业对"一带一路"沿线国家投资、贸易规模的不断扩大，人民币参与支付结算的可能性极大提升，这既有利于扩大人民币的使用规模，打造境外"人民币走廊"，又有助于本地区消除因货币错配而带来的包括汇率风险在内的系统性金融风险。未来在深化"一带一路"国际合作中，一旦企业"走出去"能够有效带动人民币"走出去"，并形成"依托对外直接投资输出人民币，借助经常项目顺差回流人民币"的人民币跨境双向流动机制，则人民币国际化将迈入新的历史发展阶段。

此外，亚投行还积极开展与国际货币基金组织、世界银行、亚洲开发银行以及各国对外援助机构及其开发性金融机构之间的合作，不断完善"一带一路"国际合作的融资规则。在这一过程中，亚投行既要充分体现多元包容性，又要重视"一带一路"发展目标与国际公认的贷款原则的兼容性，逐步形成符合"一带一路"发展理念、契合广大发展中国家利益诉求的新型国际投融资安排机制。

"一带一路"投资模式创新还体现在推动内陆型开放发展的新理念和新实践上，这是对国际投资和贸易理论的补充与发展。按照西方传统投资贸易理论，一国的沿海区域开放和港口贸易是对一国最有利的开放经济发展模式，而内陆地区是不具备开放型经济发展的基本条件的。但是，"一带一路"双向投资促进了沿海与内陆地区开放联动发展，尤其是中欧班列的开通带动了中国与中亚、西亚及欧洲大陆的经贸联动与合作，开启了内陆型开放经济发展的新模式。

第五节　中国特色双向投资发展的新格局

随着中国对外开放话语权和自主性的不断提升，面对合作、竞争、脱钩并存的对外开放国际大环境，日趋复杂的全球经济治理逐渐成为影响构建中国特色双向投资体制的重要外部变量。在传统对外开放空间不断受到挤压过程中，中国既要保持开放定力，又要抓住科技革命、产业变革带来的发展契机，在数字化、智能化、绿色化等新领域进一步加大开放力度。

一、本土跨国公司服务化转型实践与国际竞争合作新优势

企业从事跨国经营的原因及其影响因素一直是国际投资学者关注的重要理论问题。国际生产折衷论（OLI）认为，企业在所有权优势（O）、区位优势（L）和内部化优势（I）方面的差异决定了其国际投资决策，进而决定了跨国公司开展国际生产的四种具体类型：自然资源寻求型、市场寻求型、效率寻求型和战略资产寻求型。中国本土跨国公司的服务化、数字化转型实践拓展了传统的 OLI 优势范畴，为发展中国家企业培育国际竞争合作新优势提供了有益借鉴。服务化是制造业从仅提供物品向提供物品和服务构成的"产品—服务包"的转变，并且服务在整个"包"中居于主导地位，是价值的主要来源。制造业数字化是制造业服务化在数字经济时代的最新表现形式。

中国企业海外并购的实践表明，在制造业服务化日益成为世界制造业发展趋势的背景下，中国企业为了增加知识资产积累，应对外部竞争，维持自身所有权优势会积极开展海外并购活动。制造业服务化能够通过服务要素的空间分布、流动成本、交易成本等因素影响中国的区位优势。制造业服务化还会通过影响资源配置和知识产权价值因素影响中国企业的内部化优势。

因此，我们在制定对外投资政策时，除了要考虑企业的自然资源寻求、市场寻求、效率寻求和战略资产寻求动机外，还应该把制造业服务化转型对海外并购的促进作用考虑在内。特别是在当前全球外资安全审查趋严的背景下，应该通过促进服务贸易和投资的自由化便利化，降低制造业企业实施服务化转型的成本，提高服务要素的可得性；要加强知识产权保护，提高企业培育服务要素的积极性，从而加强本土企业通过制造业服务化自主构建国际价值链的能力，有效提升中国在国际生产网络中的地位。

在出口导向型发展模式下，服务要素大量投入的根本目的是更好满足国外市场需求，服务活动与生产活动之间的关系是僵化的、被动的。在以国内大循环为主体、国际国内双循环相互促进的新发展格局下，畅通国内大循环成为中国企业的根本出发点，

通过加强双向投资协同发展，充分发挥国内制造业转型升级需求优势，一方面积极吸纳国外知识、技术密集型服务要素，另一方面大力培育国内生产性服务业，促进服务业与制造业的有机融合，使制造业服务化、数字化转型成为中国企业参与国际竞争的新优势（周大鹏，2021）。

二、绿色发展理念与中国双向投资新优势

自 2015 年"绿色丝绸之路"的概念被首次强调后，绿色发展理念不断融入"一带一路"建设中，相应的绿色发展政策框架得到不断细化和丰富。2017 年，国家发展改革委等四部门联合发布的《关于推进绿色"一带一路"建设的指导意见》进一步将生态环保融入"一带一路"建设的全过程。2018 年，中国金融学会绿色金融专业委员会与"伦敦金融城绿色金融倡议"共同发布《"一带一路"绿色投资原则》，标志着"一带一路"绿色化进程又迈出新的一步。该原则旨在共建"一带一路"绿色投资联盟，推动"一带一路"ESG 投资发展。2021 年，在"一带一路"亚太区域国际合作高级别会议期间，中国等近 30 个国家共同发起《"一带一路"绿色发展伙伴关系倡议》，呼吁开展国际合作以实现绿色和可持续经济复苏，促进新冠肺炎疫情后的低碳、有韧性和包容性经济增长。2022 年，国家发展改革委等部门联合发布了《关于推进共建"一带一路"绿色发展的意见》。该文件在政策沟通和规则共建、绿色产业合作和项目落地、绿色金融市场双向开放和赋能三个方面呈现出不少的新意和亮点，就统筹推进绿色基建、绿色能源、绿色交通、绿色金融等领域合作，提升"一带一路"投资项目环境风险防范能力提出了新指引和新要求。

绿色、低碳、可持续是共建"一带一路"的内在要求，绿色发展理念将始终贯穿"一带一路"投融资过程中。当前，越来越多的金融机构已将 ESG 作为国际基础设施项目立项和实施的重要评估指标，而且"一带一路"企业的 ESG 评级以及项目的 ESG 管理水平也成为国际金融机构或投资者提供融资支持的关键要素之一。世界银行、国际金融公司、亚洲开发银行、亚投行等多边金融机构在 ESG 领域行之有效的投资经验将广泛应用于"一带一路"建设，绿色会日益成为推动共建"一带一路"高质量发展更加鲜明的底色。

未来"一带一路"投资将会更加注重生态环境保护，把与生态环境相关的成本、风险等一并纳入投融资决策中。绿色金融将为"一带一路"投资注入新动能。其主要体现在三个方面。一是绿色金融引导金融机构对环保产业类项目的支持。二是绿色金融助力企业履行在环境方面的社会责任。通过绿色金融充分发挥对企业环境责任的引导和监督作用，确保投资企业严格遵守"一带一路"沿线国家和地区与环境保护相关的法律规范，遵循国际通用的环境标准和管理程序，落实对外投资的绿色化要求。三是绿色金融强化金融机构的环境风险意识。绿色金融系统建设将不断提升金融机构有效识别、评估、控制投融资活动中的环境风险能力。

中国将积极参与国际绿色标准制定，加强与共建"一带一路"沿线国家绿色标准对接，强化绿色标准在"走出去"中的支撑作用。中国还将主动加强与"一带一路"沿线国家和机构的生态环保合作，建立环境和社会风险的信息披露制度，推动绿色投资和经济的绿色转型，确保投资及其环境的可持续性。同时，推动"一带一路"沿线国家的绿色金融合作平台建设。创新"一带一路"框架下的绿色投融资模式，打造高效的绿色金融供应链，引导更多的资本流向绿色行业，实现绿色标准、绿色产业和绿色金融"三位一体"协同推进。此外，加快"一带一路"绿色智慧园区发展，支持绿色生产、绿色采购和绿色消费，进一步拓展绿色低碳国际合作新空间。

三、积极参与全球投资治理，推动建立开放型世界经济

中国建设开放型世界经济，需要把握经济全球化正在发生的根本性变化、把握百年未有之大变局下国际贸易投资规则的重构趋势。当前，加快构建数字贸易发展的制度框架是新一轮国际经贸规则谈判的前沿议题，它为中国参与 WTO 改革和国际经贸规则重构提供了重要平台。中国应充分发挥在数字经济领域的技术优势及产业基础，积极参与并推动在 WTO 框架下开展关于数字贸易、数据流动安全、电子商务合作、数字知识产权等方面的国际经贸规则谈判，寻求广泛共识，培育世界经济新的增长极。

在全球投资方面，中国既是全球投资治理的利益相关方，也是责任相关方。从国际投资现状来看，中国不仅在数量上已成为第二大对外投资国，而且在吸收外资和对外投资之间也已发生结构性转变，自 2014 年第三季度起，中国从净资本输入国转变为

净资本输出国。但是，迅速崛起的对外投资也受到既有的国际投资协议条约的制约。当今世界国际投资规则的主导者仍然是以美欧为首的发达经济体，包括中国在内的广大发展中国家整体上只能被动接受这种规则。这不仅意味着欧美对国际投资机制存在设计优势，更重要的是其价值观、政治理念的传播已经深入实践的方方面面。但自2008年全球金融危机之后，美国的主导地位不断遭受冲击，伴随亚洲新兴经济体的快速发展，世界经济重心已逐渐由西向东迁移，全球治理格局也正在从"西方治理"向"东西方共同治理"转变。

中国要积极促进多边投资规则体系建设，为发展中国家争取更多利益，使之可以相对平等地参与国际经济合作。"一带一路"倡议是中国标志性制度国际公共产品的供给尝试，它强调经济治理的普惠性、包容性和发展导向，是人类命运共同体理念的具体呈现。中国可将"一带一路"倡议作为推进制度型开放的重要平台，基于广大发展中国家和新兴市场经济体的共同利益，优先在"一带一路"框架内推行中国规则体系和治理方案，加强与"一带一路"沿线国家和地区的规则对接与协调，助力其解决市场机制不健全、基础设施不完备、收入分配不公平等发展问题，增加贸易伙伴国的认可与参与。

"一带一路"倡议是中国推动全球治理的重要载体。中国将在深化"一带一路"国际合作过程中将进一步发挥建设性的引领作用，贡献中国的思想、智慧和方案，在国际新规则的制定和新制度安排中发出中国声音、提出中国方案、注入更多的中国元素。中国在全球治理体系中的制度建设和创新，将是"补充性"的制度建设和创新，而不是"替代性"的制度建设和创新。"一带一路"倡议将成为以中国理念和实践引领全球治理机制改革的主动作为和最佳实践。

对于国际经贸规则水平较高的"一带一路"沿线国家，要加快签署双边或区域经贸协定。中国要根据与"一带一路"沿线国家的贸易投资特征，特别是数字技术促进贸易和投资的新趋势，形成高水平"一带一路"自由贸易区网络体系。一是要从网络上涵盖重点国家和重点区域，通过与其签署高水平自由贸易区协定，实现贸易创造效应，巩固现有的供应链贸易网络。二是对现有FTA中的"WTO+"条款和"WTO-X"条款进行分析，将CPTPP中的供应链贸易规则和《数字经济伙伴关系协定》中的商贸便利化规则纳入中国与"一带一路"沿线国家和地区的自由贸易区协定之中。三是根据中国与"一带一路"沿线国家的不同经贸特征，在跨境电子商务、数字经济、国际投资和国际金融等领域形成新型国际经贸规则。中国应抓住中国—东盟全面经济合作等战略机遇，加快落实中国、泰国等国家相关部门共同发起《"一带一路"数字经济国际合作倡议》，推进数字经济领域的国际科技创新合作，共同建设数字"一带一路"信息港，联手打造致力于人类共同富裕的"数字丝绸之路"。

中国要着眼于同"一带一路"沿线国家的长远合作与发展，构建"一带一路"建设安全保障体系。鉴于"一带一路"沿线国家政治动荡等内部风险以及逆全球化思潮和相关贸易保护主义措施带来的巨大外部风险，中国要尽快构建符合"一带一路"特点的风险防范规则与机制，为推进"一带一路"建设提供强有力的安全保障。一方面，应成立常设性"一带一路"风险预警和防范协调机制，加强对外部风险的及时跟踪和预警，及时采取有效的应对措施化解潜在风险；另一方面，可参照国际经济合作的通行惯例逐步建立投资者仲裁机制、双边投资保护协定等能够有效防控"一带一路"沿线国家和地区内部风险的保障机制。此外，还可根据"一带一路"建设项目以发展中国家和新兴经济体为主的合作模式，以及将基础设施互联互通和产能合作作为重点合作方向的投资特点，通过提供贷款、担保、股权投资、联合融资等多种金融方式，发挥融资促进和风险分担作用，为"一带一路"国际合作保驾护航。

中国还要向世界讲好"'一带一路'故事"，构造中国的话语体系，凸显"一带一路"建设的开放性、合作性和互利共赢性，消除零和博弈思想及对抗色彩。对"一带一路"的宣传创新，要采取"入乡随俗"的策略，传播"互利共赢"的根本理念，使"一带一路"沿线国家的居民能真正感受到"一带一路"建设带来的福利，以及给他们的生活带去的积极改变，以此增进彼此之间的理解互信，营造国际社会积极参与和支持"一带一路"建设的良好舆论氛围。中国政府及中资企业在开展"一带一路"国际合作过程中，还应注意对当地的公益投入，使"一带一路"走过的地方能够留下友好的脚印，充分彰显"一带一路"建设是促进共同发展、实现共同繁荣的合作共赢之路。

第七章 "一带一路"建设与人类命运共同体构建

伴随着新兴国家逐渐成为经济复苏的引擎，中国正在以"一带一路"建设促进更高水平的对外开放。党的十九大报告指出："要推动形成全面开放新格局……要以'一带一路'建设为重点，坚持引进来和走出去并重……加强创新能力开放合作。"党的二十大报告也提出，"共建'一带一路'成为深受欢迎的国家公共产品和感觉合作平台"，强调"推进共建'一带一路'高质量发展"。这些都意味着"一带一路"倡议将成为中国全面开放格局的重中之重，为中国在全球价值链重构中实现开放型经济转型升级注入强大动力。研究表明，"一带一路"建设为中国实现开放型经济转型升级、优化全球价值链分工模式、加速全球价值链转换重构等注入了强大动力（魏龙、王磊，2016）。

自提出共建"一带一路"倡议以来，从基础设施到民生改善、从贸易往来到文化交流，中国与"一带一路"沿线国家和地区的全球价值链分工合作已从顶层设计和构建政策机制的启动阶段，转向以项目合作推进为重点的建设阶段。"十四五"规划提出的以"六廊六路多国多港"①为主骨架的标志性项目建设的全面推进，不仅标志着互联互通建设的进一步加强，也表明中国在稳定和巩固全球价值链分工中发挥着越来越重要的枢纽作用。

"一带一路"倡议提出至今，已历时十年。中国通过积极参与"一带一路"沿线经济体的价值链分工，有效推进了区域内资源的开放与利用，从而进一步帮助沿线相关经济体培育了核心竞争力，开拓了国际经贸合作新领域，实现了沿线经济体的互利共

---

① "六廊六路多国多港"是共建"一带一路"的主体框架。"六廊"是指新欧亚大陆桥、中蒙俄、中国—中亚—西亚、中国—中南半岛、中巴和孟中印缅等六大国际经济合作走廊，"六路"是指铁路、公路、航运、航空、管道和空间综合信息网，"多国"是指一批先期合作国家，"多港"是指若干保障海上运输大通道安全通畅的合作港口。

赢与共同发展。"一带一路"倡议正在成为助推世界经济稳定发展的关键力量。

第一节 "一带一路"高质量发展为全球经济增长提供新动能

推动共建"一带一路"高质量发展是践行构建人类命运共同体的重大举措。2023年3月15日，在中国共产党与世界政党高层对话会上，习近平总书记在发表题为"携手同行现代化之路"的主旨讲话时指出，我们愿同各国政党一道，推动共建"一带一路"高质量发展，加快全球发展倡议落地，培育全球发展新动能，构建全球发展共同体。2023年是共建"一带一路"倡议提出十周年。这十年来，共建"一带一路"倡议走深走实，已成为一项重要的国际公共产品，为各国开拓出一条通向共同繁荣的发展之路。

一、"一带一路"高质量发展推动全球贸易的快速增长

经贸合作是"一带一路"建设的重要内容，贸易畅通是共建"一带一路"的着力点，是推动各国经济持续发展的重要力量。近十年来，中国积极与"一带一路"沿线国家合作，消除贸易壁垒，积极同"一带一路"沿线国家和地区共同商建自由贸易区，开通"中欧班列"，加强贸易合作，中国与"一带一路"沿线国家之间的贸易自由化和便利化水平稳步提升，贸易方式不断创新，贸易畅通迈上新台阶。在当前国际经济形势严峻复杂的情况下，加强与"一带一路"沿线国家的务实合作，促进相互贸易和投资，对于促进各国经济稳定发展、稳住外贸外资基本盘具有重要意义。

（一）中国与"一带一路"沿线国家的贸易规模不断创新高

根据中华人民共和国商务部的统计，自"一带一路"倡议提出以来，中国与"一带一路"沿线国家的贸易发展提速，中国与这些国家间的进出口总值从2013年的6.46万亿元增长至2021年的11.6万亿元，年均增长率达7.5%。即使面对新冠肺炎疫情的冲击，中国与"一带一路"沿线国家间的贸易仍维持了增长势头。同时，贸易结构持续优化，民营企业进出口占比提高。国务院新闻办发布会介绍2022年商务工作及运行情况，其中出口占比提高了3.2个百分点，达到60.8%。多边、双边经贸合作取得积极进展，对RCEP贸易伙伴的出口同比增长17.5%，高于整体增速7个百分点。值得一提的是，以电动汽车、光伏产品、锂电池为代表，中国高技术、高附加值、引领绿

色转型的产品成为出口新增长点。2022 年，电动汽车出口增长 131.8%，光伏产品增长 67.8%，锂电池增长 86.7%。同时，跨境电商、市场采购贸易方式等外贸新业态也在蓬勃发展，进出口规模超过 3 万亿元，占外贸的比例超过 7%。与此同时，尤其是在俄乌冲突爆发以后，"一带一路"贸易克服不利影响，继续保持较高增速，在中国对外贸易中的占比也在不断提升，目前已达 32.8%。截至 2022 年底，中国已成为 25 个沿线国家最大的贸易伙伴。辐射"一带一路"的自由贸易区网络加快建设，中国与欧盟、新加坡等 31 个经济体签署了"经认证的经营者"（AEO）互认协议。

（二）中国与"一带一路"沿线国家的贸易在对外贸易中的占比持续提升

根据中国海关的数据，2022 年，中国与"一带一路"沿线国家的贸易总额达 20 721.75 亿美元，同比增长 15.4%，较中国对外贸易增速高 11 个百分点。其中，中国对"一带一路"沿线国家出口额为 11 808.8 亿美元，同比增长 15.7%；中国自"一带一路"沿线国家进口额为 8 912.95 亿美元，同比增长 15%。从与"一带一路"沿线国家的贸易增长速度来看，自 2016 年以来，除 2020 年受新冠肺炎疫情的影响，中国与"一带一路"沿线国家的贸易增速低于中国对外贸易整体增长速度外，其余年份中国与"一带一路"沿线国家的贸易增速都高于中国对外贸易整体增速。

从 2022 年对外贸易总体情况来看，"一带一路"贸易在中国对外贸易中的占比持续提升，在对外贸易总规模中，"一带一路"贸易占比首次超过 30%，达到 32.8%，较 2021 年提升 3.1 个百分点[1]。总体来看，自"一带一路"倡议提出以来，中国与"一带一路"沿线国家的贸易规模不断增长，"一带一路"贸易在中国对外贸易中的份额也逐渐提升。根据海关总署的数据，从 2014 年的 25% 左右提升到 2019 年的近 30%，到 2022 年，"一带一路"贸易在对外贸易中的占比一举突破 32%，凸显了"一带一路"贸易在中国对外贸易中的重要地位。

在产业链供应链合作方面，2013—2021 年，中间产品占中国对"一带一路"沿线国家出口比例由 2013 年的 49.8% 升至 2021 年的 56.2%。[2]2021 年，中国对"一带一

---

[1] 数据来源：《国新办举行 2022 年全年进出口情况新闻发布会》，国新办，2023 年 1 月 13 日。

[2] 数据来源：《2021 年"一带一路"沿线国家占我国外贸整体比重近 3 成》，海关总署，2022 年 2 月 11 日。

路"沿线国家出口机电产品、劳动密集型产品总值分别为 3.55 万亿元（以人民币计算，下同）、1.25 万亿元，同比分别增长 18.8%、15.2%，合计占当年中国对"一带一路"沿线国家出口总值的 72.9%。同期，出口医药材及药品总值达 1 181.3 亿元，增长 168.6%。中国自"一带一路"沿线国家进口原油、农产品、金属矿砂和天然气价值总额分别为 1.18 万亿元、3 565.5 亿元、2 127.7 亿元和 1 854.5 亿元，同比分别增长 44%、26.1%、24.9% 和 38.9%。

在服务贸易方面，2015—2021 年，中国与"一带一路"沿线国家服务贸易总额累计达 6 700 亿美元，年均增长 5.8%，占同期服务贸易比例从 2015 年的 12% 升至 2021 年的 14.7%。2021 年，中国与"一带一路"沿线国家完成服务贸易进出口总额超过 1 000 亿美元，服务外包业务快速增长，中国承接"一带一路"沿线国家离岸服务外包执行额为 243.4 亿美元，同比增长 23.2%。

（三）"数字发展"和"绿色发展"成为拓展"一带一路"经贸合作的新亮点和新引擎

自共建"一带一路"倡议提出以来，特别是习近平总书记提出建设绿色丝绸之路以来，共建"一带一路"绿色发展取得积极进展，理念引领不断增强，交流机制不断完善，务实合作不断深化，中国也由此成为全球生态文明建设的重要参与者、贡献者、引领者。推动各方全面履行《联合国气候变化框架公约》及其《巴黎协定》，积极寻求与"一带一路"沿线国家和地区应对气候变化"最大公约数"，推动建立公平合理、合作共赢的全球气候治理体系。

2021 年，中国申请加入《数字经济伙伴关系协定》，参与制定高标准数字经贸规则，援非"万村通"乌干达项目实现了 900 个村落卫星数字电视信号接入。截至 2022 年末，中国已与 16 个国家签署"数字丝绸之路"合作谅解备忘录，与 24 个国家建立"丝路电商"双边合作机制，共同开展政策沟通、规划对接、产业促进、地方合作、能力建设等多层次多领域的合作，着力培育贸易投资新增长点。此外，中国已和 84 个共建国家建立科技合作关系，支持联合研究项目 1 118 项，在农业、新能源、卫生健康等领域启动建设 53 家联合实验室，"创新丝绸之路"建设朝气蓬勃。中国还与 31 个共建国家共同发起"一带一路"绿色发展伙伴关系倡议，承诺不再新建境外煤电项目，并率先宣布出资 15 亿元设立昆明生物多样性基金，"绿色丝绸之路"建设亮点频现。[①]

在全球经贸往来受新冠肺炎疫情的冲击下，中国与'一带一路'沿线国家和地区的贸易保持稳定增长对于推动中国市场多元化和稳定外贸基本盘有重要意义。第一，有利于促进经贸往来，做大沿线贸易"蛋糕"，拓展中国外贸新空间，助力中国外贸结构多元化。第二，拉动商品与服务出口。促进沿线国家各类资源要素流动与配置，激发各类市场主体的活力，带动基建、设备需求。第三，有助于稳定提升外贸质量。国内企业走出去、国外先进技术引进来，有利于推动企业在产品质量、品牌服务与技术等方面的创新，促进中国外贸整体提质增效。与此同时，中国与"一带一路"沿线国家的经贸发展也为全球贸易复苏作出重要贡献。

二、"一带一路"高质量发展促进区域投资的持续扩展

中国积极与"一带一路"沿线国家和地区开展投资合作，在全球对外直接投资下降的大趋势下，中国对外直接投资逆势增长，多措并举稳外资，立足国内国际双循环，与东道国在互利共赢中走向共同繁荣。

（一）对外投资稳步推进

中国与"一带一路"沿线国家双向投资也迈上新台阶，涵盖多个行业。商务部的数据显示，在投资方面，2013—2022 年，中国与"一带一路"沿线国家双向投资累计超过 2 700 亿美元，截至 2022 年底，中国企业在"一带一路"沿线国家建设的境外经贸合作区累计投资达 571.3 亿美元，为当地创造了 42.1 万个就业岗位；在工程建设方面，2013—2022 年，中国在"一带一路"沿线国家承包工程新签合同额、完成营业额累计分别超过 1.2 万亿美元和 8 000 亿美元，占对外承包工程总额的比例超过了一半。

2022 年，中国企业在"一带一路"沿线国家非金融类直接投资达 209.7 亿美元，同比增长 3.3%，占同期总额的 17.9%；"一带一路"沿线国家对中国实际投资达 891.5 亿元，同比增长 17.2%。此外，2022 年，中国在"一带一路"沿线国家承包工程新签

---

① 资料来源：《"一带一路"建设成果丰硕 推动全面对外开放格局形成——党的十八大以来经济社会发展成就系列报告之十七》，国家统计局，2022 年 10 月 9 日。

合同额达 8 718.4 亿元，完成营业额 5 713.1 亿元，占承包工程总额的比例分别为 51.2% 和 54.8%。中老铁路、匈塞铁路等重点项目建设运营稳步推进，一批"小而美"的农业、医疗、减贫等民生项目相继落地。

（二）合作园区蓬勃发展

近十年来，中国与"一带一路"沿线国家的境外合作工业园区项目稳步推进，成为经贸合作的重要载体。一大批园区凭借自身优势迅速发展，如中白工业园、泰中罗勇工业园、中国印度尼西亚综合产业园区青山园区、中柬西哈努克港经济特区、中国埃及泰达苏伊士经贸合作区、中国埃塞俄比亚东方工业园等，在承接中外企业合作、解决当地民众就业、带动东道国经济发展等方面发挥了积极作用。根据中华人民共和国商务部的统计，截至 2021 年末，境外经贸合作区分布在 46 个国家，累计投资达 507 亿美元，上缴东道国税费达 66 亿美元，为当地创造了 39.2 万个就业岗位。此外，中国与"一带一路"沿线国家投资活力持续拓展，加快了相关国家新冠肺炎疫情后经济的恢复。

（三）多边金融合作支撑作用显现

资金融通是共建"一带一路"的重要支撑和保障。中国积极与"一带一路"沿线国家开展金融合作，推动建立多层次的金融服务体系，为"一带一路"建设提供多元化的金融支持和服务。

亚投行、丝路基金等多边金融合作机构相继成立，为"一带一路"建设和双多边互联互通提供投融资支持。截至 2021 年 10 月，亚投行的成员数量由启动运营时的 57 个增至 104 个，成员数量仅次于世界银行，覆盖亚洲、欧洲、非洲、北美洲、南美洲、大洋洲六大洲。截至 2021 年末，亚投行已批准 158 个项目，累计投资总额达 319.7 亿美元。自新冠肺炎疫情暴发以来，亚投行成立专项应急基金，用于支持成员方的紧急公共卫生资金需求，惠及越南、格鲁吉亚、巴基斯坦、土耳其、哈萨克斯坦等 19 个国家，应急基金由初始额度的 100 亿美元追加至 130 亿美元。截至 2020 年末，丝路基金签约以股权投资为主的各类项目 49 个，覆盖"一带一路"沿线多个国家，70% 的签约资金运用于电力电站开发、基础设施建设、港口航运、高端制造业等大型国际合作项目。

三、"一带一路"高质量发展为全球提供国际公共产品

党的二十大报告在总结新时代十年伟大变革及其所取得的巨大成就时明确指出，共建"一带一路"成为深受欢迎的国际公共产品和国际合作平台。报告对中国迈上全面建设社会主义现代化国家新征程、向第二个百年奋斗目标进军的各项战略任务和重点工作进行了部署，提出要继续"推动共建'一带一路'高质量发展"。坚持共商、共建、共享原则，推动"一带一路"建设是中国共产党对外开放理论和实践的重大创新，在世界百年未有之大变局加速演进的背景下，"一带一路"为世界提供了以互联互通推进新型全球化的确定性，提供了中国以高水平对外开放实现高质量发展的确定性。共建"一带一路"取得的历史性成就主要表现在政策沟通、设施联通与贸易畅通、资金融通等方面。

（一）政策沟通促进国际宏观经济政策协调

共建"一带一路"是习近平总书记统筹国内国际两个大局、着眼人类发展未来所提出的重大合作理念。习近平总书记强调，共建"一带一路"倡议源于中国，但机会和成果属于世界，其涵盖世界上 2/3 的国家和 1/3 的国际组织。截至 2023 年 1 月底，中国已与 151 个国家、32 个国际组织签署 200 余份共建"一带一路"合作文件，形成3 000 多个合作项目，投资规模近 1 万亿美元，带动全球国际合作"范式"效应显著。[①]同时，亚投行、丝路基金等多变开发机构和国际合作平台的设立，也推动全球治理体系朝着更加公正合理的方向发展。这不仅加强了中国和周边国家和地区的经贸往来，更促进了国际宏观经济政策的协调发展，为全球发展注入稳定性。

（二）设施联通与贸易畅通保证世界开放型经济和贸易

通过共建"一带一路"、改善相关基础设施，降低了贸易成本。国际贸易往往需要以海陆空等方式将商品送达，在运输成本因素的影响下，海运或陆运是国际贸易主要运输方式。"一带一路"建设中对交通基础设施等的大规模投资，消除了交通运输瓶颈，提升了跨境物流便捷度。荷兰国际集团 2018 年 6 月发布的《"一带一路"的贸易影响》

---

① 参见和音：《努力为人类和平与发展事业贡献中国智慧、中国方案》，《人民日报》2023 年 2 月 24 日。

报告指出，"一带一路"相关道路建设项目加强了各国间的交通联系，尤其能促进一些保质期较短的产品在中欧间通过铁路运输，这会显著降低成本、推动全球贸易增长、提高贸易效率。

"六廊六路多国多港"主要架构正在形成，一批标志性项目取得了实质性进展，亚吉铁路、阿联酋联邦铁路、中老铁路、雅万高铁等项目让世界瞩目。世界银行2019年发布的研究报告显示，共建"一带一路"有效增进了互联互通，可使全球贸易成本降低1.1%—2.2%，使中国—中亚—西亚经济走廊上的贸易成本降低10.2%，为全球贸易便利化和经济增长作出了贡献。世界银行2020年发布的题为"从'陆锁国'到'陆联国'——解锁中老铁路联通性的潜力"的报告认为，中老铁路不仅能够大幅降低昆明和万象之间的铁路物流成本，而且能够缩短从中国川渝地区到印度尼西亚首都雅加达的物流时间，大幅降低运输成本。

（三）资金融通为稳定的国际金融、货币体系提供助力

金融部门为企业"走出去"提供了大量的融资支持。国家金融监督管理总局的统计数据显示，截至2020年底，共有11家中资银行在29个"一带一路"沿线国家设立了80家一级分支机构。3家中资保险公司在新加坡、马来西亚、印度尼西亚设有7家营业性机构。此外，中国发起的亚投行为发展中成员基础设施互联互通建设提供了大量资金支持。截至2021年末，亚投行已批准158个项目，累计投资总额达319.7亿美元，涉及能源、交通、通信、农业、公共卫生、水资源等基建领域。此外，中国还发起设立了多只对外投融资基金，如丝路基金、中拉产能合作投资基金、中非产能合作基金、中国—欧亚经济合作基金，为"一带一路"高质量发展提供长期稳定的资金支持。

（四）民生援助项目稳步推进

2021年，中国历史性地消除绝对贫困，提前十年完成了联合国2030年可持续发展议程提出的减贫目标。中国在其成功的减贫实践中积累了宝贵经验，将其作为公共产品向世界其他国家和地区提供参考借鉴。同时，作为国际减贫事业的推动者、贡献者，中国坚持行动导向，为各国减贫提供实实在在的助力。人类正在遭受第二次世界大战结束以来最为严重的经济衰退，各大经济板块历史上首次同时遭受重创，由于自身发

展的脆弱性和应对新冠肺炎疫情手段的匮乏，不少共建"一带一路"的发展中国家受创程度较为严重，南北发展差距面临扩大甚至固化的风险。据联合国多个机构公布的数据，新冠肺炎疫情迄今导致全球损失 2.5 亿个全职工作岗位，使得至少 1.2 亿人陷入极端贫困（全球 20 年来贫困人数首次如此大幅增长）、520 万儿童因为失去至亲沦为"新冠孤儿"、至少 1.55 亿人陷入严重粮食不安全境地，人类发展指数 30 年来首次出现下降。[①] 在国际国内环境发生深刻且复杂变化的形势下，中国始终秉持正确义利观，在"一带一路"建设过程中不断深化国际发展合作，积极开展对外援助，为推动落实联合国 2030 年可持续发展目标、携手构建人类命运共同体作出积极贡献。依托共建"一带一路"平台，中国大力援助沿线国家和地区治穷减贫，为它们提供各种专业技能培训，涵盖减贫、农业等多个领域。根据世界银行的预测，共建"一带一路"有望使相关国家和地区约 760 万人摆脱极端贫困、3 200 万人摆脱中度贫困。

中国在统筹疫情防控和经济发展方面取得的成绩获得国际社会公认，与 31 个合作伙伴共同发起"一带一路"疫苗合作伙伴关系倡议，积极开展抗疫援助，引领抗疫国际合作。2020 年，中国向 150 个国家和 13 个国际组织提供防护服、口罩、呼吸机等大批防疫物资，向 34 个国家派遣 37 个医疗专家组。截至 2022 年 2 月，中国已累计向 120 多个国家和国际组织提供超过 21 亿剂疫苗，其中很大一部分面向"一带一路"沿线国家。经过携手抗击疫情，"一带一路"国际合作内涵不断丰富，共建"一带一路"合作方之间的情谊日益加深。

中国积极支持"一带一路"沿线国家保障民生。在农业领域，2020 年，非洲部分国家饱受蝗灾困扰，使本已受新冠肺炎疫情影响的经济雪上加霜。中国向乌干达、埃塞俄比亚等国援助蝗虫防治物资，帮助其减少蝗灾影响。援东帝汶粮仓、援格林纳达农业技术合作等项目帮助相关国家提高农业生产，保障粮食安全。在教育领域，援布基纳法索 113 所茅屋小学改造项目竣工交付，近 3 万名当地小学生拥有了宽敞明亮的教室。援莫桑比克索法拉职业技术学校、援马拉维社区技术学院、援坦桑尼亚卡盖拉职业技术学校等项目有序推进，将帮助提升当地教育水平，让当地民众获得更多接受

---

① 资料来源：《"一带一路"高质量发展是世界经济稳定的力量》，《光明日报》2022 年 7 月 4 日。

职业教育和就业的机会。在公益设施领域，援科特迪瓦国家奥林匹克体育场、援吉布提国家图书档案馆等项目启用，援冈比亚国际会议中心、援老挝人民革命青年团中央活动中心等项目签约或开工，这些都有助于改善当地公益基础设施状况，丰富人民体育文化生活。在人道主义领域，援多米尼克西部沿海公路完成灾后修复项目，成为促进经济社会恢复的复苏之路。为缅甸克钦邦流离失所者安置项目提供现汇捐赠，支持缅甸建设房屋，帮助民众重返家园。

四、中欧班列为"一带一路"高质量发展注入强劲动力

中欧班列是共建"一带一路"的旗舰项目和标志性品牌，自班列开行以来得到了国际社会的广泛赞誉和积极参与，并且其探索出了一条凝聚共识、充满活力的发展之路。同时，中欧班列焕发出合作共赢的强大生命力，构建了全天候、大运量、绿色低碳、畅通安全的亚欧物流运输新通道，成为广受欢迎的国际公共产品。

中欧班列是贯通中欧、中亚供应链的重要运输方式。从 2011 年重庆发出第一列"渝新欧"中欧班列算起，截至 2022 年底，中欧班列联通中国境内 108 个城市，通达欧洲 25 个国家 208 个城市，累计开行 6.5 万列、发送 604 万标准箱。[①] 作为国际陆路运输的新型组织方式，中欧班列是目前中国与"一带一路"沿线国家和地区联系最为紧密的路径，也是推动"一带一路"建设落地实施的成熟典范。

（一）中欧班列开辟了亚欧陆路运输新通道

中欧班列的开行，完善了亚欧陆路运输网络，拓展了国际联运通道，大幅提升了沿线口岸、枢纽节点能力，形成了"多向延伸、海陆互联"的空间布局，开创了国际物流运输合作新局面。伴随着中国铁路的快速发展和高质量共建"一带一路"的深入推进，中国对外开放持续扩大，在国际合作方面也取得众多重要成果，越来越多的中国铁路在亚洲、欧洲、非洲等地区落地生根并结出硕果。中老铁路正式通车，在中国西南开辟了一条与东南亚融合发展的通途大道。西部陆海新通道成为 RCEP 框架下连接中国与东盟地区最快速、最便捷的通道。中欧班列昼夜穿梭、快速发展，成为极具

---

① 资料来源：国家铁路局。

活力的"黄金大通道"。

（二）中欧班列助力沿线国家和地区的经济发展

中欧班列的开行，优化了区域开放格局，扩大了沿线国家和地区的经贸往来，深化了国际产能合作，加速了要素资源跨国流通，促进了沿线国家和地区的民生改善，为沿线国家和地区的人民带来实实在在的"获得感"。中欧班列既便利了各国同中国的贸易往来，也在完善当地基础设施建设、带动物流产业发展的同时，助力中国与相关国家实现共赢发展。

中欧班列的开行，不仅给沿线国家和地区送去了"中国制造""中国机会"，也捎回了"欧洲产品""欧洲希望"。随着"中欧班列＋贸易""中欧班列＋口岸""中欧班列＋园区"等新业态快速发展，中外各方对开行中欧班列的需求也在不断增长。十年来，中欧班列的综合重箱率由 2016 年的 77% 提升至 2022 年的 98% 以上，全程运输时间由开行之初的 24 天压缩至目前最短的 12 天。运行质量和效益稳步提升，运输货物品类不断丰富，不仅给沿线国家和地区送去了优质的中国产品，也捎回了更多的欧洲产品，中欧班列的货物种类已从最初的手机、笔记本电脑等数码产品，扩大到汽车配件及整车、化工、机电、粮食、酒类、木材等 5 万余种，货值累计近 3 000 亿美元，中欧班列已成为畅通中欧贸易的"稳定器"和"加速器"。

（三）中欧班列维护了国际供应链的安全稳定

在全球遭受新冠肺炎疫情冲击、产业链供应链面临压力之时，中欧班列克服全球流通不畅、运力不足的困难，向各国运送当地急需的短缺物资，打造了国际抗疫"生命通道"，助力了沿线国家和地区的企业复工复产，增强了国际物流应急保障能力，凸显了安全、稳定、富有韧性的优势。中欧班列已成为国际供应链体系的重要支撑，为稳定全球产业链供应链、推动世界经济复苏作出了积极贡献。

党的二十大报告将"推动构建人类命运共同体"纳入中国式现代化的本质要求，意味着在现代化进程中日益强大起来的中国将坚定站在历史正确的一边，站在人类文明进步的一边，高举和平、发展、合作、共赢旗帜，与世界各国人民携手解决全球性问题，推动建设持久和平、普遍安全、共同繁荣、开放包容、清洁美丽的世界。中欧班列作为'一带一路'的大动脉，挑起了陆路运输的大梁，对加强'一带一路'沿线各国和地区的经济、文化交流起到非常重要的作用。

五、丝路基金为"一带一路"发展提供有力的金融支持

党的二十大报告指出，推进高水平对外开放，推动共建"一带一路"高质量发展。有序推进人民币国际化，深度参与全球产业分工和合作，维护多元稳定的国际经济格局和经贸关系。推动高质量共建"一带一路"，离不开高质量的国际投资合作。

丝路基金作为响应"一带一路"倡议而专门设立的中长期开发投资机构，是促进资金融通的务实举措和重要成果，也是金融支持"一带一路"建设的重要组成部分。丝路基金大力践行"一带一路"倡议，发挥投融资工具丰富和双币种资金来源的优势，通过灵活高效的运作模式为项目投融资提供丰富多元的解决方案，在实践中积极探索合适的投融资模式，推动凝聚多方广泛共识，展现"一带一路"建设的独特优越性和活力。截至 2022 年底，丝路基金已签约项目 70 余个，承诺投资金额约 215 亿美元[①]，涵盖基础设施、资源开发、产能合作、金融合作等领域，覆盖东南亚、南亚、中亚、西亚北非、欧洲等地区，对促进互联互通、国际产能合作以及当地经济社会发展和民生福祉等都发挥了积极作用。

（一）丝路基金促进了发展规划的有效对接

"一带一路"沿线的众多发展中国家在制定与实施发展规划的过程中，都不同程度地存在基础设施建设薄弱与增长赋能不足等问题，尤其是一些投资规模较大、投资和回报期限较长的项目面临融资困难，成为制约相关国家经济发展的瓶颈。丝路基金自成立以来，始终立足于将项目建设与所在国家与地区发展规划相对接，为有益于投资所在国家和地区可持续发展的项目提供多元化融资支持，帮助符合当地实际的建设规划顺利落地，使"一带一路"这一互利共赢的国际合作平台与相关国家和地区的经济社会发展在整体上步伐协调一致、相互促进、相得益彰。

（二）丝路基金发挥股权投资优势支持合作项目

许多基础设施建设项目融资不足，其主要原因是资金供给与需求存在结构性失衡。

---

① 数据来自张威、郑欣：《"一带一路"经贸合作：十年回顾与展望》，《中国外汇》2023 年第 10 期。

一方面，一些发展中国家由于历史原因，确实存在债务规模过于超前、结构不合理、债务负担过重等情况，影响了政府和市场动员资金的效率。另一方面，全球流动性普遍充裕，但尚未有效匹配回报期较长、收益不明显的基础设施项目的资金需求。丝路基金主要从事中长期股权投资，拥有较为稳定的中长期资金来源，在改善项目投融资结构方面作出了积极尝试。通过对前期股权资金进入的引领，加上相应债权性资金的配套支持，撬动更大规模的政府资源和私人资本共同投入，凸显资金聚集效应，从而使得相关项目建设资金能够落实到位。

丝路基金参与新建项目类的"绿地投资"（greenfield investment）或改造已有项目类的"棕地投资"（brownfield investment），多采用政府部门与私人部门合作方式，可以有效聚集各方资源与力量，并通过股权资金的参与帮助实现更为平衡合理的资金结构。例如，巴基斯坦卡洛特水电站项目采取"建设—运营—移交"（BOT）模式，主要由私人投资者投资参与基础设施建设，有利于减轻政府的直接财政负担，在建成运营30年期满后，当地政府还可以无偿获得该项目的经营权和管理权。丝路基金通过投资入股三峡南亚公司和参与银团贷款，为项目提供权益资金和贷款资金的双重支持。此项目投融资模式设计重视中长期可持续，彰显合作共赢、义利相兼的"丝路精神"。

（三）丝路基金积极拓展第三方市场合作空间

丝路基金一直非常重视通过投资合作促进多方市场连通，始终坚持在"开放包容、互利共赢"理念的指引下，搭建沟通桥梁，与国际多边开发机构、大型跨国公司等多类型经济主体建立良好的合作关系，并发挥自身"穿针引线"的优势，推动中国的优势产能、发达国家的先进技术和投资所在国的发展需求进行有效链接，通过多方合力开拓第三方市场，促进资源在世界范围内优化配置，也为合作各方创造更大的投资回报。

截至2022年底，丝路基金已与30多个国家（地区）政府部门以及国际金融公司、欧洲复兴开发银行、欧洲投资银行、亚投行、金砖银行等国际多边机构和美国通用电气公司等行业领导者，在开展项目筛选和投融资方案设计、加强信息交流和经验分享等方面形成良好的合作基础，共同探讨并推动在第三方市场的投资合作。例如，为响应中欧双方领导人关于"一带一路"建设与欧洲"容克计划"相对接的倡议，丝路基金与欧洲投资基金组建了中欧共同投资基金，该基金完全遵循市场化原则运作，通过对欧洲地区的私募基金和风险投资基金进行投资，支持对中欧合作具有促进作用、商业前景较好的中小企业，对中国与欧洲企业开展深度合作、发挥协同效应并形成价值增值发挥了积极的推动作用。目前，中欧基金已完成对若干子基金项目的投资，所投项目涉及生命科学、信息科技等高科技领域，覆盖多个欧洲国家，合作共赢的效果正在逐步体现。

（四）丝路基金践行绿色环保理念促进可持续发展

国际投资合作应大力推进可持续领域的合作。推进共建"一带一路"高质量发展，以高标准、可持续、惠民生为目标，倡导建设绿色、数字、健康丝绸之路。各国实现可持续发展的规划内容通常包括大力发展绿色低碳经济、数字经济，提高医疗健康服务水平，等等。

绿色、环保、可持续是"一带一路"建设的内在要求，也是高质量发展必须遵循的原则。丝路基金在投资决策过程中，始终将环境保护等社会责任纳入可行性评估和风险管理体系，充分论证项目对当地生态环境和社会带来的影响，统筹考虑遵守投资所在国的法律法规、保护环境、促进当地就业、履行社会责任等因素，将增进当地人民的福祉和长期投资回报结合起来考虑，以促进综合发展效益的提升。"一带一路"绿色投资原则（GIP）自实施以来，迅速发展成为由 37 家签署机构和 12 家支持机构组成的国际性网络。2020 年 9 月，GIP 召开第二次全体会议并发布首份年度进展报告，该报告从公司治理和战略、可持续性风险评估和管理、投资组合绿色化以及信息披露四个角度，评估各签署机构对原则的落实情况，首次设立"最佳绿色金融交易奖"，丝路基金摘得此殊荣。2021 年丝路基金作为锚定投资人之一，参与全球另类资产管理机构 TPG 发起设立的气候投资主题基金——TPG 上善睿思气候基金，该基金在全球范围内投资于清洁能源、低碳交通、绿色工业等方向。

高质量发展除了经济和环境的可持续外，还包括债务的可持续。丝路基金积极探索创新开发性金融投资思路，通过在相关国家和地区投资可持续性项目，使其在经济上具有效益，在财务、环境和社会等方面具有可持续性。丝路基金认真遵守 2017 年 5 月发布的《"一带一路"融资指导原则》，推动建设长期、稳定、可持续、风险可控的融资体系。目前，丝路基金超过 70% 的承诺投资额是股权性质投资，通过增加对中长期项目资本金的投入，可以有效降低项目主体和所在国家的债务负担，提升项目增信和抗风险能力。实践证明，通过市场化方式支持项目建设，在严谨科学的可行性研究基础上设计合理的投融资结构，并且严格遵守关于资本金比例要求和资产负债率约束的国际市场规则，能够在经济效益可持续的基础上，保障项目建设与其长期的运营。

当前，在局部地缘政治形势持续演变、主要发达经济体宏观政策调整诸多因素的交织下，全球经济正面临增长乏力、通胀高企、金融市场波动加剧等挑战，逆全球化、产业链调整、能源结构转型等中长期趋势也在加速变化。在此背景下，随着"一带一路"建设的深入推进，丝路基金将与境内外政府机构、企业和投资机构建立广泛的合作关系，以高质量的投资合作和稳健的投资业绩展现了"一带一路"倡议的互惠与共赢，建立服务"一带一路"建设高质量发展的健全投融资体系，推动共建"一带一路"高质量发展。

综上所述，中国持续推动"一带一路"高质量发展，维护和践行真正的多边主义，为推动世界经济发展作出了重要贡献。共建"一带一路"富含深远的时代价值和世界意义。"一带一路"建设秉持共商、共建、共享的原则，坚持开放、绿色、廉洁理念，努力实现高标准、可持续、惠民生目标，着力推进政策沟通、设施联通、贸易畅通、资金融通、民心相通，既为中国人民谋幸福、为中华民族谋复兴，也为人类谋进步、为世界谋大同。共建"一带一路"探索了促进共同发展的新道路，实现了共建成员方之间的互利共赢，为全球经济增长提供了新的驱动力。

第二节 "一带一路"高质量发展创新区域合作的新模式

十年来，"一带一路"倡议以共商、共建、共享为指导原则，在相互尊重、公平正义、合作共赢的国际合作观基础上创造国际合作新模式，成为促进可持续发展的创新型合作机制。"一带一路"倡议核心理念被写入联合国、二十国集团、亚太经合组织等国际组织的重要文件，也有越来越多的国家将本国发展规划和中国"一带一路"倡议对接起来。"一带一路"倡议为推动国际和国内的区域协调发展提供了新的合作平台和合作机制，正在为全球的和平与发展作出积极贡献。

一、"一带一路"高质量发展的带动效应：以点带面

2013年9月7日，国家主席习近平在哈萨克斯坦纳扎尔巴耶夫大学发表重要演讲时指出："为了使我们欧亚各国经济联系更加紧密、相互合作更加深入、发展空间更加广阔，我们可以用创新的合作模式，共同建设'丝绸之路经济带'……以点带面，从线到片，逐步形成区域大合作。""一带一路"建设是中国扩大开放的重大战略举措和经济外交的顶层设计。对于推进"一带一路"建设，习近平提出"以点带面、串点成线、步步为营、久久为功"的要求。

中国改革开放的特点是先建立特区，在一个或几个点进行试验，成功后再将其经验推广到其他地方，并不是一下子全面铺开的。可以说，"以点带面、从线到片、逐步推进"也是中国改革开放的经验。中国改革开放探索出一条工业走廊、经济走廊、经济发展带的模式，先在沿海地区试点，继而在内陆港口城市和内陆地区试点推广，形成经济增长极、城市群，带动整个中国的改革开放。

在"一带一路"建设中，推行一国一策，先双边再多边，以点带面，从线到片，逐步形成国际合作的大格局。在具体实施过程中，强调在条件比较成熟的国家和地区先实施，有一些早期收获后，再对其他国家产生示范作用和扩散效应，最终形成经济发展带；这样能更好地帮助相关国家获得内生式发展动力，使其最终完成工业化和农业现代化，实现共同脱贫致富。

（一）以点带面，互联互通为"一带一路"高质量发展奠定坚实基础

国家主席习近平在出席第三次"一带一路"建设座谈会时强调，把基础设施"硬联通"作为重要方向，把规则标准"软联通"作为重要支撑，把同共建国家人民"心联通"作为重要基础。

交通基础设施互联互通是"一带一路"建设的重要内容，"六大经济走廊"[①]的公路、铁路、港口等交通基础设施是打通亚太经济圈和欧洲经济圈经济通道、释放"一

[①] "六大经济走廊"，指的是中国与"一带一路"沿线国家和地区一道规划的经济带，包括：新欧亚大陆桥经济走廊、中蒙俄经济走廊、中国—中亚—西亚经济走廊、中国—中南半岛经济走廊、中巴经济走廊和孟中印缅经济走廊。

带一路"沿线国家和地区经济发展潜力、改变中国及亚欧大陆经济地理格局的关键。"一带一路"倡议提出以来，一系列国际经济合作走廊取得了重大进展，将亚洲经济圈与欧洲经济圈联系在一起，为建立和加强各国互联互通伙伴关系、构建高效畅通的亚欧大市场发挥了重要作用。在推动共建国家基础设施互联互通方面，"一带一路"建设可谓硕果累累。铁路、公路、港口、航空、能源、通信等重点通道建设全面推进。雅万高铁作为东盟第一条高速铁路试验运行，柬埔寨第一条高速公路正式通车；巴基斯坦瓜达尔港开通集装箱定期班轮航线，斯里兰卡汉班托塔港经济特区已完成园区产业定位、概念规划等前期工作，希腊比雷埃夫斯港建成重要中转枢纽。聚焦"六廊六路多国多港"主要架构，一批标志性项目取得实质性进展。在铁路方面，中老铁路全线开通运营，雅万高铁、中泰铁路建造稳步推进；在公路方面，中巴经济走廊两大公路顺利完工并移交通车，中俄黑河大桥建设竣工；在航空方面，国际民航运输航线网络不断拓展，截至 2021 年末，中国已与 100 个国家签订双边政府间航空运输协定，与其中 54 个国家保持定期客货运通航，与东盟、欧盟签订区域性航空运输协定。今后，中国将继续同相关国家共同努力建设高质量、抗风险、可持续的基础设施，以点带面，构建以新亚欧大陆桥等经济走廊为引领，以中欧班列、陆海新通道等大通道和信息高速路为骨架，以铁路、港口、管网等为依托的互联互通网络。

（二）以点带面，"一带一路"沿线产业链集群推动跨区域协同发展

改革开放以来，中国积极主动地融入全球产业链、价值链。在 2001 年加入 WTO 之后，中国不断加大开放力度、提供优化的投资环境和营商环境，吸引全球优秀的跨国公司在中国设立工厂以及研发部。中国于 2009 年成为全球第一大货物出口国，于 2010 年又成为全球第一大制造国。自 2008 年全球金融危机以来，中国对全球经济增长的贡献率超过 30%，已经深度融入全球供应链，成为全球供应链的重要参与方，也成为全球供应链的核心环节。近年来，中美贸易摩擦、新冠肺炎疫情等外部冲击重塑全球产业链，在全球价值链重构和产业链重新布局的背景下，中国联合产业互补性强的国家和地区构建区域产业链，沿此产业链进行产业升级，并逐步提高在全球分工中的优势，成为中国突破中低端锁定和实现产业升级的重要途径。随着新一轮技术革命的兴起，全球产业链供应链本地化、区域化、数字化趋势在加速演进。伴随"一带一路"

高质量推进，中国与"一带一路"沿线国家和地区凝聚出一股新的共生力量，形成相对稳定的产业链供应链关系。

"一带一路"沿线国家和地区大多为劳动密集型经济体，其劳动力和资源禀赋优势明显。中国制造业的优势集中在中低端和中高端领域，如电子信息、机械设备等领域。为进一步提升附加值，中国需要将部分产能转移到这些发展中经济体上。各国通过产能合作满足高质量发展的现实需求。

"一带一路"倡议通过区域市场扩容相对降低外部市场的依赖性，推动以外部市场主导、海路联通为主、垂直分工型产业链为特征的东亚区域增长机制，向以区内市场主导、陆海联通保障、区域全产业生产网络为特征的区域增长机制转型。"一带一路"的实施有效推进并带动更多国家融入全球和地区分工网络，使其分享区域内发展红利和中国市场开放红利，助推了区域繁荣。

总之，高质量推进"一带一路"建设，中国充分发挥了龙头企业的带头作用，采取以点带面的策略，形成了以产业链为核心的产业集群区，引导企业顺应市场导向，不断推出先进技术、先进模式和先进管理方式，促进"一带一路"沿线产业链集群跨区域协同发展。

二、"一带一路"高质量发展的平台效应：双边与多边

自提出以来，"一带一路"建设取得丰硕成果，构建起"六廊六路多国多港"互联互通主架构，成为广受欢迎的国际公共产品。特别是在新冠肺炎疫情在全球蔓延的背景下，中国能够保持贸易渠道畅通，大力支持"一带一路"沿线国家和地区复工复产和经济复苏，为全球产业链供应链的稳定提供了重要支撑。可以说，"一带一路"倡议已经成为中国高水平对外开放的一张亮丽名片。"一带一路"高质量发展离不开合作模式的创新，加强"五通"，即政策沟通、设施联通、贸易畅通、资金融通和民心相通，以点带面，从线到片，逐步形成区域大合作格局。

（一）"一带一路"双边合作对接助力共同发展

"一带一路"是以亚欧非大陆为重点、面向全世界开放的区域合作机制，其合作架构主要由三部分组成：一是对接机制，即中国与各国发展规划的对接，以及与多边合

作机制的对接；二是重点领域合作机制创新，即中国与其他"一带一路"参与方在基础设施建设、贸易投资、产业合作、金融货币合作等重点领域的合作机制创新；三是区域一体化机制的建设，通过自由贸易安排、双边或区域投资协定等方式灵活渐进地推进区域一体化机制建设。总体而言，"一带一路"建设在双边发展规划对接等方面进展迅速。

"一带一路"沿线国家经济发展水平参差不齐，有的国家综合发展水平较高，有的还属于最不发达国家。中国与其他沿线国家建立经济合作机制，强调不同层次经济合作机制的兼容并蓄，充分考虑"一带一路"沿线国家的不同经济水平和经济需求，建立多层次、多形式的新合作机制，因地制宜、因国施策开展双边合作。对不同区域，中国设计不同的合作机制，这些合作机制包含自由贸易区，也可包含次区域合作，还涉及经济走廊和产业园区，满足不同区域经济发展的实际需要。在"一带一路"建设推进的过程中，沿线各国可以就经济发展战略和对策进行充分的交流对接，共同制定推进区域合作的规划和措施，协商解决合作中的问题，共同为务实合作及大型项目实施提供政策支持。在共建"一带一路"框架下，各参与国和国际组织本着求同存异原则，就经济发展规划和政策进行充分交流，协商制定经济合作规划和措施。

"一带一路"建设取得了令人瞩目的成就，表明其符合时代潮流，适应时代发展的需要，因而具有旺盛的生命力。"一带一路"建设在双边发展战略对接、重点领域机制创新方面颇有建树，对推动新型全球化产生了深远影响。由基础设施互联互通的推动，延伸到"一带一路"沿线国家贸易投资合作的优化升级，再到公共卫生、数字经济、绿色发展、科技教育、文化艺术等领域人文合作的深化，以及议会、政党、民间组织往来的多元互动的人文交流格局，表明"一带一路"绝对不是简单的中国产能输出和资金输出，而是让各国基于合作共赢的原则，共同参与这个倡议中来，努力建设一个新型的区域经济合作机制。

（二）"一带一路"多边合作机制助推全球化发展

随着经济全球化深入发展，全球性、地区性议题不断增多，多边主义不仅是一个合作工具，而且逐步成为多方参与全球和地区治理的重要方式，即以协商、对话等方式处理公共问题和区域性复杂问题。

多边主义体现平等、互利、开放原则，对于维护全球发展和稳定具有重大意义。中国不仅积极倡导多边主义，而且以实际行动践行多边主义，为推动各国加强互利合作、践行多边主义提供中国方案、贡献中国智慧，是当今世界支持多边主义的重要力量。"一带一路"经历了从倡议到共识、从愿景到行动、从双边到多边的发展过程，被载入联合国、中非合作论坛、上海合作组织、亚欧会议等重要多边机制的成果文件，得到联合国和许多国际组织领导人的高度评价。

多边合作是双边合作的功能提升、扩展和外溢，中国与各国之间双边合作以及在更广阔平台上的多边合作并行不悖，两者互为补充、相互促进。"一带一路"建设还强调发挥已有双边和多边合作机制的作用。经过 40 多年的改革开放，中国与很多国家和地区建立了比较健全有效的双多边合作机制。在推进"一带一路"建设过程中，中国与相关各方充分发挥这些多边合作机制的作用，并对其进行改进，使之既与时俱进，又降低了建立新合作机制的成本。

多边主义有助于实现"一带一路"可持续发展。自 2008 年金融危机发生以来，世界经济发展乏力，主要国家在基础设施上投资不足。"一带一路"跨越了诸多人烟稀少、基础设施及不完善的地区，建设前期需要对铁路、桥梁等基础建设进行大量投资。坚持多边主义，形成多元化的资金融通格局，是"一带一路"可持续发展的重要保障。坚持多边主义，推动亚投行、丝路基金、南南合作援助基金、金砖国家新开发银行、中国—联合国和平与发展基金等多边机制为"一带一路"保驾护航，有利于建立多元融资模式，实现各方优势互补，提升"一带一路"项目的活力及可持续性。

总之，"一带一路"多边合作机制的推进对区域合作机制的协调以及全球化发展都起到了积极促进作用。

（三）"一带一路"在区域合作领域方面不断探索新模式

在区域合作方面，中国不断探索新的合作模式，与俄罗斯等国家共同建立上海合作组织。国家主席习近平在上海合作组织成员国元首理事会第十八次会议上提出发展观、安全观、合作观、文明观、全球治理观，赋予"上海精神"新的时代内涵。中国与东盟和东亚邻国共同建立"10+1""10+3"合作机制，推动地区自由贸易体制不断升级；与非洲、拉丁美洲的国家建立更为务实的对话平台，与中东欧国家发展"17+1"合作框架，为不同地区发展与合作的进一步提升和拓展创造了条件。

除了与联合国和全球性国际组织的对接外，大量区域性国际组织也是实现"一带一路"倡议的多边议程化的重要途径。"一带一路"倡议向世界各个地区开放，但重点是周边的亚太地区，主要包括东北亚、东南亚、南亚、西亚、中亚、南太平洋等次区域，周边地区是"一带一路"走向全球的基础。

中国周边存在众多国际组织，它们不仅是周边地区国际关系的重要行为体和周边国际合作的重要平台，更是推动周边地区一体化的重要力量。中国周边国际组织包括次区域国际组织，如东南亚国家联盟、南亚区域合作联盟、上海合作组织等；跨地区国际组织，如亚太经济合作组织、亚洲开发银行等；中国和周边国家共同参与的新兴多边组织和机制，如金砖国家、二十国集团、亚投行等；会议和论坛类国际组织，如东亚峰会、博鳌亚洲论坛、亚信会议等；联合国系统的区域办事处，如亚太经社会等。这些周边国际组织具有多样性、不平衡性和创新性等特点。

此外，打造新型次区域合作机制是实现合作机制多边化的重要途径之一。新型次区域合作机制涉及成员少，有利于较快达成共识，也较双边合作机制更易被"一带一路"其他成员所接受，有利于将实践中被证明行之有效的合作机制进一步推广。例如，由中国、柬埔寨、老挝、缅甸、泰国、越南六国围绕澜沧江—湄公河流域推进的新型次区域合作机制（澜湄合作）已经进入全面实施新阶段，机制建设、务实合作方面均取得积极进展，澜湄合作将被建设为"一带一路"倡议的重要平台。

总之，"一带一路"合作机制是中国倡导的新型全球性区域经济合作机制，是对现有区域经济合作机制的创新发展。"一带一路"合作机制建设对于保障"一带一路"建设顺利实施、提升中国全球治理能力和参与新一轮国际规则竞争意义重大。

三、"一带一路"高质量发展的创新效应：新模式与新机制

"一带一路"覆盖了欧亚大陆，延伸到非洲和大洋洲，同时，在合作理念、合作空间、合作领域、合作方式上所展现的开放性、包容性，使其成为一个新型国际区域合作平台。

（一）平等互利是"一带一路"高质量发展的基础

"一带一路"建设的最终目标是打造政治互信、经济融合、文化包容的利益共同体、责任共同体和命运共同体。这是中国决策层主动应对全球形势深刻变化、统筹国内国际两个大局作出的重大决策，也是关乎未来中国改革发展、稳定繁荣乃至实现中华民族伟大复兴的顶层设计。"一带一路"倡议强调平等合作，国家之间不分大小，经济体之间不分强弱，不同制度、不同文化、不同信仰的国家一律要在平等协商的基础上进行合作。"一带一路"倡议主张互利共赢，就是兼顾各方的利益所在和关切，寻求各方利益契合点和合作的最大公约数，充分体现各相关者的智慧和创意，充分发挥各自所长和所能，充分展示各方优势和潜力。"一带一路"倡议追求的是共同发展。坚持共商、共建、共享原则，倡导与不同民族、不同文化、不同发展水平的国家进行共同合作。

（二）开放包容是"一带一路"高质量发展的重要特征

开放包容是"一带一路"合作机制区别于其他区域合作机制的重要特征之一。"一带一路"没有为参加成员设置"准入门槛"，构筑资格壁垒。任何国家只要有意愿与中国携手合作发展，愿意寻求自身发展战略与"一带一路"倡议对接的合作空间，就可以通过政策沟通参与"一带一路"建设。"一带一路"倡议的开放性，还体现在其参与方并不局限于"一带一路"沿线国家，而是面向所有国家开放；其合作领域不局限于某个单一领域，而是政治、经贸、文化等多领域、多层面的合作。

"一带一路"倡议的包容性还体现在其合作伙伴的多样性。一方面，沿线各国在社会经济发展阶段、政治制度、宗教信仰等方面存在很大差异；另一方面则体现为追求"普惠"的目标，即让不同国家、不同阶层都能享受发展红利，最终实现人类命运共同体。"一带一路"既包括传统意义上的FTA，也包括次要区域的多边合作；既包括中国东盟的双边关系，也就是中国东盟自由贸易区的升级版，中国与中东国家、上海合作组织在谈中的自由贸易区协议，也包括孟中印缅经济走廊和中巴经济走廊。这种多元化合作机制在世界上独一无二，适应了亚洲发展的多元性特性。从合作对象的开放性来说，既有发展中国家，也有发达国家；既有亚洲国家，也有欧洲国家，还有非洲国家。这两个特征决定了"一带一路"倡议与现有的区域经济合作安排是一种并行不悖、相互促进的关系。由此可见，美国主导的 TPP、东盟国家主导的 RCEP 都可以跟"一带一路"实现不同程度的对接，形成相互兼容、相互促进的合作关系，达到互利共赢的目标。

总之，"一带一路"倡议不划定范围，不搞封闭机制，临近各国甚至世界各国和国际、地区组织如果有兴趣均可参与，成为该倡议的支持者、参与者和受益者，让共建成果惠及更加广泛的区域。它还倡导开放包容的经济合作理念，倡导文明宽容，尊重各国发展道路和模式的选择，加强不同文明之间的对话，抓大放小、求同存异、相互兼容、和平共处，最终达到共生共荣的合作目标。

（三）第三方市场合作成为共建"一带一路"的新形式

第三方市场合作指的是中国企业（含金融企业）与有关国家共同在第三方市场开展经济合作。这种模式为各方提供了巩固自身比较优势、扩大集体利益的机会，得到了多个国家的积极响应。

各国各方只要有合作意愿均可参与"一带一路"倡议。2015 年 6 月，中法两国政府共同发表《中法关于第三方市场合作的联合声明》。据国家发展改革委统计，截至 2019 年 6 月，已有 14 个国家同中国签署了第三方市场合作文件。中国企业、金融机构和国际同行积极开展了包括银团贷款和合资投资在内的多种形式合作。中国与法国、英国等已签署第三方市场合作协议的发达经济体，正积极探索在新兴市场，特别是在"一带一路"框架下探索创新型联合融资和联合投资机制，以期释放合作潜力。2022 年 2 月，中法签署了第三方市场合作第四轮示范项目清单，包含基础设施、环保和新能源等领域的七个项目，总金额超过 17 亿美元。这些项目的合作方式灵活多样，包括联合融资、共同投资、中方 EPC（工程、采购和施工）总包＋法方投资开发等。合作区域主要集中在非洲、东南亚、中东欧等地区。中国、法国与非洲国家在第三方市场合作方面已形成典范，成功地开展了一批合作项目。

中国与欧洲乃至西方发达国家深化开展第三方市场合作，不仅是对国际合作模式的新突破，而且更深刻地切合当前国际经济形势下不同发展阶段国家、区域的发展诉求，将为推动全球各国、区域开展多边合作提供新的范本。相信未来的第三方市场合作，在秉持共商、共建、共享的理念下，各方既可以开拓新的市场，更可以实现优势互补、多方共赢，此举对于推进"一带一路"建设、构建人类命运共同体具有深远的意义。

综上所述，"一带一路"建设通过政策沟通、资金支持、改善伙伴国家的基础设施互联互通水平，提升区域内的相互贸易与投资水平，进而推进区域协调发展、经济繁荣。一方面，"一带一路"的合作理念与合作方式，考虑到了不同国家的差异性和发展需求，可以根据政策沟通、设施联通、贸易畅通、资金融通和民心相通——这"五通"的不同内容进行务实选择。另一方面，加入"一带一路"倡议具有的灵活性，极大地拓展了各经济体的合作空间，这是传统区域合作模式无法比拟的。"一带一路"建设为推动国际区域协调发展提供了新的合作平台和合作机制，也必将为全球的和平与发展作出积极贡献。

第三节 "一带一路"高质量发展促进全球治理体系的完善

习近平总书记明确指出，共建"一带一路"，顺应经济全球化的历史潮流、顺应全球治理体系变革的时代要求、顺应各国人民过上更好日子的强烈愿望。这一论述以平实的语句深刻阐释了"一带一路"内涵中共建共享、互利共赢的核心价值，这也是"一带一路"倡议在推进过程中进一步凝聚全球共识、实现更广泛协同发展的认知基础。"一带一路"倡议自提出以来，取得巨大的成就，不仅有效扩大了与沿线经济体的贸易规模与层次，而且也有效提升了沿线经济体资源禀赋的开发利用，推动相关经济体更有效地参与全球价值链分工，从而获得了国际广泛的支持与参与。但部分西方发达经济体基于维护自身在全球价值链的优势地位和对国际投资贸易规则的主导权，对"一带一路"倡议有所曲解（赵明昊，2021），其做法增加了"一带一路"倡议的推进难度和风险。因此，为了降低难度和减少风险，就要构建"一带一路"的共同价值观，明确"一带一路"倡议的价值理念，形成超越传统的地缘政治、建成新全球治理结构并坚持正确利益导向的价值体系。

一、"一带一路"高质量发展丰富和发展全球治理体系

从2013年习近平提出"一带一路"倡议以来，"一带一路"建设取得了巨大的进

展，尤其是通过"五通"建设，推动经济体的投资贸易的持续扩张与发展。这主要体现在以下方面。

（一）持续加强政策沟通、拓展区域合作的范围和领域

在中国的积极推动下，与中国就"一带一路"倡议达成共识的国家和地区持续增加，也有越来越多的国际组织对"一带一路"倡议表达支持与认同，将"一带一路"的内涵、理念与价值观作为发展成果的组成部分（孙壮志、郭晓琼，2022）。同时，亚投行、丝路基金等多边开发机构和国际合作平台的设立，也推动全球治理体系朝着更加公正合理的方向发展。

（二）基础建设取得显著进展，进一步深化"一带一路"的互联互通

随着交通、能源管网等大批项目落地实施，"一带一路"沿线国家和地区的基础设施建设取得了长足进展，在基础设施互联互通方面：中老铁路于 2021 年 12 月 3 日正式通车[①]；载中新双方共同编制的《中新（重庆）战略性互联互通示范项目"国际陆海贸易新通道"合作规划》下，将协同推进国际陆海贸易新通道建[②]；2022 年 11 月 2 日，中国与越南同意加快推动商签两国政府间推进共建"一带一路"倡议和"两廊一圈"框架对接合作规划[③]；在中巴经济走廊框架下，中国和巴基斯坦加快推进瓜达尔港和一号铁路干线升级改造等项目[④]；中国和印度尼西亚合作建设的雅万高铁 2022 年 11 月 16 日成功试运行[⑤]；等等。此外，作为中泰两国共建"一带一路"的重点项目及泰国首条标准轨高速铁路，中泰铁路采用中国标准设计建造，一期工程连接曼谷和呵叻，二期工程将延伸至泰国东北边贸重镇廊开，实现与中老铁路的衔接，从而经老挝磨丁和中国磨憨可以抵达昆明。中泰铁路建设不仅对泰国意义重大，而且对区域互联互通同样助益良多。[⑥]互联互通建设的推进，使得区域交通可达性、资源流动性、信息共享能力显著增强。

---

① 参见《徐安策代表：中老铁路打开黄金大通道》，《新华每日电讯》2023 年 3 月 9 日。
② 参见《中新将推动"国际陆海贸易新通道"多元合作》，载中国新闻网，2022 年 6 月 8 日。
③ 参见《关于进一步加强和深化中越全面战略合作伙伴关系的联合声明》，载外交部，2022 年 11 月 2 日。
④ 参见《外交部发言人：中国与周边国家在互联互通方面有不少好消息》，载中国政府网，2022 年 11 月 4 日。
⑤ 参见余谦梁、汪奥娜：《雅万高铁试验运行圆满成功》，载中国政府网，2022 年 11 月 17 日。
⑥ 参见《中泰铁路建设者：坚守岗位迎新春》，载光明网，2023 年 1 月 21 日。

（三）推动区域合作环境的优化，贸易规模持续提升与扩大

2013 年后，中国与"一带一路"沿线国家的经贸往来得到迅速发展，通过消除贸易障碍与深化产业合作，使得参与"一带一路"贸易的国家的发展潜力得以充分释放，贸易规模持续扩大。据统计，2013 年到 2022 年，中国与"一带一路"沿线国家年度贸易额从 1.04 万亿美元扩大到 2.07 万亿美元，年均增长 8%；在投资方面，2013—2022 年，中国与"一带一路"沿线国家双向投资累计超过 2 700 亿美元，截至 2022 年底，中国企业在"一带一路"沿线国家建设的境外经贸合作区累计投资达 571.3 亿美元，为当地创造了 42.1 万个就业岗位；在工程建设方面，同期中国在"一带一路"沿线国家承包工程新签合同额、完成营业额累计分别超过 1.2 万亿美元和 8 000 亿美元，占对外承包工程总额的比例超过了一半。[①] 特别需要指出的是，通过贸易与投资的扩大，有效增强了中国与"一带一路"沿线国家产业链供应链的互补性：2022 年，中国对"一带一路"沿线国家出口中间产品总值约 4.44 万亿元，增长了 23.9%，占同期中国对"一带一路"沿线国家出口总值的 56.3%。其中纺织品、电子元件、基本有机化学品和汽车零配件出口分别增长了 14.5%、21.1%、31.3% 和 24.6%。同期，进口能源产品、农产品稳定增长，分别进口 2.46 万亿元和 3 704.1 亿元，增速分别为 58.8% 和 13.4%。[②] 此外，中国还通过持续发布对外投资合作国别（地区）指南，推动与共建国家商签和升级投资保护协定，为共建"一带一路"高质量发展提供更多保障。

（四）创新融资合作平台，为相关国家提供经济增长助力

在推动"一带一路"倡议的过程中，中国始终关注改善融资环境的建设，并积极推动构建多边投融资体系。从亚投行成立以来，中国始终积极支持扩大"一带一路"沿线国家的投融资规模，投融资体系不断完善，多双边投融资机制逐渐建立，多方投融资平台发展迅速，资金融通能力逐步增强。以亚投行为例，随着 2022 年底非洲国家毛里塔尼亚的获批加入，亚投行现已拥有来自世界六大洲的 106 个成员，覆盖全球 81% 的人口和 65% 的 GDP，成为成员数量仅少于世界银行的全球第二大国际多边

[①] 参见谢希瑶、潘洁：《我国与"一带一路"沿线国家货物贸易额十年年均增长 8%》，载新华网，2023 年 3 月 2 日。

[②] 参见《2022 年我国与"一带一路"沿线国家贸易继续保持了快速增长》，载中国经济网，2023 年 1 月 13 日。

开发机构[①]；这显示了中国所建构的多边投融资体系获得越来越多的国家和国际组织支持。数据显示，截至目前，在助力基础设施建设、推动当地经济与社会发展、改善人民生活等方面，亚投行已累计批准 202 个项目，融资总额超过 388 亿美元，撬动资本近 1 300 亿美元，涉及能源、交通、水务、通信、教育、公共卫生等领域的可持续基础设施建设与成员经济绿色复苏的项目遍布全球 33 个国家[②]，这些项目不仅支持了这些国家的基础设施建设，而且也改善了当地人民生活。

（五）加强人文社会联系，畅通民心联系渠道

自"一带一路"倡议提出以来，中国一直关注和强调加强与"一带一路"沿线国家的人文社会交流合作。据统计，2013—2022 年，"一带一路"建设遵循习近平总书记"不同国家、民族的思想文化只有姹紫嫣红之别，而无高低优劣之分。每个国家、每个民族不分强弱、不分大小，其思想文化都应该得到承认和尊重"[③]的指示精神，秉承和而不同、互鉴互惠的理念，尊重"一带一路"沿线国家和地区人民的精神创造和文化传统，通过与"一带一路"沿线国家和地区互办艺术节、电影节、音乐节、文物展、图书展等活动，合作开展各类人文交流。截至 2022 年，丝绸之路国际剧院联盟、博物馆联盟、艺术节联盟、图书馆联盟、美术馆联盟相继成立，已发展国内外成员单位 539 家，覆盖 92 个国家和 2 个国际组织，"鲁班工坊"等 10 余个文化交流和教育合作品牌逐步形成。[④] 以此为基础，中国与"一带一路"沿线国家和地区的人文交流日益密切，人文活动影响力逐步扩大，而且中国与"一带一路"沿线国家和地区的互办的艺术节、电影节、音乐节、文物展、图书展等已形成常态化合作机制，进而为中国深化与"一带一路"沿线国家和地区的人文交流提供了坚实雄厚的基础。

可以说，"一带一路"倡议为推动全球经济稳定成长及各国各地区可持续发展提供了可行道路和成功典范，也为完善全球治理结构、构建人类命运共同体奠定了坚实基础。

---

① 参见潘洁：《开业运营 7 周年 亚投行"朋友圈"何以越来越大？》，载中国政府网，2023 年 1 月 17 日。
② 同上。
③ 习近平：《不同国家、民族的思想文化有姹紫嫣红之别 无高低优劣之分》，载央视网，2014 年 9 月 24 日。
④ 参见张长安、唐灵杰：《以史鉴今，"一带一路"文化交流历久弥新》，载光明网，2022 年 11 月 24 日。

二、"一带一路"高质量发展有效完善全球经济治理结构

作为全球治理体系的重要内容，全球经济治理主要针对经济领域内的全球性问题，其中最为关键的问题是如何保持世界经济强劲、可持续、包容、平衡地增长。因此，全球经济治理是指世界各国通过协商达成一系列有助于维持和促进全球经济增长的规则或制度（张宇燕，2022）。随着世界经济结构进行调整期、尤其是新兴经济体的快速发展，使得二战后由美国主导建立的全球经济治理结构的缺陷日益显现。"一带一路"高质量发展正是在这一背景下提出的，无论是从内涵、推进路径还是从已取得的成就来看，"一带一路"都可以说是对全球经济治理结构形成的重要补充和完善。

（一）全球经济治理困境下的"一带一路"高质量发展

全球经济治理是经济全球化的产物。全球化的深入发展带动了贸易、投资、金融等领域的跨国议题，需要多边领域的协调与合作，WTO、国际货币基金组织、世界银行等架构就是在这一背景下建立和发展起来的。然而，随着发达国家逆全球化思潮的兴起以及一系列贸易保护主义做法的实施，全球经济治理陷入前所未有的困境。

首先，全球经济治理机制运行出现停滞甚至倒退。自特朗普政府起，美国一改二战后秩序维护者的角色，不仅退出大型贸易协定谈判，而且为世界贸易组织的争端解决机制设置障碍，同时提出"美国优先"政策进而实行一系列贸易保护主义举措，包括对主要贸易伙伴采取加征关税、挑起贸易争端、实施出口管制等行为。这场由最发达的国家发起的逆全球化风潮，至今仍在蔓延与扩展，直接导致全球范围内贸易冲突增加、投资壁垒增加、金融风险持续上升，使得包括 WTO 在内的全球经济治理机制遭受重创。

其次，全球经济治理长期以来忽视贫困与发展问题。长期以来，全球经济治理的平台主要为头部发达国家组成的七国集团，虽然全球金融危机爆发后二十国集团起到了重要作用，但随着金融危机的解决其重要性有所下降，并且七国集团在很大程度上引领了全球性经济议题的设置和讨论方向。同时，全球经济治理的主要机构，如WTO、国际货币基金组织、世界银行等也几乎都由发达国家主导，甚至世界银行和国际货币基金组织的领导职位，按照不成文的规定，也均由美国和欧洲国家的人员担任，

WTO 的领导人国籍更为宽泛，但候选人要想胜选也必须获得美国和欧洲国家的支持。因此，由发达国家掌控的全球经济治理机制更注重所谓的"市场开放与公平竞争"，以期建构更有利于发达国家发展的经济环境，却长期忽视发展中国家的发展问题，导致全球经济的马太效应持续，南北差距进一步扩大，发展中经济体与发达经济体之间的差距难以缩小。

"一带一路"高质量发展倡导以平等为基础、以开放为导向、以合作为动力、以共享为目标的全球经济治理观[①]；一方面，积极拥护全球化，支持多边主义，抵制单边主义和保护主义，为全球经济治理提供新的平台；另一方面，关注发展问题，设立亚投行和新开发银行，致力于通过基础设施建设提升广大发展中国家的经济发展潜力，促进"一带一路"沿线国家和地区在"五通"维度上的全面发展。

（二）"一带一路"倡议推动建构高质量的区域合作

1."一带一路"高质量发展与印太经济框架

作为印太战略的组成部分，在美国 2021 年 10 月提出"印太经济框架"构想和 2022 年 2 月发布《美国印太战略》报告以后，印太经济框架（Indo-Pacific Economic Framework，IPEF）于 2022 年 5 月宣布启动，9 月开启正式谈判。印太经济框架并不涉及关税减让和市场准入，强调的四大支柱包括：互联的经济（贸易）、弹性的经济（供应链合作）、清洁的经济（能源和基础设施）、公平的经济（税收和反腐败）。现有成员无需全部参与四大支柱谈判，可以选择性地参与其中一个或多个。就完善全球经济治理结构的要求而言，以议题谈判与推进为发展路径的印太经济框架明显不及"一带一路"高质量发展所带来的实际效益。

（1）"一带一路"倡议持开放性的全球化原则，而印太经济框架持排他性立场，本质是逆全球化的扩张。"一带一路"高质量发展设立之初就欢迎所有国家的加入，采取了非常开放的姿态，目前加入"一带一路"倡议或加入其设立的亚投银行的成员，不仅包括发展中国家，而且包括发达国家，并未对具体国家设立限制。而印太经济框架则具有鲜明的地缘排他立场，拜登政府的多位高官公开称，印太经济框架是"独立于

---

① 习近平主席在二十国集团工商峰会开幕式上的主旨演讲，2016 年 9 月 3 日。

中国的安排",将用于有效反制中国的影响力(刘晨阳,2023)。显然,这种地缘排他性立场本质是将本国的逆全球化扩大至签约区域,不符合全球经济治理的要求,不仅无法解决全球经济治理的缺陷,还有可能恶化其困境。

(2)"一带一路"倡议重项目落实,而印太经济框架聚焦规则制定,延续西方发达经济体的既有做法。"一带一路"高质量发展以具体项目为抓手,在签约国家落地基础设施项目或产业园区,通过增加投资对签约国家的经济发展具有直接带动作用。而印太经济框架的贸易支柱声称要建立起高标准的、包容性的、自由的、公平的贸易承诺,涉及数字经济等规则制定;供应链支柱则强调供应链的透明度、多样性、安全性和可持续性,可能将环境、劳工等标准嵌入供应链中间环节,以更有效地实施其贸易制裁手段。可见,强调规则输出的印太经济框架,归根结底仍是出于美国自身利益考量,不仅会大幅增加签约国的生产成本,而且可能导致亚太区域供应链混乱,进一步提升全球经济治理成本。

(3)"一带一路"倡议显著激发延续经济体的经济潜力,而印太经济框架经济尚缺乏实际效益。这与两个架构的设立初衷相关,"一带一路"的设立初衷就是打开市场甚至培育市场,因此重点是激发"一带一路"沿线国家经济潜力,无论基础设施还是产业园区都有助于提升"一带一路"沿线国家的生产效率。而印太经济框架则是为了弥补印太战略的经济短板,是为了增加印太战略的吸引力而增设的经济板块。在对美国民意的顾虑下,印太经济框架不涉及关税减让和市场准入,投资自由化和贸易便利化可能也难以取得进展。印度于2022年9月已退出印太经济框架的贸易支柱谈判,原因就是"看不到好处"。因此,印太经济框架不仅不利于自由贸易,而且可能演变为变相的保护主义,不利于亚太区域乃至全球经济的恢复与增长,与全球经济治理的初衷背道而驰。

2. "一带一路"高质量发展与欧盟全球门户战略

在2018年提出"欧盟—亚洲互联互通战略"的基础上,欧盟于2021年12月1日正式公布全球门户战略。该战略计划于2021—2027年,由欧盟及其成员国,联合下属开发性金融机构,共同调动3 000亿欧元资金,用于在重点区域开展基础设施建设。同时,该战略计划旨在连接关键领域,强调必须在国际标准、规则和准则的基础上,推动建立公平竞争的环境。就全球经济治理结构而言，欧盟全球门户战略中抵御逆全球化和战略落实两个方面都不及"一带一路"高质量发展。

（1）"一带一路"倡导开放和自由贸易，而欧盟全球门户战略则可能抬升贸易成本和壁垒。在逆全球化劲风由美国蔓延至其他发达国家的背景下，"一带一路"高质量发展倡导自由贸易，大幅提高"一带一路"沿线国家贸易规模。据商务部数据，2013—2022 年，中国与"一带一路"沿线国家货物贸易额从 1.04 万亿美元扩大到 2.07 万亿美元，年均增长率达 8%，^① 为全球贸易乃至全球经济的稳定增长作出了显著贡献。欧盟的全球门户战略则强调国际标准和规则，当然适当的标准和规则在国际经济运行中是必要的，但过于强调规则可能会起到反作用。在近年来频繁出台环保、劳工、数据等规则的基础上，欧盟试图借全球门户战略推广上述规则，这显然会导致相应国家生产、流通、监管的成本上升，不利于彼此贸易额的扩大。因此，欧盟全球门户战略不仅无助于缓解逆全球化，而且还可能导致发展中国家的贸易成本上升进而不利于其长期发展，无法解决全球经济治理的困境。

（2）"一带一路"落实始终在有序推进，而欧盟全球门户战略仍处于规划阶段。商务部数据显示，截至 2022 年底，中国企业在"一带一路"沿线国家建设的境外经贸合作区累计投资达 571.3 亿美元，为当地创造了 42.1 万个就业岗位。2022 年中国企业在"一带一路"沿线国家非金融类直接投资达到 209.7 亿美元。然而，截至 2022 年底，欧盟全球门户战略提出一年后几乎没有实质性进展：既没有新项目，也没有新的资金和政策，几乎没有参与该战略的企业，连欧盟委员会网站上也没有项目清单。欧盟全球门户战略的落实效果堪忧，这使得一部分欧洲议员都认为，该计划就是一种宣传策略，就是把一些原来的项目重新包装成新的东西而已。当然，欧盟一方面，遭受俄乌冲突导致的能源危机，另一方面面临高通胀和经济减速的困扰，因此全球门户战略的搁置也是难以避免的。

由此可见，"一带一路"倡议在推动高质量区域合作方面已经发挥出积极效益，而无论是印太经济框架还是欧盟全球门户战略，其内涵、推进路径则仍囿于传统思维和

---

① 参见谢希瑶、潘洁：《我国与"一带一路"沿线国家货物贸易额十年年均增长 8%》，载新华网，2023 年 3 月 2 日。

做法且尚停留的规格阶段。

三、"一带一路"高质量发展提供全球生态治理的新模式

由于气候、水源、森林等方面的治理问题往往需要全球性关注，全球生态治理成为全球治理的关键内容之一。而从气候治理的现状来看，发达国家与发展中国家在环境成本与利益分担机制、环境责任与援助分配等方面存在明显分歧，使得全球生态治理困难重重。美国于 2017 年宣布退出《巴黎协定》更是对全球生态治理造成空前打击。在此背景下，"一带一路"高质量发展在全球生态治理方面进行了新的尝试，为全球生态治理提供了新的思路。

（一）倡导"共同但有区别责任"原则，保障全球经济治理中的"绿色正义"

从历史视角来看，1900—2005 年，发达国家的人均碳排放量是发展中国家的 7.54 倍（何畏，2019），在生态环境问题的历史形成中应承担主要责任。然而，从现有的生态治理体系来看，无论是《京都议定书》还是《巴黎协定》，都是由更具有经济实力和国际话语地位的发达国家所主导的，欠发达国家在规则制定谈判中难以公平地表达诉求，并且还不得不在国际贸易中接受发达国家单边或多边输出的环境生态规则，如欧盟制定的碳边境调节税等，这显然是有违历史正义的错误之举。从现实视角来看，发达国家不仅具备雄厚的经济基础和财政实力，而且往往拥有先进的生态环境保护技术，从污染防治到资源循环，从大气、水务运营到固体废弃物和危险废弃物的处理，美国、欧盟、日本等发达国家已经形成成熟的产业链。在国际经贸谈判中，发达国家借助自身的优势地位，强力将环境条款嵌入贸易协定或投资协定中，甚至单独列出环境保护的章节，以环境规则外溢来建立并强化符合其自身利益的全球生态治理体系。发展中国家要想进入发达国家市场，就只能接受规则，这也就意味着需要达到有关要求和标准，但无论是标准检测还是环境优化都需要利用发达国家的先进技术并向发达国家支付高昂的费用，同时还可能丧失国内环境政策的独立性，显然存在不合理性（丛晓男、王维，2021）。

"一带一路"高质量发展以绿色为底色，强调与"一带一路"沿线国家和地区共同营造良好环境、加强生态治理、谋求绿色发展新路，构建"一带一路"生态共同体。

2019 年 4 月，国家主席习近平在第二届"一带一路"国际合作高峰论坛开幕式上发表主旨演讲时指出，"我们要坚持开放、绿色、廉洁理念，不搞封闭排他的小圈子，把绿色作为底色，推动绿色基础设施建设、绿色投资、绿色金融，保护好我们赖以生存的共同家园"。绿色"一带一路"强调在平等的基础上进行合作，倡导共同但有区别的责任原则，认为各国应该根据各自发展水平和能力共同承担生态环境责任。作为发展中大国，中国一方面意识到全球生态环境治理的重要性和紧迫性，积极拥护和推进全球生态治理建设，另一方面在全球生态治理发展过程中也明显感受到发展中国家普遍面临的绿色正义问题，积极捍卫发展中国家的权利。这种独特的立场不仅同主导当前全球生态治理的发达国家存在明显的区别，而且也使得"一带一路"高质量发展成为全球生态治理的新模式，对现有全球生态治理形成有益补充。

（二）协调发展经济与保护生态目标，提高发展中国家生态保护积极性

发达国家几乎都经历了先发展经济后保护生态（也被称为"先污染后治理"）的过程，例如，英国在工业化时期经历的严重空气污染使得伦敦曾获"雾都"称号。主要发达国家几乎都以生态环境为代价取得了经济的高速发展，而在经济发达后开始重视生态环境保护。发展中国家则正在经历这一阶段，其在推进工业化和城镇化的同时，产生了环境污染、生态退化等生态环境问题。强调生态环境保护意味着经济成本的抬升，使得发展中国家不得不面对是发展经济还是保护生态的两难选择，大多数发展中国家为了摆脱贫困往往无奈地选择前者，这是全球生态治理中不得不面对的难题。

可见，抛开经济发展仅仅讨论生态环境保护，是不切实际的纸上谈兵，也不会被大多数发展中国家所接受。只有以保持经济发展为前提，满足以发展为目标的生态治理和环境保护才真正符合发展中国家的现实需求，才能调动发展中国家参与全球生态治理的积极性。在这一方面，联合国的 2030 年可持续发展议程涉及了一部分发展问题，但对于欠发达国家经济发展诉求的回应还远远不够；而由欧盟提出、聚焦气候治理的《巴黎协定》也更强调各国的碳减排目标，在减缓和适应方面应该给予发展中国家多少支持还处于争论中。印太经济框架在清洁的经济支柱方面，关注能源安全和能源转型、关键部门温室气体的减排、绿色创新技术、清洁能源转型动力等，这显然是以美国自身的能源安全为核心的，而发展中国家所关注的绿色技术支持或转让在实际

谈判中仍然难以达成。

中国的实践证明，发展经济和保护生态两个目标并不是对立的，而是可以协调推进的。作为"一带一路"高质量发展的重要内容，绿色"一带一路"建设的核心内容就是推动发展中国家跨越传统发展路径，协调好经济发展和环境保护的关系。2022年3月，中国发展改革委等部门出台了《关于推进共建"一带一路"绿色发展的意见》，提出两项具体的时间目标：到2025年，共建"一带一路"生态环保与气候变化国际交流合作不断深化，绿色丝绸之路理念得到各方认可，绿色基建、绿色能源、绿色交通、绿色金融等领域务实合作扎实推进，绿色示范项目引领作用更加明显，境外项目环境风险防范能力显著提升，共建"一带一路"绿色发展取得明显成效。到2030年，共建"一带一路"绿色发展理念更加深入人心，绿色发展伙伴关系更加紧密，"走出去"企业绿色发展能力显著增强，境外项目环境风险防控体系更加完善，共建"一带一路"绿色发展格局基本形成。同时，该文件还明确提出具体的任务目标，内容覆盖绿色基础设施互联互通、绿色能源合作、绿色交通合作、绿色产业合作、绿色贸易合作、绿色金融合作、绿色科技合作、绿色标准合作、应对气候变化合作等重点领域，为绿色"一带一路"的有序推进制定了顶层设计蓝图，对全球生态治理形成新的模式探索。

第四节 "一带一路"高质量发展推动人类命运共同体的建构

2023年是"一带一路"倡议提出十周年。十年来，"一带一路"建设可谓硕果累累，共建"一带一路"成为深受欢迎的国际公共产品和国际合作平台。"一带一路"倡议始终保持强大韧性和旺盛活力，持续为世界提供新机遇。中国已深度融入一个新的巨大的国际体系之中，并形成更大范围、更宽领域、更深层次对外开放格局。"雄关漫道真如铁，而今迈步从头越"，经历十年的建设，"一带一路"倡议是站在新起点上的一个全新开始。展望未来，"一带一路"倡议将在更大范围、更高水平、更深层次的国际合作实践中开启新征程，中国与"一带一路"沿线国家及地区朝着共同的、可持续发展的方向不断迈进。[1]

---

[1] 参见《一带一路十周年 | 人文交流助"民心相通"》，载腾讯网，2023年3月2日。

一、"一带一路"高质量发展是互利共赢的典范

据世界银行的世界发展指标数据库测算，2013—2022 年，中国对世界经济增长的平均贡献率达到 38.6%，超过七国集团国家贡献率的总和。[①] 可以说，"一带一路"倡议跨越地理条件与地域局限，弥合并降低了历史文化、宗教信仰、意识形态差异所造成的隔阂与障碍，适应了各国各地区经济融合发展的需求，进而形成了开放式、全球性、全方位的合作平台，为世界经济复苏与发展作出贡献。对中国而言，推动共建"一带一路"高质量发展的过程也是推进高水平对外开放的过程，在"一带一路"倡议的推动与建设进程中，互利共赢成为最耀眼的"中国名片"。

"一带一路"倡议自提出以来，得到沿线各国及国际社会的积极响应。在第二届"一带一路"国际合作高峰论坛开幕式上，国家主席习近平指出："共建'一带一路'，顺应经济全球化的历史潮流，顺应全球治理体系变革的时代要求，顺应各国人民过上更好日子的强烈愿望。"

（一）"一带一路"高质量建设为世界经济增长开辟新空间

国家主席习近平在第二届"一带一路"国际合作高峰论坛上指出，从亚欧大陆到非洲、美洲、大洋洲，共建"一带一路"为世界经济增长开辟了新空间，为国际贸易和投资搭建了新平台，为完善全球经济治理拓展了新实践，为增进各国民生福祉作出了新贡献，成为共同的机遇之路、繁荣之路。正基于此，"一带一路"倡议旨在促进经济要素有序自由流动、资源高效配置和市场深度融合，推动沿线各国和地区实现经济政策协调，开展更大范围、更高水平、更深层次的区域合作，共同打造开放、包容、均衡、普惠的区域经济合作架构。[②]

"一带一路"倡议拉动近万亿美元投资规模，形成 3 000 多个合作项目，为沿线国家创造 42.1 万个工作岗位，让将近 4 000 万人摆脱贫困。[③] 从这一角度分析，"一带一路"高质量建设既是中国扩大和深化对外开放的需要，更是加强与沿线国家和地

---

① 参见《中国经济增长预期提振全球增长信心》，载中国政府网，2023 年 2 月 1 日。
② 参见孙壮志、郭晓琼：《高质量共建"一带一路"》，《经济日报》2022 年 10 月 13 日。
③ 参见南博一：《秦刚："一带一路"倡议拉动近万亿美元投资规模，形成三千多个合作项目》，澎湃新闻，2023 年 3 月 7 日。

区及参与"一带一路"建设的世界各国合作、实现互利共赢的需要。正如习近平主席强调指出的,"一带一路"倡议源自中国,属于世界……中国的对外投资和产能与基础设施建设合作,带动了有关国家工业化进程,促进了当地民生改善和经济社会发展。[①]

因此,中国始终致力于打造"一带一路"多元合作平台,推动各国政府、企业、社会机构、民间团体开展形式多样的互利合作,增强市场主体自主参与意愿,吸收社会资本参与合作项目,共同打造"一带一路"沿线国家和地区多主体、全方位、跨领域的合作新平台,成为带动世界经济成长的重要引擎。

(二)"一带一路"高质量发展为"一带一路"沿线国家和地区提供了"中国红利"

习近平总书记指出,推进"一带一路"建设,要诚心诚意对待"一带一路"沿线国家……要本着互利共赢的原则同"一带一路"沿线国家开展合作,让"一带一路"沿线国家得益于中国发展。[②]"一带一路"高质量建设不仅仅着眼于中国自身发展的需要,而是要以中国发展为契机,让更多国家搭上中国发展的快车,帮助它们实现发展目标。"一带一路"建设不是中国一家的独奏,而是共建国家的合唱;不是私家小路,而是携手前进的阳光大道。[③]联合国秘书长多次表示,"一带一路"倡议对联合国消减全球贫困人口具有重要意义。世界银行报告指出,"一带一路"倡议将使全球货运时间平均减少 1.2—2.5 个百分点,全球的贸易成本将会降低 1.1—2.2 个百分点。[④]"一带一路"倡议把世界的机遇变为中国的机遇,也把中国的机遇转变为世界的机遇,不仅初步完成了规划和布局,而且已经迈入持久发展的阶段。在实现中国式现代化的进程中,中国将继续贯彻落实创新、协调、绿色、开放、共享发展理念,与沿线各国和地区共同寻求更多的利益结合点,进而推进"一带一路"建设向更高水平、更广空间迈进,

---

① 参见孙奕:《习近平会见出席"2018 从都国际论坛"外方嘉宾》,《光明日报》2018 年 12 月 13 日。
② 《习近平主持召开中央财经领导小组第八次会议强调加快推进丝绸之路经济带和 21 世纪海上丝绸之路建设》,《光明日报》2014 年 11 月 7 日。
③ 参见辛鸣:《守正创新:习近平新时代中国特色社会主义思想的精髓》,《党建》2022 年第 8 期,第 33 页。
④ 参见刘叶婷:《王毅:推动"一带一路"实现高质量发展 六廊六路多国多港合作格局形成》,载人民网,2019 年 4 月 19 日。

使古老的丝绸之路焕发新时代光彩，也让世界各国共享中国发展的红利。正如习近平主席指出的，"一带一路"建设是沿线各国共同的事业，需要大家一起努力，合作好、发展好、分享好。[①]

（三）"一带一路"高质量建设是对现有地区合作机制的有益补充

习近平总书记指出，"一带一路"建设不是要替代现有地区合作机制和倡议，而是要在已有基础上，推动"一带一路"沿线国家实现发展战略相互对接、优势互补。[②] 自"一带一路"倡议发布以来，该倡议已经与哈萨克斯坦"光明之路"、俄罗斯"欧亚经济联盟"、蒙古国"草原之路"、土库曼斯坦"复兴丝绸之路"倡议实现合作对接，同欧洲"容克投资计划"、柬埔寨"四角战略"、老挝"变陆锁国为陆联国"等战略达成合作共识。此外，"一带一路"倡议还实现了与沙特阿拉伯"2030愿景"、埃及"振兴计划"、塔吉克斯坦"2030年前国家发展战略"、伊朗四大走廊及跨境走廊开展有效合作，同时积极推动实现同乌兹别克斯坦、阿塞拜疆、白俄罗斯、吉尔吉斯斯坦、土耳其等国的经济战略对接。

"一带一路"沿线国家和地区的市场规模和资源禀赋优势明显，经济发展的互补性强、潜力巨大、前景广阔，在互利共赢的理念推动下，"一带一路"高质量建设必将向更高水平、更广空间迈进。

二、"一带一路"高质量发展对共同发展的积极探索

"一带一路"倡议中对于共同发展的积极探索，其意义不仅在于是中国这个世界最大的发展中国家所倡导和推动的国际倡议，更在于业已逐步成熟完善且影响深远的国际合作范式创新。[③] 其核心内涵主要体现在三个方面。

第一，"一带一路"倡议所强调的"全面开放"的积极意涵。"开放是人类文明进步的重要动力，是世界繁荣发展的必由之路"[④]，也是促进人类社会不断进步的时代要

---

① 参见任鹏：《习近平同波兰总统杜达举行会谈》，《光明日报》2016年6月21日。
② 参见宋振远、刘华：《迈向命运共同体 开创亚洲新未来》，《光明日报》2015年3月29日。
③ 参见周鑫宇：《展望下一个十年："一带一路"将打开新的机遇之窗》，《光明日报》2023年1月14日。
④ 《让开放为全球发展带来新的光明前程——论习近平主席在第五届中国国际进口博览会开幕式上重要致辞》，《人民日报》2022年11月6日。

求。面对发展之机、时代之吁、人民之需，与之背道而驰、以邻为壑的主张与政策，诸如保护主义、民粹主义、单边制裁、极限施压以及"小院高墙""脱钩断链"等，不仅会损害和平与发展的国际环境，更将严重损耗全球发展的新动能。

第二，"一带一路"倡议中坚持强调的"连接"。这意味着不仅要推进市场与观念的开放包容，还要通过基础设施建设实现互联互通、开展人文交流合作连接民心，从而形成全方位的"连接"。

第三，"一带一路"倡议所主张的共商共建共享理念。自 2013 年习近平总书记提出"一带一路"倡议以来，中国始终坚持以共商共建共享理念推进"一带一路"建设。"一带一路"以共商、共建、共享为原则，以和平合作、开放包容、互学互建、互利共赢的丝路精神为引领，努力推动全球治理体系朝向更加公平合理的方向发展。[1] "一带一路"建设的实践及其所取得的成就，得到了各国各地区以及相关国际组织的广泛认同与支持，成为最受欢迎的国际公共品，从这一角度来看，经过十年的建设与发展，推动"一带一路"建设不仅是中国共产党对外开放理论和实践的重大创新，而且也向全世界展现中国发展的和平属性，为实现全球和平发展、共享繁荣提供了切实可行的中国方案。

可以说，"一带一路"倡议正是通过对共同发展到道路的积极探索，为全球提供完善全球治理结构的新模式。首先，全球治理模式因内在的缺陷而出现低效甚至失灵状况，再加上周期性经济危机和各种不稳定因素（如地缘冲突、恐怖主义、种族主义、民粹主义等）的制约，对完善全球治理模式的需求日益迫切。其次，"一带一路"倡议强调以市场为基础，以互补互利为出发点，在"逆全球化"思潮和贸易保护主义重新抬头的情况下，为全球治理模式的完善提供了新动能。"一带一路"倡议立足于各国的实际情况，在全球经济发展中建构起以企业为基础的政府间合作机制，持续启动以互联互通建设为基础的国际公共产品，为全球不同发展水平的国家提供开放互助的合作平台，尤其是通过"五通"以点带面、从线到片，逐步形成区域大合作格局。"一带一路"倡议是在全球化进程受阻的情况下，为世界提供了"中国智慧"和"中国方案"；

---

[1] 参见徐秀军：《共建"一带一路"共享繁荣发展》，《光明日报》2022 年 4 月 27 日。

在促进经济成长的基础上，以交流合作、互利共赢的理念，通过互联互通和发展红利推动人类命运共同体的构建。

在世界百年未有之大变局加速演进的背景下，"一带一路"倡议为世界提供了以互联互通推进新型全球化的新模式，提供了中国以高水平对外开放实现高质量发展的发展路径，共建"一带一路"已成为最重要和深具包容性、发展性的国际合作平台。[①]由此分析，"一带一路"倡议意味着更开放包容、更互利互惠、更合作共赢的全球化发展模式。从这个意义上看，"一带一路"倡议绝不是所谓的"中国扩张"，而是新兴国家推动的、在21世纪实现新型全球化的理论与实践探索，它体现了更高的人类命运共同体价值。在这一问题上，绝大多数国家和地区对"一带一路"倡议均持积极支持的态度和立场。从本质上讲，"一带一路"倡议就是推动实现共同发展的成功典范，也为全球树立起共商、共建、共享的有效范式，更为构建人类命运共同体提供了坚实的理论与实践支撑。

三、"一带一路"高质量发展与人类命运共同体的建构

"一带一路"倡议为新时代全球区域合作实现共赢带来了中国方案，同时为完善全球治理模式提供了新动能、新路径，即在既有基础上注入了共商、共建、共享的治理理念，其核心是在公平公正、平等互惠的前提下，充分尊重世界各国在国家性质、发展阶段上的差异，以及以此为依据所确立的发展道路与制度建构，以寻求各国各地区共同利益的最大公约数（刘同舫，2018），即按照自己的国情实现发展与繁荣。可以说，"一带一路"倡议作为国际合作的创新范式之所以能够获得全球越来越多的国家和国际组织的支持与参与，原因就在于其为全球治理模式注入了新的理念、增添了新的动能，使全球治理模式摆脱了长期以来困扰世界经济合作的诸多干扰因素，如由于地缘政治冲突、意识形态争议以及发展水平差异而形成的不同诉求；为政体、国情和发展道路存在极大差异的"一带一路"沿线国家和地区提供了一条可行的合作之路（付永嘉，2020）。这主要体现在以下两个方面。

---

① 参见赵磊、张晗：《以共建"一带一路"助益开放繁荣的美好未来》，《光明日报》2023年1月13日。

（一）人类命运共同体建构引领"一带一路"建设

全球化是历史发展的必然产物，是社会历史发展根本动力下历史客观规律的外在表现。马克思和恩格斯的世界历史理论表明，只有对民族走向世界，历史是世界的历史这一世界整体发展进程进行消化理解，"世界历史性的"存在才有可能实现[①]。以此为出发点，"一带一路"倡议囊括了发展中国家与发达国家，在空间上使得南南合作与南北合作相统一，为全球化的内涵式、创新式发展提供平台，对构建人类命运共同体具有至关重要的作用。习近平总书记多次强调，"一带一路"倡议的初衷就是希望世界各国在互利共赢的基础上不断地朝着人类命运共同体的方向迈进，这表明"一带一路"倡议是实现人类命运共同体这一终极目标的方法和途径。由此可见，"一带一路"倡议对人类命运共同体的构建具有支撑作用，是人类命运共同体发展的基础。"一带一路"倡议在中国与世界各国中间就经济、政治、文化等方面实现人类命运共同体充当了桥梁和中介的作用，是代表了不同利益的不同国家求同存异合作发展的纽带（刘春玲，2021）。总体而言，"一带一路"倡议实现了中国与世界各国在政治、经济、文化等全方位的融合发展，促使国家性质、经济制度、发展模式存在巨大差异的国家能够交流合作、互利共赢，既支撑了人类命运共同体的构建，也协调了不同团体之间的利益，发挥了维护世界和平、促进全球发展的重要作用。

（二）"一带一路"倡议与人类命运共同体建构相互促进

"一带一路"倡议在国际上获得越来越多的支持与参与，关键在于"一带一路"与人类命运共同体的建构紧密连接，也"源自对和合共生、义利合一、和谐万邦、天人合一、求同存异、尚新图变等中华优秀传统文化的汲取和转换"。[②]而"和合"文化就是人类命运共同体的核心要义，其内涵在"一带一路"建设中得到充实和发展。在此基础上，以人类命运共同体为核心价值，逐步构建一个能够使不同国家在国际上开展平等对话、共商合作共赢的开放式包容性的公共平台，越来越多的国家和国际组织在"一带一路"建设中受益，中国的国际地位和国际影响力也在"一带一路"倡议的推动下得到极大提升。可以说，"一带一路"倡议为人类命运共同体的构建提供了实现途

① 《马克思恩格斯文集》第一卷，人民出版社 2009 年版，第 539 页。
② 刘勇：《"一带一路"生成的四重内在逻辑》，《理论月刊》2020 年第 8 期。

径，而人类命运共同体的内涵与价值引领也有效地指导了"一带一路"倡议取得更好的发展。

综上所述，"一带一路"倡议与人类命运共同体的关系，主要体现在两个方面。首先，"一带一路"倡议是人类命运共同体建构的基础和支撑，在中国与世界各国和国际组织全方位的互动交流中发挥核心连接与枢纽的作用。其次，"一带一路"为人类命运共同体的构建提供了可行的实现途径，而人类命运共同体的"和合"理念引导"一带一路"建设取得更加显著的成效。从这一角度分析，"一带一路"倡议是在新的国际格局与新的全球化发展态势下，推动实现世界和平发展、互利共荣的必由之路，同时"一带一路"倡议也需要各国、各地区和各类国际组织共同协商、共同规划、共同参与、共同建设、共同发展，推动形成"你中有我、我中有你"的互利共赢的人类命运共同体。[1]

---

① 习近平：《习近平谈治国理政》，外文出版社 2014 年版，第 272 页。

第八章 国际经济格局变化与国际经贸关系

21 世纪 20 年代，在经济全球化格局发生重大变化、中美等国际经济政治主体关系发生重大调整的情况下，国际经济格局与国际经贸的不确定性进一步提升。在新冠肺炎疫情的催化作用下，全球价值链、产业链、供应链、创新链进行结构性调整，使主要国家对于国际经济格局的立场和态度发生新的变化。维护国际经济格局与国际经贸关系的稳定，促进国际经济政治互动机制的包容性与主体的多元性，是保持经济全球化健康、持续发展的关键。在理论视角上，经济全球化、世界体系、全球治理等国际政治经济学理论的范式与关注角度面临创新与迭代的要求。而中国在维护多元稳定的国际政治经济格局方面的一系列新思想、新举措，更需要国际政治经济学的相关理论创新加以分析和探讨。

第一节 国际经济格局的相关理论源流与演变趋向

国际经济格局的相关理论主要源自国际政治经济学理论体系，其核心在于分析世界经济的制度安排与内部结构变化方向。从变化趋势上看，其理论关注点从经济全球化等经济要素互动分析，向世界体系、全球治理等结构性变化内容日益深化。

一、经济全球化理论

经济全球化理论是全球化理论的核心，因此必须对全球化的相关概念有基本认识，对全球化的不同定义将决定对全球化的不同理解。例如，德国学者乌尔里希·贝克从七个方面界定了全球化的理论外延：地域的扩展、信息革命和技术、人权和民主原则、文化浪潮、世界性贫穷问题、跨文化现象及冲突。国际货币基金组织则从四个方面来定义全球化：贸易和投资往来、资本和投资流动、人口流动和知识传播（陈功，

2020）。经济全球化则是指跨国商品与服务贸易及国际资本流动规模和形式的增加，以及技术的广泛迅速传播使世界各国经济的相互依赖增强。[①]

近些年来，国内外学者从不同的视角对经济全球化进行了全面深入的研究。限于篇幅，本章只从正反两方面简要介绍经济全球化理论的主要观点：

（一）积极支持经济全球化的自由主义学派

这一学派既包括西方经济学奠基者亚当·斯密、大卫·李嘉图以及最早提出比较优势学说、首创 H—O 模型的赫克歇尔与俄林等人，还包括了二战之后一大批鼓吹新自由主义理论的欧美学者。他们都大力提倡市场和贸易的自由化，反对政府干预市场，认为经济全球化有利于各国节约资源并提升世界的总产品和福利。斯密的经济全球化理论不但体现在他的自由主义经济思想中，还体现在他所倡导的国际贸易的绝对成本理论中，而李嘉图则在斯密绝对成本理论基础上提出了相对成本理论，完善了自由主义国际贸易理论。赫克歇尔与俄林的要素禀赋论又在李嘉图理论基础上揭示了自由贸易的比较优势源泉，这些经典理论奠定了经济全球化理论的基础。而此后的众多新自由主义经济学家则强调通过市场力量实现对资本、技术以及信息等生产要素的合理配置，形成新的国际分工合作，推动世界经济不断增长。

总的来说，自由主义学派相信经济全球化带来的好处远远大于坏处，国家参与经济全球化进程会显著提高整体国民福利。主流国际经济机构如世界银行的研究报告也认为，发展中国家的经济发展程度和参与经济全球化程度之间存在密切的因果关系。参与经济全球化有利于发展中国家的经济增长，反之则会阻碍其经济发展和社会进步。

（二）批判经济全球化的反思派

这一派包括了大量所谓的"新左派"学者以及担忧经济全球化消极影响的学者。"新左派"学者的基本观点认为，所谓经济全球化实质是发达国家通过不平等的交换对发展中国家实施的一种剥削行为，并通过一系列不公平的制度使之固化，从而形成一种发展中国家对发达国家的依附关系，而欧美政府大多只是国际垄断资本的代

---

① IMF Survey, Washington D.C. 1996, July, p.214.

理人。①

　　这一派学者注重从生产关系的视角考察经济全球化是与马克思、恩格斯早期对资本主义的分析一脉相承的。马克思、恩格斯早在《共产党宣言》中就揭示了资本主义制度的扩张性，"资产阶级，由于开拓了世界市场，使一切国家的生产和消费都成为世界性的了"②。列宁在《帝国主义是资本主义的最高阶段》指出，20世纪初世界经济所显示的资本全球化特征就是寻求国外市场，资本主义所造就的世界市场将把世界上所有国家联接成统一的经济整体："对自由竞争占完全统治地位的旧资本主义来说，典型的是商品输出。对垄断占统治地位的最新资本主义来说，典型的则是资本输出。"③可见，虽然"经济全球化"这个术语在当时并未出现，但他们已经通过"世界市场"的概念，从生产力和生产关系发展的需要讨论了经济全球化的特征，明确指出了经济全球化是通过生产和资本流动的全球化来运转的。

　　关于经济全球化的消极影响，学者们的基本观点是：经济全球化会冲击甚至破坏国家尤其是发展中国家的经济自主性，如纠正市场波动的能力下降，无法维持本币的稳定，征税和社会保障的能力被削弱，制定整体发展战略的能力下降等（杨雪冬，2002）。而另一个被广泛诟病的则是对收入分配及贫富差距的深远影响，即它不仅加深了国际层面的南北强弱差距，而且加剧了国内层面的高低收入群体的贫富差距。"经济全球化实际上是一个可怕的陷阱。任其发展的结果一定是社会结构的全面崩溃，经济福利和社会保障不复存在，取而代之的是无法遏制的两极分化和社会不稳定因素的与日俱增。"④而正是这种差距，在某种程度上成为引发近些年来一些国家逆全球化风潮的重要诱因。

二、相互依存理论

　　相互依存理论是国际关系中新自由制度主义学派的重要学说。该学说最早由经济

① 作为泛指的"新左派"其实包含众多不同的派别，但大多继承并发展了传统马克思主义的学说并且总体上对当代资本主义体制持批判立场。这里所提到的针对经济全球化的代表性观点可参见萨米尔·阿明：《不平等的发展》，商务印书馆2000年版；特奥托尼奥·多斯桑托斯：《帝国主义与依附》，社会科学文献出版社1999年版。

② 马克思、恩格斯：《马克思恩格斯全集》第一卷，人民出版社1995年版，第276页。

③ 列宁：《列宁选集》第二卷，人民出版社1995年版，第626页。

④ 汉斯·马丁、哈拉尔特·舒曼：《全球化陷阱》，中央编译出版社1997年版，第197—235页。

学家理查德·库珀在《相互依存经济学：大西洋国家的经济政策》一书中提出，他认为相互依存关系是一国经济发展与国际经济发展之间的敏感反应关系。他强调，研究一国经济发展与其他国家经济之间的敏感反应关系是正确了解和把握国与国之间关系的关键（Cooper，1968）。在库珀看来，相互依存是一种如果放弃这种关系就会给各方都带来巨大代价的关系，学术界也把他的阐释称为广义的相互依存理论，其主要核心内容包括三点：一是经济问题政治化，指经济问题重要性上升，打破了传统"低级政治"和"高级政治"的区别；二是国际行为主体多元化，尤其是跨国公司日益在世界政治中扮演着重要角色；三是全球政治经济一体化。

罗伯特·基欧汉和约瑟夫·奈在《权力与相互依赖》一书中详细论述了复合相互依存理论（也被称为狭义相互依存理论），该理论的核心是把相互依存关系与权力关系联系起来，得出的关键结论是：不对称的相互依存会成为权力的来源。他们认为现实中的相互依存关系往往是非对称的，"完全均等"或"绝对依赖"的情况极为罕见。相互依存不仅限于互利，因为对不同的当事国而言，同一事件或行为需要承担的成本是不同的，获得的收益也有差异；而且还要关注相对收益和分配问题。正是这种不对称性产生了权力。

要理解权力在相互依存中的作用，就必须区分敏感性和脆弱性之间的关系。敏感性是某政策框架内作出反应的程度，即一国变化导致另一国发生有代价变化的速度多快？所付出的代价多大？脆弱性是指，在政策框架发生变化的情况下，各行为体获得替代选择的相对能力及其付出的代价。经济相互依存转化为政治权力有四种途径：联系战略、议程设置、跨国关系与跨政府关系、发挥国际组织。

复合相互依存有三个基本特点：一是多渠道联系，既包括国家之间的关系，也包括跨政府关系和跨国家关系；二是议题多样化且并无等级之分，军事安全问题不再始终处于议事日程的首要位置；三是武力的作用下降，尤其是在相互依存占优的地区和领域，国家采用武力会得不偿失（罗伯特·基欧汉、约瑟夫·奈，2002）。

三、结构性权力理论

英国学者苏珊·斯特兰奇被认为是国际政治经济学创始人之一，她在《国家与市场：国际政治经济学导论》一书中提出了"结构性权力"的概念，并将其发展为国际政治经济学领域最基础的理论之一。

结构性权力是相对于传统国际关系的联系性权力而言的，后者是指甲依靠力量迫使乙去做或许乙本来不想干的事，即对过程或结果的控制。而结构性权力是指形成和决定全球各种政治经济机构的权力。通俗来讲，结构性权力是决定办事方法和构造国家间关系的权力，是决定国家与市场之间相互关系框架的权力。她认为，结构性权力是分散和隐含的，由安全、生产、金融和知识四种各不相同但相互联系的结构组成，权力就是通过这四种结构对特定关系产生影响的。权力拥有者能够扩大或限制其他行为体的选择范围，但又无需施加直接压力，结构性权力是在联系性权力的强制性力量发挥作用之前就已经让对方作出了符合自身利益需求的选择。

斯特兰奇的四种结构性权力是其理论体系的核心，她认为这四种结构既相互独立又相互支撑，不过在现代社会中，知识结构对其他三种结构的影响深远，因为知识结构的变化最迅速并且直接影响技术创新。她认为，正是因为在知识结构中掌握明显优势，美国即使可能暂时丧失了传统生产结构中的权力优势，但仍然可以保持领先地位。需要特别强调的是，斯特兰奇对全球金融权力结构的分析颇有先见之明，在她看来，金融市场是全球性市场，但控制金融的权力掌握在主权国家手中，其间的张力会成为全球性金融体系动荡的根源，而 20 世纪末期的东亚金融危机应验了她的判断（苏珊·斯特兰奇，2019）。

四、世界体系论

世界体系论是由美国著名的左派学者伊曼纽尔·沃伦斯坦所创立的，其代表性著作是《现代世界体系》（1—4 卷）。该理论在西方政治学、经济学、社会学和历史学等领域都产生了重要影响，甚至有学者将其与二元经济理论以及霸权稳定论并列为国际政治经济学的三大理论（罗伯特·吉尔平，2006）。从思想渊源上，该理论受益于熊彼特对资本主义经济的研究、波拉尼对资本主义市场的研究以及普鲁维什对资本主义国际经济体系的研究，从方法论而言，该理论运用了法国年鉴学派的长时段和大范围的研究方法和康德拉季耶夫的经济周期分析方法。

沃伦斯坦认为，世界体系是一个由世界经济、世界政治和文明三部分组成的实体，该体系最基本的特征是它是一个经济实体，而不是像国家那样是一个政治实体，因为体系各部分之间的基本联系是经济的。它首先形成于 16 世纪的欧洲，然后逐渐向全世界扩张。世界体系作为资本主义体系，存在着中心（center）、准边缘（semi-periphery）和边缘（periphery）三个层次，世界的资本主义体系始终存在着上升和下降的循环，即世界资本主义不断在危机和扩张的循环中发展。世界体系中存在两个范畴的运动，一是阶级范畴的运动，即无产阶级和资产阶级的对立和抗争，其运动的基本动力是资本积累；二是地理范畴的运动，即中心地区和边缘地区的依附和对立，其运动的基本动力是不等价交换。中心和边缘不是一成不变的，中心地区可能出现停滞而沦落为边缘地区，边缘地区也可能上升为准边缘地区或中心地区。在这个中心化或边缘化过程中出现的经济两极化必然会导致政治两极化，即中心地区成为强国，边缘地区成为弱国。世界体系论关于世界经济的分析，深刻地影响了许多不发达国家争取建立国际经济新秩序的斗争。

五、全球经济治理理论

全球经济治理涉及政治学、经济学、管理学、法学、国家安全学及区域国别学等多个学科，目前并未形成系统性的理论框架，无论是内涵抑或外延都有待厘清。自 2008 年全球金融危机之后，政府和学界更加重视全球经济治理的相关研究，讨论也更为深入，并取得了一系列重要进展。

首先，何谓"全球经济治理"？虽然学者们众说纷纭，并未有统一的认识，但从具体内涵来看，其实并无本质差异，更多只是具体用词或是宏观概述与微观描述之别，例如，"全球经济治理是指国家对世界经济的调控……是通过一系列的国际制度和国际规则来调控、治理世界经济的"[①]，"是指在一部分或全体主权国家之间进行的、超越国家主权的经济合作和共治，它既包括合作行为和行动，也包括创立和运行合作机制，同时也包括相关的各种理念和构想"[②]，"是为了维护人类的共同安全，促进人类的共同

[①] 庞中英：《1945 年以来的全球经济治理及其教训》，《国际观察》2011 年第 2 期。
[②] 周宇：《全球经济治理与中国的参与战略》，《世界经济研究》2011 年第 11 期。

发展而出现的一种对新秩序建构的过程，其根本目标是推动全球化朝着均衡、普惠、共赢方向发展"①，"是国家和非国家行为体对全球经济合作中的共同问题进行协调和处理的过程，也是世界经济秩序的形成和维持过程。相当程度上，全球经济治理是对全球市场经济运行的一种管理，表现为对全球性市场失灵的调整、干预和调控的合作，也是对全球经济运行结果不公正的纠偏"②，"从内涵来看，全球经济治理主要包括三层含义：一是与经济全球化相关的全球经济治理理念……二是价值链治理概念……三是从制度和规则的角度在实践中形成的全球各种制度规范"③。

从上述关于全球经济治理含义的论述可以看出，学者们关注的焦点集中于全球经济治理的相关机制。这些机制包括：宏观层面的全球经济协调机制从七国集团峰会逐步过渡到二十国集团领导人峰会，在微观层面，传统的布雷顿森林体系中全球经济治理机制的三大支柱即国际货币基金组织、WTO 和世界银行仍然发挥着主导作用，但其缺陷和面临的挑战日益突出，如合法性不足、机构官僚化以及越来越受到地缘政治国家竞争的影响等（宋国友，2015）。具体而言，在全球金融治理领域，如何构建全球金融合作协调机制，防范和化解全球金融风险是重点研究对象，不少学者关注和讨论全球金融治理的改革（沈伟，2018；Zuev and Ostrovskaya，2018），除了关注中国如何参与推动全球金融体系变革外（杨松，2017；盛斌、马斌，2018；Hameiri and Jones，2018），还有相当数量的国内学者讨论了人民币国际化问题（保建云，2002；方磊，2020；杨天宇，2020）。在全球贸易治理领域，由于近年来逆全球化和民粹主义的兴起，学者们开始关注如何推进全球贸易体系改革，但由于新兴市场化国家力量日益上升和权力流散现象，推动以 WTO 为核心的多边贸易体系改革的难度日益加大（Kahler，2016；王燕，2019；张向晨等，2019；Stephen and Parizek，2019）。在全球发展领域，学者们重点关注如何改善发展援助的有效性，通过设计合作规则来帮助不发达国家（孙伊然，2017），并且指出了国际发展援助体系转型的迫切性（Norichika et al.，2019），各国应该推动国家间建立更有力的发展伙伴关系，支持发展中国家实现可

① 陈文玲、颜少君：《世界经济格局变化与全球经济治理新结构的构建》，《南京社会科学》2012 年第 2 期。
② 陈伟光、蔡伟宏：《全球经济治理新范式——基于权威、制度和观念的视角》，《社会科学》2018 年第 8 期。
③ 赵蓓文：《制度型开放与中国参与全球经济治理的政策实践》，《世界经济研究》2021 年第 5 期。

持续发展（黄超，2018；刘宁，2019；Caparrós and Finus，2020）。

针对截至 2021 年关于全球经济治理的学术文献统计结果，从关键词可知，国内学者对全球经济治理的研究"整体上经历了从宏大叙事向具体领域，由中立评估向积极提出'中国方案'的转变"，即从早期探讨诸如经济全球化等宏观概念转变到积极关注"一带一路"倡议，人类命运共同体、开放型经济和制度性话语权等微观议题。而国外学者相对关注点更为分散，从早期偏向于讨论宏大理论范式转向更为具体的如双边主义，议价能力、逆向选择，还拓展至气候变化甚至人权劳工等与全球经济治理的关系等问题（韩永辉等，2022）。

第二节　国际经济格局的重大变化

21 世纪 20 年代，是国际经济格局发生重大变化的新历史发展阶段。自 21 世纪 10 年代后半期，欧美等主要国家对全球化的态度与政策变化，叠加中美关系进入新的博弈状态，使经济全球化格局进入以"慢速"为特征的新调整期。2020 年新冠肺炎疫情的暴发，成为进一步催化全球供应链、价值链、产业链调整的重大事件。国际科技竞争，在国际经济格局重大变化的背景下，也进入了新的阶段。

一、经济全球化的格局进入重大调整期

世界经济在不确定性中进入调整和变革阶段，经济增速在中长期内将处于低速运行。自 2008 年全球金融危机以来，由于全球结构性需求不足，经济增长原生性动能被削弱，世界经济一直处于弱复苏时期，无论是从跨国资本流动还是从全球贸易总量来看，与 2008 年之前连续多年的两位数增长相比，增长率基本降至个位数甚至为负。以英国脱欧为标志，逆全球化和民粹主义进一步冲击经济全球化格局。2020 年新冠肺炎疫情的暴发使世界经济遭受严重打击，国际货物贸易及人员交往在客观上受到严重阻碍。

（一）全球经济增长速度放缓

进入 2023 年后，虽然世界经济已经基本走出疫情的阴霾，但俄乌冲突和中美贸易摩擦带来的冲击仍使世界经济增长长期处于不确定性之中。中短期内，世界经济恐难

恢复到疫情前的平均水平，甚至有可能陷入低增长率，低水平贸易流动和低国际资本流动的态势，根据国际货币基金组织的预测，2023 年全球经济增长率将低于 3%，经济增长无论从短期还是中期来看都将持续疲软，但新兴经济体尤其是亚洲将贡献大部分增长势头（中国和印度将贡献全球经济增长的一半），发达国家的经济增速将继续下滑。①

（二）经济全球化总体趋势并不会停止

尽管少部分国家在民粹主义的裹挟下推行了一些逆全球化政策，但孤立封闭不会成为全球的主流，合作互利仍将是未来经济发展的大趋势。而世界经济体系内部结构分化明显，老牌欧美发达国家与新兴市场国家之间的力量对比正在经历深刻的变化。根据国际货币基金组织的测算，发达经济体的经济总量从 21 世纪初占世界经济总量的近 80% 降到 2021 年的不到 60%，而新兴市场国家则从当时不足世界经济总量的 20% 上升到超 40%，预计到 2035 年，现有发展中国家的 GDP 总规模将超过传统发达经济体，占全球经济和投资的比例将接近 60%。全球经济增长的重心将从欧美转移到亚洲，并外溢到其他发展中国家和地区（国务院发展研究中心课题组，2019）。

长期形成的、由发达国家—新兴经济体—发展中国家共同构成的国际产业分工体系仍然是全球生产要素配置的有效手段。新冠肺炎疫情的影响之下，部分新兴经济体以及周边区域的产业供给能力与恢复韧性表现突出。这表明具备较为完备工业体系及生产储备能力的新兴经济体及周边区域，能够形成国际经济增长的重要稳定器。此外，在新冠肺炎疫情与全球化新发展趋势的影响之下，新兴经济体内部各国之间的经济发展走势可能出现新的分化。因要素条件的差异，部分国家将逐渐成为原料供应国及中低端产能的供给者，而部分新兴国家则能把握外部环境剧烈变化带来的新机遇，进一步跃升至高质量发展阶段。因此，未来一段时期内的经济全球化的总体趋势可能表现为：主要国家间的经贸关系进入重构期。为维持经济运行的安全性，发达国家与主要新兴经济体均将成为进出口相对更为均衡的经济主体，彼此间的相互依赖程度相对降低，经济板块内部的经贸合作将进一步强化。层级式的全球化场景，将被区块化、分

---

① 《IMF 总裁：2023 年全球经济增速将低于 3%》，载中国新闻网，2023 年 4 月 7 日。

布式的全球互动体系所取代。

（三）全球投资与贸易仍处于低位运行阶段

新冠肺炎疫情导致的世界经济下行以及全球有效需求不足抑制了全球投资和贸易的增长，UNTCAD 公布的投资趋势监测报告显示，FDI 在 2020 年全年呈现疲弱之势，从 2019 年的 1.5 万亿美元下降到 8 590 亿美元，是自 2005 年以来首次低于 1 万亿美元，降幅达 42%，降至近 20 年来的最低水平，企业对外投资热情明显不足。[1]WTO 则预计 2023 年全球货物贸易增速将从 2022 年的 2.7% 降至 1.7%，到 2024 年可能恢复到 3.2%（有高度不确定性）。[2] 全球贸易增速已经连续多年低于世界经济平均增速，疫情之下各国出台了更多的贸易保护主义政策，以 WTO 为代表的全球多边贸易治理体系改革基本陷入僵局，而以 RCEP 为代表的区域性经济一体化发展迅猛，成为推动全球贸易自由化的重要力量。新冠肺炎疫情一方面严重冲击了传统的全球贸易形态，另一方面使得数字技术有可能成为未来改变全球贸易格局的主要驱动因素。随着区块链、人工智能以及物联网技术在全球贸易中的运用，世界各国日益重视数字贸易的潜力。

二、全球价值链和国际供需结构进一步变化

全球价值链在部分发达国家呈逆全球化政策取向，以及在新冠肺炎疫情影响下将在中长期出现重组调整态势。全球价值链是指为实现商品或服务价值而连接生产、销售、回收处理等过程的全球性企业间网络组织，涉及从原料采购和运输、半成品和成品的生产和分销直至最终消费和回收处理的整个过程。其包括所有参与者和生产销售等活动的组织及其价值、利润分配，当前散布于全球的处于价值链上的企业，进行着从设计、产品开发、生产制造、营销、交货、消费、售后服务、最后循环利用等各种增值活动。全球价值链是国际经济互动的重要载体，全球价值链的空间分布是国家形成以生产性服务物业为核心的连接网络的重要基础，其结构调整对于国家间的连接与互动模式将产生重要影响。

---

[1] UNTCAD, World Investment Report(2021).

[2] WTO: *Global Trade Outlook and Statistics*, p.3.

（一）价值链的结构变化

一方面，在新冠肺炎疫情影响下，经济与人际交流的停摆在短期内带来了跨国公司价值链前端的运行相对停滞，并连锁影响价值链生产、销售等中后段的运行。另一方面，价值链上游供应中断，以及下游需求萎缩也将带来整体生产规模以及生产效率的下降。而且，对价值链体系的结构性冲击，还将随着疫情的持续时间延长而反复震荡。从中长期看，供应链的安全与效率，已成为跨国公司在成本—收益框架之外考虑的重要因素。在这种情况下，跨国公司将进一步调整价值链分工的空间布局。安全性将成为跨国公司进行要素配置的重要考量因素。有学者分析认为，追求冗余度（redundancy），而非产业回归（reshoring）是确保供应链安全的重要原则。① 跨国公司供应链的全球布局以及服务机构的空间选址，是全球城市、世界城市网络得以形成的重要动力。在新的国际经济环境下，跨国公司基于安全性考量的供应链调整，将不可避免影响相关机构与生产体系的选址，进而影响国家间力量对比的变化。

（二）国际供需结构变化

新冠肺炎疫情的影响在供需两端对全球经济产生着巨大冲击，进而影响价值链的布局。此次疫情主要影响人的生命健康安全与社会运行，对经济运行的硬件环境、生产设施、流量枢纽设施与其他基础设施并无直接破坏影响。因此，疫情后并无重大基础设施与经济发展硬件的重建机遇，难以重现二战后重建发展红利形式的全球性重建高潮。

而在新冠肺炎疫情的影响之下，发达经济体的总体需求在短期内迅速萎缩，各国国内失业状况的加剧以及经济重启步调的不一致，将使总体需求在较长时期内呈现震荡趋势。而这种需求的变化，也将直接影响能源、原材料与大宗商品的价格剧烈变化。如全球石油价格的暴跌与反弹，就将极大影响能源输出国的生产效能与能源进口国的储备消费体系的稳定度。从供需端的力量对比上看，国际供给、需求力量的对比将发生重要变化。发达国家在国际产业体系中的需求者地位将在后疫情阶段下降，中国等新兴经济体和发展中区域不仅成为供给侧的重要角色，而且逐渐以更为成熟和规模不断增长的市场，成为全球价值链相关的重要需求增量的提供者。供需结构的变化，对

---

① O'Neil, Shannon K., 2020, "Redundancy, Not Reshoring, Is the Key to Supply Chain Security", https://www.foreignaffairs.com/articles/2020-04-01/how-pandemic-proof-globalization, April 1st 2020.

国际区域的力量对比有重要影响。在发达国家中担当市场中心与需求中介功能的部分地区将受到重大冲击，其发展速度减缓，城市规模逐渐萎缩。而新兴经济体与发展中国家的部分地区，受益于市场规模和质量的提升，将成为新的要素配置中心，其城市规模与影响力将快速提升。

三、全球产业发展格局与空间布局出现多元化和分散化的新方向

在经济全球化格局及全球价值链调整的影响下，全球产业格局出现注重冗余性与分散布局的新趋势，将促进区域内国家形成较为完备的产业合作体系，进而形成区域内国家产业内部合作与外部全球产业体系互动的态势。

（一）产业发展的重心变化

随着中国为代表的新兴经济体产业发展水平持续提升，先进制造业的发展重心已逐渐向亚太地区倾斜。新兴经济体在制造业领域创新研发能力的提升，进一步促使制造业行业在发展中区域进一步扩散。在美国着力与中国等新兴经济体"脱钩"或"准脱钩"的倒逼机制下，主要新兴经济体将被迫在核心技术与创新领域推进升级。在传统制造业等优势领域，新兴经济体与发展中国家为核心产业的替代雁行模式有望初见雏形。以数字经济为代表的数字、在线电商产业也成为新兴经济体赶超传统制造业强国的重点领域。数字基础设施、数据量的规模优势与新技术标准的制定优势，有望使新兴经济板块成为新产业的集聚区。新兴经济体利用数字技术形成的新产业模式，也将有助于其逐渐构建起具备自身特色及后发优势的产业集群。

（二）产业的多中心分布格局

新冠肺炎疫情导致的对供应链的担忧，使发达经济体经济政策的内倾化加强，各国对外投资将有所收缩。联合国 2020 年的世界经济形势与展望指出，对负收益率主权债券的强劲需求意味着许多投资者更愿意承受小损失，而不是进行生产性投资，这表明投资者们对未来的经济增长非常悲观。由于尚未出现明显的投资复苏迹象，生产率增长在中期仍将疲弱。[①] 过去一个阶段，发达国家政府帮助跨国公司走出去，扩大对外

---

① 联合国：《世界经济形势与展望 2020：执行摘要》，2020 年 1 月，第 4 页。

市场的趋势将趋于收缩。而由疫情带来的失业压力引发的发达国家的国家补贴政策等制度刺激，以及出于供应链的安全考虑，将使其国家层面的产业的回归意愿相对加强。但应该看到，相关企业出于经营安全性考虑的多点布局，可能成为产业重新分布的重要影响因素。这将使部分制造业行业，以及产业的部分相关环节回归发达经济体本土。机器人、人工智能的应用，也将使发达国家优势产业的大规模离岸布局情况出现变化。欧洲、北美有望形成新的先进制造业中心以及服务业中心。原本以垂直一体化为主要模式的产业分工格局，将被多中心、分散化的竞争性产业分布格局所替代。在这一趋势下，国家的产业发展导向，将更倾向于以本地要素与技术体系为核心形成的具有自持能力的产业体系。

（三）部分行业内部的多类型运行主体与跨国企业面临全面洗牌

新冠肺炎疫情带来的需求萎缩、经济停滞与资金链断裂，使航空业、先进生产者服务业、娱乐业、餐饮业、旅游业等行业遭受重大打击。国际间人员流动的减少，使航空业、邮轮业等人员运输行业陷入困境。全球化的降速、生产活动的减缓以及人员接触的降低，使咨询、法律、金融、会计等行业的业务量迅速减少，跨国业务活动无法展开。相关行业的企业破产、重组成为普遍现象。在这一趋势下，一方面，跨国企业群体的内部结构将出现重要变化，企业间的兼并重组可能大量出现；另一方面，受疫情影响，行业内大量中小企业受资金压力与需求不振的双重压力，或将出现大规模破产情况。

在这一背景下，未来一个阶段，先进生产者服务业等的跨国企业以及龙头企业间的大规模兼并重组将成为普遍现象，受安全因素考量的影响，各区域的本土企业及生产者服务业企业发展将更为迅猛。适应远距离在线互动的本土新兴企业有望快速发展，相关行业的中小企业面临整体洗牌。在这种情况下，能够适应本地发展需求的行业将成为国家发展的重要支撑。

四、以数字经济为代表的新一轮产业革命有望带领世界经济走出泥潭

科技创新是推动世界经济增长的基本动力，在新冠肺炎疫情影响之下，创新对于可持续发展的意义更为凸显。与经济全球化及各国经济互动面临的复杂局面相比，为

应对外部的危机与压力，国际科技创新发展进入活跃的新阶段。科技发展更强调成果的转化应用，重视本地社会的普惠影响。国家创新体系能否响应科技发展的新需求，将决定相关国家未来发展的质量与水平。从中长期来看，以人工智能为代表的数字经济有望成为引领世界经济再次走上快速增长的引擎。

（一）创新体系化竞争成为焦点，并与产业、社会发展呈现融合互动新趋势

在全球化新格局下，科技创新的竞争态势，已从点状的技术领域和顶级比拼，演化为创新体系的竞争。在国家间的竞争方面，发达国家在科技方面的优势地位相对下降，新兴经济体向中高端跃升的趋势更为明显。在高科技企业层面，新兴国家与亚太区域的创新型企业的快速发展已成为新趋势，上述企业与发达国家企业间竞争也将更趋激烈。

（二）新领域技术快速发展助推新兴经济体本土创新

从领域上看，新一代信息技术、新能源、新材料、生物医药、高端装备等领域技术创新是各国聚焦的重点，在未来一个阶段，上述领域仍然是科技创新的竞争主战场。以信息技术为核心的远程、线上、无人化技术，有望成为巨大现实需求催生的引领性技术。该领域牵引的物联网、人工智能、机器人、量子计算等新兴领域能够极大提升经济活动的效率，并适应后疫情时期社会经济发展的现实要求。

国务院发展研究中心课题组的《未来国际经济格局十大变化趋势》报告指出，预计未来15年，信息技术与新兴数字经济的兴起将削弱发达国家拥有的传统制造业技术优势，为新兴经济体赶超提供机遇；将加快知识向发展中国家扩散，有助于本地化生产，助推发展中国家的工业化进程（国务院发展研究中心课题组，2019）。而且发展中国家数字经济的发展空间更大，可以利用后发优势，加速推动经济转型。

（三）以数字经济为代表的新一轮产业革命加速发展，数字经济竞争加剧

人工智能和大数据等数字技术的发展改变了全球的产业布局和就业结构，缩短了产业链和价值链。数字技术改变了传统的国际贸易流通环节，上下游企业的数据共享降低了流通成本；电子商务改变了传统的消费习惯，成为主要的消费方式；未来，随着以ChatGPT为代表的人工智能技术的成熟和完善，数字经济可能还会改变传统的就业模式。

有学者指出，数字技术和数字经济是第四次工业革命的核心领域，是全球经济的主要增长点。第一，5G 技术和 6G 技术、云计算与关键设备是产业链稳健发展的最底层支撑力量，将成为各国数字经济投资合作的重中之重。第二，数字技术正逐渐渗透到制造业领域，并推动工业技术进步。到 2035 年，全球工业互联网基本普及，工业企业基于平台进行研发、设计和生产，工业平台成为科技企业、互联网企业、大型制造企业争夺的焦点，就像现在争夺电商市场一样。工业互联网可以看作是数据、硬件、软件和智能的流通与互动。工业互联网的机器学习能力，强调的是人的智慧与机器的智能之间的互动和辅助关系，而非替代关系。第三，芯片是制约各国数字经济发展的共同问题。2020 年底，德国、法国及其他 11 个欧洲国家宣布签署一项欧洲电子芯片和半导体产业联盟计划，以打破美国对芯片领域的主导，计划到 2030 年，欧洲生产的尖端、可持续半导体（包括处理器）至少占全球总产值的 20%。预计到 2035 年，中美欧将成为芯片主要研发和生产国家或地区；其中，中国生产的芯片仍处于相对低端的位置，但总量可以满足国内基本需求（夏杰、刘诚，2022）。

不过，有学者指出，数字经济时代的全球产业分工所依赖的要素禀赋与传统国际分工范式存在根本区别。国家间的数字经济鸿沟将成为新的全球性发展问题。数字经济具有技术和资本门槛，因此将催生国家间竞争合作的新范式。可以预想到，未来数字化与产业的融合发展将成为国家间产业竞争的核心。越来越多的国家将数字经济视为未来产业发展的重要方向，并实质性地加大对相关基础设施和研发领域的投入。以二十国集团成员为代表的全球主要经济体都制定了各自的数字经济发展战略，这将推动数字经济的迅速发展。值得关注的是，产业的数字化转型正在助力传统工业国重获竞争力，欧美传统工业国家正通过推动数字化工业战略争取重塑全球制造业的领导者地位。因此，未来全球数字经济领域的竞争和博弈将会呈现进一步加剧的趋势（张海冰，2019）。

（四）技术应用层面"新技术、新业态、新模式、新产业"的相互渗透与互动响应更进一步

在创新要素从全球流动向要地集聚的发展过程中，技术与产业需求之间的边界更加模糊。这就带来了不同经济主体之间在创新人才、无形资产、创新模式、创新企业、产业迭代等方面的综合比拼，上述领域也成为科技竞争的重要环节。城市由于兼具创新要素的集聚与配置能力以及对高技术产品的需求能力，因此成为新技术、新业态、新产业相互融合的重要平台及应用空间。同时，新兴技术带来的新基础设施的建设需求，也成为国家下一轮投资的重要热点。

（五）技术成果的效益分配强调"本土普惠"

如何实现技术效益的本地社会"普惠"、迅速填补"技术鸿沟"、充分发挥技术对本地社会的积极效应，是科技发展的重要诉求。自信息技术快速发展以来的此轮技术发展潮流之下，技术的收益在社会层级及国家分布上极不均衡，并且具有"马太效应"。新技术精英阶层与金融资本相结合，成为"收割"技术红利的社会主体。在利益分配上，西方发达国家成为技术收益的主要赢家。这种技术收益的社会层级与国家分布的极不均衡，带来了技术鸿沟、社会对立等一系列问题。未来一个阶段，各国在达成"技术的社会形成"的同时，达成其本土的"技术社会普惠"，减少技术收益不均衡带来的负面效益，创造技术收益在各国的庞大"中产阶层"，形成国家在技术应用、分配机制、社会参与等多领域的系统性设计和推进。

第三节　世界主要经济体对国际经济格局变化的立场及全球经济治理机制改革

在国际经济格局发生重大变化的趋势下，发达国家与新兴经济体等国际政治经济主体对国际经济发展模式及机制设定等重大问题，逐渐形成了新的立场与政策。欧美国家保持其自身在世界经济秩序结构中的优势地位，以及发展中国家对包容性世界经济格局的需求，成为两类经济体对于国际经济未来权力结构的重要分野。在这种新的博弈环境下，在全球金融危机过程中发挥重要作用的全球经济治理机制，面临新的冲击、新的调整、新的变革。

一、主要经济体对国际经济格局变化的基本立场

（一）美国对国际经济格局变化的主要立场

美国 2022 年 10 月发布的《国家安全战略》充分阐明了自身的基本立场和政策目

标，该报告是一份涵盖政治、经济、文化和军事各领域涉及国家安全事务的纲领性文件。该报告全面阐述了美国对未来的战略安全愿景，通过强化符合美国国家利益的国家联盟并不断改善其国内经济支持政策来维护其全球地位；尤其是要持续强化其在全球经贸、关键技术、网络安全等领域的规则和标准制定，进而在数字经济、人工智能、半导体以及太空等领域提升并维护其影响力。通过制定新的经济计划如印太经济框架以及全球基础设施和投资伙伴关系等来应对经济全球化的新变化，并采用所谓"双轨制"在与中俄竞争的同时，保持并强化与其盟友的协调合作。①

此外，为进一步提升美国在 21 世纪的竞争力，美国商务部于 2022 年 3 月发布了《2022—2026 战略计划》，该计划明确提出了美国经济政策的五大战略目标，包括提升美国创新和全球竞争力，促进包容性资本主义和公平经济增长，通过缓解、调适和增强生态系统的复原力以应对气候危机，依靠数据拓展新机遇，以 21 世纪的能力提供 21 世纪的服务。②

卡内基国际和平基金会在 2022 年发布的《美国战略与经济治国术：理解权衡之道》中，概括了美国对外经济政策的三项基本模式：美国优先（部分地通过与带来经济全球化压力的国家脱钩来单方面地恢复美国产业部门的竞争力），联盟经济（通过一个享有共同民主价值观、安全关切以及国际政策承诺的伙伴国家网络来重构美国的商业关系），全球化 2.0（推动改革促使自由市场和多边秩序适应 21 世纪的需求）。③

（二）欧盟对国际经济格局变化的主要策略

虽然欧盟各成员国国内都或多或少地面临民粹主义和逆全球化的压力，但总体而言，欧洲仍然主张多边主义，希望通过推动国际经济体制改革来更好地应对经济全球化新变局。欧洲理事会主席米歇尔明确表示：多边主义才是应对全球性挑战的关键。欧盟未来有三大工作重点：一是以应对气候变化与数字化转型为两大主线来落实经济复苏计划，二是解决欧盟国家的社会层面问题，三是打造欧盟在全球层面的战略自主。④下文以代表传统欧洲经济核心的英法德三国的近期观点为例。

---

① 参见 https://www.whitehouse.gov/wp-content/uploads/2022/11/8-November-Combined-PDF-for-Upload.pdf。
② 参见 https://www.commerce.gov/sites/default/files/2022-03/DOC-Strategic-Plan-2022%E2%80%932026.pdf。
③ 参见 https://carnegieendowment.org/2022/04/28/u.s.-strategy-and-economic-statecraft-understanding-tradeoffs-pub-86995。
④ 《欧洲理事会主席：多边主义才是应对全球性挑战的关键》，载中国网，2021 年 1 月 6 日。

英国时任首相约翰逊在 2021 年发布的《竞争时代的全球化英国——安全、国防、发展与外交政策的整体评估》中阐述了英国在未来十年的战略框架：作为联合国安理会常任理事国，英国将坚持多边主义。将加强国际机制建设，尤其是那些对未来国际秩序运转至关重要的机构，如 WTO 和 WHO 等，深化参与那些日益重要的机构，如管理技术标准的机构。当英国更多参与全球地区事务时，将与现有机构合作，如与东盟在印度—太平洋地区的合作。

基本战略框架包括四个方面：以科技力量支撑战略优势，塑造未来的开放国际秩序，强化本土及海外的安全防务力量，构建本土及海外的国家韧性。英国将通过国际合作，增强全球经济应对短期冲击和长期扭曲的抵御能力，并为未来的结构性挑战作好准备。在将对国家安全的潜在风险降到最低的同时促进外来投资。通过加强全球贸易体系和现代化国际规则，特别是在环境、服务和数字经济领域，振兴自由、公平和透明的贸易。在数字贸易领域建立全球领导地位，同时应对数字货币、电子商务和数据货币化等新兴商业模式领域快速创新所带来的潜在破坏风险，推动 WTO 电子商务谈判，并将现代数字和数据贸易条款纳入 FTA。[①]

2021 年 12 月，朔尔茨接替默克尔出任总理，在施政声明中他宣称，德国除了要在欧洲承担"特殊责任"外，还要在世界承担"全球责任"。朔尔茨的政策取向显然与默克尔时代以经济发展为重点的政策取向有明显不同，其价值取向与现实经济利益之间的张力将在本届德国政府存续期间一直存在。但正如朔尔茨在访华前公开发表的文章中所说的那样，即使世界局势发生变化，中国仍是德国和欧洲重要的经贸伙伴，德国不想也不能与中国脱钩。在全球性问题上，中国发挥着关键作用，德中应寻求符合双方利益的合作。

但是，2020 年 9 月德国政府曾经发布《德国—欧洲—亚洲：共同塑造 21 世纪》这一首次提出德国"印太战略"的文件，虽然德国反对在中美之间选边站队，但该文件的发布本身在一定程度上就迎合了美国的战略需求。[②] 例如，文件中就提出要避免单边

---

① https://assets.publishing.service.gov.uk/government/uploads/system/uploads/attachment_data/file/975077/Global_Britain_in_a_Competitive_Age_the_Integrated_Review_of_Security_Defence_Development_and_Foreign_Policy.pdf.

② 参见赵宁宁：《德国"印太战略"的战略考量、特点及影响》，《和平与发展》2021 年第 5 期。

依赖关系，减轻对中国的贸易依赖。文件也强调开放市场和自由贸易符合德国和印太地区各国的利益，德国将继续支持 WTO 在区域经济治理中发挥应有作用，并将与区域国家推动双边 FTA 的谈判。①

法国在处理对外关系时一直声称坚持多边主义原则，并于 2019 年与德国共同启动"多边主义联盟"，它"并非正式机构，而是一个可以构建灵活联合体的网络，它围绕着具体的倡议以实现涉及不同主题的目标：如人权、国际人道主义规范、网络空间、未来技术、裁军与军控、全球公共产品及加强国际制度。该联盟也将非国家行为体作为关键的利益相关方和合作伙伴以应对面临的挑战"。②

同样体现法国多边主义的还有法国与联合国的关系，法国支持联合国的改革，也推动国际官方发展援助体制创新。作为全球应对气候变化的里程碑式文件《巴黎协定》的主办国，法国也站在防止全球变暖和保护环境的前沿。③ 自《巴黎协定》签订后，法国先后通过了《绿色增长能源转型法》《多年能源规划》《法国国家空气污染物减排规划纲要》等法案，并于 2020 年通过"国家低碳战略"，设定了 2050 年实现碳中和目标。

（三）日本对国际经济格局变化的主要立场

日本作为经济大国，在对外关系中始终坚持奉行经济中心主义的基本战略路线，这种经济中心主义的基本特征是：注重财政健全，促进外资引进，与各国构筑通商关系，三者互为另外两方的重要条件，共同形成一个良性循环。借助融入由美国主导的自由主义国际经济秩序成为日本制定对外经济战略的核心方针。进入 21 世纪，日本发布的"日本 21 世纪愿景"指出，在面向 2030 年的未来时，日本应成为"无围墙的国家"，世界中的"桥梁国家"，实现商品、人员、资本、信息的聚集和连接。为此，需要"最大限度地利用全球化""从战略上推进经济一体化"。此后，随着日本签署 CPTPP 以及 RCEP 等双边 FTA 及 RTA，其在经贸领域的自由化进程显著提速。正如有学者指出的，经济中心主义的指导战略从第二次世界大战后的吉田茂开始一直延续到

① https://www.auswaertiges-amt.de/blob/2380514/f9784f7e3b3fa1bd7c5446d274a4169e/200901-indo-pazifik-leitlinien--1--data.pdf.

② https://www.diplomatie.gouv.fr/en/french-foreign-policy/united-nations/multilateralism-a-principle-of-action-for-france/#sommaire_5.

③ https://www.diplomatie.gouv.fr/en/french-foreign-policy/united-nations/france-and-the-united-nations/.

21 世纪的安倍时代，即使到如今，这一理念也并未产生根本性动摇，其作用甚至有增无减（贺平，2022）。

新形势下，日本政界学界都对其国家战略主动性、外向性增强这一基本趋势予以肯定，同时将中美战略博弈作为影响日本战略走向的基本背景，并将国际秩序的变动与日本的战略选择进行逻辑关联。一些政界和学界人士认为，日本将致力于成为多极化国际秩序的纽带，将维护国家利益的战略行动更密切地与国际秩序的趋势结合起来，重点是在全球及区域秩序建构中发挥"指导力"（卢昊，2021）。

近年来，日本已经从此前的建立双边 FTA/RTA 发展到构建巨型区域性合作组织，合作领域也从经济领域不断向政治安全领域扩展，并在区域合作中谋求国际经济新规则的主导权。2022 年 5 月，日本正式通过了经济安全保障推进法案，以供应链改革为标志，开始加速"摆脱对中国经济的过度依赖"（王彦军，2022）。此外，日本还由昔日重视通过参与、组建区域经济一体化组织来确保日本经济发展的资源稳定供给及不断开拓海外市场，转向依托参与、组建区域经济一体化组织来主导国际经贸规则制定权（孙丽、赵泽华，2021）。

（四）新兴经济体对国际经济格局变革的立场及政策选择

俄罗斯对外战略方针也经历了从初期向西方的一边倒向近年来的多方位转变的过程。这一多方位外交基于两点：一是国家利益原则，二是对世界多极化的认识。这与俄罗斯自身在当今世界中的定位构想有关。这种多方位外交具体体现为一系列的平衡性政策，在全球层面是欧亚平衡，对西方是欧美平衡，在亚洲是中印平衡等。当然，随着俄乌冲突的爆发，这种平衡性目前有所变化，但从长期来看这种平衡性不会发生根本性的改变。传统的独联体成员国仍是俄罗斯处理对外关系时的优先目标，构建新型欧亚经济联盟也是其多年来的目标（俞邃，2018）。此外，俄罗斯在气候变化问题上的政策部署，具有显著的适应性而非预防性、聚焦本国而非放眼全球的实用主义特征，同时其也积极参与国际气候谈判，并在国内提出应对法案（廖茂林等，2022）。另外，对非政策是俄罗斯针对西方遏制外交的一种对冲，也是俄罗斯对其东方外交的一大补充。俄罗斯对非洲的"对冲型外交政策"具有全方位、多层次、多机制、重点突出的特点（强晓云，2019）。

巴西致力于完善基于其"外围大国"国家身份的国际战略体系，旨在构建"南美极"，强化地区领导国角色，为本国经济社会发展争取有利的国际环境，提升巴西的国际影响力，拓宽自身在全球治理中的参与维度。从实践层面来看，巴西国际战略包含四个主要方面：推进地区一体化建设，实现南美洲的整合；优先发展南南合作，构建发展中国家命运共同体；基于平等和自主原则，开展南北对话；通过多边参与，拓宽巴西外交的国际维度（周志伟，2019）。

伴随着国际环境的新变化，巴西也面临全新的挑战和机遇。一方面，巴西在全球经济中面临"边缘化"风险，拉美的"去一体化"趋势有所上升，全球治理危机对巴西多边外交造成限制；另一方面，在大国博弈的局面下，巴西等新兴大国的战略重要性明显上升。鉴于此，巴西国际战略调整将更强调大国身份的塑造和地区代表性的提升。在全球层面，大国外交、南南合作和全球治理参与将是三大核心内容，尤其在与各大国的关系中，巴西将更强调对等性和互惠性。在地区层面，优先目标则聚焦在强化南美洲身份认同、主导地区治理、对冲美国"门罗主义"及提升自身的地区代表性（中国社科院拉美所课题组，2023）。

作为一个有着世界大国抱负的国家，印度的国际秩序观直接映射的是其安全秩序和大国权势追求。就其内核而言，印度的国际秩序观首先体现为一种婆罗门等级制世界观，强调印度理应居于世界权势等级结构的最顶层；其次，是所谓的"地区核心国家"定位，一种建立在印度霸权之上的地区秩序安排；再次，是"多中心国际体系"构想，主张冷战后的国际秩序应有助于印度作为中心力量的崛起（宋德星，2018）。

自20世纪90年代初以来，印度外交战略指导思想发生了五个方面的变化：一是从国内封闭的计划经济转向面向全球化的自由市场经济模式；二是对外政策转向服务于以经济建设为中心；三是抛弃"第三世界主义"和一直潜藏的不结盟情结；四是拒绝反西方主义，并开始拥抱西方；五是理想主义逐步退却，并淡化了外交说辞中的道德主义色彩。在中美进入较长时期的战略博弈阶段后，印度认为这种变局带来的机遇要远远多于挑战，开始锚定领导型大国的国家定位，追求带有"印度印记"的国际秩序，构建具有"亲西方"倾向的大国关系。印度推行的多向结盟政策可以说是其试图保持自主性的一种战略对冲方式，它有别于清晰的一边倒或结盟政策，以便其从大国战略竞争中获利。因此，印度虽然没有明确将中国视为对手，但实质上不断加大了对中国的战略平衡和牵制，例如，在经济上试图逐步取代中国在全球产业链供应链中的地位，甚至和西方国家共同打压中国的高科技企业（林民旺，2021）。

南非虽然是非洲地区最大的经济体，但无论是在全球层面抑或是在金砖国家中它仍然是轻量级经济体。近年来南非在重塑自身"国家身份"的过程中坚持三大定位：在非洲层面成为"非洲发展的推动者""非洲和平的构建者与维护者"；在南方国家层面成为"南南合作的倡导者"；在北方国家层面成为"南北对话的桥梁构建者"（方伟，2014）。

南非国际关系与合作部发布的 2021/2022 年度报告全面阐述了南非的对外关系指导理念及未来政策目标。坚持多边主义将是南非外交政策的焦点，一以贯之地推动联合国及安理会改革，致力于重整不结盟运动，将在二十国集团和 77 国集团中捍卫非洲议程及全球南方国家的利益，加强金砖国家成员国之间的合作。在双边关系中，通过有重点的投资来增加对南非的投资；促进出口；发现新市场；推广南非作为首选旅游目的地；继续与其战略伙伴接触；更频繁地举行政治磋商，各国共同努力建立伙伴关系，加强政治和经济关系，深化双边关系与农业、卫生、科技、区域、大陆和全球政治、和平、安全和消除基于性别的暴力等领域的合作。通过区域一体化整合市场，扩大非洲大陆的生产能力，发展非洲的区域价值链。①

东盟在 2015 年的吉隆坡峰会后发布了《东盟 2025：携手前行》宣言，明确提出打造东盟共同体的愿景，并提出东盟政治安全共同体蓝图，东盟经济共同体蓝图以及东盟社会文化共同体蓝图。希望东盟在保持该地区中心地位的同时，成为国际大家庭中的一个外向型地区；加强东盟的互联互通，缩小地区发展差距，并使东盟共同体的建设与联合国 2030 年可持续发展议程相辅相成。②

2019 年 6 月，第 34 届东盟峰会发表了《东盟印太展望》，阐明了东盟关于地区合作的新主张。该文件强调了东盟应该成为一个对话与合作、人人享有发展和繁荣的区域。同时反对排他性竞争，呼吁聚焦开放性经济合作、韧性区域治理。东盟正在改变

---

① https://www.gov.za/sites/default/files/gcis_document/202212/dirco-annualreport20212022reduced.pdf.

② https://www.asean.org/wp-content/uploads/2015/12/ASEAN-2025-Forging-Ahead-Together-final.pdf.

以往模糊合作范围的地理概念，将其界定为依然相当模糊但大幅扩展的印太地区，反映了东盟对加强更广范围的地区合作已基本形成一致意见。东盟在当前国际和地区形势加速转型的关键时期，努力避免在大国博弈中被边缘化，尽力维护和增强东盟在地区合作中的中心地位（周士新，2020）。

2022年以来，东盟为落实上述2025年蓝图取得重大进展，取得了一系列成果：首先是数字化转型，加快研究数字经济框架协议（DEFA），协助东盟成员国未来谈判。探索区域支付方式的联通，实施东盟支付政策框架的跨境实时支付系统。继续推行无纸化贸易，扩大东盟单一窗口贸易文件电子化范围。优先考虑中小微企业利用数字技术，启动东盟接入匹配计划。其次是可持续发展，提出补充循环经济框架的基本文件。加强粮食安全和可持续性的区域合作；东盟能源合作行动计划实施取得积极进展；在关键部门推进可持续发展议程；制定东盟碳中和战略概念文件，将启动实现碳中和路径的工作。最后，是竞争性和全球化。东盟通过升级现有FTA，继续保持其市场强劲、开放和竞争力，促进贸易投资，成为疫情后全球经济复苏的重要驱动力。2022年3月启动《东盟货物贸易协定》升级谈判，2022年11月启动《中国—东盟自由贸易协定》（ACFTA）升级谈判，并宣布实质性结束《东盟—澳大利亚—新西兰自贸协定》（AANZFTA）升级谈判。[①]

二、全球经济治理机制的变化及面临的挑战
（一）全球经济治理机制的新变化

布雷顿森林体系创立的三大国际经济组织构成了传统全球经济治理的支柱，近年来随着新兴经济体的崛起，这种体现欧美发达国家既得利益的制度安排已经显得力不从心。在全球经济新格局下，全球经济治理的内涵和特征也在发生变化。

赵蓓文（2021）将全球经济治理的机制与领域变化归纳为四个方面，并从制度型开放角度提出中国参与全球经济治理调整的新机遇。第一，全球经济治理的机制正在从一中心向多元化转变，即从以美国为中心的单边治理逐渐向以美国为首的西方世界

---

① 中华人民共和国商务部：《东盟经济共同体建设进展》，2022年12月23日。

主导、新兴经济体和其他发展中国家共同参与的多边治理的多元化趋势转变，新兴经济体在全球经济治理中的地位和话语权得到提升。第二，全球经济治理的范围从传统领域向新兴领域拓展。随着经济全球化的迅猛发展，全球经济治理的范围已经逐渐从传统的投资、贸易、金融领域向全球气候治理、全球公共卫生治理、数字经济治理等新兴领域拓展。第三，全球经济治理的规制开始从国际向国内延伸。由于在很多国家实施的是国际法优于国内法的原则，在很多司法实践中，已经将全球经济治理的部分内容延伸到国内并加以实践。第四，全球经济治理的两种模式（西方模式和中国模式）逐步走向融合，制度型开放和"双循环"新发展格局的提出，为中国以制度型开放参与全球经济治理提供了一种新的可能性，全球经济治理的两种模式开始逐步走向融合。

（二）全球经济治理机制面临的困境和挑战

许多学者列举了全球经济治理机制面临的不同挑战，本文先概括具有共性的三个方面。

首先，全球经济格局的演变导致传统全球经济治理机制的代表性不足，合法性受到质疑，治理效能大打折扣。当前新老力量交替仍处于过渡期。新兴经济体势力的相继崛起，利益攸关方数量显著增加，改变了原来的经济治理体系力量格局。未来领导全球经济治理的力量模式将取决于传统领导力量与新兴领导力量之间的博弈互动关系，而新老力量在全球经济治理中的互动模式仍未定型，是取代式、互补式还是并行式未有定论。而且当前出现的各种区域型、次区域型、跨区域型治理以及各种双边协定，正在取代以 WTO 为主渠道的全球多边贸易体系，不断割裂世界市场的整体性，这种治理机制的碎片化趋势进一步暴露了传统治理机制已经越来越不适应全球经济格局的现实（陈东晓、叶玉，2017）。而这种碎片化的情况会加剧传统大国与新兴经济体之间的话语权之争，发达国家一方面，倾向于创建符合自身利益偏好的排他性全球或地区治理机制；另一方面，还会阻碍现有治理机制的运作或者阻碍其他国家对现有治理机制的改革，从而诱发新旧治理机制之间的制度失灵（阙天舒、张纪腾，2021）。全球经济治理机制与当今的全球经济格局并不适应，而且这种机制往往对应的是权力等级关系，这对那些力量相对弱小或新兴的经济体有失公允，影响了全球经济治理的公平性（王丽莎，2018）。

其次，治理理念与价值多元化引发冲突。传统新自由主义理念的正统主导地位不断受到挑战和质疑。以新兴经济体为代表的多元发展道路日益受到国际社会的关注、理解和肯定，但远没有成为主流。全球经济治理理念和价值多元化，导致相关规则的制定权、解释权、执行权等治理规则话语权竞争日趋激烈。如何增进多元化治理理念和价值相互借鉴、取长补短，塑造全球经济治理价值"和而不同"的面貌，为全球经济治理凝聚新共识，避免价值对立甚至文化冲突，其意义更加凸显（陈东晓、叶玉，2017）。有学者指出，全球经济治理主导观念更多反映了强者利益，全球经济治理观念能否重建取决于国际与国内层面能否形成合理的社会目标。因此，强国、大国之间的利益协调是推动全球经济治理改革的前提，当前经济治理困境在一定程度上也是大国利益协调的困境（孙伊然，2011）。

最后，全球经济治理机制本身不够完善。无论是 WTO 的争端解决机制，抑或是二十国集团的宏观经济政策协调，落实到具体执行时往往大打折扣，即缺乏约束力。基于自愿平等原则形成的国际经济组织并不存在超越国家主权的决策、执行、争端解决与监督机构，因此面对国家利益冲突时难以达成可执行的集体决定，其治理机制效率低下（张韦恺镝、黄旭平，2021）。

此外，也有学者将全球经济治理的挑战概括为四大冲突：一是资源与环境供求的冲突，即人类需求无限与资源供给有限的相互冲突所形成的治理困境；二是国内与国际经济发展的冲突，即维护国内经济发展与推动全球经济增长所形成的治理困境；三是技术传播与保护的冲突，即狭隘保守的技术观念、政策所造成的治理困境；四是国家安全审查适用性的冲突，即经济问题被政治化所导致的治理困境。而导致这些困境的原因是出现了治理主体、客体及执行力的转变，即参与全球经济治理的主体积极性由高变低，治理对象则由少变多，而制度的约束力则由强变弱（薛安伟、张道根，2022）。

还有学者认为，全球经济治理的各关键组成要素存在着难以解决的四点内在悖论，这必然导致治理出现操作层面的困境：一是层次冲突困境，即把全球经济治理看成是独立自发的治理，割裂了与国内经济治理和区域经济治理的联系与互动；二是规则非中性困境，作为全球经济治理核心的各种规则是非中性的，最后会导致规则制定僵局和治理僵局；三是公共选择困境，全球经济治理作为一种公共领域的集体决策行为，难以避免公共选择所固有的难题，这会导致参与全球经济治理的行为体越多，治理的决策难度越大；四是霸主主导困境，全球经济治理作为促进世界经济发展的国际公共产品，需要一个霸主来创建并维护，但霸主国总是倾向于把这种公共产品私有化、国内经济治理成本全球化和全球治理收益本国化，长此以往，其创建的治理体系必然逐渐丧失公信力并趋于瓦解（宋国友，2015）。

三、全球经济治理机制的改革前景及影响因素

如何改革现有全球经济治理机制来应对上述的困境和挑战呢？有学者阐述了全球经济治理的改革前景以及影响其的机制、权力和观念三个因素。首先，发达经济体存在对既有机制的路径依赖特征，而新兴国家则要充分利用新的全球经济治理平台如二十国集团来推动治理体系变革，以"一带一路"倡议为路径选择进行治理机制创新。其次，从权力因素来说，要适应既有权力分配格局的变化，推动小多边机制创新，从而保障国际机制的有效性和合法性。最后，从观念因素来看，要将行为与信念和价值联结起来，在用观念和价值观来塑造行为体的行为过程中，使变革方案合法化（仇华飞，2022）。

还有学者明确指出，全球经济治理改革要以增进互信为主旨，以促进治理主体的合作为中心，以构建多边经济制度框架为目标，以完善国际组织和机构为抓手，从三个方面持续推动制度创新。

首先，是以平台建设促进主权国家合作，即优化现有平台和机制，推动国家间政策协调，包括继续改革联合国及二十国集团等平台，在巩固现有合作机制基础上达成一定的多边协定，形成全球性顶层设计，同时中美必须弱化分歧，强化合作。其次，要培育和发展国际组织并增强非政府治理力量。一方面，改革现有机构，如在国际货币基金组织、WTO及世界银行中增加发展中国家的话语权；另一方面，要培育发展新机构来补充现有制度漏洞。完善壮大非政府组织，激励其在诸如绿色可持续发展以及数字经济等领域深入参与全球经济治理。最后，要推动达成更多双边、区域及多边经贸规则。一方面，以边际创新拓展现有规则的使用范围；另一方面，则是推动新建双

边和区域经贸协定（薛安伟、张道根，2022）。

有学者则认为全球经济治理困境的症结在于"全球"而非"经济治理"，因此改革的主要思路就是要从较为务虚的"全球层面"回落到务实的跨地区经济治理、地区经济治理、双边经济治理乃至内部经济治理。"这些跨地区、地区内、双边以及内部各层面的经济治理可能没有特意针对和解决所谓的全球问题，但是，这些经济治理连接、叠加和重合起来，就构成了没有全球之名、但有全球之实的全方位治理。各种层面治理汇聚起来的治理能力，要大于各个国家在全球层面的治理能力；各种层面治理累积起来的治理效果，要大于全球经济治理的效果。"[1]

也有学者强调全球经济治理改革应首先优化其执行机制并进行修复和调整，增强制度有效性和约束力；其次，要大力发挥二十国集团在全球经济治理中的重要作用，尤其要更多地让新兴经济体提出议题，聚焦全球经济可持续发展；再次，要加强多边机制与区域主义的协调发展；最后，则是要建立以共商共建共享为核心的全球经济治理理念（王丽莎，2018）。

第四节 中国在国际经济格局变化中的选择及影响

准确判断当前及未来一段时间内经济全球化深入变化背景下国际经济格局的发展趋势，对于中国实现第二个百年奋斗目标具有重要意义。中国应该抓住国际经济格局调整带来的新机遇，充分认识自身竞争优势，通过进一步扩大开放塑造良好的国际环境，不断提升自身的国际竞争力。从党的二十大报告和习近平总书记的一系列讲话中可以看出，中国在这个问题上的基本立场和主张以及对未来进一步参与全球经济治理的基本设想。

一、国际经济格局变化背景下中国的基本立场和政策主张

（一）党的二十大报告体现了中国政府在全球大变局下的基本立场和政策主张

党的二十大报告从全球视角精准概述了当今人类所处的历史坐标："世界之变、时

---

[1] 宋国友：《后金融危机时代的全球经济治理：困境及超越》，《社会科学》2015 年第 1 期。

代之变、历史之变正以前所未有的方式展开""和平赤字、发展赤字、安全赤字、治理赤字加重""世界又一次站在历史的十字路口"。

在这一全球大变局下，二十大报告明确指出，中国当前的中心任务是"团结带领全国各族人民全面建成社会主义现代化强国、实现第二个百年奋斗目标，以中国式现代化全面推进中华民族伟大复兴""中国式现代化，是中国共产党领导的社会主义现代化，既有各国现代化的共同特征，更有基于自己国情的中国特色"。这个中国特色就体现在它是人口规模巨大的现代化，是全体人民共同富裕的现代化，是物质文明和精神文明相协调的现代化，是人与自然和谐共生的现代化，是走和平发展道路的现代化。

现阶段推进中国式现代化的关键在于以高质量发展构建新发展格局。党的二十大报告指出，高质量发展是全面建设社会主义现代化国家的首要任务。发展是党执政兴国的第一要务。没有坚实的物质技术基础，就不可能全面建成社会主义现代化强国。必须完整、准确、全面贯彻新发展理念，坚持社会主义市场经济改革方向，坚持高水平对外开放，加快构建以国内大循环为主体、国内国际双循环相互促进的新发展格局。"要坚持以推动高质量发展为主题，把实施扩大内需战略同深化供给侧结构性改革有机结合起来，增强国内大循环内生动力和可靠性，提升国际循环质量和水平，加快建设现代化经济体系，着力提高全要素生产率，着力提升产业链供应链韧性和安全水平，着力推进城乡融合和区域协调发展，推动经济实现质的有效提升和量的合理增长。"

在这一大变局下，中国政府将继续坚持处理对外关系时的基本立场："中国始终坚持维护世界和平、促进共同发展的外交政策宗旨，致力于推动构建人类命运共同体。""中国坚定奉行独立自主的和平外交政策，始终根据事情本身的是非曲直决定自己的立场和政策，维护国际关系基本准则，维护国际公平正义。""中国的发展是世界和平力量的增长，无论发展到什么程度，中国永远不称霸、永远不搞扩张。""中国积极参与全球治理体系改革和建设，践行共商共建共享的全球治理观，坚持真正的多边主义，推进国际关系民主化，推动全球治理朝着更加公正合理的方向发展。"①

---

① 习近平：《高举中国特色社会主义伟大旗帜 为全面建设社会主义现代化国家而团结奋斗——在中国共产党第二十次全国代表大会上的报告》。

（二）习近平总书记近几年在一些重要场合的讲话生动地反映了全球大变局下中国政府的战略思考及政策选择

面对经济全球化的新变化，习近平总书记在 2017 年世界经济论坛年会开幕式上指出，"经济全球化是社会生产力发展的客观要求和科技进步的必然结果，不是哪些人、哪些国家人为造出来的"①，"引导经济全球化健康发展，需要加强协调、完善治理，推动建设一个开放、包容、普惠、平衡、共赢的经济全球化。"②从国内层面上说，扩大对外开放水平，打造更高层次的新开放格局是中国应对经济全球化新布局的必然选择。"我们要坚定不移发展开放型世界经济，在开放中分享机会和利益、实现互利共赢。不能遇到风浪就退回到港湾中去。"③从国际层面上而言，则需要中国主动参与全球经济治理体系，"加强合作推动全球治理体系变革，共同促进人类和平与发展崇高事业"④，中国"将坚定不移地做和平发展的实践者、共同发展的推动者、多边贸易的维护者、全球经济治理的参与者"。⑤

2021 年 7 月 6 日，在中国共产党与世界政党领导人峰会上，习近平总书记发表题为"加强政党合作　共谋人民幸福"的主旨讲话。他指出，在当今世界经历百年未有之大变局，世界多极化、经济全球化处于深刻变化之中，各国政党应该展现责任担当，努力做到以下五点：第一，要担负起引领方向的责任，把握和塑造人类共同未来；第二，要担负起凝聚共识的责任，坚守和弘扬全人类共同价值；第三，要担负起促进发展的责任，让发展成果更多更公平地惠及各国人民；第四，要担负起加强合作的责任，携手应对全球性风险和挑战；第五，要担负起完善治理的责任，不断增强为人民谋幸福的能力。⑥

2021 年 10 月 25 日，国家主席习近平在出席中华人民共和国恢复联合国合法席位

---

① 习近平：《习近平谈治国理政》，外文出版社 2017 年版，第 476 页。
② 同上书，第 543 页。
③ 习近平：《共担时代责任　共促全球发展——在世界经济论坛 2017 年年会开幕式上的主旨演讲》，《人民日报》2017 年 1 月 18 日。
④ 习近平：《在中共中央政治局第三十五次集体学习时强调　加强合作推动全球治理体系变革　共同促进人类和平与发展崇高事业》，《人民日报》2016 年 9 月 29 日。
⑤ 习近平：《在参加十二届全国人大二次会议上海代表团审议时的讲话》，《人民日报》2014 年 3 月 6 日。
⑥ 习近平：《加强政党合作　共谋人民幸福》，《人民日报》2021 年 7 月 7 日。

50 周年纪念会议上发表重要讲话，强调"中国将坚持走和平发展之路，始终做世界和平的建设者；坚持走改革开放之路，始终做全球发展的贡献者；坚持走多边主义之路，始终做国际秩序的维护者"，呼吁各国弘扬全人类共同价值，践行真正的多边主义，携手构建人类命运共同体。①

2022 年 4 月 21 日，习近平主席在博鳌亚洲论坛年会上发表题为"携手迎接挑战，合作开创未来"的主旨演讲。他在演讲中提出"四个共同"阐明共创未来的新主张："我们要共同守护人类生命健康……各国要相互支持，加强防疫措施协调，完善全球公共卫生治理。我们要共同促进经济复苏……我们要坚持建设开放型世界经济，把握经济全球化发展大势，加强宏观政策协调……促进全球平衡、协调、包容发展。我们要共同维护世界和平安宁……中方愿在此提出全球安全倡议：我们要坚持共同、综合、合作、可持续的安全观，共同维护世界和平和安全。我们要共同应对全球治理挑战……我们要践行共商共建共享的全球治理观，弘扬全人类共同价值，倡导不同文明交流互鉴。要坚持真正的多边主义，坚定维护以联合国为核心的国际体系和以国际法为基础的国际秩序。"②

2022 年 6 月 23 日，习近平主席在北京以视频方式主持金砖国家领导人第十四次会晤，并发表题为"构建高质量伙伴关系 开启金砖合作新征程"的讲话。习近平主席提出四个坚持，即坚持和衷共济，维护世界和平与安全，倡导践行真正的多边主义和共同、综合、合作、可持续的全球安全倡议；坚持合作发展，共同应对风险和挑战，发起金砖国家加强供应链合作倡议、贸易投资与可持续发展倡议，通过了海关合作与行政互助协定、粮食安全合作战略，首次举办应对气候变化高级别会议。中国愿同金砖伙伴一道，以全球发展倡议推动联合国 2030 年可持续发展议程再出发，构建全球发展共同体；坚持开拓创新，激发合作潜能和活力，推动完善全球科技治理，让科技成果为更多人所及共享；坚持开放包容，凝聚集体智慧和力量，继续深化拓展"金砖＋"模式，使其成为新兴市场国家和发展中国家开展南南合作、实现联合自强

① 《习近平出席中华人民共和国恢复联合国合法席位 50 周年纪念会议并发表重要讲话》，《人民日报》2021 年 10 月 26 日。
② 习近平：《携手迎接挑战，合作开创未来》，《人民日报》2022 年 4 月 21 日。

的典范。①

2022 年 11 月 4 日，习近平主席以视频方式出席在上海举行的第五届中国国际进口博览会开幕式，在发表题为"共创开放繁荣的美好未来"的致辞中指出，中国将推动各国各方共享中国大市场机遇、共享制度型开放机遇、共享深化国际合作机遇。"中国坚持对外开放的基本国策，坚定奉行互利共赢的开放战略，坚持经济全球化正确方向，增强国内国际两个市场两种资源联动效应，不断以中国新发展为世界提供新机遇，推动建设开放型世界经济。"②

2022 年 11 月 18 日，习近平主席在出席亚太经合组织第二十九次领导人非正式会议上发表题为"团结合作勇担责任 构建亚太命运共同体"的重要讲话并提出四点建议：第一，维护国际公平正义，建设和平稳定的亚太；第二，坚持开放包容，建设共同富裕的亚太；第三，坚持绿色低碳发展，建设清洁美丽的亚太；第四，坚持命运与共，建设守望相助的亚太。"中国愿同所有国家在相互尊重、平等互利的基础上和平共处、共同发展。中国将坚持实施更大范围、更宽领域、更深层次对外开放，坚持走中国式现代化道路，建设更高水平开放型经济新体制，继续同世界特别是亚太分享中国发展的机遇。"③

二、中国参与全球经济治理机制改革的路径选择

正如前文所述，当前全球经济治理机制面临着不少的挑战与困境。中国作为最大的发展中国家有责任要积极主动地参与全球经济治理机制的改革，众多学者也提出不少有价值的建议。

查日升（2015）从全球价值链视角分析中国参与全球经济治理的模式，他指出，从全球价值链的分布来看，中国正遭受发展中国家低成本竞争和发达国家核心要素控制的双重狙击。要参与全球经济治理模式创新，就需要培育一批跨国领导企业，聚集创造核心能力的高级和专业化生产要素、铸造基于国内外的专业化市场、政府需要强

---

① 习近平：《构建高质量伙伴关系 开启金砖合作新征程》，《人民日报》2022 年 6 月 24 日。
② 《习近平在第五届中国国际进口博览会开幕式上发表致辞》，《人民日报》2022 年 11 月 5 日。
③ 《习近平主席出席亚太经合组织第二十九次领导人非正式会议并发表重要讲话》，载中华人民共和国中央人民政府网站，2022 年 11 月 18 日。

化顶层设计和整合资源。

高凌云等认为，全球经济治理机制改革涉及各方利益再分配，大国之间博弈较量风生水起。中国在参与全球经济治理改革时应该先有战略考量，即明确参与态度、参与范围、参与诉求和参与身份。在此基础上，首先是立足全面深化改革，推动国内治理与全球经济治理融通互鉴；其次是立足"一带一路"倡议，推动平台建设与公共品输出相得益彰；最后是立足自由贸易区建设，推动市场深度融合与治理议题谋划合理衔接（高凌云、苏庆义，2015）。

陈东晓等认为，中国应结合自身发展转型的优先领域和节奏步骤，规划参与全球经济治理的相应战略，以二十国集团和地区机制建设同步推进为抓手，促进全球经济治理体系更加包容、有效。首先，要推进全球治理与国家治理联动，为此，一方面，中国要继续在国际多边议程中推进中国化的可持续发展理念，凝聚新共识的着力点；另一方面，中国更要将国内改革转型的新实践加以理论化，在特殊案例中寻找普遍意义，为中国实践的世界意义提供理论规划的支撑，提高中国实践在全球经济治理中的影响力。其次，要推进更坚实有效的地区机制，做好"一带一路"倡议的落实工作，在货币领域切实推进地区机制的有效性建设，推进地区贸易体系建设。最后，则是要加强二十国集团机制实效和宏观政策协调（陈东晓、叶玉，2017）。

刘勇等认为，中国在参与全球经济治理的新模式过程中，首先，要参与议题设置；其次，要参与规则变革；再次，要参与机制建设；最后，则是要为全球经济治理提供公共品。至于参与路径，第一，要进一步加强与国际经济秩序的对接，推进全球经济治理的体制变革；第二，要进一步加强区域经济合作机制建设，实现经济可持续的包容性增长；第三，要进一步加强全球经济治理公共品的供给，争取更大的制度性话语权（刘勇、张译文，2017）。

王丽莎（2018）指出，中国想要更有效地发挥在全球经济治理中的作用需要：首先，推动建立以合作共赢为核心的新型国际关系；其次，要积极参与国际经济组织的职能活动；再次，要利用二十国集团机制扩大中国在全球经济治理中的影响；最后，则需要提高深度参与全球经济治理的能力。

赵蓓文（2021）指出，2018年之后，中国通过制度型开放参与到全球经济治理的制度创新，其主要战略包括三个方面：第一，是从国内国际经济循环的畅通到国内国际规则的整合，包括进一步放宽外商投资准入，全力打造改革开放新高地，制度规则型开放的框架设计更加完整。第二，是在共同抗疫中践行人类命运共同体理念，以开放促改革促发展，进一步扩大开放，加快"一带一路"建设，通过和"一带一路"沿线国家的共商共建共享，表明中国反对贸易保护主义的决心。第三，是共同应对全球气候变化。气候变暖的责任应当由生产者、消费者和投资者共同承担，气候变暖既是规则问题，也是治理问题，中国作为负责任大国，将和世界其他国家共同磋商协调，为全球气候治理作出贡献。

三、人类命运共同体和三大倡议：中国参与全球治理的宗旨理念及实践方案

（一）人类命运共同体理念的提出与发展

习近平主席于 2013 年在莫斯科国际关系学院最早提出构建人类命运共同体的理念。此后，习近平主席在多个重要国际场合反复阐述了该理念的内涵和外延，为共同应对全球挑战、共创人类美好未来提供中国方案。

2015 年 9 月，习近平主席在出席第七十届联合国大会一般性辩论时分别从伙伴关系、安全格局、发展前景、文明交流、生态体系五个方面，系统地阐释人类命运共同体的主要内涵。"我们要建立平等相待、互商互谅的伙伴关系……我们要坚持多边主义，不搞单边主义；""我们要营造公道正义、共建共享的安全格局……树立共同、综合、合作、可持续安全的新观念。""我们要谋求开放创新、包容互惠的发展前景……大家一起发展才是真发展，可持续发展才是好发展。""我们要促进和而不同、兼收并蓄的文明交流……文明相处需要和而不同的精神。""我们要构筑尊崇自然、绿色发展的生态体系……以人与自然和谐相处为目标，实现世界的可持续发展和人的全面发展。"[①]

2017 年 1 月，习近平主席在日内瓦"共商共筑人类命运共同体"高级别会议上发表主旨演讲，从现实角度系统勾勒构建人类命运共同体的实践路径。习近平主席强调，构建人类命运共同体，一要坚持对话协商，建设一个持久和平的世界；二要坚持

---

① 《习近平在第七十届联合国大会一般性辩论时的讲话》，载中华人民共和国中央人民政府网站，2015 年 9 月 28 日。

共建共享，建设一个普遍安全的世界；三要坚持合作共赢，建设一个共同繁荣的世界；四要交流互鉴，建设一个开放包容的世界；五要坚持绿色低碳，建设一个清洁美丽的世界。①

2017 年 12 月，习近平主席在中国共产党与世界政党高层对话会上发表题为"携手建设更加美好的世界"的主旨讲话，明确指出："人类命运共同体，顾名思义，就是每个民族、每个国家的前途命运都紧紧联系在一起，应该风雨同舟，荣辱与共，努力把我们生于斯、长于斯的这个星球建成一个和睦的大家庭，把世界各国人民对美好生活的向往变成现实。"基于此，"我们要努力建设一个远离恐惧、普遍安全的世界。""我们要努力建设一个远离贫困、共同繁荣的世界。""我们要努力建设一个远离封闭、开放包容的世界。""我们要努力建设一个山清水秀、清洁美丽的世界。"②

2020 年 11 月，习近平主席在上海合作组织成员国元首理事会第二十次会议上首次提出构建"卫生健康共同体""安全共同体""发展共同体""人文共同体"的重大倡议，进一步丰富和完善了构建人类命运共同体的思想内涵。③

2021 年 1 月，习近平主席以视频方式出席世界经济论坛"达沃斯议程"对话会，在发表题为"让多边主义的火炬照亮人类前行之路"的致辞时再次强调，解决人类社会面临的各种挑战和问题的出路是"维护和践行多边主义，推动构建人类命运共同体"，要坚持开放包容，不搞封闭排他；要坚持以国际法则为基础，不搞唯我独尊；要坚持协商合作，不搞冲突对抗；要坚持与时俱进，不搞故步自封。④

从 2013 年在莫斯科国际关系学院，到 2017 年在日内瓦万国宫，再到 2021 年在世界经济论坛"达沃斯议程"对话会……习近平主席在一系列重大国际场合深入阐释构建人类命运共同体理念，把国际社会的认知不断引向深入。理念经历了循序渐进、逐

---

① 《习近平出席"共商共筑人类命运共同体"高级别会议并发表主旨演讲》，载中华人民共和国中央人民政府网站，2017 年 1 月 18 日。
② 习近平：《携手建设更加美好的世界——在中国共产党与世界政党高层对话会上的主旨讲话》，《当代世界》2017 年第 12 期。
③ 习近平：《弘扬"上海精神" 深化团结协作 构建更加紧密的命运共同体》，《人民日报》2020 年 11 月 11 日。
④ 《习近平在世界经济论坛"达沃斯议程"对话会上的特别致辞》，载中华人民共和国中央人民政府网站，2021 年 1 月 25 日。

步完善的发展过程，形成一个立意高远、思想深邃、内涵丰富的理论体系。这一理论体系是以推动建设"五个世界"为总目标，以打造全球伙伴关系为新起点，以构建新型国际关系为根本路径，以全人类共同价值为价值追求，以主权平等、沟通协商、法治正义、开放包容等为基本原则，以"一带一路"为实践平台，以全球发展倡议、全球安全倡议和全球文明倡议为重要依托的科学理论体系。[①]

人类命运共同体理念自提出以来，自然受到众多西方学者的重视和研究。其中当然也有戴着固有意识形态眼镜去理解评价的观点，但仍然有相对客观理性甚至不少赞同的观点。如有西方学者就指出，在全球治理中，文化分歧是一个不可避免的问题，而基于儒、道、佛的中国思想文化，对于弥合分歧很有借鉴意义。人类命运共同体就是基于这种思想渊源的现代表达，排除了一种文明将自己强加于另一文明的想法，契合了和平共处五项原则、《联合国宪章》和中国的外交政策基础。[②] 还有西方学者认为，认为多极化才是通往更公正和可持续的世界秩序的可行道路，单一普世的意识形态设定会将结构导向不稳定状态，进而影响秩序的合法性。只有寻求新的平衡，以多个权力和经济增长中心的结构建立全人类可持续发展的多极化全球模式，才能克服全球性危机。然而，目前的竞争性发展模式使大国之间缺乏共识，因此迫切需要一种团结一致的新意识形态和路线图。人类命运共同体观念倡导尊重文化和政治差异的理念，反对以一套标准作为普世价值，正是不同文明间对话的新方式。[③] 还有澳大利亚学者认为，中国正在把南海变成横跨 21 世纪海上丝绸之路的生态文明范例，通过鼓励可持续捕捞和保护周边水域的生态平衡，中国不仅将走在加强保护资源的前列，还将吸引周边国家形成一个真正的"命运共同体"。欧洲对外关系委员会网站中国分析栏目刊登了系列主题文章，认为中国构建人类命运共同体的大战略与美国实行贸易保护主义、退出《巴黎协定》等行为形成了鲜明对比，并评论说：毋庸置疑，人们越来越相信，中

---

① 习近平外交思想研究中心：《推动构建人类命运共同体是中国式现代化的本质要求》，《红旗文稿》2023 年第 4 期。

② Dellios Rosita, "Silk Roads of the Twenty-first Century: The Cultural Dimension", *Asia & the Pacific Policy Studies*, Vol.4, No.2, 2017, p.233.

③ Timo Kivimäki, "Soft Power and Global Governance with Chinese Characters", *Chinese Journal of International Politics*, Vol.7, No.4, 2014, pp.421—447.

国能够在全球发挥领导作用，不仅为发展中国家，而且为整个世界树立了榜样（罗云等，2020）。而不少俄罗斯学者给予人类命运共同体理念高度评价，认为这是一个倡导和平、共建共享、合作共赢的理念，不仅能够给俄罗斯带来机遇，还将会推动国际秩序和国际体系作出必要的改革和完善（方婷婷，2020）。

十年来，人类命运共同体理念不断深入人心，先后被写入《中国共产党章程》《中华人民共和国宪法》，也陆续写入联合国、上海合作组织等多边机制重要文件，深远影响着中国和世界的发展。2022 年 11 月，联合国大会裁军与国际安全委员会表决通过三项决议，其中均写入了中国提出的人类命运共同体理念。人类命运共同体理念已连续六年写入联大决议。党的二十大报告也将推动构建人类命运共同体明确为中国式现代化的本质要求之一，进一步阐明了新形势下构建人类命运共同体的时代意义、精神实质和实现路径，彰显了新时代中国外交的天下情怀，成为引领时代潮流和人类前进方向的鲜明旗帜。

（二）三大倡议的提出与发展

1. 全球发展倡议

2021 年 9 月 21 日，习近平主席在以视频方式出席第七十六届联合国大会时首次提出全球发展倡议，在题为"坚定信心 共克时艰 共建更加美好的世界"讲话中，习近平用"六个坚持"概述了全球发展倡议的基本内容，即坚持发展优先，坚持以人民为中心，坚持普惠包容，坚持创新驱动，坚持人与自然和谐共生，坚持行动导向。[①] 倡议顺应了和平与发展的时代主题，呼应了世界各国人民追求更美好生活的强烈愿望，为推动实现更加强劲、绿色、健康的全球发展注入了新动力，为各国聚焦发展、和平发展、开放发展、合作发展和共同发展提供了行动指南，为构建全球发展命运共同体注入了思想动力和国际合力。在随后的多个重要国际会议和重大国际交流与合作活动中，全球发展倡议被多次提及和强调，其内涵和意义也得到进一步阐述，得到联合国机构等国际组织以及近百个国家积极响应和支持。

2021 年 10 月 22 日，外交部在发布的《中国联合国合作立场文件》中阐释了全球

[①] 《习近平出席第七十六届联合国大会一般性辩论并发表重要讲话》，《人民日报》2021 年 9 月 22 日。

发展倡议的基本框架，首次明确全球发展倡议秉持以人民为中心的核心理念，将增进人民福祉、实现人的全面发展作为出发点和落脚点，把各国人民对美好生活的向往作为努力目标，紧紧抓住发展这个解决一切问题的总钥匙。倡议遵循务实合作的行动指南，把减贫、粮食安全、抗疫和疫苗、发展筹资、气候变化和绿色发展、工业化、数字经济、互联互通等作为重点合作领域，提出合作设想和方案，将发展共识转化为务实行动，为国际社会提供重要公共产品和合作平台。[①]

在 2022 年 9 月全球发展倡议提出一年之际，中国外交部发言人指出，全球发展倡议有效地推动国际社会重新重视发展问题，重新坚定对如期实现可持续发展目标的承诺。一年来，支持倡议的国家和国际组织增加到 100 多个，在联合国平台成立的"全球发展倡议之友小组"发展到 60 多个成员。中国同各国一道积极落实全球发展高层对话会 32 项推进倡议合作的务实举措，取得了多项早期收获。中国成立国际民间减贫合作网络，首批已有来自 17 个国家和地区的相关机构加入。中国正同近 40 个国家和地区的 150 家机构共同筹建世界职业技术教育发展联盟。倡议"之友小组"就粮食安全问题在联大表明共同主张。中国—太平洋岛国应对气候变化合作中心已经落地。中国同 13 个国家开展新冠疫苗联合生产，包括 9 个"之友小组"国家。1 000 多期能力建设项目为发展中国家提供 4 万余人次培训。全球发展倡议以落实 2030 年可持续发展议程为中心，以重点领域务实合作项目为引领，加强同联合国对接，重视联合国发展系统的作用，致力于加强同各区域、次区域和国家集团的发展进程协同增效，汇聚并用好各方资源，更好服务发展中国家实际发展需求。[②]

正如有学者所总结的那样，全球发展倡议是习近平经济思想中的世界蓝图和习近平外交思想中的经济韬略，是运用马克思主义世界观和方法论认识和解决当今世界问题的集中体现，是对自我中心主义的超越和扬弃，是完善全球治理的中国选择。该倡议强调以人民为中心、以实干为途径，充分聚焦具体重点领域，为解决当今世界难题和匡正全球发展新征程，提供了一份立足于时代特征和中国发展实际，饱含中国智慧，

---

① 《中国联合国合作立场文件》，《人民日报》2021 年 10 月 23 日。
② 《外交部发言人介绍全球发展倡议提出一年来取得的积极进展》，载中华人民共和国中央人民政府网站，2022 年 9 月 21 日。

浓缩新时代治国理政精华的中国方案（李志强，2022）。

还有学者指出，全球发展倡议作为理念、原则与行动相统一的国际公共产品，为破解全球发展难题提供了系统化和整体性方案（王镭，2022）。而全球发展倡议致力于实现全球发展公共产品的再平衡，有助于弥合全球发展赤字，包括引领大国协作重建治理合法性、推动机制合作提升治理有效性以及强化国家能力提高治理普惠性。与此同时，全球发展倡议在助力区域发展治理方面同样发挥不可或缺的作用，特别体现在推动相关地区在器物公共产品、制度公共产品和理念公共产品等三类公共产品实现再平衡（任琳、彭博，2022）。从辩证统一的视角来看，全球发展倡议是构建人类命运共同体的制度保障，人类命运共同体是落实全球发展倡议的方向指引，全球发展倡议与人类命运共同体都是中国向国际社会提供的公共产品（廖炼宗，2023）。

2. 全球安全倡议

2022年4月21日，习近平主席在博鳌亚洲论坛2022年年会开幕式上郑重提出全球安全倡议，为弥补和平赤字、破解安全困境提供了中国方案。在全球安全倡议核心理念和原则指导下，中国积极推动政治解决国际和地区热点问题，致力于同各方开展合作，取得一系列进展和成果，得到国际社会广泛赞誉和积极响应，为推动构建人类安全共同体贡献了中国力量。2023年2月，中国发布《全球安全倡议概念文件》，阐释了全球安全倡议的"六个坚持"核心理念和原则，明确了20个重点合作方向以及五大类合作平台和机制，标志着全球安全倡议向实践和落实迈出重要一步，展现了中方对维护世界和平的责任担当、对守护全球安全的坚定决心。[①]

正如有学者所总结的那样，以"六个坚持"为科学内涵的全球安全倡议不仅是一个逻辑严密的理论体系，还集中体现了中华优秀传统文化的历史传承性、中国总体国家安全观的体系性和中国全球安全观的国际合作性等理论意蕴，更是就大变局时代世界各国急剧显现的安全问题予以直接回应，具有鲜明且重大的现实意义（云新雷、夏立平，2023）。从内在逻辑来看，全球安全倡议以坚持共同、综合、合作、可持续的安全观作为维护和实现全球安全的核心理念，以践行真正的多边主义作为推进全球安全

---

① 《全球安全倡议概念文件》，《人民日报》2023年2月22日。

治理的根本遵循和制度保障。以坚持主权和安全不可分割为重要原则，以构建人类安全共同体为长远目标，以对话协商解决国家间分歧和争端作为可行思路（吴晓丹、张伟鹏，2022）。从价值内涵而言，全球安全倡议具有超越西方国际安全理论，拓展总体国家安全观内涵的理论价值；具有统筹全球发展与安全，引领全球治理体系变革的实践价值；具有引发国际社会共鸣，彰显大国责任与担当的传播价值；具有促进世界和平与安宁，推动构建人类命运共同体的时代价值（吴凡，2023）。

从 2014 年在亚信第四次峰会上提出亚洲安全观，到 2016 年二十国集团领导人杭州峰会期间阐述中国的新安全观，从 2017 年在联合国日内瓦总部阐述如何建设持久和平、普遍安全的世界，到 2022 年提出全球安全倡议，习近平主席深刻洞察世界发展大势，不断发展和完善具有中国特色的安全理念，为破解全球安全困境指明前进方向、明确合作路径。截至 2023 年 4 月，已有 80 多个国家和地区组织对全球安全倡议表示赞赏支持，倡议明确写入 20 多份中国同有关国家和组织交往的双边、多边文件。国际人士认为，这一重要倡议旨在实现共同安全和可持续安全，是对维护全球安全的重大贡献。展望未来，世界有理由相信，中国必将推动全球安全倡议结出更多硕果，为推动构建人类安全共同体和人类命运共同体贡献和平力量，为人类社会实现持久和平、普遍安全带来新的曙光（张志文、张远南，2023）。

3. 全球文明倡议

2023 年 3 月 15 日，习近平总书记出席中国共产党与世界政党高层对话会，并发表题为"携手同行现代化之路"的主旨讲话，提出了全球文明倡议，为促进人类文明进步提供了中国方案。这是继全球发展倡议和全球安全倡议后，中国为国际社会提供的又一重要国际公共产品。全球文明倡议以四个"共同倡导"作为核心理念：一要共同倡导尊重世界文明多样性，坚持文明平等、互鉴、对话、包容，以文明交流超越文明隔阂、文明互鉴超越文明冲突、文明包容超越文明优越；二要共同倡导弘扬全人类共同价值，和平、发展、公平、正义、民主、自由是各国人民的共同追求，要以宽广胸怀理解不同文明对价值内涵的认识，不将自己的价值观和模式强加于人，不搞意识形态对抗。三要共同倡导重视文明传承和创新，充分挖掘各国历史文化的时代价值，推动各国优秀传统文化在现代化进程中实现创造性转化、创新性发展。四要共同倡导加强国际人文交流合作，探讨构建全球文明对话合作网络，丰富交流内容，拓展合作渠道，促进各国人民相知相亲，共同推动人类文明发展进步。[①]

从理论内涵角度来说，作为一种包含各文明相处之道的规范性理论，全球文明倡议提供了一种可供实践的国际规范。在这样一种规范性理论中，前提是认识到文明的多样性以及捍卫文明内核具有的极端敏感性，承认和平、发展、公平、正义、民主、自由等全人类共同价值。同时，全球文明倡议建构中国自主的全球文明话语体系，成为西方世界甚嚣尘上的文明冲突论话语体系的破解之道。就其内容而言，"四个共同倡导"反映出其在文明样态层面坚持文明存异与价值求同相统一、在文明发展层面坚持文明传承与时代创新相统一、在文明践行层面坚持对话交流与实际行动相统一，从而勾勒出中国自主的全球文明话语体系的底层逻辑（刘越、钟义见，2023）。

有评论指出，从全球视野来看，全球文明倡议是对西方文明冲突论的超越，更为人类文明发展提供了新范式。相比于基于西方中心论的文明冲突论，全球文明倡议引领世界客观看待文化差异、引领世界正确审视人类共同价值内涵、引领世界建立文化自信、引领世界开启合作对话新局面。该倡议为国家之间、文明之间的和谐相处提供了新路径，有助于推动各国进行对话而非对抗、合作而非对立，是有益于人类和谐共生与文明进步的中国方案（李宇，2023）。

---

① 习近平：《携手同行现代化之路——在中国共产党与世界政党高层对话会上的主旨讲话》，《人民日报》2023 年 3 月 16 日。

第九章　实施互利共赢的开放战略与推进高水平对外开放

作为全球第一贸易大国，中国在过去 40 多年对外开放进程历程充分体现了中国依托本土优势要素，通过贸易促进和外资激励结合战略获得的成果。贯穿这一进程的主线是中国与世界市场之间的互利共赢，中国参与国际分工获得福利的增长，而世界经济一体化进程也因此得以深化。来自贸易的收益依托中国本土劳动力要素优势通过国际市场在全球价值链分工格局中获得的收益，并由此推动产业整体升级。中国以较低的劳动力成本参与劳动密集型产业的贸易为全球发展注入"中国红利"，提升了中国制造业的国际竞争力，实现出口导向型经济增长，也为全球制造业价值链垂直型分工的供应链建设提供稳定和高效率来源提供保障，堪称为全球市场的重要稳定器。中国一直坚持彼此双赢和多边主义为准则的贸易规则体系建设，在多边贸易自由化规则建设中，积极倡导主体从市场受益与为市场作出贡献的结合。中国的全球价值链参与度的持续提高对其他国家而言并不是你输我赢，而是合作共赢。

第一节　理论发展：中国在全球价值链分工中的福利效应

中国参与经济全球化的收益分析是世界经济学学科体系建设的重要组成部分，对于中国在全球化经济中的分工地位和运行机制的重大理论创新之一是要素合作型国际专业化理论，这一理论以生产要素参与国际市场为逻辑起点，以要素合作型国际专业化为理论框架进行分析。相关理论提出以生产要素国际流动为前提条件，成为解读中国对外开放，结合利用外资与出口导向的开放战略实践的逻辑主线。这不仅是解读中国参与国际分工福利效应的起点，也是深刻理解中国参与经济全球化获得开放利益的理论出发点。

一、要素合作型国际专业化理论解读中国与世界互利共赢格局

以张幼文为代表的一批学者提出生产要素的国际流动作为先决条件、暗含假设、传导机制始终贯穿国际贸易理论的发展过程。生产要素国际流动内嵌下的贸易理论演变脉络告诉我们，作为广泛联系世界各国纽带的国际贸易已然成了生产要素国际流动的直接结果。

（一）生产要素国际流动是认识经济全球化的起点

基于本国要素特征所建立的古典贸易理论和新古典贸易理论，强调的是国家的异质性。各国拥有不同的要素生产率和要素结构，正是因为国与国之间要素特征的差异，所以各国产品生产的机会成本不同，由此也形成了国与国之间产品交易的套利空间。

古典贸易理论和新古典贸易理论都是解释国际贸易产生原因的理论。古典贸易理论认为劳动力生产率差异是导致国际贸易产生的主要原因，而新古典贸易理论则认为两国要素结构间的差异是导致国际贸易产生的原因。赫克歇尔—俄林模型是新古典贸易理论的代表性模型，它假设了生产要素不可跨境流动，强调了不同国家之间的比较优势和产业互补性，进而解释了国际贸易的产生和演变。

古典贸易理论和新古典贸易理论分析的逻辑起点是各国自身要素的生产率和要素结构，然而正是因为生产要素的国际流动，各国要素结构和要素生产率得以改变，使得各国间的贸易模式也发生了变化。在这种情况下，国际贸易现象仍然是反映各国相对不同生产率和要素结构的，但是决定各国间贸易是否发生的却是生产要素的国际流动。这一流动使得各国的要素生产率和要素结构都受到了影响，而这些影响则在各国的贸易模式中得到了反映。因此，我们在分析国际贸易现象时，需要考虑生产要素的国际流动对各国要素结构和要素生产率的影响，以及其对贸易模式的影响。

最早将要素流动与国际贸易理论联系在一起的文献是蒙代尔在 1957 年发表的《国际贸易与要素流动》一文。蒙代尔提出的这个理论后来被称为"蒙代尔—斯威特—萨姆伯格"（MSS）模型，该模型被视为国际贸易理论中的重要里程碑，对后来的研究产生了深远影响。MSS 模型认为，当两国间的商品贸易因政策原因受限时，生产要素将会从相对富裕的国家向相对贫穷的国家流动，从而使得两国的要素价格在长期趋于相

等，进而替代商品贸易。该模型强调了要素流动对国际贸易的影响，认为要素流动可以通过改变要素禀赋差异影响国际贸易模式的形成。

经济学家 Markusen（1983）的研究成果开创性地探讨了生产要素国际流动对国际贸易的影响。相关论文研究提出了两个国家具有相同要素禀赋的假设，两国存在希克斯技术差异，即其中一个国家在生产某种产品上拥有相对优势。在这种情况下，两国的资本和劳动的相对收益率不同，生产两种产品的机会成本也不同。马库森认为生产要素国际流动提高了生产效率，从而实现了国际贸易的增长和利益的最大化。因此，他认为国际贸易和生产要素国际流动是互相促进、相辅相成的。

生产要素国际流动的快速发展，改变了各国境内生产要素的种类和数量，进而改变了各国产品生产的机会成本，也改变了国与国之间产品生产的分工和原先的贸易流量、流向以及贸易结构。生产要素国际流动的出现改变了各国产品生产的要素基础，但并没有改变古典贸易理论和新古典贸易理论的逻辑结构与脉络。国际分工的逻辑依然遵循比较优势原理展开，生产要素国际流动改变的是各国的生产要素存量，各国生产要素存量不再仅有本国生产要素，而是由各国生产要素通过国际流动构成。所以，一国出口产品中所含的生产要素将不再仅由本国生产要素构成，而是由不同国家生产要素协同构成。

生产要素国际流动的出现使得国际贸易更加复杂和多样化，但其本质仍然符合比较优势理论的逻辑。比较优势理论认为，每个国家应该专注于自己的相对优势领域，将生产要素用于最有效的方式，从而实现最大化的总体生产效率。生产要素国际流动的出现使得不同国家的生产要素可以在全球范围内合理分配，从而实现更高效的国际分工和资源利用。因此，虽然生产要素国际流动改变了各国产品生产的要素基础，但并没有改变古典贸易理论和新古典贸易理论的核心逻辑。

（二）要素合作型国际专业化理论揭示中国国际分工地位

根据要素合作型国际专业化理论，本国要素和外国要素针对某一产品进行专业化生产（张幼文，2013）这是全球化经济学的逻辑起点，也是中国与全球市场互利共赢的本质特点。

在经济全球化背景下，要素流动的发展改变了一国的要素禀赋结构，进而改变了一国的出口结构。大量以 FDI 为载体的技术、管理、品牌流入东道国，与东道国生产要素相结合，使得一些基于东道国自身要素禀赋的不具备比较优势的商品进入国际市场。在 20 世纪 80 年代，中国开始实施对外开放政策，吸引外国投资进入中国。这些外国投资通常采取 FDI 方式，即外国企业在中国建立生产基地，或者参股合资企业与中国企业合作生产商品，然后将这些商品出口到全球市场。随着外国资本和技术的引入，中国的产业结构和出口结构发生了巨大变化。中国出口的主要产品从传统的农产品和轻工业产品转向高附加值的电子、机械、化工、纺织等产品。这些产品通常需要较高的技术和管理水平，外国投资为中国带来了这些要素。此外，外国投资也带来了国际市场上的品牌和营销经验，帮助中国企业在国际市场上建立品牌和声誉。

根据国际贸易的比较优势理论，外国投资对一个国家出口结构的影响可以解释为一种资源重新配置的过程。外国投资可以为一个国家带来新的资源、技术和管理经验，使得原本不具备比较优势的产品也能够进入国际市场。同时，外国投资还可以帮助一个国家发掘并优化自身的比较优势产业，提高其国际竞争力和经济实力。中国产业的比较优势依托劳动力成本和基于大市场的规模经济，在全球化和外国投资的影响下，中国出口结构发生了巨大变化。中国比较优势产业的发展和外国投资引进使得中国的出口产业更加专业化和多样化，从而为中国的经济增长提供了巨大动力。

根据传统的国际贸易理论，一国的贸易结构往往反映了一国国民的要素禀赋。生产要素的国际流动改变了这一情况，在生产要素国际流动下，一国的贸易结构反映了一国境内包含本国和国外要素在内的综合要素结构。通过国际化生产，一国获得其他国家的要素，要素结构得以突破本国属性，一国的出口产品是本国生产要素与流入生产要素合作生产的结果。贸易结构更多体现了一国在全球生产要素流动下的国际专业化生产状况（张幼文，2007）。生产要素国际流动所形成的世界经济新现象构成了全球化经济学形成的历史背景，为全球化经济学的构建提供了现实基础。

（三）生产要素国际流动理论解析中国国际分工地位演进

新贸易理论对一国产业竞争力的阐释与中国的开放路径高度契合。新贸易理论将产业定义为一组相关联的产出、输入和知识，它们在一个特定的生产领域内组成了一个完整的产业链。这种产业边界的概念与传统的行业概念不同，它更关注产业内的垂直一体化程度。在一个产业中，许多环节的生产可以被视为一个整体来管理，这种垂直一体化可以提高产业内的效率和生产能力。

当代制造业价值链的分工形态是新贸易理论解释分工利益的前提，当代制造业国际分工格局是建立在产品差异化假设条件下的分工，即同一产业内部不同种类商品之间的贸易。这种贸易形式有助于促进产业内的深度分工，也推动国际贸易的效率提高；在垂直分工结构中，其也与水平贸易形态相交织，即不同国家生产的同一种商品可能存在差异，来自不同国家的消费者偏好、技术水平、品牌影响等因素导致的国际市场上同行业内产品多样化，这种多样化极大地促进了中国在现代制造业价值链内参与产品内专业化分工加深，使制造业部门水平型贸易扩大。

认识中国国际竞争优势，需要结合本土市场规模经济[①]和内部经济[②]理论对贸易价值链的效应。根据新贸易理论，规模经济与内部经济规律的作用将深刻影响国际贸易的流向和效率，尤其是当一个国家具有特定的规模经济和内部经济优势时，其会在产业链中扮演重要角色。新贸易理论强调产业内部的贸易分工，同时将产业组织理论融入国际贸易分析中，强调了规模经济、内部经济、产品差异化等因素对国际贸易的影响。这些新的理论观点丰富了国际贸易理论的内涵，也为中国的贸易政策提供了新的思路和方法。

中国国际贸易竞争优势的一个重要驱动因素是出口导向的 FDI，以 FDI 为微观动力的跨国产业转移是产业内贸易增长的重要变量。根据新贸易理论，水平 FDI 和垂直 FDI 是该理论研究中的重要概念，新贸易理论就是研究企业在不同类型 FDI 下的贸易行为。其中，水平 FDI 指的是生产厂商在海外建立的生产基地主要用于生产和销售与其在本国市场上生产的产品相同的产品，而垂直 FDI 则是指生产厂商在海外建立的生产基地主要用于生产和销售与其在本国市场上生产的产品有关的中间产品或零部件。新贸易理论认为，水平 FDI 主要是基于市场扩张考虑，而垂直 FDI 则主要是基于资源配置考虑。这些 FDI 类型的出现与微观的企业贸易行为有密切的关系，通过 FDI 的方

---

① 规模经济指的是在生产过程中，生产规模扩大会降低单位生产成本的现象。
② 内部经济则指在一个产业内，一些关键资源如技术、人才、经验等会形成"锁定"效应，即只有当这些资源累积到一定程度时，产业才能真正发挥效益。

式进行跨国生产和销售,可以帮助企业降低生产成本、提高竞争力,并在全球范围内配置生产要素。

作为全球 FDI 规模和增速最大的国家,中国的 FDI 类型以垂直型 FDI 为主,其促进贸易的内在逻辑在于 FDI 作为国际要素流动载体的国际化生产,这一生产过程形成的贸易格局构成典型的产业内贸易格局。这一规律是认识中国出口加工制成品贸易格局的出发点。中国加工贸易企业的跨国生产价值链是依托 FDI 的垂直型 FDI,在微观形态上主要表现为中外合资企业和以跨国外包供应商为载体的跨国生产经营链。中国出口导向产业集群的驱动因素来自跨国公司的一揽子资产(管理、研发、营销网络等)与当地企业本土要素合作实现的生产过程。全球价值链分工是典型的产业内贸易形态,由于贸易价值链和跨国公司在不同国家的经营链高度重合,也相应构成了跨国公司的公司内贸易形态。

在上述贸易形态下的互利共赢是我们认识中国外资拉动型出口的核心理论,根据该理论,该贸易格局的利益分配是以跨国公司依托国际市场的规模经济效应和差异化产品为逻辑起点的;跨国公司的获利本质上是贸易价值链内的企业投资利润,是跨国公司的要素流动与中国出口加工区当地劳动力结合的结果。要素禀赋差异越大,垂直型 FDI 带来的贸易创造效应就越大。这是因为生产要素禀赋的差异使不同国家具有不同的生产成本和竞争优势,而跨国公司通过要素流动的方式,能够在不同国家之间合理配置生产要素,进而利用这些竞争优势促进产业内贸易和贸易创造。因此,垂直型 FDI 对于促进国际贸易和提高福利水平具有积极作用。

Horstman 和 Markusen(1992)提出的水平型 FDI 模型假定两个国家的资源和条件完全相同,本国和外国分别专业化生产两种相互之间存在替代关系的产品 X 和产品 Y。这意味着如果某个国家增加了在生产产品 X 方面的投入,那么它必须减少在生产产品 Y 方面的投入,反之亦然。在这种情况下,要素跨境流动将替代国际贸易,因为跨境流动生产的产品将直接供应给海外市场,而不是像新贸易理论所说的放松了生产要素不能国际流动的假设前提,将公司定义从本国公司扩展到跨国公司。跨国公司根据其规模经济和产业结构的特点,通过垂直型 FDI 和水平型 FDI 在不同国家选择生产活动的区位,将不同产品分配到不同国家,而同一产业内不同产品则通过商品贸易相互衔接。国际贸易理论中生产要素国际流动的引入更深入地解释了国际贸易的原因和逻辑脉络。

（四）多视角贸易理论深入解读中国竞争优势微观基础

生产要素国际流动的理论对中国国际竞争优势的解读，进一步体现在它对新新贸易理论贡献的发展成果上，它对国际竞争优势的微观主体作了更加完善的解读，这个理论发展高度契合中国现阶段优势产业内领先企业的国际化经营策略及其成果。

根据该理论，贸易竞争力主体不再是国家或产业，而是微观企业。相关研究理论在于探索国际经济环境制约下，微观企业如何通过生产要素国际流动实现最大化利润，并分析不同生产要素在全球配置过程中所获得的收益。Helpman、Melitz 和 Yeaple（2003）将企业生产率差异与水平型要素跨国流动联系起来，强调固定成本和可变成本在这个过程中的作用。由于水平型要素跨国流动可以减少运输成本，企业将更有效地降低可变成本，提高其利润水平。当企业生产率超过某一临界值时，选择水平型要素跨国流动所获得的利润将高于通过对外贸易获得的利润。因此，高生产率的企业更有可能选择水平型要素跨国流动，而不选择贸易。

根据企业内生边界理论，企业选择进行贸易的动机源于涉外合同的不完全性（Antras，2003），企业通过以跨国投资为纽带的一体化安排或采用外包合约的非股权合作生产，也是中国劳动密集型产业国际化经营的主要方式。根据 Antras（2003）的研究，跨国公司外包发包企业和位于中国的制造加工合作企业之间的要素流动体现为前者向后者提供中间投入品，这是我们所认知的中国加工贸易模式下贸易优势的重要影响变量。根据该理论，这一要素流动是解读企业在全球价值链分工地位的合约投入品密集度假说。Antras 和 Helpman（2004）认为，微观企业的一体化或外包决策主要取决于合约投入品密集度和企业生产率。当合约投入品密集度较高时，企业更倾向于一体化生产，因为这样可以更好地控制和管理整个生产过程；反之，当合约投入品密集度较低时，企业更愿意外包，因为外包可以分散生产过程中的风险和管理成本。同时，当企业具有较高的生产率时，它们更有可能通过要素的跨境流动来实现本国要素和当地要素的合作，从而实现产品的共同生产。这是因为高生产率企业可以更好地利用外部要素，并通过跨境流动来实现要素的优化配置，从而获得更高的利润。因此，根据上述研究的理论演绎，国际贸易被视为微观企业寻求全球要素合作过程中所形成的货物跨国流动。

生产要素的国际流动作为传导机制在新新贸易理论模型逻辑演绎过程中起到了重要作用。以生产要素国际流动为解说的新新贸易理论不仅回答了中国现阶段贸易依存度较高的优势产业的微观特征，解释了企业在国际化经营选择中的影响因素；而且还给出了微观企业通过这一过程实现要素跨国配置的充分条件。在此基础上，新新贸易理论进一步指出跨国公司的生产要素与中国本土具有优势地位的生产要素之间合作的模式选择。

二、要素合作型国际专业化理论阐释经济全球化的世界福祉

根据前文以要素合作为假说的国际贸易理论，进一步解释当今实现世界各国经济联系的经济全球化进程，学者们的研究成果已经形成了全球化经济学的理论雏形，相关理论有助于我们理解当代经济全球化给全球各国带来福利效应的内在逻辑。

（一）要素合作型国际专业化理论解读经济全球化逻辑起点

全球化经济进程深化的现实发展对理论创新提出了要求。在新贸易理论和新新贸易理论框架下的理论模式已经无法充分阐述贸易主体开展贸易与投资融合的决策，要素合作型国际专业化理论的逻辑起点是将生产要素国际流动作为先决条件、暗含假设或传导机制，其理论中所罗列的各国贸易发生的原因在很大程度上是生产要素国际流动的结果。同样，作为广泛联系世界各国纽带的国际贸易也已然成为生产要素国际流动的结果。生产要素国际流动下形成的要素合作型国际专业化是生产要素国际流动内嵌下国际贸易理论的基础性特征，也是全球化经济学研究的起点。生产要素国际流动内嵌下的国际贸易理论为全球化经济学的形成提供了理论脉络，为构建开放型经济新体制的理论建设提供了坚实的学理基础。

生产要素的国际流动改变了贸易中所含的生产要素的性质，从而影响了一国的生产模式和贸易结构。对于生产力水平高、投资力度大的发达国家而言，它们在全球范围内通过 FDI 来跨越国界进行生产要素调配，利用便宜的劳动力、自然资源等生产要素进行生产，从而在国际市场上获得竞争优势。这种投资跨国化使生产成本得到有效

控制、产品价格得到有效压低，因此在国际市场上获得了更大的市场份额。同时，跨国公司的投资还为发展中国家提供了技术转移、资本和就业机会等重要资源，促进了这些国家的经济发展。

国际贸易虽然仍是联系各国间的主要联系，但已然不是根本联系。生产要素的国际流动不仅带动了各国消费者和生产者之间的联系，而且促成了世界各国生产者之间的联系，形成了生产要素国际合作下的产品专业化生产格局。生产要素的国际流动优化了全球要素配置，为规模经济的形成和全球产业链的布局提供了平台，从生产经营的源头建立起了国与国之间的经济联系，其影响的深度和广度超越了以贸易为内容的国际联系。

基于以上分析，生产要素的国际流动从生产经营的源头建立起世界经济各国之间的经济联系，为规模经济的形成和全球产业链的布局创造了可能。生产要素国际流动内嵌下的国际贸易理论演变脉络与中国对外开放和建设开放型经济体系的演进高度契合，以生产要素国际流动为核心推进理论创新，为中国全面深化改革和构建开放型经济提供了新的理论依据。

（二）生产要素国际流动对中国参与全球价值链分工收益的解读

要素合作型国际专业化理论内在主线是不同国家在生产过程中充分发挥各自的要素优势，通过跨国公司和国际生产网络的组织形式，实现生产要素的跨国流动和分工合作，进而实现国际生产过程的高效和优化。40 多年来，中国对外开放进程充分体现了本土与国际生产要素通过跨国生产经营和市场流通的充分结合。

本土和国际生产要素的合作投射在国际化生产进程中体现为片段化生产。这一概念的提出标志着国际经济学开始将分析焦点从产品的产出转移到产品的生产过程上。这种生产方式的出现主要受到比较优势和规模经济两大动力的推动。Katz 和 Murphy（1992）认为，片段化生产背后的主导力量是企业级别的生产转移。Krugman 等（1995）则从产品的附加值出发，强调了随着生产过程的片段化，各个生产环节对产品附加值的贡献程度发生了变化。Leamer（1999）则从区位角度出发，强调了片段化生产对生产要素流动和区域间收入差距的影响。

Arndt（1997）提出了"产品内专业化"的概念，主要是用于解释企业为什么会进行外包和分包决策。他认为，在现代经济中，生产一个产品往往由许多专业化的环节构成，每个环节都有自己的特殊技能和知识。企业往往并不具备所有这些技能和知识，因此需要外包和分包来实现产品生产。在这个过程中，企业会根据自身的核心竞争力和资源禀赋，决定哪些环节需要内部专业化、哪些环节可以外包或分包给其他企业。阿恩特将内部专业化定义为企业内部组织的技术结构，即将生产流程中的某些环节归为企业内部的专业化领域。而外包和分包则是将企业内部的某些环节转移给其他企业进行专业化处理。

Hummels 等（1998）提出了"垂直专业化"的概念。在某个国家或地区生产某种产品的过程中，使用进口投入品并将最终产品出口的过程称为垂直专业化。这种生产方式的出现，不仅可以提高生产效率和降低成本，还能够帮助国家或地区在全球价值链中找到自己的定位，从而获得更多的利益。

正是在国际分工理论的基础上，张二震和卢锋等国内经济学家提出了"要素分工"和"产品内分工"的概念，用以更加精细地描述当今世界经济的特征。要素分工强调不同国家或地区间要素的专业化分工，包括人力资本、技术、资本和自然资源等要素的跨国流动与专业化分工；而产品内分工则突出了生产过程内部的细分和不同阶段的国际分工。这些新概念的提出，进一步丰富和完善了国际分工理论，有助于更好地理解和解释当今世界经济的运行机制和特点。

国际分工的发展历程和当前的新特点说明了生产要素国际流动对全球化生产的重要性，而要素分工和产品内分工则从不同的角度解析了国际分工的变化。这些概念的提出使我们更加深刻地认识到全球化生产的复杂性和多样性，有助于我们更好地适应全球化经济的发展趋势。

在当今世界经济中，生产要素国际流动已经超越了传统的国际分工概念，成为全球化经济的重要特征之一。以 FDI 为载体的生产要素国际流动使得跨国企业可以在不同的国家和地区配置多种要素，如劳动力、资本、技术等，进而实现生产全球化、一体化。这也意味着，跨国企业的生产组织不再受限于国界，而是形成了跨国生产链、跨国价值链、跨国知识链等各种跨国性生产组织形式。

因此，传统的国际分工概念已经无法准确地反映当代世界经济的生产组织形式。

相反，生产要素国际流动已经成为解释全球化生产的关键因素，引起了全球经济学界的广泛研究和讨论。根据张幼文（2013）的理论，建立在要素国际合作基础上的全球化经济学，充分体现了全球化经济学作为一个经济大系统，既区别于国际经济学对国与国之间关系的研究，又区别于世界经济学对世界市场或各国经济总和的研究。

要素合作型国际专业化是全球化经济学的本质特征之一，它凸显了全球经济整合的深度和广度，既展现了不同国家和地区之间经济联系的密切程度，也反映了生产要素国际流动对于全球产业分工和国际合作的重要作用。而且，要素合作型国际专业化还使得国际分工格局更加多样化和复杂化，不同国家和地区可以依托各自的比较优势和特殊优势，为全球市场提供更具特色的产品和服务；同时也可以共享生产要素的成本和效益，实现更高效的全球价值链整合和协同发展。

三、中国对外开放促进政策助推中国与世界市场共赢点

一国从对外开放获得收益的微观动力来自企业主体在跨国生产和经营活动中的利益，其本质是具备优势的生产要素通过跨国生产价值链与合作主体具备的生产要素结合，这个形态被称为要素合作型国际专业化，它是解读中国产业国际化和世界市场实现共赢的逻辑主线。

（一）通过利用外资推进要素合作的结构优化效应

中国利用外资的出口促进，是中国开放型经济体系发展的内在机制，由此形成的要素合作型国际专业化包含两层含义：一是要素合作，世界各国提供自身生产要素，通过协同合作的方式实现产品的共同生产；二是国际专业化，通过生产要素的国际流动，各国将自身所提供的要素集聚在某国针对某一产品实现专业化生产。经济全球化下的产品生产已经不再是各国利用本国生产要素独自专业化生产某种产品然后进行国际交换，而是国家作为不同生产要素的提供者，通过生产要素的国际流动，促成各国生产要素之间的共同合作产生，从而形成产品的国际化生产。生产要素国际流动形成了要素合作，当今世界经济是要素流动下一国综合要素结构的反映，要素合作是今天国际分工的新形式，进而实现了某类产品的国际专业化生产。要素国际流动的目标是要寻找要素在全球范围内的优化配置，但是生产要素的国际流动并非意味着要素会对

称或均衡地在世界各国之间进行配置，恰恰相反，生产要素国际流动导致的是要素在某些国家和地区的集聚。要素集聚是全球化经济的一种特有的资源配置方式，它构成了全球化经济的基础特征。要素合作是主动推动以实现要素集聚，是一种主动引入外资的资源配置形式，也是中国对外开放的核心逻辑。

要素流动的结构性偏好导致了要素集聚的结构性偏向，即表现为高流动性要素所有国的要素以资本形成等方式向某些低流动性要素所有国集聚。由于其目的在于与后者结合形成新的生产过程，从而全球生产加工能力和出口能力向这些低流动性要素所有国集中，后者由于顺应了经济全球化的时代趋势而成为要素集聚地，进而成为世界工业品的主要生产基地和出口基地。要素集聚能力是由一国创造和拥有的，以吸收外资为载体的，集聚资本、技术、管理、信息、品牌、专利等全球广义生产要素的能力。中国的要素集聚能力的形成主要得益于中国 40 多年来的改革开放。正是对外开放的持续推进，消除了要素向境内流动的政策障碍；同时，国内体制的不断改革也创造了要素集聚的市场和体制条件，构建了集聚各国广义生产要素的强大引力场。引进外资是实现要素合作的起点，并且通过要素配置机制的动态优化来发挥经济增长效应。多元要素结构配置的福利来源主要是成本降低效应和效率提升效应。成本降低效应是指要素合作推动形成了生产要素集聚，这有效降低了公司的交通运输成本、搜索成本、劳动力匹配成本等交易成本。效率提升效应是指要素合作推动形成了生产要素集聚，其所发挥的学习效应加快了公司的创新进度，促成了公司新业务的开展，提高了公司的生产效率。要素流动是规模经济的实现途径，通过成本降低效应和效率提升效应构成了企业的外在规模效应。

多元要素结构是指生产要素、经济要素与全球化经济要素之间动态变化的比例关系。这种匹配关系要达到三种类别要素互相适应，并统一于一个现实的开放发展战略的基础和目标之中。生产要素可以分为本国要素禀赋和综合要素禀赋，这是区分所谓一国拥有和存在这两种意义上的要素结构。生产要素有从高级到低级的内在层级，不同国家拥有不同的要素等级结构，便会形成不同层次的等级要素结构；而不同数量的各类等级的生产要素构成一国的数量要素结构。经济要素是并不直接参与生产和经营活动的过程，但对生产经营活动产生影响的一切因素，如生产经营环境、市场氛围、政府各类对经济活动的政策等。经济要素对于一国经济发展和竞争力的形成具有重要作用，也是形成一国要素集聚能力的重要因素。优良的经济要素能够促进生产和经营活动更好地开展，间接促进生产效率的提升，更为重要的是，在经济全球化条件下它的改善有利于生产要素特别是高级别生产要素的流入和集聚，从而带来本国要素结构的优化，形成一国的综合要素结构，成为一国存在意义上国际竞争力提升的基础。全球化经济要素是指开放经济条件下，一国对外开放政策、参与的各类国际合作条约与承诺等，它也是不直接参与生产和经营活动的，但却与经济要素一样，是本国在开放条件下吸引国外高级生产要素流入和集聚，从而影响本国经济活动和经济发展的重要因素。一国能够培育和发展的全球化经济要素越多，则其参与经济全球化的程度就越深，从而越有利于一国竞争力的提升。

要素流动可以改变一国的比较优势结构与要素禀赋状态，从而改变一国的贸易结构。要素流动下世界各国的贸易结构不再是本国比较优势与要素禀赋的反映，而是各国要素组合的结果。按比较优势的国际分工已经转化为要素合作型国际专业化。要素合作型国际专业化的提出并不是对比较优势理论下国际分工的否定和代替，而是对当今世界经济运行本质特征的一种基础性表述。生产要素国际流动下形成的要素合作型国际专业化优化了全球的要素配置，体现了世界经济新的运行机制，是当今世界经济运行的起点。

（二）以自由贸易区为载体的制度创新提升本土企业国际竞争力

中国在深化开放进程的重大制度创新是建立自由贸易区，现实中主要有两类形式：一是基于特殊地理位置、历史传统而形成的自由贸易港、贸易加工区。二是国家间通过谈判达成的跨国、跨地区的自由贸易区。面对国内外经济格局发生的重大变化，新的发展阶段要求我们通过完善营商环境来全面提升中国吸引外资的新优势，并以此激发国内产业升级的动力和经济发展的活力。在自由贸易区改革试验的初期，部分自贸试验区受空间范围相对较小的限制，其试验主要局限在商品的生产和贸易环节，服务贸易、居民消费涉及得很少，这在客观上造成了市场分割，制约了自贸试验区对国内改革、发展的拉动作用。随着实践的深入，中国自贸试验区的努力方向已经转变为推动全国建立高标准的市场经济，使中国市场和国际市场深度融合在一起。通过推动相关国际协议的谈判，以开放牵动改革，加快中国高标准市场经济的建设步伐，帮助中国企业更好地融入国际竞争。

自贸试验区的本质在于建设开放型经济新体制，这是以习近平同志为核心的党中央治国理政新理念的一个重要内容。上海自贸试验区以国家战略为崇高使命，以复制推广为基本要求，以体制创新为核心主题，以开放倒逼改革为推进思路，以发展模式转型为主要任务，以防范风险为约束条件，通过一系列具体实践为国家战略的探索与推进作出了成功探索，提供了宝贵经验，启示了内在规律。

开放型经济体制建设与政策激励型开放的根本区别在于不对外资实行超国民待遇的特殊优惠，以实现内外资企业公平竞争；不对外贸实行优于国内市场销售的优惠，以消除由此造成的市场扭曲。在开放型经济体制下，外商投资企业在华扩大经营并不在于获得超国民待遇的税收优惠，而在于获得高标准的公开、公平、透明、国际化、法治化的营商环境。随着临港新片区建立四年来一揽子制度改革和创新模式落地，上海自贸试验区在建设中国最高水平自贸试验区建设进程又迈进一大步，自贸试验区的制度红利转化为先导产业的要素合作、利用外资模式优化等一系列发展红利，极大地提升多元生产要素的培育和市场活力。由此构成的"要素流动优化效应"将整体推动中国贸易与投资自由化和贸易便利化水平的提高。上述依托自贸试验区为载体的中国对外开放实践深刻地体现了：开放推动了要素流动，不同的开放阶段与要素流动的动态特点高度相关，要素流动推进对外开放进程的升级，两者是相互作用的关系。

在要素流动中，跨国公司是新型全球化经济的主要推动者，是国际直接投资的主体，亦是要素流动的主要主体；跨国公司推动要素的市场化与国际化，以跨国公司国际直接投资为载体，带动资本、技术、人才、品牌、营销网络、专利和企业家才能等一揽子要素流动；实现规模生产和差异化生产，降低产品生产成本和流通成本。一揽子要素正是源于要素内涵的拓展，一方面，促进形成以规模经济、不完全竞争、产品异质和企业异质等为基础的产业内、产品内和公司内专业化分工，形成以产品价值链各生产环节为节点的全球生产网络；另一方面，基于要素禀赋差异的产业间分工减少，使得区内经济的重心由国际流通领域的商品交换转移到国际生产领域和国际投资领域的要素流动与交换。自由贸易区内的企业相对于区外企业而言，其高级要素更加丰裕，要素集聚效应更加显著；区内重点发展先进制造业和现代化服务业，产业结构更加优化，政策制度环境更加优越，自由贸易区升级版的探索对要素升级驱动新开放型贸易战略的实施起到了示范作用。由此可见，开放大国的自由贸易区建设实际上是对国内超大规模市场的利用，是实现国内国际双循环相互促进的新发展格局的重要基础和支撑条件。

（三）以外资激励与先导产业促进政策加速开放收益结构升级

经济全球化的进程表明，实行开放型经济发展战略是发展中国家实现经济规模迅速扩大、人均收入快速提高的有效途径。开放战略的核心内容就是一国采取各种机理政策促进外部高级要素流入，与本国闲置的丰裕生产要素结合，从而带动东道国外贸和整个国民经济的发展。激励高级要素流入成为发展政策的重点，但是一味地进行政策优惠有可能会造成价格扭曲，从而降低整个社会的福利水平。政策的使用要根据一国的发展状态，当市场引导资源配置还不够有效的情况下，内在存在扭曲，这时政策会消除扭曲。但是过度的政策激励又会导致新的扭曲。再者，激励政策也会越来越多地受到财政资源的约束。一个国家有效的投资促进不应是针对范围广泛的所有行业、所有来源地和所有方式的 FDI，而应是有选择性和针对性地促进部分行业、部分来源地和部分投资方式的 FDI。

培育本国要素是提升一个国家经济竞争力的根本途径，开放型大国在引进外资时要格外重视其与本土产业的关系。高质量外资与本土生产要素结合所形成的产业结构会推动开放收益结构升级。这是由要素流动理论中的要素收益观所决定的，不同的生产要素存在收益差别；要素稀缺性决定要素价格和收益，而不同的生产要素具有不同的稀缺性，从而具有不同的价格和收益。外资作为高级要素流入并与本土生产要素结合后，将带动本土生产要素的提升，从而提升本国的要素收益结构。

基于以上逻辑，自由贸易区政策的着力点主要围绕以下几个方面展开。第一，实施更加严格的知识产权保护制度。通过《中华人民共和国外商投资法》的明确规定保护外国投资者和外商投资企业的知识产权，以法律的形式确定了中国同等保护各类市场主体知识产权的坚定立场。相应的措施包括：建立知识产权争端解决与快速维权机制，支持建立知识产权运营中心，完善知识产权评估机制，质押融资风险分担机制和方便快捷的质物处置机制，等等。第二，强化竞争政策的基础性地位，竞争政策在所有自由贸易区方案中都有所显现，以竞争政策为基础的高水平开放，有助于中国构建具有国际竞争力的开放产业体系，也有利于吸引高质量的外商直接投资。第三，参与电子商务和数字贸易规则治理，通过自由贸易区的经验来降低数字壁垒，有助于中国成为未来制定全球数字贸易规则的新引领者以及打造拥有国际竞争力的数字贸易中心。第四，打造国际一流的营商环境。自由贸易区建设的核心任务是要进一步简政放权，降低制度交易成本，营造一个法制化、国际化、便利化的营商环境。第五，对接国际经贸规则，依托投资便利、贸易便利、资金便利、运输便利、人员从业便利、国际互联网数据跨境安全有序流动，为推进中国同更多国家商签高标准 FTA 和区域贸易协定先行探路。

第二节　经济全球化发展新阶段下中国贸易利益与产业升级的双向影响

中国经历了较长时期参与国际分工在产品广度和专业化深度上的发展，成为全球劳动密集型产品最大和最稳定的供应来源。学术界在贸易增加值的理论创新视角下，进一步分析了中国出口的贸易增加值，极大地扩展和丰富了我们对贸易利益的多维度认识，相关理论对于思考分工地位与产业升级之间的关系有重要意义。从现实发展来看，学者们对中国出口产品被"低端锁定"的现状作了较多分析，相关理论从早期的"微笑曲线"争议到对中美贸易失衡的解读，都充分体现了对中国谋求互利共赢大战略下的共赢点能否长期持续的思考。

一、中国劳动密集型产业突破价值链"低端锁定"

中国将近 20 年的出口实践及其对生产要素的利益分配构成了我们认识开放进程收益的理论框架。中国出口实践的世界意义是巨大的，其出口规模在数量、结构和模式的发展上充分呼应了国际贸易理论的要素禀赋论，被称为这一理论的最佳注脚。中国出口部分基于劳动力要素的竞争优势，是中国与世界形成贸易互利论的现实依据。

（一）对中国在国际分工低端地位的解读

中国加入 WTO 后贸易规模增长是全球其他任何一个国家都无法比拟的，其内在逻辑在于：中国基于富有国际竞争力的劳动要素通过参与全球价值链得以充分释放，WTO 形成的多边贸易自由化进程下贸易壁垒的消除为中国劳动密集型产业综合竞争力转化为贸易利益形成了制度保障。从这个意义来说，中国的出口本身为全球带来了低价格产品的巨大红利。

现阶段中国已经成为全球独一无二的贸易大国。作为全球熟练劳动力要素禀赋最为充裕和相关产业集群内专业化分工深度最大的国家，中国获得的出口收益是全球其他任何一个国家都无法比拟的，这是我们认识中国对外开放利益的第一个层次，是我们认识中国对外开放内在逻辑的第一个层次，也是发展经济学关于后进经济体从世界市场获得利益的最佳实践；但是中国贸易规模背后的分工地位相对水平的衡量显然是需要进一步分析的对象，对这一相对利益的评估和比较是对中国特有的贸易大国与产业升级相互关系的重要思考。

尽管从总量上看，中国开放部门获得了可观的贸易收益，实现了贸易规模的高速增长与实际收益增加。但是另一方面通过对典型企业出口利益的测度，有研究提出中国被"锁定"在低增加值率的价值链分工环节上。针对这种情况，研究集中从价值链的角度剖析中国制造业转型升级的可行路径。从现实情况来看，贸易的规模增长是全球日趋加深的垂直型国际分工格局的产物，其收益来自良好、高效率和稳定的加工制造能力和产业配套能力。

就中国国际分工地位是否处于低端因而不利于产业升级的问题，国际贸易学术界开展了大量研讨。其中有代表性的是对 2008 年全球金融危机后世界市场动荡期阶段下中美两国巨额贸易失衡的争论。该学术争论起源于 2008 年以来美国对华贸易巨额逆差是否导致美方福利受损的广泛性争议，对于这个问题的解读与分析引发了对贸易核算方法的更新，通过采用新的国际收支核算方法，上述问题最初的质疑已经得到答案。具体来说，国家在货物贸易中的实际获益应该是贸易增加值，而现行原产地原则的统计方法将中国对外输出的总商品价值都算作中国的出口额，这一统计方法的滞后导致中美贸易逆差在中间品贸易盛行的背景下被夸大。用贸易增加值分解方法重新测算双边国家贸易差额后发现，以 2004 年中国国际贸易的规模及其细分数据为对象，通过新的国际收支核算方法，中国对美国和中国对欧盟的贸易逆差规模相比于传统的国际核算方法的结果有了大幅度降低，中国对美国和欧盟在增加值贸易统计下的顺差比传统贸易统计下的顺差分别减少了 41% 和 49%（Koopman et al.，2014）。

进一步解析这个争议背后的贸易效应测度，我们需要深入分析中国在全球价值链分工环节与出口收益相对水平的动态关系。通过全球价值链分析框架下对贸易增加值的分解可以看出，中国在国际贸易的产业属性、贸易模式以及贸易与 FDI 关系，对其国际分工地位的动态特征的影响是非常广泛的。

中国与贸易伙伴国之间形成的"相互得利"是贸易和跨国投资互动所形成的结果，其在现实中的一个重要载体就是海外跨国公司在华设立的分支机构，设在中国的企业已经构成了中国本土企业的一个组成部分，这类企业越来越多地融入大多数信息和通信技术价值链。所有研究结果都反映了全球价值链沿线国家之间相互依存的"黏性"程度，有助于我们客观认识中美贸易竞争与合作的长期作用因素。中国持续近 20 年的贸易大国地位，不仅是中国实现高速增长的重要动力，也是中国为国际市场的多样化产品供应链所作的贡献以及构成全球消费市场的重要动力；就理论贡献而言，中国作为发展中国家以出口导向实现工业化的最佳案例，其实践本身就有重大的理论价值。

中国出口收益提高并不意味着中国与贸易伙伴国的产业竞争加剧，相反两国在贸易方面应是互利的。对于互利的认识，曾经有所谓的"中美贸易导致美国受损"的言论，这一言论以中美贸易失衡为由头，提出中国贸易顺差导致美国劳动力收益下降，却忽视了跨国公司投资所获得的巨大收益，意图挑起中美双边贸易摩擦。实际上，一方面，美中货物贸易逆差产生的原因主要是美国对中国的高技术产品出口进行控制；另一方面，原产地原则和其他统计方法上的重大缺陷造成了美中货物贸易逆差虚高（陈继勇，2018）。

在中国外资企业主导的加工贸易出口规模持续扩大的开放进程中，中国本土一般技能劳动力的劳动生产率也有所提高，但贸易过程中较大部分的增加值却分配给了资本而非劳动力。这一收益流向的主体是布局海外离岸加工生产的企业，从实践情况来看，具有品牌影响力的跨国公司是最为典型的主体。中国拥有世界上最大规模的低技能劳动力，通过高速增长的贸易，劳动者平均工资在 15 年内翻了一番，但是相比于中国劳动密集型产业的资本要素所有者，普通熟练劳动力与前者的收入差距仍然是巨大的，低技能劳动力的每小时报酬相对水平仍然较低。

（二）价值链"微笑曲线"起始点的国际分工与产业升级互动关系的研究

一国参与全球价值链的利益分配问题，是国际贸易理论框架下的贸易收益分配问题，主流研究通过分解价值链不同环节来识别和测度参与国家的收益在不同环节之间的差距。相关理论中最早以形象比喻来刻画中国参与分工获得的低收益的，是施振荣提出的"微笑曲线"，其是指制造业价值链上下游环节的增加值率高、中游环节的增加值率低，从而形成"两头高、中间低"的 U 形价值链增值曲线（Shih，1996）。这个提法比较直观地描述了在全球高度专业化分工的产品价值链内，中国企业所处的分工位置与增值水平的关系。

有学者研究表明，中国制造业整体价值链和加工贸易价值链具备"微笑曲线"的总体特征（潘文卿、李跟强，2018；高翔等，2019）。其中，在出口依赖度较高的代表性产业中，中国本土电子信息制造业价值链也呈现出"微笑曲线"形态，且分工位置逐渐从中游向上游移动，反映了中国电子信息制造业正在实现产业升级（Meng and Ye，2022）。以出口依赖度较高的信息和通信技术产业为例，研究发现中国本土企业的价值链呈现出不同于美国本土信息和通信技术企业的倒 U 形微笑曲线，其背后的逻辑主要来自两个国家在加入全球价值链方面技术专长之间的差异；现实情况表明，中国企业与美国贸易对象之间的技术专长差异趋于缩小。研究结果表明，越来越多的中国本土企业（包括制造和服务供应商）参与了价值链的上游阶段。中国与海外高端技术供应商之间的合作正在发生快速变化，在价值链上游阶段内部细分领域的分工关系越来越凸显，更多的中国本土企业具备了取代海外高端技术供应商的潜力，中国企业在高端技术上的出口优势日趋扩大（孙德升等，2017）。

从"微笑曲线"这一提法出发的贸易增加值深度分解，对于考量中国加工贸易模式下的动态贸易增加值有较高的价值，通过高度国际化生产的产品价值链不同环节的贸易增加值率的比较，中国与其他贸易伙伴国之间的互利形态无疑是国际化生产价值链得以持续的本质原因。研究提出，价值链内不同主体之间通过贸易纽带获得的福利体现为彼此的收益均有所提高，经济体以全球价值链为纽带的专业化分工获得的增值在贸易合作伙伴之间共享，是实现互利的基本逻辑。

进一步关注发展中国家对外开放的产业升级效应研究，大量以中国加工贸易实践为对象的研究，深刻阐释了中国对外开放获得来自价值链加工制造环节的收益，这一收益结构在较长时间内相比于发达国家贸易伙伴国处于较低水平，由此形成了对贸易的产业升级效应的质疑。

学者们通过对中国参与国际分工价值链位置的动态评估，提出中国开放部门的制造业总体上实现了从价值链低端向上下游的相对高附加值环节的升级。其中的核心驱动力是多元的，发挥关键作用的是产业新技术突破，依托新兴技术应用的智能生产创新降低了加工制造环节的成本，提高了生产效率，丰富了产品的多样性，从而使得中国制造业能够在价值链中游取得更多的贸易收益。

伴随着中国创新能力的提升，出口产品对应的价值链环节扩大，用"微笑曲线"形态来刻画出口的相对低收益，已经有了很大转型。由于高技术产业领域的高附加值产品所要求的高强度研发，对应于相当一部分产品的制造加工被称为价值链的高增加值环节。针对这个现象，有研究用"武藏曲线"加以刻画，呼应对价值链分工位置和增加值率关系早期形态的刻画。"武藏曲线"由日本经济学家中村末广提出，他发现，与"微笑曲线"理论相反，一些制造企业，尽管研发和品牌对企业价值创造至关重要，但其在制造环节具有某种垄断性优势，而这种垄断性优势使得制造环节对该企业的价值创造贡献更为突出和显著，组装、制造环节有较高的利润，而零件、材料以及销售和服务环节的利润反而较低。对此类制造企业而言，维持高额利润的有效途径是提升企业管理水平，重组生产管理模式。由于"武藏曲线"的价值创造模式与"微笑曲线"的价值创造模式完全相反，因此，"武藏曲线"也被称为"倒微笑曲线"（张梦霞、白建磊，2014）。与"微笑曲线"的形态相反，"武藏曲线"是指价值链中游环节的增加值率高，上下游环节的增加值率低的倒 U 形价值链增值曲线。尽管"微笑曲线"的理论基础更广泛，不少学者提出了从"微笑曲线"转变为"武藏曲线"的可能性（孙德升等，2017）。随着现代数字技术等新技术革命的加快推进，制造业将引入新的数字要素以及替代劳动力的机器设备，中游环节的差异化能力提升使加工制造环节的增加值率也提升，制造业国际分工形态的"微笑曲线"可能变得更加扁平（Rehnberg and Ponte，2018；张辉等，2022）。

两类曲线形态作为价值链内不同环节增值程度的比喻，比较形象地刻画了中国企业在国际市场竞争中获得收益的来源，为我们认识中国参与国际分工地位的动向提供了很好的注脚。在"微笑曲线"中，位于价值链的中游区域存在明显的"价值塌陷洼地"；而在"武藏曲线"中，位于价值链的上游和下游区域也同样存在"价值塌陷洼地"。这种"价值塌陷洼地"现象一方面为解释企业竞争力问题提供了价值链定位意义上的溯源途径；另一方面也为企业的价值创造提供了新的价值增长点，其做法是填补"价值塌陷洼地"。此后又有学者提出了"元宝曲线"理论，该理论对于企业贸易增值的形态刻画建立在结合"微笑曲线"和"武藏曲线"两个理论的基础之上，旨在描述企业国际化经营过程实现的制造专业化、研发专业化和品牌专业化的融合，以此体现中国企业综合国际化经营活动呈现的盈利模式多元化和价值分布点增多的态势，相关规律较好地刻画了中国企业国际竞争形态的发展和盈利模式的转型（叶明、张磊，2013）。

（三）中国"低端锁定"国际分工地位的动态特征

根据投入产出表理论来分解全球价值链中不同主体的分工收益，是学术界认识以中国为代表的国家在深度参与国际分工如何获得分工收益的方法，2008 年中美贸易失衡引发了对中国出口价值链分工收益的大讨论。学术界运用投入产出方法对增加值进行分解与测评，较好地回答了中国制造业是否存在价值链分工位置和国内增值收益之间产业"微笑曲线"的动态变化。随着产业竞争形态转型和要素结构升级，中国的劳动力要素收益已经从原先的"低端锁定"形态实现攀升。

对于中国在全球价值链呈现的"低端锁定"形态，早期案例大量集中于中国承接海外跨国公司加工组装的产品方面。其中最典型的产品案例是苹果公司主流产品全球供应链中中国企业的贸易收益（Linden，Dedrick and Kraemer，2009；Dedrick，Kraemer and Linden，2010）。Xing 和 Detert（2010）研究了苹果公司 iPhone 的生产和贸易过程，发现 2009 年中国对美国的 iPhone 出口额为 20 亿美元，其中中国的增加值仅占 3.6%；其余增加值来自德国、日本、韩国、美国和其他国家。这种基于公司和产品的案例研究可以从跨国企业活动的角度直观地理解全球价值链。但是，除了对价值链进行拆卸式分析，从而只关注特定公司和特定产品的供应链外，还需要关注生产网络和行业之间的联系在整个价值创造过程中更广泛的作用。

二、微观价值链内不同国家企业的"互利共赢"解析

根据全球价值链增值收益的分析框架，价值链内不同主体之间通过贸易的增值是彼此均有收益，经济体以全球价值链为纽带的专业化分工获得了增值共享，是实现所有相关经济体互利的基本逻辑。

根据价值链理论对贸易增加值的测度，对微观主体彼此的"互利共赢"所采用的量化评估，主要有两种方法。第一种测度方法是基于特定公司或产品的调查数据收集。前文所述的苹果公司案例，可以从侧面刻画中国企业从全球价值链分工中的贸易获利，相比于其他国家的企业，该获利水平相对较低。上述增值获得水平体现的是中国企业当时在 iPhone 加工组装环节获得的收益水平，是这一特定产品在全球深度专业化分工格局中所决定的，本质上是跨国公司布局的国际化生产策略构建的全球价值链形态，并不能全面反映相关产业从分工中的综合获利水平。

第二种测度方法综合了参与全球价值链的直接获利和间接获利，运用国家间投入产出（ICIO）模型来衡量全球价值链增值收益（参见 Timmer，2014；Koopman、Wang and Wei，2014）。相关研究对 2009 年中国经济在全球生产网络中的地位作了定量分析，刻画了中国生产网络和行业间联系在整个价值创造过程中的广泛作用；结论显示：通过运往美国的最终产品的出口总额测算出中国的增值份额实际上约为 75%，这在很大程度上体现了中国企业在全球价值链与其他主体之间通过分工形成的互利共赢。这一理论对包括中国在内的全球主要开放型经济体的贸易利益分析提出了"增值贸易"测度的概念，这有助于我们更好理解"谁通过全球价值链为谁生产增值"。

第三节　新外部形势下中国产业国际竞争面临的挑战

2017 年以来中美贸易摩擦引发全球市场贸易保护主义抬头，以美国为首的西方国家高举贸易保护主义大旗，给世界经济发展和运行带来了不确定性。持续升温的贸易保护主义市场态势叠加，跨国生产体系的"内卷"将愈来愈凸显。针对中国的高技术中间的"断供"和跨国公司离岸外包业务模式也呈现收缩趋势。2019 年以来，日本政

府多次呼吁本国大型企业从中国搬回日本本土等的一些激励方案也释放出贸易和跨国资本未来有放慢的信号，以上这些都标志着全球生产网络之间合作紧密度的下降，或将导致亚太地区制造业供应链的"碎片化"态势。

一、技术创新态势对跨国合作提出更高的内在要求

新一代数字技术、人工智能等新兴技术产业在创新要素与组织方式上区别于传统产业，不仅研发价值链内部专业化分工程度更高，而且创新模式对市场规模的依赖也更高，呈现"研发＋市场"共生型特点，这对企业开拓海外大市场、综合布局海内外资产的国际化经营战略提出了更高要求（黄永春等，2017）。总体上，中国在集成电路等部分新兴前沿技术领域的进口需求巨大，对美国企业在芯片开发、材料技术等中间产品研制上仍然存在较高程度的依赖（王开、靳玉英，2019）。同时，在发达国家积极构建互联网、人工智能等产业领域的知识产权保护与贸易规则的进程中，中国的参与度仍然有限（李杨等，2016）。

自2020年全球新冠肺炎疫情暴发后，世界主要经济体都纷纷加入疫苗领域的研究合作，不仅如此，在相关的前沿技术领域，都获得了创新投入规划，加大对量子计算、人工智能、生物技术、清洁能源等前沿技术及产业的系统部署和支持，并强化政策的导向型、组合型和精准性，加强对前沿技术和产业领域的资助和布局以提升竞争力。例如，美国科技政策办公室成立国家量子协调办公室，联合国家科学基金会、国防部、能源部等十多个部门，并且与谷歌、IBM、微软以及众多创业企业加强合作，整合多方力量推动量子技术及产业发展。英国启动国家量子计算中心（NQCC），提供量子计算访问通道，以促进英国量子计算产业的发展。德国新修订的《人工智能战略》把对人工智能的资助从30亿欧元增加到50亿欧元。法国将投资近60亿欧元以应对半导体短缺并确保法国工业在该领域的独立性，试图使法国电子产品产量在2030年前增加一倍。日本产业技术综合研究所与佳能、东京电子公司、SCREEN达成联合开发协议，共同开发2纳米级半导体芯片。韩国提出国家层面的"K—半导体战略"，提出产业集聚、人才培育、财税优惠、技术保护等具体措施，旨在到2030年建设成为全球最先进、最大的半导体产业供应链生产基地。

尽管新冠肺炎疫情后全球科技创新竞争强度继续上升，经济增长预期下降且经济复苏高度不均衡，在一定程度上引发高科技"民族主义"的抬头。但是，自新冠肺炎疫情暴发以来，中国作为率先基本控制疫情恢复生产生活秩序的国家，在新冠疫苗开发和疫情综合防治的技术与管理机制建设上发挥了非常重要的引领和表率作用。上海作为大都市和国际组织高度集聚的城市，也发挥了链接国际合作渠道的作用。在疫情初期国际流行病防范创新联盟（挪威）在上海设立代表处，实现了公共卫生领域权威性的新型国际组织正式落户中国，在中国深度参与全球新冠防控的合作机制推动疫苗开发、分配以及数据分析等多维度的国际合作平台中发挥了积极作用。依托中国长三角开放型产业集群的强大制造配套能力，该地区的生产、技术要素流动优势得以充分发挥，并致力于同公共卫生发展国际组织和机构合作。自 2020 年下半年以来，中国的科技研发部门通过与美国等公共卫生研究结合通力合作，在疫苗技术上展开各种国际学术论坛和合作项目，并向多个国家提供防疫物资，充分展现了大国担当。相关合作体现了中国应对全球疫情冲击的能力以及推进跨国合作的管理能力，对加强"一带一路"沿线部分经济体防疫抗疫合作发挥了桥头堡作用，体现了建设人类命运共同体的使命担当，为中国开辟了开展国际传染性危机与合作的广阔空间。

二、应对脱钩的供应链韧性建设扩大互利共赢机遇

美国以所谓的意识形态差异论对跨国公司投资和对外技术合作进行人为干预，冲击了自由贸易体制和贸易秩序原则，在很大程度上破坏了全球产业链格局，也为中国实施互利共赢的开放战略带来了挑战。在此形势下，中国维护国际贸易的公平与互利面临非常大的挑战，中国需要进一步坚持以平等互利、互利共赢的发展理念为指引，中国政府再次提出"互利共赢"的开放发展战略，提出进一步深化与世界各国的利益交汇程度，放大世界各国分享中国增长所带来的红利。

产业分工的本质是在对产品进行模块化解构的基础上，根据不同国家要素禀赋、成本结构、技术水平等因素的差异，在市场机制作用下将不同产品模块的研发、制造以及最终产品的组装配置到成本最低的国家。从对产业控制力的角度来看，一国在产业链各环节具备生产制造、研发创新、配套服务等方面的能力越强，对产业链控制能

力越强，产业链安全就越有保障。出现产业链安全风险的根本原因是产业链能力缺失或受到破坏，从而导致对产业链的控制能力下降。

尽管中国面临产业链部分环节外部脱钩的挑战，但是中国具备把握产业链安全的基本能力，即抓住产业链能力的构成、载体，从能力变化的角度探寻产业链安全的类型、形成条件和相应的治理策略。中国作为最大的发展中国家，正处于由中等收入向高收入跨越的特定发展阶段，其国内需求规模逐步演变为影响全球产业链供应链体系的重要力量。一方面，本土企业依靠自身逐步扩张和升级换代的国内需求规模，通过"需求引致创新""本土市场支撑本土产业链供应链体系运行"等特定机制，获得在全球产业链供应链体系中的竞争优势和自主能力。另一方面，西方发达国家越发依赖发展中国家和新兴国家的国内市场规模扩张和中高端需求，并通过对这些国家的高附加值产品或中间产品出口来获得经济增长机会。因此，一国自身的国内需求市场规模和层次，愈发成为全球产业链供应链体系变化格局的重要影响力量。

新冠肺炎疫情之后，全球贸易保护主义抬头，逆全球化思潮兴起，为应对全球产业链发展新趋势，中国构建以国内循环为主、国内国际双循环的新发展格局，成为逆全球化背景下提升中国产业链、供应链稳定性和竞争力，促进经济发展的必然选择。

第四节　新发展格局下以对外开放提升全球福利的制度建设

2015 年 5 月，中共中央、国务院发布的《关于构建开放型经济新体制的若干意见》又指出"全面参与国际经济体系变革和规则制定，在全球性议题上，主动提出新主张、新倡议和新行动方案，增强我国在国际经贸规则和标准制定中的话语权"。制定与把握国际经贸规则是一国在国际社会中"软实力"与"巧实力"的体现，获取制度性话语权是中国成为经贸强国的重要标志之一。为此，近年来中国在参与和引领全球经贸规则制定方面进行了以下尝试与开拓。

一、中国维护多边贸易秩序重建的地位建设

首先，中国依托二十国集团峰会优化全球经济治理的领域和运行机制。中国作为东道主在 2016 年杭州峰会首次将贸易与投资议题引入二十国集团议程，并达成全球首

份《G20 全球投资指导原则》，为营造开放、透明、可持续的全球投资政策环境制订了九项非约束性原则，成为指导成员国制定投资政策的纲领性多边文件，为未来达成多边投资协定或制定全球投资规则迈出了关键性一步。该指导原则以发展为根本出发点，特别考虑了发展中国家实现可持续性与包容性发展的社会目标、维护了合理的公共利益并保留了一定政策空间的诉求，强调了对低收入国家在基础设施与互联互通、贸易融资、技术合作、能力建设等方面给予支持，保证了与联合国贸易和发展会议制定的"可持续发展的投资政策框架"的政策连贯性。

二十国集团领导人杭州峰会还公布了《二十国集团落实 2030 年可持续发展议程行动计划》，实现了与联合国《2030 年可持续发展议程》和《亚的斯亚贝巴行动议程》的对接，成功促使二十国集团转型和升级为全球发展治理的主要实质性平台。此外，为扭转金融危机后全球经贸疲软的态势，此次峰会还制订了《G20 全球贸易增长战略》，紧扣 21 世纪全球贸易、投资与国际生产网络中出现的垂直专业化、服务化、数字化等重要趋势，对全球价值链、贸易便利化、服务贸易、电子商务与数字贸易等新型议题作出了积极回应。在开展贸易与投资合作的机制设置上，二十国集团领导人杭州峰会将贸易部长会议纳入二十国集团专业部长会议系列，成为与协调人会议、财金会议并行的三大会议机制，并首创贸易投资工作组，批准其工作职责与程序，使之成为具体推动议程和成果实施的平台。

其次，以区域经贸协定为平台深化中国自由贸易区发展机制创新。根据中央提出的形成面向全球的高标准自由贸易区网络的战略方向，中国在加快实施自由贸易区的体制机制创新上取得了积极成果。五年来中国在地区经贸网建设中最突出成果是 2022 年生效的 RCEP。这一经贸协定的成员方均为中国地理周边的重要经贸伙伴，推动 RCEP 达成协议是中国加快实施自由贸易区战略、构建以周边为基础的、面向全球的高标准自由贸易区网络的关键环节。目前，中国已经分别与东盟、韩国、澳大利亚、新西兰、新加坡等国签订了双边贸易协定，中日韩 FTA 谈判也在进行中。这些双边和区域 FTA 在 RCEP 协定的议题设置及谈判过程中有效充当了先行者，同时有效消弭了各方之间的立场差异，协调并整合了区域内贸易和投资政策，加快亚太地区区域内统一大市场的形成（高疆、盛斌，2019）。具体来看，RCEP 以传统议题为主，同时兼具投资、竞争政策、知识产权等新议题，具有开放性、灵活性、循序渐进和照顾各方舒适度的多重特征。中国勇于将 RCEP 谈判作为进一步深化国内体制机制改革开放的试验田，倒逼中国在资本流动、规制融合、创新等领域的改革，推动新一轮高水平的对外开放。从现实层面来看，在美国特朗普政府宣布退出 TPP 后，中国抓住这一历史机遇，引领推进 RCEP 谈判，于 2020 年 11 月达成协议并锁定成果，为未来 FTAAP 的谈判确立了可选模板。

最后，中国发起并主导的"一带一路"倡议、金砖开发银行、亚投行和上海合作组织开发银行，为国际社会提供了新型制度性公共产品。"一带一路"倡议以互相尊重、互利共赢为原则，以实现包容性增长为目标，以国家战略对接为保障，以提供硬件产品为依托，以基础设施建设互联互通为重点，为沿线广大发展中国家和地区带来真金白银的实惠与预期收益，为打造当代全球责任与命运共同体提供了崭新的方案与路径。由中国倡导成立的金砖开发银行、亚投行和上海合作组织开发银行是中国在外交、经济、金融领域的一系列历史性尝试，它们通过规范化、透明化、机制化的商业运作有效地为"一带一路"沿线国家和地区的基础设施建设提供金融贷款，为加强亚太地区的互联互通和基础设施建设提供制度性保障，也为亚信会议、上海合作组织、中国—东盟"10+1"、亚洲合作对话、亚欧会议、中阿合作论坛、中亚区域经济合作等多边合作机制增添实质性内容。此外，这些新型区域性国际金融机构打破了现行由欧美日主导的世界银行、国际货币基金组织、亚洲开发银行所构成的国际金融体系，体现了由新兴市场主导的新型国际金融与货币新规则。

二、依托多层次跨国经贸协定完善地区经贸关系治理

近年来，中国在推进跨国经贸合作规则建设上取得了丰硕成果，相关规则建设一方面遵从全球多边主义发展趋势；另一方面也充分吸收了 40 多年改革开放的成功经验。中国经济发展的奇迹为解决全球性发展问题提供了有益模式，打破了经济发展只有依靠单一模式才能获得成功的神话，有力提高了采取促进发展的国际行动的说服力，也为找准全球方案的发力点和设置优先领域提供了重要参考。中国在新时期全面深化改革中推出的自由贸易试验区/自由贸易港、服务贸易创新发展试点、跨境电商综合试

验区等创新性改革，也为发展中国家探索新的发展模式与道路提供了可借鉴、可参考的经验。中国有待进一步深化与新兴经济体的合作空间，扩大区域贸易自由化导向的规则建设成果。重点发展目标包括以下方面。

第一，强化中国引领建立平等合作、互利共赢的伙伴关系准则的全球经贸规则制定。未来的全球贸易投资规则应该反映多元、平衡、包容和共享的利益。中国引领的全球经济治理体系应以平等为基础，反映当前世界经济的新格局变化与经济力量对比，增强新兴经济体和发展中国家在国际体系中的话语权，确保各经济体在国际经济合作中权利平等、机会平等、机会平等；应以合作为动力，建立沟通和协调机制，照顾各方利益关切，提倡共商规则、共建机制、共迎挑战；应以互利共赢为目标，尊重各国自主选择的社会制度和发展道路，坚持正确的"义利观"，兼顾各方利益，提倡所有人参与、所有人受益，避免"一家独大"或者"赢者通吃"局面的出现。

第二，中国结合多元化和灵活度的原则确定全球经贸规则的定位。多边贸易体制作为全球贸易治理中唯一具有法律地位的平台，具有其他经贸治理平台无法比拟的机制优势。中国坚定支持并维护 WTO 作为全球贸易治理核心平台的法律地位；推动二十国集团磋商与合作向长效治理机制转型，实现议题执行的连续性与机制化；巩固并发挥好亚太经合组织基于各经济体既有自主经验提供"最佳实践"的模式，制订"非约束性原则"，实施"探路者行动"，提供能力建设、技术支持与资金，在亚太经合组织框架下努力推进亚太地区的区域经济一体化；支持和扩展双边和区域 FTA 以及 BIT，在共同认可度较高、发展相对成熟、分歧相对较小的领域先行探索；深入推进"一带一路"建设，加强经济技术和产能合作，推动各方规划和战略对接；深化上海合作组织合作和中非论坛合作；加强亚信会议、东亚峰会、东盟地区论坛、中欧峰会等机制建设；借鉴国际经验，探索通过谈判协定和条约、设定共同标准、达成相互承认协议、实施良好规制实践、制定"软"法律（原则、指导方针和行为守则）、进行对话与非正式的信息交流等多种方式推进新规则。

三、依托"一带一路"建设等平台拓展与发展中经济体的合作空间

2023 年是"一带一路"建设提出十周年，习近平总书记在多个场合指出，"一带

一路"倡议的目的是实现互利共赢、共同发展。中国加强与"一带一路"沿线国家合作，扩大互利共赢，使得"一带一路"倡议日益成为深受欢迎的国际公共产品和国际合作平台。随着"一带一路"倡议十年以来的不断深化，产业合作正在走深走实，成为"一带一路"倡议从共建迈向共赢的生动实践。

"一带一路"建设框架下中国与新兴经济体伙伴的发展共生、利益共享与互盈空间在新发展格局下将进一步拓展，在实践中，中国与"一带一路"沿线伙伴经济体重要的可持续发展路径是多形态的产业合作。从广义上看，该合作是整个产业国际化经营程度的优化和高度国际化，国际贸易、对外直接投资和契约性国际生产是主要实现路径；从狭义上看，产业合作体现为在某一产业国际化过程中，产业链上中下游各生产环节的生产要素在两个以上国家或地区间的流动与配置，包含产业链上游领域的研发、设计、规划和采购，生产环节的技术、工艺和生产能力，以及产业链下游领域的贸易、服务和标准化管理等环节的跨国合作（魏敏，2016）。现实中，"一带一路"的项目合作从早期的传统产能转移形态转变为技术密集型和研发密集型服务环节的跨国合作，对中国在海外的竞争优势升级具有重要作用。依托这一路径的国际合作，海外伙伴与中国企业的利益共生点会持续升级并拓展。

刘友金、周健和曾小明（2023）融合共生理论和全球价值链理论，在共生视角下对中国与"一带一路"沿线国家产业转移进行研究，在测算其产业间融合性、互动性和协调性等共生指标中发现双边产业的互惠共生情况呈现总体上升趋势，通过引力模型对中国与"一带一路"沿线国家产业转移对产业互惠共生的影响进行实证分析，验证其产业转移能促进产业互惠共生。推进区域价值链合作和提升产业集聚水平等方式可触发互惠共生效应；同时，打通"一带一路"倡议为枢纽的国际大循环，构建"一带一路"沿线国家多层次的区域产业分工共同体系，推进产业链上下游互动互促，可进一步推进产业转移对双边产业融合性、互动性和协调性的提升，为深入推进中国与"一带一路"沿线国家产业转移、构建互惠共生的区域价值链合作体系提供了重要启示。

"一带一路"倡议正在以基础设施建设为基础，推动产业链、资源开发、环境保护等各项社会公共事业在"一带一路"沿线国家全面发展，可谓从共建走向共赢的典范（刘越，2023）。现阶段中国与周边国家产业合作成果初现，以中国和东盟的"一带一路"建设项目为代表，开启了中国向周边国家"复制"产业园区的境外经贸合作区建设进程，成为中国对外投资的新模式，构成中国在海外实现资源互补和发展共享的特有路径。以基础设施建设合作为起点，逐渐形成基础设施网络，有效地推动了中国产业链、供应链、资金链在东南亚的稳定发展，实现了中国与当地经济体的利益共赢。

中国与发展中经济体合作的重点产业领域高度契合发展中经济体工业化的内在需求。过去十年来，中国与发展中国家在境外经贸合作区的投资项目以基础设施建设为重点，无论是"一带一路"倡议、亚太经合组织还是二十国集团经贸合作领域，中国在主要伙伴经济体当地持续布局电力传输、互联网通信、港口码头建设等项目投资，与现阶段亚太地区发展中国家和新兴市场国家推进工业化战略和提升竞争优势的需求高度吻合。具体来看，亚太经合组织的巴厘岛峰会（2013 年）、北京峰会（2014 年）、利马峰会（2016 年）均将加强全方位互联互通和基础设施建设作为核心议题，并发布纲领性文件用于实质性推进亚太地区不同基础设施与互联互通项目之间的对接与合作。2016 年 9 月《二十国集团领导人杭州峰会公报》将改善基础设施建设确立为二十国集团国家九大结构性改革的优先领域之一，11 个多边开发银行共同提出《支持基础设施投资行动的联合愿景声明》，同时批准启动了全球基础设施互联互通联盟倡议。在 WTO 体系内，《贸易便利化协定》的生效和实施对各国基础设施建设的现代化和标准化水平提出了更高要求。

此外，中国作为电子商务大国积极参与电子商务国际规则的构建，呼吁在 WTO 内实现电子传输永久性免征关税，提高各国与跨境电子商务相关的法律与法规的政策透明度，为发展中国家和最不发达国家提高数字基础设施建设提供必要的技术援助，推动建成适用于电子商务和数字贸易"低值高频"类货物和服务贸易的争端解决机制。同时，中国可逐步通过双边协定、区域协定、"软"法律等多种形式，鼓励各方在电子签名和数字加密技术领域达成相互认可协议，用以分享中国在移动支付、平台构建、跨境交付等领域取得的经验。

第五节　结语

党的十八大以来，中国不断打造高水平对外开放新格局，充分践行中国与世界各国谋求合作共赢的使命。以习近平同志为核心的党中央，坚定不移地推进高水平对外开放，以开放促改革，为中国社会经济发展注入强大动力，也为国际社会提供以"一带一路"建设为代表的深受欢迎的国际公共产品和国际合作平台，树立了中国负责任的大国形象，向世界彰显了中国拥抱世界的决心和诚意。中国发展离不开世界，世界发展也离不开中国，中国在坚定维护世界和平与发展中谋求自身发展，同时又以自身发展坚定地维护世界的和平与发展。

习近平总书记提出恪守互利共赢原则，不搞我赢你输，而是要实现双赢。这就是要把中国的发展与世界共同发展结合起来，把实现中国利益与维护人类共同利益统一起来。党的二十大报告多处强调对外开放，开放是当代中国的鲜明标志。新时代中国开放的大门只会越开越大。中国始终支持经济全球化，并在开放中创造机遇，在互利共赢的合作中破解难题。中国将继续积极融入和推动区域经济发展，致力于扩大各国利益的配合。用自身发展为世界释放更大的潜力，推动全球经济复苏和增长。根据党的二十大报告，中国将继续坚持对外开放的基本国策，推进互利共赢的开放战略，在互利共赢中发展同其他国家间关系是中国一贯坚持和奉行的主张，不断以中国新发展为世界提供新机遇，推动建设开放型世界经济，更好地惠及其他国家的经济增长。

尽管世界市场震荡期仍在延续，经济复苏还有诸多不确定性，但是中国仍然是全球倡导经济全球化、继续扩大对外开放的新兴大国。中国始终支持多边主义的经济全球化推进路径，在各类外部挑战之下，从以往利用外部市场机遇转向主动开拓合作机遇。在新兴经济体群体中，中国将继续积极融入和推动方兴未艾的区域经济一体化，致力于扩大各国利益的汇合点，发挥自身国内大市场的用户规模优势和制造业完善配套的供应链优势，通过国内大市场和国际大市场融合发展，更积极地发挥推进全球经济复苏进程的作用。新冠肺炎疫情引发的增长动力不足与国际市场高度不确定性彼此交织，构成了复杂的形势。但是一个积极的信号是中国经济增长预期趋于乐观，根据联合国经济和社会事务部发布的《2023 年世界经济形势与展望》，2023 年中国经济增长率预计从年初预测的 4.5% 上调至 5.3%。中国经济增长预测的预期上调，主要基于疫情后中国市场预期逐步恢复，在积极的财政政策和货币政策作用下，居民消费需求逐步反弹，新兴产业创新活力转化为新的增长动力。中国将以自身更有活力的市场和经济增长为世界经济复苏提供重要支撑。从这个意义上看，中国市场的内在活力与持续增长将成为全球经济复苏的重要支撑，中国将通过经贸纽带为海外国家创造实现持续互利共赢的空间，并通过深度融入以新兴市场国家为主的区域经济一体化进程，探索推进与周边国家和地区的经贸合作、利益共享新模式。

主要参考文献

Acemoglu, D., P. Antràs and E. Helpman, "Contracts and Technology Adoption", *American Economic Review*, 2007, 97(3): 916—943.

Aggarwal, A., "SEZ-led Growth in Taiwan, Korea, and India: Implementing a Successful Strategy", *Asian Survey*, 2012, 52(5): 872—899.

Aggarwal, A., "Towards an Integrated Framework for Special Economic Zones(SEZs): A Dynamic Institutional Approach", Copenhagen Discussion Papers, 2017.

Aliber, R. Z., "The Costs and Benefits of the U.S. Role as a Reserve Currency Country", *Quarterly Journal of Economics*, 1964, 78(3): 442—456.

Antràs, P. and C. Fritz Foley, "Regional Trade Integration and Multinational Firm Strategies", *NBER Working Papers*, 2009, No.14891, National Bureau of Economic Research, Inc.

Antràs, P. and Robert W. Staiger, "Off Shoring and the Role of Trade Agreements", *American Economic Review*, 2012, 3140—3183.

Antràs, P. and Robert W. Staiger, "Trade Agreements and the Nature of Price Determination", *American Economic Review*, 2012, 470—476.

Antràs, P. and Stephen R. Yeaple, "Multinational Firms And The Structure of International Trade", *NBER Working Paper*, No.18775, 2013.

Antràs, P. and E. Helpman, "Global Sourcing", *Journal of Political Economy*, 2004, 112(3): 552—580.

Antràs, P., "Firms, Contracts, and Trade Structure", *The Quarterly Journal of Economics*, 2003, 118(4): 1375—1418.

Arndt, S. W., "Globalization and the open economy", *The North American Journal of Economics and Finance*, 1997, 8(1): 71—79.

Asian Development Bank(ADB), "Asian Economic Integration Report 2015: How Can Special Economic Zones Catalyze Economic Development", December, 2015.

Atish, R. Ghosh, Jonathan D. Ostry and Mahvash S. Qureshi, "When Do Capital Inflow Surges End in Tears", *The American Economic Review*, 2016, 5(106).

Balassa, B., "Tariff Reductions and Trade in Manufacturers among the Industrial Countries", *The American Economic Review*, 1966, 56(3): 466—473.

Balassa, B., "Trade Liberalisation and 'Revealed' Comparative Advantage", *Manchester School*, 1965, 33(2): 99—123.

Baldwin, R. E., "21st Century Regionalism: Filling the Gap between 21st Century Trade and 20th Century Trade Rules", *WTO Staff Working Paper*, No.ERSD-2011-08, 2011.

Bailey, M. A., J. Goldstein and B. R. Weingast, "The Institutional Roots of American Trade Policy", *World Politics*, 1997, 4(16): 309—338.

Beck, T. and R. Levine, "Industry Growth and Capital Allocation: Does Having a Market—or Bank—Based System Matter", *Journal of Financial Economics*, 2002, 64(2): 147—180.

Belloc, M., "Institutions and International Trade: A Reconsideration of Comparative Advantage", *Journal of Economic surveys*, 2006, 20(1): 3—26.

Belloc, M. and S. Bowles, *International Trade, Factor Mobility and the Persistence of Cultural-institutional Diversity, Amherst*, MA: University of Massachusetts, Department of Economics, 2009.

Benhabib, J. and Mark M. Spiegel, "The Role of Financial Development in Growth and Investment", *Journal of Economic Growth*, 2000, (4)5: 341—360.

Bernanke, B., Gertler, M. and Gilchrist, S., "The financial accelerator and the flight to quality", Review of Economics and Statistics, 1996, 78, no.1(February): 1—15.

Bernanke, B. and Blinder, A., "Credit, money, and aggregate demand", American

Economic Review, Papers and proceedings, 1988, 78: 435—439.

Berkowitz, D., J. Moenius and K. Pistor, "Trade, Law and Product complexity", *The Review of Economics and Statistics*, 2006, 88(2): 363—373.

Bonadio, B., et al., "Global Supply Chains in the Pandemic", *NBER Working Paper*, No.w27224, 2020.

Brander, J. A. and B. J. Spencer, "Export Subsidies and International Market Share Rivalry", *Journal of international Economics*, 1985, 18(1—2): 83—100.

Cabrales, A., P. Gottardi and F. Vega-Redondo, "Risk Sharing and Contagion in Networks", *The Review of Financial Studies*, 2017, 30(9): 3086—3127.

Caparrós, A. and M. Finus, "The Corona-Pandemic: A Game-Theoretic Perspective on Regional and Global Governance", *Environmental & Resource Economics*, 2020, 76(4).

Cooper, R., *The Economics of Interdependence: Economic Policy in the Atlantic Community*, New York: MdGraw-Hill Book Co., 1968, 4.

Costinot, A., "On the Origins of Comparative Advantage", *Journal of International Economics*, 2009, 77(2): 255—264.

Costinot, A., *Contract Enforcement, Division of Labor and the Pattern of Trade*, Mimeograph, Princeton University, 2005.

Davis, L. E. and D. C. North, *Institutional Change and American Economic Growth*, Cambridge University Press, Cambridge., 1971.

Dedrick, J., Kraemer, K. L. and Linden, G., "Who profits from innovation in global value chains?: A study of the iPod and notebook PCs", *Industrial and Corporate Change*, 2010, 19(1): 81—116.

Dixit, A. and V. Norman, *Theory of International Trade: A Dual, General Equilibrium Approach*, Cambridge University Press, 1980.

Dong He and Robert N McCauley, *Offshore markets for the domestic currency: monetary and financial stability issues*, Monetary and Economic Department of BIS, 2010, 320.

Eaton, J. and G. M. Grossman, "Optimal Trade and Industrial Policy under Oligopoly",

The Quarterly Journal of Economics, 1986, 101(2): 383—406.

Eduardo, Lora, "A Decade of Structural Reforms in Latin America: What Has Been Reformed and How Measure it", Inter-American Development Bank, *Working Paper Green Series*, No.466, June 1997, 5. https: //www.econstor.eu/bitstream/10419/88061/1/idb-wp_466. pdf. Mar. 24, 2023.

Enright, M. J., "Regional Clusters: What We Know and What We Should Know", Advances in Spatial Science, 2003: 99—129.

Espitia, A., et al., "Pandemic Trade: COVID-19, Remote Work and Global Value Chains", *World Economy*, 2022, 45(2): 561—589.

Ethier, W. J., "National and International Returns to Scale in the Modern Theory of International Trade", *The American Economic Review*, 1982, 72(3): 389—405.

FIAS, *Special Economic Zones: Performance, Lessons Learned, and Implications for Zone Development*, The World Bank, Washington DC, 2008, E3, 3—5.

Furceri, D., S. Guichard and E. Rusticelli, "Episodes of Large Capital Inflows, Banking and currency crises, and Sudden Stops", *International Finance*, 2012(1).

Garber, Peter M., "What currently drives CNH market equilibrium", *International Economic Review*, 2012.

Gereffi, G., "International Trade and Industrial Upgrading in the Apparel Commodity Chain", *Journal of International Economics*, 1999, 48(1): 37—70.

Gereffi, G. and R. Kaplinsky, "Introduction: Globalisation, Value Chains and Development", *IDS Bulletin*, 2001, 32(3): 1—8.

Gianluca, Benigno, Nathan Converse and Luca Fornaro, "Large capital inflows, sectoral allocation, and economic performance", Journal of International Money and Finance, 2015, 55: 60—87.

Greenwood, J.and B. Jovanovic, "Financial Development, Growth and the Distribution of Income", *Journal of Political Economy*, 1990, 98(5, Part 1): 1076—1107.

Grossman, S. J. and O. D. Hart, "The Costs and Benefits of Ownership: A Theory of

Vertical and Lateral Integration", *Journal of Political Economy*, 1986, 94, (4): 691—719.

Grubel, H. G. and P. J. Lloyd, *Intra-industry Trade: the Theory and Measurement of International Trade in Differentiated Products*, London: Macmillan, 1975.

Guichard S., "10 Years after the Global Financial Crisis: What Have We Learnt About International Capital Flows?", Journal of International Commerce, Economics and Policy, 2017, 8(3).

Hameiri, S. and L. Jones, "China Challenges Global Governance? Chinese International Development Finance and the AIIB", *International Affairs*, 2018, 94(3).

Hart and J. Moore, "Property Rights and the Nature of the Firm," *Journal of Political Economy*, 1990, 98(6): 1119—1158.

Helpman, E., "A Simple Theory of International Trade with Multinational Corporations", *Journal of Political Economy*, 1984, 92(3): 451—471.

Helpman, E., M. Melitz and S. Yeaple, "Export versus FDI", *National Bureau of Economic Research*, 2003, Cambridge, MA, w9439.

Helpman, E., "International Trade in the Presence of Product Differentiation, Economies of Scale and Monopolistic Competition: A Chamberlin-Heckscher-Ohlin Approach", *Journal of International Economics*, 1981, 11(3): 305—340.

Hiro Ito and Masahiro Kawai, "Trade invoicing in major currencies in the 1970s—1990s: Lessons for renminbi internationalization", *Journal of The Japanese and International Economies*, 2016, 42, 123—145.

Horstmann, J. and J. R. Markusen, "Endogenous market structures in international trade(natura facit saltum)", *Journal of International Economics*, 1992, 32(1—2): 109—129.

Hummels, D., D. Rapoport and K. M. Yi, "Vertical Specialization and the Changing Nature of World Trade", *Economic Policy Review*, 1998, 4(2).

Jones, R. and H. Kierzkowski, "The Role of Services in Production and International Trade: A Theoretical Framework", ch. in(Jones and Anne Krueger eds.): The Political Economy of International Trade, 1990.

Kahler, M., "The Global Economic Multilaterals: Will Eighty Years Be Enough", *Global Governance*, 2016, 22(1).

Kaplinsky, R., "Globalisation and Unequalisation: What Can Be Learned from Value Chain Analysis?", *Journal of Development Studies*, 2000, 37(2): 117—146.

Katz, L. F. and K. M. Murphy, "Changes in Relative Wages, 1963—1987: Supply and Demand Factors", *The Quarterly Journal of Economics*, 1992, 107(1): 35—78.

Kawabata, Y. and Y. Takarada, "Deep Trade Agreements and Harmonization of Standards", *Southern Economic Journal*, 2021, 88(1): 118—143.

King, R. G. and R. Levine, "Finance, Entrepreneurship and Growth", *Journal of Monetary Economics*, 1993, 32(3): 513—542.

Klaus Adam and Michael Woodford, "Robustly optimal monetary policy in a microfounded New Keynesian model", *Journal of Monetary Economics*, 2012, 5(59): 468—487.

Kneer, C., "Finance as a magnet for the best and brightest: Implications for the real economy", *DNB Working paper*, No.392, Sep.2013.

Kogut, B., "Designing Global Strategies: Comparative and Competitive Value-added Chains", *Sloan Management Review*(pre-1986), 1985, 26(4): 15.

Koopman, R., W. Powers, Z. Wang and S.-J. Wei, "Give Credit Where Credit Is Due: Tracing Value Added in Global Production Chains," *National Bureau of Economic Research*, Cambridge, MA, w16426, Sep.2010.

Koopman, R., Z. Wang, and S.-J. Wei, "How Much of Chinese Exports is Really Made In China? Assessing Domestic Value-Added When Processing Trade is Pervasive," *National Bureau of Economic Research*, Cambridge, MA, w14109, Jun.2008.

Koopman, R., Z. Wang, and S.-J. Wei, "Tracing Value-Added and Double Counting in Gross Exports", *American Economic Review*, 2014, 10(2): 459—494.

Kowalski, P., J. L. Gonzalez, A. Ragoussis, and C. Ugarte, "Participation of Developing Countries in Global Value Chains: Implications for Trade and Trade-Related Policies", OECD

Trade Policy Papers 179, Apr.2015.

Krishna, P. and A. A. Levchenko, "Comparative Advantage, Complexity and Volatility", *Journal of Economic Behavior & Organization*, 2013, 94: 314—329.

Krugman, P. R., "The market mystique", *New York Times*, 2009, 26.

Krugman, P. R., "Increasing Returns, Monopolistic Competition, and International Trade", *Journal of International Economics*, 1979, 9(4): 469—479.

Krugman, P. R., "Scale Economies, Product Differentiation, and the Pattern of Trade", *The American Economic Review*, 1980, 70(5): 950—959.

Krugman, P. R., "Intraindustry Specialization and the Gains from Trade", *Journal of Political Economy*, 1981, 89(5): 959—973.

Krugman, P. R. and A. J. Venables, "Globalization and the Inequality of Nations", *The Quarterly Journal of Economics*, 1995, 110(4): 857—880.

Krugman, P., R. N. Cooper and T. N. Srinivasan, "Growing World Trade: Causes and Consequences", Brookings Papers on Economic Activity, 1995, 1: 327.

Lane, P. R. and G. M. Milesi-Ferretti, "Capital Flows to Central and Eastern Europe", *Emerging Markets Review*, 2007, 106—123.

Leamer, E. E., "Effort, Wages, and the International Division of Labor", *Journal of Political Economy*, 1999, 107(6): 1127—1162.

Levchenko, A. A., "Institutional Quality and International Trade", *The Review of Economic Studies*, 2007, 74(3): 791—819.

Levchenko, A. A., "International Trade and Institutional Change", *The Journal of Law, Economics & Organization*, 2013, 29(5): 1145—1181.

Levine, R., "Financial Development and Economic Growth: Views and Agenda", *Social Science Electronic Publishing*, 1997, 35(2): 688—726.

Linden, G., Kraemer, K. L. and Dedrick, J., "Who captures value in a global innovation network?: The case of Apple's iPod", *Communications of the ACM*, 2009, 52(3): 140—144.

Magud, N.E., Reinhart, C.M. and Vesperoni, E.R., "Capital Inflows, Exchange Rate

Flexibility and Credit Booms", Review of Development Economics, 2014, 18(3): 415—430.

Markusen, J. R., "Factor movements and commodity trade as complements", *Journal of International Economics*, 1983, 14(3—4): 341—356.

Mathis, J., J. Mcandrews and J. C. Rochet, "Rating the raters: Are reputation concerns powerful enough to discipline rating agencies", *Journal of Monetary Economics*, 2009, 657—674.

Melitz, M. J., "The Impact of Trade on Intra-industry Reallocations and Aggregate Industry Productivity", *Econometric*, 2003, 71(6): 1695—1725.

Melitz, M. J., "Market Size, Trade, and Productivity", *The Review of Economic Studies*, 2008, 22.

Melitz, M. J., "The Impact of Trade on Intra-Industry Reallocations and Aggregate Industry Productivity", *Econometrica*, 2003, 71(6): 1695—1725.

Meng, B. and M. Ye, "Smile curves in global value chains: Foreign-vs. domestic-owned firms; the U.S. vs. China", *Structural Change and Economic Dynamics*, 2022, 60: 15—29.

Meng, B., Z. Wang and R. Koopman, "How are global value chains fragmented and extended in China's domestic production networks", *Institute of Developing Economies*, IDE Discussion Papers 424, 2013.

Merton, R. C., "A Functional Perspective of Financial Intermediation", *Financial Management*, 1995, 24(2): 23—41.

Miroudot, S., R. Lanz and A. Ragoussis, "Trade in Intermediate Goods and Services", OECD Trade Policy Papers 93, Nov.2009.

Mundell, R. A., "International Trade and Factor Mobility", *The American Economic Review*, 1957, 47(3): 321—335.

Nicolas, E. Magud and Esteban R. Vesperoni, "Exchange rate flexibility and credit during capital inflow reversals: Purgatory ... not paradise", *Journal of International Money and Finance*, 2015, (55): 88—110.

Norichika, K., et al., "Rules to Goals: Emergence of New Governance Strategies for

Sustainable Development", *Sustainability Science*, 2019, 14(6).

Nunn, N., "Relationship-specificity, Incomplete Contracts, and the Pattern of trade", *The Quarterly Journal of Economics*, 2007, 122(2): 569—600.

Nunn, N. and D. Trefler, "Domestic Institutions As a Source of Comparative Advantage", *Handbook of international economics*, 2014, 4: 263—315.

Otero-Iglesias, M. and F. Steinberg, "Reframing the euro vs. dollar debate through the perceptions of financial elites in key dollar-holding countries", *Review of international political economy*, 2013, 20(1): 180—214.

Orhangazi, Özgür, "Financialisation and capital accumulation in the non-financial corporate sector", *Cambridge Journal of Economics*, 2008, (6)32: 863—886.

Parentiz, M. and G. Vannoorenberghe, "A Simple Theory of Deep Trade Integration", Mimeo, 2019.

Park, Y. C. and C.Y. Song, "Renminbi Internationalization: Prospects and Implications for Economic Integration in East Asia", *Asian Economic Papers*, 2011, 10(3): 42—72.

Porter, M. E., "Technology and Competitive Advantage", *Journal of Business Strategy*, 1985, 5(3): 60—78.

Qing He, et al., "The geographic distribution of international currencies and RMB internationalization", *International Review of Economics and Finance*, 2016, (42).

Ranjan, Rajiv and Anand Prakash, Internalization of currency: the case of the India rupee and Chinese renminbi, Reserve Bank of India, 2010.

Rehnberg, M. and S. Ponte, "From smiling to smirking? 3D printing, upgrading and the restructuring of global value chains", *Global Networks*, 2018, 18(1): 57—80.

Rodrik, D., "Industrial Policy for the Twenty-First Century", *CEPR Discussion Paper*, No.4767, 2004.

Rossi, Stefania, et al., "Export Starte-Rs And Exiters: Do Innovation And Finance Matter", *Structural Change and Economic Dynamics*, 2020(prepublish).

Shih, S., Me-Too is Not My Style: Challenge Difficulties, Break through Bottlenecks,

Create Values. Taipei: Acer Foundation, 1996.

Schmidt, J. and W. Steingress, "No Double Standards: Quantifying the Impact of Standard Harmonization on Trade", *Staff Working Papers*, 2019, No.19—36, Bank of Canada.

Sebnem, Kalemli-Ozcan, Elias Papaioannou and José-Luis Peydró, "What lies beneath the euro's effect on financial integration? Currency risk, legal harmonization, or trade?", *Journal of International Economics*, 2010, 1(81): 75—88.

Stephen, M. D. and M.Parizek, "New Powers and the Distribution of Preferences in Global Trade Governance: From Deadlock and Drift to Fragmentation", *New Political Economy*, 2019, 24(6).

Stiglitz, J. and A.Weiss, "Credit rationing in markets with imperfect information", *American Economic Review*, 1981(71): 393—410.

Subramanian, A. and M. Kessler, "The Renminbi Bloc is Here: Asia Down, Rest of the World To Go", *Journal of Globalization and Development*, 2013, 4(1): 49—940.

Tao, Liu, Wang Xiaosong and Wing Thye Woo, "The road to currency internationalization: Global perspectives and chinese experience", *Emerging Markets Review* 38, 2019, 73—101.

Tavalas, G. S., "The International Use of Currencies: The U.S Dollar and the Euro", *Finance & Development*, 1998, 35(2): 46—49.

Tavlas, G. S., "Internationalization of Currencies: The Case of the US dollar and Its Challenger Euro", *International Executive*, 1997, 39(5): 581—597.

Timmer, Marcel P., et al., "Slicing Up Global Value Chains", *Journal of Economic Perspectives*, 2014, 28(2): 99—118.

World Bank: World Development Report 1987. Oxford University Press. Washington D.C. 1987. https: //documents1.worldbank.org/curated/en/458211468158384680/pdf/105960REPLACEMENT0WDR01987.pdf. March 7, 2023.

WTO, World Trade Report 2021: Economic Resilience and Trade, 2021.

Verdoon, P. J., "The Intra-Industry Trade of Benelux", Economic Consequences of the

Size of Nations, Proceedings of a Conference Held by the International Economic Association. Ed, 1960, 291—207.

Xing, Y. and Detert, N. C., "How the iPhone Widens the United States Trade Deficit with the People's Republic of China", SSRN Electronic Journal, 2010.

Zuev, V. N. and E.Y. Ostrovskaya, "Socializing Global Economic Governance: Introducing a Financial Transaction Tax", *European Review*, 2018, 26(4).

E. 赫尔普曼:《经济增长的秘密》,王世华、吴筱译,中国人民大学出版社 2007 年版,第 81 页。

F. 克里斯特:《西方宏观经济学导论》,张军译,复旦大学出版社 1991 年版,第 46 页。

埃德温·杜鲁门:《中国可放缓金融开放的步伐》,《国际经济评论》2015 年第 6 期。

艾利奥特·亨托夫、陈佳鑫:《中国金融开放不可避免——不可持续的失衡状态迫使进一步自由化》,《IMI 研究动态》2017 年下半年合辑。

巴曙松:《新时代人民币国际化进程中的我国金融开放:逻辑、进展与趋势》,《金融时报》,2017 年 11 月 7 日。

巴曙松:《主动布局国际循环,促进形成国际治理新均衡》,《人民论坛》2020 年第 32 期。

白重恩等:《"特事特办":中国经济增长的非正式制度基础》,《比较》2021 年第 1 期。

白钦先、程鹏:《人民币国际化的路径选择》,《沈阳师范大学学报》2018 年第 3 期。

保建云:《主权数字货币、金融科技创新与国际货币体系改革——兼论数字人民币发行、流通及国际化》,《人民论坛·学术前沿》2020 年第 2 期。

陈东晓、叶玉:《全球经济治理:新挑战与中国路径》,《国际问题研究》2017 年第 1 期。

陈功:《全球化的理论进展与未来趋势》,《中国经济报告》2020 年第 5 期。

陈和平、祁春节:《制度质量对国际贸易的影响:一个文献综述》,《经济问题探索》2016 年第 8 期。

陈妙、刘勇:《美国外资并购国家安全审查的制度演变、实施特征与应对策略研究》,《国际关系与国际法学刊》2020 年第 9 期。

陈继勇:《中美贸易战的背景、原因、本质及中国对策》,《武汉大学学报》(哲学社会科学版)2018 年第 5 期。

陈继元:《浅谈香港国际贸易中心地位的巩固与发展》,《市场经济管理》1997 年第 3 期。

陈建:《"大爆炸" —— 日本金融改革及其实施前景》,《世界经济》1998 年第 8 期。

陈雨露、马勇:《金融体系结构、金融效率与金融稳定》,《金融监管研究》2013 年第 5 期。

陈雨露、涂永红、王芳:《人民币国际化的未来》,《中国经济报告》2013 年第 1 期。

陈雨露:《金融发展中的政府与市场关系》,《经济研究》2014 年第 1 期。

程恩富:《坚持总体国家安全观审慎开展金融业对等开放》,http: //www.aisixiang.com/data/109308.html,2018 年 4 月 7 日。

程实、王宇哲:《金融开放将引领中国全面开放新格局》,《第一财经日报》,2018 年 3 月 21 日。

丛晓男、王维:《以绿色"一带一路"推进全球生态文明建设》,《中国发展观察》2021 年第 16 期。

崔岩:《"入关"后日本经济对外开放历程的回顾与思考》,《日本研究》2000 年第 1 期,第 17—24 页。

戴斯勒:《美国贸易政治》,王恩冕、于少蔚译,中国市场出版社 2006 年版。

杜方利:《亚洲"四小龙"的贸易自由化》,《当代亚太》1996 年第 4 期。

丁剑平:《构建开放型世界经济:有序推进人民币国际化的理论与实践》,《世界经济研究》2022 年第 12 期。

方向南、曾宪久:《对我国开设离岸金融市场的设想》,《财经科学》1988 年第 1 期。

方磊:《人民币加入 SDR 后发挥国际货币职能的理论思考和路径探索》,《当代经济研究》2020 年第 1 期。

方婷婷:《俄罗斯学者对人类命运共同体思想的认知与探讨》,《理论视野》2020 年第 6 期。

方伟:《新兴大国群体性崛起背景下南非外交战略评析》,《非洲研究》2014 年第 5 期。

傅元海、唐未兵、王展祥:《FDI 溢出机制、技术进步路径与经济增长绩效》,《经济研究》2010 年第 6 期。

付永嘉:《以"一带一路"建设推动构建人类命运共同体》,《学校党建与思想教育》2020 年第 20 期。

干春晖、刘亮:《超大规模经济体优势研究》,《社会科学》2021 年第 9 期。

葛顺奇、林乐、陈江滢:《中国企业跨国并购与东道国安全审查新制度》,《国际贸易》2019 第 10 期。

高海红、余永定:《人民币国际化的含义与条件》,《国际经济评论》2010 年第 1 期。

高洪民、管乐:《双循环金融战略链接、金融中心风险生成机理及政策研究:兼论上海在岸离岸金融的互动发展》,《世界经济研究》2022 年第 9 期。

高洪民:《人民币国际化与上海国际金融中心互促发展的机理与渠道研究》,《世界经济研究》2010 年第 10 期。

高洪民:《人民币跨境经济与金融循环研究》,上海社会科学院出版社 2017 年版。

高洪民:《中国转轨经济中的信贷配给与货币政策的信用传导》,上海人民出版社 2007 年版。

高洪民:《资产负债表的直接传染——一种银行与企业信用链条上的信贷冲击乘数效应》,《财经研究》2005 年第 11 期。

高洪民等:《人民币国际化与上海国际金融中心建设》,2012 年第 6 期。

高疆、盛斌:《国际贸易规则演进的经济学:从市场准入到规制融合》,《国际经贸探索》2019 年第 5 期。

高凌云、苏庆义:《中国参与构建合理有效全球经济治理机制的战略举措》,《国际贸易》2015 年第 6 期。

高善文:《人民币国际化——问题与思考》,2009 年 6 月 13 日作者在夏季上海浦江金融论坛上的即席演讲。

高尚全:《中国发展成全球最大消费市场的趋势没有改变——关于新冠疫情的四点

思考》，《中国经贸导刊》2020 年第 10 期。

高志勇、刘赟：《转型经济国家资本流动与银行稳定关系的实证研究——基于中东欧 8 国面板数据的分析》，《国际贸易问题》2010 年第 7 期。

高翔、黄建忠、袁凯华：《价值链嵌入位置与出口国内增加值率》，《数量经济技术经济研究》2019 年第 6 期。

葛顺奇、林乐、陈江滢：《中国企业跨国并购与东道国安全审查新制度》，《国际贸易》2019 年第 10 期。

管清友：《双循环的实现路径与未来影响》，《新理财》2020 年第 11 期。

管涛：《坚持"三位一体"安排金融对外开放顺序》，《新金融》2017 年第 10 期。

管涛：《迎接金融开放新时代》，《金融时报》，2018 年 1 月 27 日。

郭晴：《"双循环"新发展格局的现实逻辑与实现路径》，《求索》2020 年第 6 期。

国务院发展研究中心课题组：《充分发挥"超大规模性"优势，推动我国经济实现从"超大"到"超强"的转变》，《管理世界》2020 年第 1 期。

国务院发展研究中心课题组：《持续推进"放管服"改革　不断优化营商环境》，《管理世界》2022 年第 12 期。

国务院发展研究中心课题组：《未来国际经济格局十大变化趋势》，《经济日报》，2019 年 2 月 12 日。

海曼·P. 明斯基：《稳定不稳定的经济：一种金融不稳定视角》，石宝峰、张慧卉译，清华大学出版社 2015 年 7 月版。

韩剑、陈继明、李安娜：《资本流入激增会诱发突然中断吗——基于新兴市场国家的实证研究》，《金融研究》2015 年第 3 期。

韩永辉、麦靖华、张帆：《全球经济治理研究的演变与新兴趋势——基于 CNKI 与 Web of Science 的 CiteSpace 文献计量分析》，《上海对外经贸大学学报》2022 年第 4 期。

韩笑、李德尚：《中国金融：强监管和再开放》，《财经》，2017 年 10 月 23 日。

郝璐、年志远：《比较优势、交易成本与对外贸易制度创新——兼论我国对外贸易制度改革》，《云南社会科学》2015 年第 6 期。

何秉盛：《从近百年美国的三次金融立法看"金融自由化"的历史命运》，《国外社会科学》2016 年第 1 期。

何德旭、王朝阳：《中国金融业高增长：成因与风险》，《财贸经济》2017 年第 7 期。

何帆、朱鹤、陶宏伟：《新时代金融开放的前景与挑战》，《21 世纪经济报道》，2018 年 3 月 15 日。

何平、金梦：《信用评级在中国债券市场的影响力》，《金融研究》2010 年第 4 期。

何青、钱宗鑫、刘伟：《中国系统性金融风险的度量——基于实体经济的视角金融研究》，《现代商业》2018 年第 4 期。

何畏：《破解全球生态难题的中国担当》，《红旗文摘》2019 年第 21 期。

贺平：《"弱化的三难困境"与战后日本经济社会稳定》，《日本学刊》2022 年第 3 期。

胡超、张捷：《制度环境与服务贸易比较优势的形成：基于跨国截面数据的实证研究》，《南方经济》2011 年第 2 期。

胡博成、朱忆天：《从空间生产到生产空间：双循环新发展格局的经济空间逻辑研究》，《经济体制改单》2021 年第 3 期。

胡博成、朱忆天：《双循环新发展格局是马克思世界市场思想的新发展》，《西南大学学报（社会科学版）》2022 年第 6 期。

胡晓鹏、惠佩瑶：《中美贸易失衡缘何而来？：基于国民收入"注入—漏出"模型的拓展解释》，《世界经济研究》2020 年第 5 期。

黄超：《全球发展治理转型与中国的战略选择》，《国际展望》2018 年第 3 期。

黄玖立、吴敏、包群：《经济特区、契约制度与比较优势》，《管理世界》2013 年第 11 期。

黄奇帆：《"一带一路"塑造了我国对外开放的新特征》，http://finance.sina.com.cn/china/gncj/2018-05-15/doc-ihapkuvm4727971.shtml，2018 年 5 月 15 日。

黄贤环、王瑶、王少华：《谁更过度金融化：业绩上升企业还是业绩下滑企业？》，《上海财经大学学报》2019 年第 1 期。

黄益平、谢沛初：《我国资本项目开放的条件、时机与进程》，《中国金融》2011 年第 14 期。

姜建清、赵江:《美国开放式金融保护主义政策分析——兼论开放式保护主义》,《金融研究》2003 年第 5 期。

黄群慧:《以高质量经济循环推进中国式现代化》,《经济导刊》2022 年第 12 期。

黄群慧:《形成新发展格局的关键内涵与重要意义》,《经济研究参考》2020 年第 24 期。

黄奇帆:《对加快构建完整的内需体系,形成国内国际双循环相互促进新格局的思考和建议》,《中国经济周刊》2020 年第 14 期。

江时学:《论拉美国家的金融自由化》,《拉丁美洲研究》2003 年第 2 期。

纪明:《均衡增长的中国经济:要素价格扭曲、回归及效应》,《社会科学》2015 年第 1 期。

贾妍妍、方意、荆中博:《中国金融体系放大了实体经济风险吗》,《财贸经济》2020 年第 10 期。

贾根良:《国内大循环为主、国内国际双循环的战略选择》,《政治经济学研究》2020 年第 2 期。

江小涓、孟丽君:《内循环为主、外循环赋能与更高水平双循环》,《管理世界》2021 年第 1 期。

蒋殿春、张宇:《经济转型与外商直接投资技术溢出效应》,《经济研究》2008 年第 7 期。

径山报告课题组:《径山报告——中国金融开放的下半场》,中信出版社 2018 年版。

金芳:《世界生产体系变革的当代特征及其效应》,《世界经济研究》2007 年第 7 期。

凯恩斯:《货币论》(上卷)(中译本),商务印书馆 1996 年版。

凯恩斯:《就业利息与货币通论》(第 2 版),商务印书馆 1983 年版,1997 年 2 月第 10 次印刷。

孔庆江、郑大好:《我国〈外商投资法〉下的外商投资保护制度》,《国际贸易》2019 年第 5 期。

孔田平:《增长、趋同与中东欧国家的第二次转型》,《欧亚经济》2022 年第 2 期。

劳伦斯·哈里斯:《货币理论》,梁小民译,商务印书馆 2017 年版。

李稻葵、刘霖林:《人民币国际化:计量研究及政策分析》,《金融研究》2008 年第 11 期。

李稻葵、徐欣、伏霖:《人民币国际化的路径研究》,会议论文,为中国发展研究基金会和美国外交关系协会联合举办的"国际货币体系的未来与人民币的角色"研讨会而撰写的研究报告。

李景峰、刘英:《国际贸易的新制度经济学分析》,《国际经贸探索》2004 年第 2 期。

李宇:《全球文明倡议:对文明冲突论的范式超越》,《中国社会科学报》,2023 年 4 月 20 日。

李晓:《东亚货币合作为何遭遇挫折——兼论人民币国际化及其对未来东亚合作的影响》,《国际经济评论》2011 年第 1 期。

李志强:《论全球发展倡议的重大意义》,《人民论坛·学术前沿》,2022 年 4 月。

连平、刘健:《扩大金融业对外开放是我国金融高质量发展的必由之路》,《金融经济》2018 年第 3 期。

连平:《新时代中国金融开放剑指六大领域》,《国际金融报》,2018 年 6 月 18 日。

廖茂林、刘元玲、陈迎:《新形势下俄罗斯气候治理政策的发展演进》,《国外社会科学》2022 年第 1 期。

廖炼宗:《全球发展倡议与人类命运共同体构建》,《世界民族》2023 年第 1 期。

林乐芬、王少楠:《"一带一路"进程中人民币国际化影响因素的实证分析》,《国际金融研究》2006 年第 2 期。

林民旺:《大变局下印度外交战略:目标定位与调整方向》,《当代世界》2021 年第 4 期。

刘斌,傅欣璐:《外商独资是否会提高企业生产率》,《财贸研究》2019 年第 5 期。

刘晨阳:《印太经济框架破坏多边贸易规则》,《经济日报》,2023 年 2 月 27 日。

刘春玲:《习近平人类命运共同体及其价值研究》,哈尔滨师范大学博士学位论文,2021 年。

刘鹤:《加快构建以国内大循环为主体、国内国际双循环相互促进的新发展格局》,

《人民日报》，2020 年 11 月 25 日。

刘宁：《国际发展援助的转变——目标、资源与机制》，《国际展望》2019 年第 2 期。

刘士达、王浩、张明：《信用评级有效性与监管依赖：来自银行同业存单的证据》，《经济学报》2018 年第 5 期。

刘世锦：《中国经济进入中速增长稳定期》，《北京日报》，2020 年 2 月 6 日。

刘世锦：《以提升人力资本来扩大中等收入群体》，《北京日报》，2021 年 12 月 6 日。

刘同舫：《构建人类命运共同体对历史唯物主义的原创性贡献》，《中国社会科学》2018 年第 7 期。

刘友金、周健、曾小明：《中国与"一带一路"沿线国家产业转移的互惠共生效应研究》，《中国工业经济》，2023 年。

刘越：《一带一路十年发展结硕果》，《中国社会科学报》2023 年第 7 期。

刘越、钟义见：《为人类文明进步提供中国方案》，《中国社会科学报》，2023 年 4 月 10 日。

刘洋：《畅通国内国际双循环，助力经济高质量发展》，《红旗文稿》2020 年第 19 期。

刘薇娜、米军：《俄罗斯和中东欧转轨国家服务贸易自由化发展评析》，《俄罗斯中亚东欧市场》2011 年第 8 期。

刘信一：《韩国经济发展中的对外贸易》，《中国工业经济》2006 年第 7 期。

刘元春：《中国经济再出发：理解双循环战略的核心命题》，《金融市场研究》2020 年第 9 期。

刘勇、张译文：《中国参与全球经济治理的新模式及路径研究》，《经济纵横》2017 年第 11 期。

刘志彪、凌永辉：《中国经济：从客场到主场的全球化发展新格局》，《重庆大学学报（社会科学版）》2020 年第 6 期。

刘志彪、凌永辉：《在主场全球化中构建新发展格局——战略前提、重点任务及政策保障》，《产业经济评论》2021 年第 6 期。

刘铮：《金融体制改革对企业投融资行为的影响》，《中国商论》2017 年第 25 期。

刘铮：《强化金融监管促进健康发》，新华网，2017 年 11 月 19 日。

刘忠远、张志新：《大国崛起之路：技术引进——二战后日本经济增长路径带来的启示》，《科学管理研究》2010 年第 6 期。

娄成武、张国勇：《治理视阈下的营商环境：内在逻辑与构建思路》，《辽宁大学学报（哲学社会科学版）》2018 年第 2 期。

娄飞鹏：《提升中小微企业金融服务能力》，《中国中小企业》2021 年第 8 期。

卢锋：《产品内分工》，《经济学（季刊）》2004 年第 1 期。

卢昊：《2020 年日本战略研究综述》，《日本学刊》2021 年增刊。

罗伯特·基欧汉、约瑟夫·奈：《权力与相互依赖》(第 3 版)，北京大学出版社 2002 年版。

罗伯特·吉尔平：《国际关系政治经济学》，上海世纪出版集团 2006 年版。

罗荣华、刘劲劲：《地方政府的隐性担保真的有效吗？——基于城投债发行定价的检验》，《金融研究》2016 年第 4 期。

罗晓林：《亚洲"四小龙"利用外资和技术的税收政策比较》，《商学论坛》1993 年第 2 期。

罗伯特·巴罗、夏威尔·萨拉—伊—马丁：《经济增长》，格致出版社 2019 年版。

罗良文、杨艳红：《国际贸易理论的新制度经济学研究范式及其启示》，《山东社会科学》2006 年第 1 期。

罗荣华、刘劲劲：《地方政府的隐性担保真的有效吗——基于城投债发行定价的检验》，《金融研究》2016 年第 4 期。

罗云、胡尉尉、严双伍：《西方学者对人类命运共同休的认知和评价》，《社会主义研究》2020 年第 1 期。

马成山：《日本对外贸易概论》，中国对外经济贸易出版社 1991 年版。

马勇、张靖岚、陈雨露：《金融周期与货币政策》，《〈国际货币评论〉2017 年合辑》2017 年第 51—60 期。

米尔顿·弗里德曼等编著：《货币数量论研究》，瞿强、杜丽群译，中国社会科学出版社 2001 年版。

米什金:《货币金融学》,李扬等译,中国人民大学出版社 1998 年 8 月版。

米歇尔·德弗洛埃:《宏观经济学史——从凯恩斯到卢卡斯及其后》,房誉、李雨纱译,北京大学出版社 2019 年 10 月版。

木下信行:《日本金融自由化历程对中国金融开放的启示》,《中国经济报告》2018 年第 11 期。

宁吉喆等:《推动经济高质量发展》,《全球化》2023 年第 1 期。

欧文·费雪:《繁荣与萧条》,李彬译,商务印书馆 2014 年版。

潘文卿、李跟强:《中国制造业国家价值链存在"微笑曲线"吗——基于供给与需求双重视角》,《管理评论》2018 年第 5 期。

潘英丽、吴君:《体现国家核心利益的人民币国际化推进路径》,《国际经济评论》2012 年第 3 期。

庞巴维克:《资本实证论》,陈端译,商务印书馆 1964 年版。

彭莉:《试析台湾〈投资奖励条例〉》,《台湾研究集刊》1989 年第 1 期。

彭小兵、韦冬萍:《激活民间社会活力:"双循环"新发展格局的缘起、基础和治理》,《重庆大学学报(社会科学版)》2020 年第 6 期。

裴长洪:《我国利用外资 30 年经验总结与前瞻》,《财贸经济》2008 年第 11 期。

彭羽、沈玉良、田肖溪:《"一带一路"FTA 网络结构特征及影响因素:基于协定异质性视角》,《世界经济研究》2019 年第 7 期。

彭羽、沈玉良:《全面开放新格局下自由贸易港建设的目标模式》,《亚太经济》2018 年第 3 期。

彭羽、沈玉良:《特殊经济区视角下的国际贸易中心建设:上海探索与实践》,格致出版社 2019 年版。

强晓云:《对冲视角下的俄罗斯对非洲政策》,《西亚非洲》2019 年第 6 期。

钱学锋、裴婷:《国内国际双循环新发展格局:理论逻辑与内生动力》,《重庆大学学报(社会科学版)》2021 年第 9 期。

祁春凌、黄晓玲、樊瑛:《技术寻求、对华技术出口限制与我国的对外直接投资动机》,《国际贸易问题》2013 年第 4 期。

邱兆祥、刘永元：《扩大金融开放助力经济高质量发展》，《金融时报》，2018年7月2日。

邱兆祥、安世友：《国内人民币国际化领域研究现状的统计分析》，《金融发展研究》2013年第12期。

阙天舒、张纪腾：《后疫情时代下全球治理体系变革面临的挑战及中国选择——基于实验主义治理视角的分析》，《国际观察》2021年第4期。

仇华飞：《新兴国家参与全球经济治理改革理论与实践路径》，《社会科学》2022年第5期。

任琳、彭博：《全球发展倡议：全球发展公共产品供需再平衡的中国方案》，《拉丁美洲研究》2022年第6期。

山本繁绰：《市场开放》，同文馆出版社1986年版。

商务部：《发挥中国重要作用，加速推动RCEP谈判》，http://www.mofcom.gov.cn/article/ae/ai/201408/20140800714299.shtml，2014年8月28日。

邵宇、陈达飞：《金稳委的成立标志着新金融监管体系确立》，《第一财经口报》，2017年11月22日。

沈伟：《逆全球化背景下的国际金融治理体系和国际经济秩序新近演化——以二十国集团和"一带一路"为代表的新制度主义》，《当代法学》2018年第1期。

沈悦、戴世伟、李涛：《人民币国际化进程中的金融风险研究》，中国财政经济出版社2019年版。

沈玉良：《数字贸易发展转折点：技术与规则之争——全球数字贸易促进指数分析报告（2021）》，《世界经济研究》2022年第5期。

沈玉良等：《是数字贸易规则，还是数字经济规则？——新一代贸易规则的中国取向》，《管理世界》2022年第8期，第67—82页。

盛斌、马斌：《全球金融治理改革与中国的角色》，《社会科学》2018年第8期。

盛斌：《G20杭州峰会开启全球贸易投资合作新时代》，《国际贸易》2016年第9期。

宋德星：《国家安全与大国权势共求：印度的国际秩序观及其基本战略取向》，《南大亚太评论》2018年第2辑。

宋林霖、何成祥：《优化营商环境视阈下放管服改革的逻辑与推进路径——基于世界银行营商环境指标体系的分析》，《中国行政管理》2018 年第 4 期。

宋国友：《后金融危机时代的全球经济治理：困境及超越》，《社会科学》2015 年第 1 期。

孙德升、刘峰、陈志：《中国制造业转型升级与新微笑曲线理论》，《科技进步与对策》2017 年第 15 期。

孙莉娜：《对产融结合的理解与认识》，《金融与经济》2002 年第 6 期。

孙丽：《日本金融自由化次序选择及其实施效果的实证分析》，《黑龙江金融》2018 年第 1 期。

孙丽、赵泽华：《日本依托区域经济一体化主导国际经贸规则制定权的战略分析》，《现代日本经济》2021 年第 1 期。

孙伊然：《全球发展治理：中国与联合国合作的新态势》，《现代国际关系》2017 年第 9 期。

孙伊然：《全球经济治理的观念变迁：重建内嵌的自由主义》，《外交评论》2011 年第 3 期。

孙智：《日本金融自由化及经验借鉴》，《辽宁师范大学学报》（社会科学版）2015 年第 2 期。

孙壮志、郭晓琼：《高质量共建"一带一路"》，《经济日报》，2022 年 10 月 13 日。

束军意：《台湾地区"奖励投资条例"》，《改革》1991 年第 3 期。

苏珊·斯特兰奇：《国家与市场》，上海人民出版社 2019 年版。

泰勒·贝克·古德斯比德：《重新思考凯恩斯革命》，李井奎译，商务印书馆 2018 年版。

谈谭：《美国 1934 年〈互惠贸易协定法〉及其影响》，《历史教学》2010 年第 10 期。

童有好：《大国经济与开放经济研究》，《太平洋学报》2001 年第 2 期。

涂永红：《以开放时间表倒逼金融改革》，《经济日报》，2017 年 11 月 17 日。

汪洋：《推动形成全面开放新格局》，《人民日报》，2017 年 11 月 10 日。

王博、赵明：《人民币国际化进程与路径选择研究》，《现代管理科学》2018 年第

5 期。

王昌林、杨长湧：《在构建"双循环"新发展格局中育新机开新局》，《企业观察》2020 年第 9 期。

王镭：《全球发展倡议：促进共同发展的国际公共产品》，《中国经济学人》2022 年第 4 期。

王丽莎：《全球经济治理：问题、改革与中国路径》，《现代管理科学》2018 年第 8 期。

王红建等：《实体企业金融化促进还是抑制了企业创新——基于中国制造业上市公司的经验研究》，《南开管理评论》2017 年第 1 期。

王辉、朱家雲、陈旭：《银行间市场网络稳定性与系统性金融风险最优应对策略：政府控股视角》，《经济研究》2021 年第 11 期。

王君、郭玲玲：《实体经济与金融良性互动的影响因素及建议》，《经济纵横》2019 年第 9 期。

王文、芦哲：《房地产泡沫与系统性金融风险防范：基于国际比较的视角》，《国际金融研究》2022 年第 1 期。

王晓德：《贸易自由化与拉美国家的经济发展》，《拉丁美洲研究》2002 年第 2 期。

王燕：《全球贸易治理的困境与改革：基于 WTO 的考察》，《国际经贸探索》2019 年第 4 期。

王彦军：《俄乌冲突与日本区域合作战略新调整》，《东北亚论坛》2022 年第 4 期。

王孝松、刘韬，胡永泰：《人民币国际使用的影响因素——基于全球视角的理论及经验研究》，《经济研究》2021 年第 4 期。

王宇、黄广映：《实体经济和虚拟经济失衡发展微观机制研究——基于长三角上市企业的经验证据》，《上海经济研究》2019 年第 5 期。

王益明、龙燕宇：《新功能主义视角下拉美一体化进程探析》，《西南科技大学学报》（哲学社会科学版）2020 年第 3 期。

王直、魏尚进、祝坤福：《总贸易核算法：官方贸易统计与全球价值链的度量》，《中国社会科学》，2015 年第 9 期。

维克塞尔:《利息与价格》,蔡受百、程伯口译,商务印书馆 1959 年版。

魏革军:《开启新的金融开放》,《中国金融》2018 年第 9 期。

魏敏:《中国与中东国际产能合作的理论与政策分析》,《阿拉伯世界研究》2016 年第 6 期,第 3—19 页。

魏龙、王磊:《从嵌入全球价值链到主导区域价值链——"一带一路"战略的经济可行性分析》,《国际贸易问题》2016 年第 5 期。

魏尚进:《新一轮金融开放已在路上,如何才能获得成功》,《第一财经》,2018 年 4 月 16 日。

吴凡:《全球安全倡议的思想渊源、内在逻辑与价值内涵》,《国际展望》2023 年第 2 期。

吴舒钰、李稻葵:《货币国际化的新测度——基于国际金融投资视角的分析》,《经济学动态》2018 年第 2 期。

吴婷婷、刘格妍:《RCEP 视角下的人民币国际化发展路径研究》,《金融理论与教学》2023 年第 2 期。

吴晓丹、张伟鹏:《全球安全倡议:内涵、意义与实践》,《国际问题研究》2022 年第 4 期。

吴晓求、许荣、孙思栋:《现代金融体系:基本特征与功能结构》,《中国人民大学学报》2020 年第 1 期。

吴晓求:《深刻认识中国金融的结构性变革》,《清华金融评论》2020 年第 8 期。

吴翌琳:《国家数字竞争力指数构建与国际比较研究》,《统计研究》2019 年第 11 期。

伍山林:《"双循环"新发展格局的战略涵义》,《求索》2020 年第 6 期。

伍山林、周瑞:《在发展中追求经济安全——新中国成立以来的演进脉络和总体性分析》,《财经研究》2022 年第 11 期。

伍戈、杨凝:《离岸市场发展对本国货币政策的影响——一个综述》,《金融研究》2013 年第 10 期。

伍海华、张旭:《经济增长·产业结构·金融发展》,《经济理论与经济管理》2001

年第 5 期。

伍世安、杨青龙：《包含交易成本的比较优势模型及其政策含义》,《江西社会科学》2010 年第 10 期。

夏杰、刘诚：《迈向 2035 年：世界经济格局变化和中国经济展望》,《全球化》2022 年第 1 期。

夏梁：《"以市场换技术"是如何提出的（1978—1988）》,《中国经济史研究》2015 年第 4 期。

肖枫：《开放的拉美与中国的开放》,《拉丁美洲研究》1986 年第 3 期。

谢家智、王文涛、江源：《制造业金融化、政府控制与技术创新》,《经济学动态》2014 年第 11 期。

熊俊、吴小康：《契约制度、比较优势与出口的三元边际》,《浙江社会科学》2014 年第 12 期。

熊灵、向欣宇：《美国外资安全审查新规：制度变化、投资影响与中国应对》,《边界与海洋研究》2022 年第 5 期。

修晶、周颖：《人民币离岸市场与在岸市场汇率的动态相关性研究》,《世界经济研究》2013 年第 3 期。

湘君、邓霓：《新加坡的双边自由贸易策略以及对我国的启示》,《海南金融》2007 年第 8 期。

许勤华：《中东欧国家转轨以来引进外资情况的分析与展望》,当前国家政治与社会主义发展学术研讨会会议论文，2001 年。

徐宝华：《拉美国家对外经济关系的多边化趋势》,《世界经济》1999 年第 12 期。

徐慧：《金融开放促进经济转型的国际经验》,《时代金融》2017 年第 5 期。

徐明棋：《上海自由贸易试验区金融改革开放与人民币国际化》,《世界经济研究》2016 年第 5 期。

徐奇渊：《双循环新发展格局：如何理解和构建》,《金融论坛》2020 年第 9 期。

徐扬、汤珂、谢丹夏：《人民币国际化及其影响因素：基于汇率联动视角》,《国际金融研究》2023 年第 3 期。

徐世澄：《关于拉美对外开放政策的讨论》，《拉丁美洲研究》1986 年第 1 期。

徐忠、曹媛媛、汤莹玮：《金融稳定与发展：新使命新征程——以对外开放促进金融市场改革发展》，《清华金融评论》2017 年第 11 期。

徐忠：《正确看待金融业进一步对外开放》，《经济日报》，2018 年 3 月 29 日。

薛安伟、张道根：《全球经济治理困境的制度分析》，《世界经济研究》2022 年第 10 期。

颜剑英：《布什政府的"竞争性自由化"贸易战略探析》，《国际论坛》2006 年第 1 期。

杨承训：《内循环为主双循环互动的理论创新——中国特色社会主义政治经济学的时代课题》，《上海经济研究》2020 年第 10 期。

杨承训：《从历史比较维度深化认识经济社会发展规律》，《社会科学辑刊》2023 年第 1 期。

杨青龙：《基于制度要素的比较优势理论拓展——以交易成本经济学为视角》，《财贸研究》2013 年第 4 期。

杨松：《全球金融治理中制度性话语权的构建》，《当代法学》2017 年第 6 期。

杨晔、杨大楷：《国际投资学》，上海财经大学出版社 2015 年版。

杨天宇：《中国参与国际金融机制变革的进展及问题》，《现代国际关系》2020 年第 3 期。

杨雪冬：《全球化：西方理论前沿》，社会科学文献出版社 2002 年版。

杨子晖、王姝黛：《突发公共卫生事件下的全球股市系统性金融风险传染》，《经济研究》2021 年第 8 期。

杨志敏：《拉美国家与世界多边贸易体制进程浅析》，《拉丁美洲研究》2003 年第 3 期。

姚德良：《峰回路转 66 年——美国金融创新与监管放松互动，推动金融自由化的历程》，《数字财富》2004 年第 2 期。

姚耀军：《金融发展与全要素生产率增长：区域差异重要吗？》，《当代财经》2012 年第 3 期。

姚树洁、房景：《促进国内国际大市场建设的战略价值与路径研究》，《东北师大学报（哲学社会科学版）》2023 年第 1 期。

姚树洁、房景：《"双循环"发展战略的内在逻辑和理论机制研究》，《重庆大学学报（社会科学版）》2020 年第 6 期。

叶明、张磊：《贸易便利化对金砖国家区域经济合作影响分析》，《复旦学报》（社会科学版）2013 年第 6 期，第 151—157 页。

易纲：《遵循三大原则，扩大金融业对内对外开放》，《中国金融家》2018 年第 6 期。

易纲：《再论中国金融资产结构及政策含义》，《经济研究》2020 年第 3 期。

易纲：《金融开放程度要与监管能力相匹配》，https://finance.qq.com/a/20180325/011801.htm，2018 年。

尹翔硕：《对亚洲"四小龙"贸易发展战略的再认识——香港地区与韩国比较》，《世界经济》1997 年第 6 期。

殷红、王志远：《转型国家金融自由化的内资逻辑与不同选择》，《辽宁大学学报》（哲学社会科学版）2013 年第 6 期。

余丰慧：《金融开放有利于化解金融风险》，《理财顾问》2017 年第 12 期。

余淼杰、陈新禹、王昊宇：《推进人民币国际化：美元主导国际货币体系的应对之策》，《江海学刊》2022 年第 6 期。

余永定：《寻求资本项目开放问题的共识》，《国际金融研究》2014 年第 7 期。

余永定：《中国金融业开放的目标模式和路径》，http://www.aisixiang.com/data/109075.html，2018 年 4 月 19 日。

俞邃：《俄罗斯对外战略：沿革与走势》，《当代世界》2018 年第 7 期。

郁芸君、张一林、彭俞超：《监管规避与隐性金融风险》，《经济研究》2021 年第 4 期。

云新雷、夏立平：《全球安全倡议：破解全球安全困境的中国方案》，《国际论坛》2023 年第 2 期。

曾剑秋、任淼：《内外经济循环理论及在中国经济中的应用》，《经济问题》2005 年第 4 期。

曾剑秋、丁珂：《内外经济循环理论与大国经济发展策略》，《北京邮电大学学报

（社会科学版）》2007 年第 3 期。

张成思、张步昙：《中国实业投资率下降之谜：经济金融化视角》，《经济研究》2016 年第 12 期。

张成思、郑宁：《中国实体企业金融化：货币扩张、资本逐利还是风险规避？》，《金融研究》2020 年第 9 期。

张春、蒋一乐、刘郭方：《境内人民币离岸金融体系建设——中国资本账户开放和人民币国际化的新路径》，《国际经济评论》2022 年第 2 期。

张二震、安礼伟：《国际分工新特点与我国参与国际分工的新思路》，《经济理论与经济管理》2002 年第 12 期。

张二震、戴翔：《以"双循环"新发展格局引领经济高质量发展：理论逻辑与实现路径》，《南京社会科学》2023 年第 1 期。

张韦恺镝、黄旭平：《基于价值链重构的全球经济治理体系调整的趋势与出路》，《世界经济与政治论坛》2021 年第 6 期。

张海冰：《世界经济格局调整与金砖国家利益融合》，《当代世界》2019 年第 12 期。

张会清、王剑：《金融保护主义：影响、趋势及应对》，《上海金融》2009 年第 6 期。

张辉、吴尚、陈昱：《全球价值链重构：趋势、动力及中国应对》，《北京交通大学学报》（社会科学版）2022 年第 4 期。

张莉、黄汉民：《国际贸易对国内制度的影响：前沿研究述评》，《财经科学》2015 年第 4 期。

张丽平、赵允济：《韩国金融自由化改革的经验与借鉴》，《中国经济时报》，2015 年 8 月 26 日。

张丽娟：《美国贸易政策的逻辑》，《美国研究》2016 年第 2 期。

张梦霞、白建磊：《苹果公司的"元宝曲线"价值创造模式及启示》，《经济与管理研究》2014 年第 10 期，第 121—128 页。

张明：《全球新变局背景下人民币国际化的策略扩展——从"新三位一体"到"新新三位一体"》，《金融论坛》2022 年第 11 期。

张明源、贾英姿、薛宇择：《市场经济转型、外商直接投资与产业结构升级》，《武汉金融》2020 年第 7 期。

张军等：《构建中国经济学笔谈》，《经济学动态》2020 年第 7 期。

张曙光、程炼：《中国经济转轨过程中的要素价格扭曲与财富转移》，《世界经济》2010 年第 10 期。

张述存：《"一带一路"战略下优化中国对外直接投资布局的思路与对策》，《管理世界》2017 年第 4 期。

张向晨、徐清军、王金永：《WTO 改革应关注发展中成员的能力缺失问题》，《国际经济评论》2019 年第 1 期。

张宇燕：《全球经济治理的逻辑》，《中国社会科学报》，2022 年 9 月 1 日。

张幼文：《要素流动——全球化经济原理》，人民出版社 2013 年版。

张幼文：《扩大内需与对外开放——论生产要素从引进、释放到培育的战略升级》，《毛泽东邓小平理论研究》2009 年第 2 期。

张幼文：《要素集聚与中国在世界经济中的地位》，《学术月刊》2007 年第 3 期。

张勇：《后危机时代拉美地区区域经济一条化形势与展望》，《国际经济评论》2020 年第 3 期。

张宇燕：《如何理解推动形成全面开放新格局》，《经济日报》，2017 年 11 月 28 日。

张志文、张远南：《努力建设一个更加安全的世界——写在全球安全倡议提出一周年之际》，《人民日报》，2023 年 4 月 21 日。

赵明昊：《美国的制衡阻挡不了"一带一路"前进方向》，《世界知识》2021 年第 12 期。

赵蓓文：《制度型开放与中国参与全球经济治理的政策实践》，《世界经济研究》2021 年第 5 期。

赵庆明：《金融开放与金融强国之我见》，《银行家》2018 年第 2 期。

赵天阳：《国际贸易规则下的制度成本及结构优化》，《河南社会科学》2019 年第 1 期。

赵洋：《金融监管能力要跟上对外开放步伐》，《金融时报》，2017 年 7 月 19 日。

赵玉敏：《国际投资体系中的准入前国民待遇》，《国际贸易》2012 年第 3 期。

中国人民银行调查统计司课题组、盛松成：《我国加快资本账户开放的条件基本成熟》，《中国金融》2012 年第 5 期。

中国社科院拉美所课题组：《巴西战略环境与战略选择》，《拉丁美洲研究》2023 年第 1 期。

郑功成：《战后日本利用外资与技术的成功经验》，《现代日本经济》1987 年第 12 期。

郑衍杓、侯放：《上海与亚洲"四小龙"涉外投资立法比较》，《社会科学》1988 年第 3 期。

钟南：《新加坡的外资立法与政策》，《东南亚研究》1995 年第 1 期。

周大鹏：《新发展格局下制造业服务化对中国企业海外并购的影响研究》，《世界经济研究》2021 年第 8 期。

周琳：《关于央行应对金融脱媒的策略研究》，《中国管理信息化》2017 年第 9 期。

周琳：《坚定深化金融改革》，《经济日报》，2017 年 7 月 20 日。

周茂清：《不同类型国家对外开放政策的比较》，《中国工业经济》2003 年 10 月。

周谦：《入盟对中东欧国家的利与弊》，《中国党政干部论坛》2004 年第 8 期。

周士新：《〈东盟印太展望〉及其战略启示》，《和平与发展》2020 年第 1 期。

周先平：《韩国金融自由化的政治经济学分析》，《当代亚太》2005 年第 1 期。

周小川：《守住不发生系统性金融风险的底线》，《人民日报》，2017 年 11 月 22 日。

周雄：《英美证券市场开放的特点及其背景》，《河南金融管理干部学院学报》2004 年第 1 期。

周宇等：《人民币国际化——理论依据、战略规划和营运中心》，上海社会科学院出版社 2014 年版。

周宇等：《一带一路建设与人民币国际化新机遇——兼论与上海国际金融中心的协同发展》，上海社会科学院出版社 2018 年版。

周宇等：《中国对外货币开放新格局》，上海社会科学院出版社 2016 年版。

周宇：《金融崛起对中国资本项目开放的影响》，《经济社会体制比较》2008 年第 6 期。

周宇：《论汇率贬值对人民币国际化的影响——基于主要国际货币比较的分析》，

《世界经济研究》2016 年 4 月。

周宇：《亚洲金融危机与金融开放问题》，《世界经济研究》2002 年第 2 期。

周宇：《中国资本项目开放政策调整的动因及内容》，《世界经济研究》2008 年 10 月。

周宇：《中国作为债权大国的金融开放策略调整》，《国际责任》，上海人民出版社 2008 年版。

周志伟：《巴西国际战略：理念、实践及评估》，《晋阳学刊》2019 年第 4 期。

朱隽：《进一步扩大中国金融业对外开放》，《中国金融》2017 年第 19 期。

庄毓敏、储青青、马勇：《金融发展、企业创新与经济增长》，《金融研究》2020 年第 4 期。

庄起善、王席：《中东欧国家金融业开放过程中的不稳定因素研究》，《复旦学报》（社会科学版）2009 年第 6 期。

卓尚进：《迎接金融业开放再扩大新时代》，《金融时报》，2018 年 4 月 14 日。

宗良：《双向发力　开创金融开放新局面》，《金融时报》，2018 年 1 月 9 日。

左勇华：《新重商主义与美国金融霸权的失落——从贸易战争到货币战争》，《河北经贸大学学报》2014 年第 3 期。

查日升：《中国参与全球经济治理模式研究——基于全球价值链治理视角》，《宏观经济研究》2015 年第 5 期。

后 记

为贯彻落实习近平总书记关于加快构建中国特色哲学社会科学重要讲话精神和上海市委关于推动上海哲学社会科学大发展大繁荣的战略部署，我院党委提出以学科体系建设为抓手，发挥高端智库优势，加快推进中国特色哲学社会科学"三大体系"建设。

我们的基本设想是，坚持以习近平新时代中国特色社会主义思想为指导，按照习近平总书记在哲学社会科学工作座谈会上的重要讲话精神和上海市推动上海哲学社会科学大发展大繁荣建设目标要求，以我国经济与社会发展的实践经验和现实需求为起点，结合我院各研究所专业学科特色和重点研究方向，组织开展学科体系建设，注重从我国改革发展的实践工作中挖掘新材料、发现新问题、提出新观点、构建新理论，注重深化对党的创新理论研究阐释，注重总结实践中的新规律，提炼新理论，提出具有主体性、原创性的新观点，彰显我国哲学社会科学的特色和优势，为构建中国特色哲学社会科学学科体系、学术体系、话语体系作出上海社会科学院的贡献。

2023年，我院结合主题教育，围绕科研工作、人才队伍建设、智库建设等开展大调研活动，在我院建院65周年院庆之际，组织全院17个研究所，开展集体研究和联合攻关，推出我院"中国特色哲学社会科学'三大体系'研究丛书"学术成果，本书为丛书系列成果之一。

本书是世界经济研究所集体科研成果。在2年多时间的多次研讨、写作、论证及修改过程中，大家付出心血智慧和艰辛工作，最终形成本书。其中，赵蓓文同志作为负责人，全面指导、重点把握，从本书开始申请到分组讨论、论证、确认，从本书撰写结构的编排到书稿内容的谋篇布局都严格把关，并负责本书最终统稿和定稿工作。赵蓓文同志为本书倾注了大量研究精力，负责本书研究全过程组织、协调和沟通工作，深入参与本书的研究申请、作者选定、讨论论证、修改完善等工作，在一段时间内全力以赴，为本书的成稿作出了重要贡献。其他参与本书写作的科研人员根据撰写工作任务安排，加班加点及时完成工作任务，为本书的最终成稿付出了智慧和心血。具体分工如下：

第一章　赵蓓文；赵蓓文负责

第二章　第一节：郭娟娟，第二节：王莹，第三节：郭娟娟、王莹；王莹负责

第三章　第一节：胡晓鹏，第二节：胡晓鹏、刘晨，第三节、第四节：胡晓鹏；胡晓鹏负责

第四章　第一节：周宇、高洪民、李刚，第二节：周宇，第三节、第四节：高洪民，第五节：高洪民、李刚；高洪民负责

第五章　彭羽、徐乾宇；彭羽负责

第六章　孙立行、周大鹏；孙立行负责

第七章　第一节、第二节：智艳，第三节：盛九元、姜云飞，前言及第四节：盛九元；盛九元负责

第八章　何曜、苏宁；苏宁负责

第九章　第一节：周琢，第二节：黄烨菁、李锦明，第三节：黄烨菁，第四节：高疆、吴真如；黄烨菁负责

李晗萍承担全书的格式整理工作。

在本书研究和写作过程中，院主要领导全程予以关心和指导，先后组织了多轮专题会和座谈会，听取世界经济研究所汇报并提出宝贵建议，在此谨表敬意和感谢！

本书在撰写过程中还得到诸多学术界前辈、同行的支持和帮助，在此一并予以感谢！特别致谢丁纯、丁剑平、丁杏娣、张二震、张幼文、张军、徐明棋、唐珏岚、盛斌（以姓氏笔画为序）老师，他们在世经所于 2022 年 11 月召开的"构建中国特色社会主义开放型经济学学科体系"理论研讨会上，对于本书的撰写提供了宝贵的建议。

最后，对上海人民出版社、格致出版社高效细致的出版工作一并致以谢意！

上海社会科学院世界经济研究所

2023 年 8 月

图书在版编目(CIP)数据

中国开放型经济学研究 / 赵蓓文等著. — 上海 ：
格致出版社 ：上海人民出版社,2023.9
(中国特色哲学社会科学"三大体系"研究丛书)
ISBN 978 - 7 - 5432 - 3500 - 7

Ⅰ. ①中… Ⅱ. ①赵… Ⅲ. ①中国经济-开放经济-
研究 Ⅳ. ①F125

中国国家版本馆 CIP 数据核字(2023)第 161484 号

责任编辑 代小童
装帧设计 零创意文化

中国特色哲学社会科学"三大体系"研究丛书

中国开放型经济学研究
赵蓓文 等著

出　　版　格致出版社
　　　　　上海人民出版社
　　　　　(201101　上海市闵行区号景路 159 弄 C 座)
发　　行　上海人民出版社发行中心
印　　刷　上海新华印刷有限公司
开　　本　787×1092　1/16
印　　张　22
插　　页　2
字　　数　345,000
版　　次　2023 年 9 月第 1 版
印　　次　2023 年 9 月第 1 次印刷
ISBN 978 - 7 - 5432 - 3500 - 7/F·1533
定　　价　98.00 元